키新토익

그래머스타터

GRAMMAR
STARTER
LC/RC

토익초보자를위한 기초 영문법 ·

교육 R&D에 앞서가는
Key 키출판사

CONTENTS

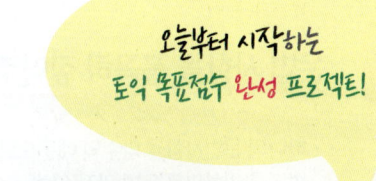

이 책의 특징

어려운 문법은 가라! 기초 영문법 완전 정복!

01 Be동사부터 차근차근 시작

- 기초 문법부터 시작하여 점진적으로 난이도가
  올라가는 62개 UNIT
- 동사 / 명사 / 형용사 / 부사 / 전치사 / 접속사 순
  문장 구성 원리 중심 목차 구성

02 쉽고 재미있는 문법책

- 어려운 문법 용어가 아닌 문장 해석 방법을 공부
- 표와 그래픽, 일러스트를 사용한 쉽고 간결한 문법 설명

03 문법 사항을 꼼꼼히 짚어주는 풍부한 예문

- 하나의 문법사항을 다수의 예문으로
  반복 확인하므로 문법 완전 이해

04 초보자도 이해할 수 있는 자세하고 친절한 해설

- 학습자들의 이해를 돕기 위해 전 문장 해석 제공
- 정답인 이유를 자세히 설명하고 학습자가 직접 확인할 수 있게 정답의 단서를 표시

토익도 두렵지 않다! 실전 적용 영문법!

05 공부한 문법을 토익 문제로 바로 확인

- 본문 내용을 제대로 이해했는지 확인할 수 있도록 PRACTICE 문제 수록
- 본문의 문법 사항이 토익에는 어떻게 출제되는지 ACTUAL TEST를 통해 바로 확인

06 토익 전 파트 실전 문제 수록

- 토익 시험에 완벽하게 대비할 수 있도록 LC·RC 전 PART 실전 문제 수록
- 매 유닛마다 토익 문제를 풀어봄으로써 실전 토익에 쉽게 적응

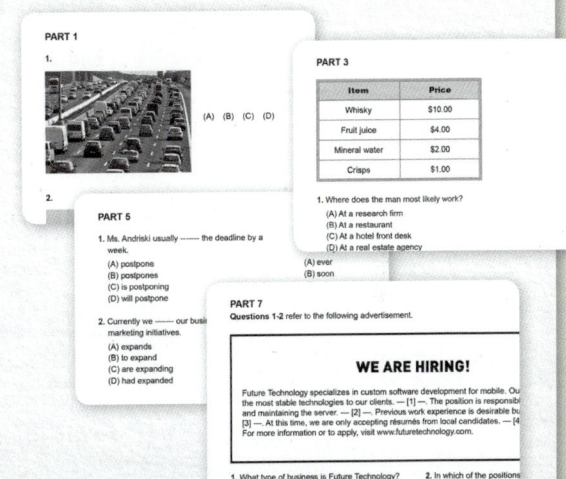

07 실전 모의고사 1회분 제공

- 신토익 출제 경향과 난이도를 그대로 반영한 실전 모의고사 제공
- 본문의 핵심 문법 사항을 짚어주는 자세한 해설과 해석

08 모르는 문제는 www.englishbus.co.kr에서!

- 키출판사 공식 사이트를 통해 정보를 실시간으로 공유하고 공부하다 막히는 부분은 집필진에게 직접 질문
- 토익 연습문제, MP3 등 부가 학습자료 제공

이 책의 구성

GRAMMAR **GRAMMAR** 그림과 예문으로 공부하는 영문법

❷ 대표 예문의 내용을
쉽고 재미있게 표현한 일러스트

❶ 핵심 문법 사항을 보여주는 대표 예문

❸ 유닛에 등장하는
토익 빈출 어휘

❹ 실전 토익 문장으로
구성된 예문
• 문법 사항과 예문을
일대일로 대응시켜
모든 문법사항을
철저하게 점검

❺ 그래픽을 활용한
직관적인 문법 설명

❻ 문법을 좀 더 자세하게
이해하도록 돕는 TIP

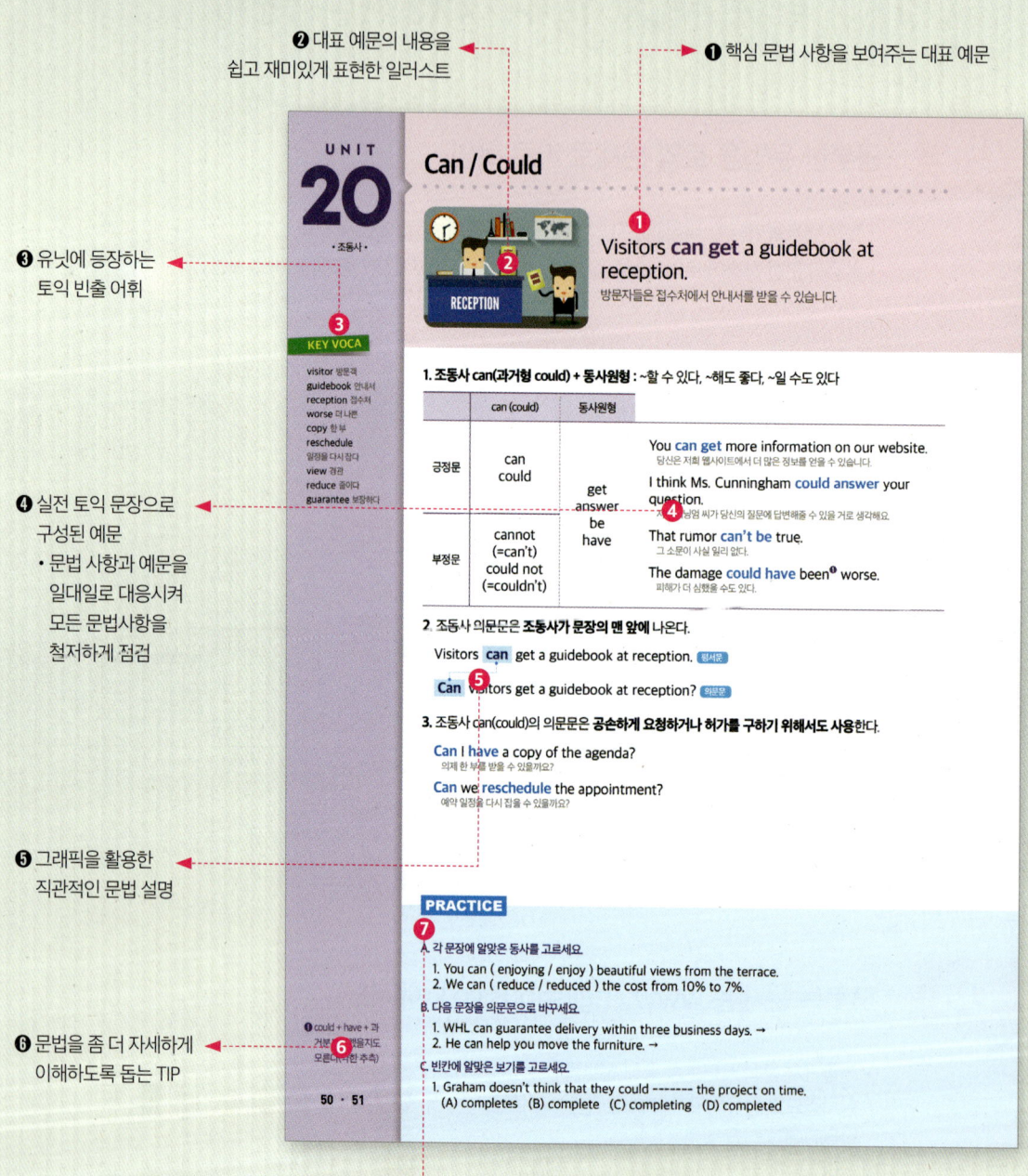

UNIT
20
· 조동사 ·

❸
KEY VOCA

visitor 방문객
guidebook 안내서
reception 접수처
worse 더 나쁜
copy 한 부
reschedule
일정을 다시 잡다
view 경관
reduce 줄이다
guarantee 보장하다

Can / Could

❶
Visitors **can get** a guidebook at reception.
방문자들은 접수처에서 안내서를 받을 수 있습니다.

1. 조동사 can(과거형 could) + 동사원형 : ~할 수 있다, ~해도 좋다, ~일 수도 있다

	can (could)	동사원형	
긍정문	can could	get answer be have	You **can get** more information on our website. 당신은 저희 웹사이트에서 더 많은 정보를 얻을 수 있습니다. I think Ms. Cunningham **could answer** your question. 저는 커닝햄 씨가 당신의 질문에 답변해줄 수 있을 거로 생각해요. ❹
부정문	cannot (=can't) could not (=couldn't)		That rumor **can't be** true. 그 소문이 사실 일리 없다. The damage **could have** been❶ worse. 피해가 더 심했을 수도 있다.

2. 조동사 의문문은 조동사가 문장의 맨 앞에 나온다.

Visitors **can** get a guidebook at reception. 평서문

Can ❺ Visitors get a guidebook at reception? 의문문

3. 조동사 can(could)의 의문문은 공손하게 요청하거나 허가를 구하기 위해서도 사용한다.

Can I **have** a copy of the agenda?
의제 한 부를 받을 수 있을까요?

Can we **reschedule** the appointment?
예약 일정을 다시 잡을 수 있을까요?

PRACTICE
❼
A. 각 문장에 알맞은 동사를 고르세요.
1. You can (enjoying / enjoy) beautiful views from the terrace.
2. We can (reduce / reduced) the cost from 10% to 7%.
B. 다음 문장을 의문문으로 바꾸세요.
1. WHL can guarantee delivery within three business days. →
2. He can help you move the furniture. →
C. 빈칸에 알맞은 보기를 고르세요.
1. Graham doesn't think that they could ------ the project on time.
   (A) completes (B) complete (C) completing (D) completed

❶ could + have + 과
거분사: 했을지도
모른다(과거 추측)

❻

50 · 51

❼ PRACTICE
• 유닛별 문법 개념을 이해했는지 간단하게 점검
• 해석하기, 알맞은 표현 고르기, 문장 완성하기 등
각 유닛에 적합한 유형으로 학습 내용 복습

ACTUAL TEST
토익 실전 문제로 기초 영문법 복습

❶ 미국, 영국, 호주 발음 MP3 파일 제공 (QR코드)
• ACTUAL TEST / 실전 모의고사 LC 음원 제공
• 각 페이지 QR코드에서 바로 재생 및 홈페이지 다운로드 가능

❷ PART 2

1. Mark your answer on your answer sheet.   (A)   (B)   (C)

2. Mark your answer on your answer sheet.   (A)   (B)   (C)

❸ **ACTUAL TEST**   🎧 TRACK 16

❷ PART 3

Venue	Capacity	Price
Rose Room	25~35	$500
Marble Room	40~60	$650
Crystal Ballroom	80~100	$800
Grand Banquet	120~150	$1,100

1. Why is the man calling?

(A) To purchase a gift card
(B) To express his gratitude
(C) To inquire about special rate
(D) To book a place for a party

2. Look at the graphic. How much will the man pay for the hall?

(A) $500
(B) $650
(C) $800
(D) $1,100

3. What will the man do next?

(A) Send out more invitations
(B) Contact another hotel
(C) Move the date of event
(D) Hire a catering company

❷ 해당 문형이 자주 사용되는 PART를 중점적으로 학습

❸ 좌측 페이지에서 배운 문형을 LC·RC 실전 문제에 바로 적용

PART 5

1. Due to a technical issue with our online server you can ------- the tickets for the show only at our ticket office.

(A) purchases
(B) purchase
(C) purchasing
(D) purchased

2. Gold members of Paradise Vacation can simply ------- online cancellations and modifications to their bookings without additional fees.

(A) make
(B) makes
(C) made
(D) making

❹ 본문 문법 사항이 반영된 지문과 자세한 해설로 유닛 마무리

• **실전 모의고사 1회**
- 신토익 출제 경향 100% 반영
- 실제 학습자가 모의 응시한 결과를 반영한 정확한 난이도 구성
- 토익 필수 그래머 학습 후 모의고사 1회로 최종 마무리 ▷ 토익 실전 적용 완료!

학습 스케줄

아래 질문에 Yes / No로 체크해보고,
자신에게 적합한 학습 스케줄을 선택해 공부하세요.

	YES	NO

1. 다음 문장의 주어와 동사를 고를 수 없다. ☐ ☐

The number of calves that were born in December went down by 4%.
→ UNIT 58 관계대명사와 관계부사

2. 형용사가 정확히 뭔지 모른다. → UNIT 45 형용사 ☐ ☐

3. 전치사 뒤에 동명사가 와야 하는지, to부정사가 와야 하는지 모른다. ☐ ☐

A risk assessment must be undertaken before [starting / to start] the work.
→ UNIT 50 전치사+명사

4. 단어는 아는데 문장 해석이 안 된다. ☐ ☐

subject 주제   meeting 회의   company 회사   financial 재정적인   situation 상황
The subject of the meeting was the company's financial situation.
→ UNIT 10 Be동사 과거 시제

5. 현재완료 시제를 공부했는데, 시험에서 현재완료 시제 문제를 틀린다. ☐ ☐

6. 토익을 처음 공부한다. (아직 본격적인 토익 문제를 시작할 실력이 아니라고 생각한다.) ☐ ☐

7. 문법 책을 한 권도 끝낸 적이 없다. ☐ ☐

- 체크한 개수 4~7개, or 토익 350점 미만 → **PLAN A**
- 체크한 개수 2~3개, or 토익 350~450점 → **PLAN B**
- 체크한 개수 0~1개, or 토익 450점 이상 → **PLAN C**

PLAN A 하루에 1 UNIT씩 공부하기 [9주+ 완성]

GRAMMAR	본격적인 문법 학습에 들어가기 전에 좌측 KEY VOCA를 훑어본다. 문형의 대표 해석에 맞게 모든 예문을 해석하는 연습을 한다. 본문 단어 중 모르는 단어들은 따로 단어장을 만들어 반복해서 공부한다.
ACTUAL TEST	PRACTICE 문제의 정답과 오답의 근거를 확실히 알 때까지 복습한다. ACTUAL TEST에서 틀린 문제는 반드시 일주일 내로 복습한다.
실전 모의고사	UNIT 62까지 공부한 후, 다시 UNIT 1으로 돌아와 전체 내용을 최소 2회독 한다. 그 후, 실전 모의고사에 도전한다.

PLAN B 하루에 2 UNIT씩 공부하기 [5주 완성]

GRAMMAR	대표 예문은 통째로 외운다. 예문 밑의 해석을 보지 않고 스스로 뜻을 파악할 수 있을 때까지 반복해서 읽는다.
ACTUAL TEST	PRACTICE와 ACTUAL TEST를 푼다. 틀린 문제는 해설을 보기 전에 본문을 다시 읽고 정답 근거를 생각해본다.
실전 모의고사	UNIT 62까지 공부한 후, 다시 UNIT 1으로 돌아와 전체 내용을 2회독 한다. 그 후, 실전 모의고사에 도전한다.

PLAN C 하루에 3 UNIT씩 공부하기 [3주 완성]

GRAMMAR	이미 안다고 생각하는 문법 UNIT도 빼놓지 않고 공부한다. 해석이 잘 안 되는 예문을 따로 표시한다.
ACTUAL TEST	PRACTICE와 ACTUAL TEST를 푼다. 해설을 읽으며 올바른 단서에 근거하여 정답을 선택했는지 확인한다.
실전 모의고사	UNIT 62까지 공부한 후, 실전 모의고사를 풀어본다. 취약 문법 포인트 위주로 2회독 한다.

각 유닛에 학습을 마친 날짜를 적어보세요.

UNIT 1	UNIT 2	UNIT 3	UNIT 4	UNIT 5	UNIT 6	UNIT 7	UNIT 8	UNIT 9
___월 ___일	___월 ___일	___월 ___일	___월 ___일	___월 ___일	___월 ___일	___월 ___일	___월 ___일	___월 ___일
UNIT 10	UNIT 11	UNIT 12	UNIT 13	UNIT 14	UNIT 15	UNIT 16	UNIT 17	UNIT 18
___월 ___일	___월 ___일	___월 ___일	___월 ___일	___월 ___일	___월 ___일	___월 ___일	___월 ___일	___월 ___일
UNIT 19	UNIT 20	UNIT 21	UNIT 22	UNIT 23	UNIT 24	UNIT 25	UNIT 26	UNIT 27
___월 ___일	___월 ___일	___월 ___일	___월 ___일	___월 ___일	___월 ___일	___월 ___일	___월 ___일	___월 ___일
UNIT 28	UNIT 29	UNIT 30	UNIT 31	UNIT 32	UNIT 33	UNIT 34	UNIT 35	UNIT 36
___월 ___일	___월 ___일	___월 ___일	___월 ___일	___월 ___일	___월 ___일	___월 ___일	___월 ___일	___월 ___일
UNIT 37	UNIT 38	UNIT 39	UNIT 40	UNIT 41	UNIT 42	UNIT 43	UNIT 44	UNIT 45
___월 ___일	___월 ___일	___월 ___일	___월 ___일	___월 ___일	___월 ___일	___월 ___일	___월 ___일	___월 ___일
UNIT 46	UNIT 47	UNIT 48	UNIT 49	UNIT 50	UNIT 51	UNIT 52	UNIT 53	UNIT 54
___월 ___일	___월 ___일	___월 ___일	___월 ___일	___월 ___일	___월 ___일	___월 ___일	___월 ___일	___월 ___일
UNIT 55	UNIT 56	UNIT 57	UNIT 58	UNIT 59	UNIT 60	UNIT 61	UNIT 62	실전 모의고사
___월 ___일	___월 ___일	___월 ___일	___월 ___일	___월 ___일	___월 ___일	___월 ___일	___월 ___일	___월 ___일

본문

GRAMMAR

+

ACTUAL TEST

토익 문장으로 배우는 기초 영문법

키토익 그래머 스타터의 모든 예문은
실제 토익 문장의 소재 · 상황 · 난이도를 그대로 반영하여 문법사항에 맞게 재구성된 100% 토익형 문장입니다.
각 유닛의 중요 문법 사항을 토익형 문장으로 공부하고,
배운 내용을 실전 토익 문제 (ACTUAL TEST)에 바로 적용할 수 있게 모든 유닛이 구성되어 있습니다.
신토익 출제 경향에 맞는 최신 소재의 예문과 실제 토익 지문에서 추출한 100% 실전 토익 문장으로 기초 영문법을 공부하면,
토익 초보라도 쉽고 빠르게 토익 필수 문법+실전 문제 풀이를 정복할 수 있습니다.

Be동사 (am, is, are)

Mr. Smith **is** in the office.
스미스 씨는 사무실에 있다.

He **is** an important client.
그는 중요한 고객이다.

KEY VOCA

client 고객
creative 창의적인
architect 건축가
budget 예산
consulting 상담
assistant 비서, 보조원
charge 담당
approve 승인하다
application 지원서

1. be : ~이다, 있다

주어	be동사	축약형
I	am	= I'm
he she it	is	= he's = she's = it's
we you they	are	= we're = you're = they're

I **am** an art collector in Manila.
저는 마닐라의 예술품 수집가입니다.

Sefu Kachulu(=he) **is** a creative architect.
세푸 카출루는 창의적인 건축가이다.

She **is** an employee of the Seoul Bank.
그녀는 서울 은행의 직원이다.

The Greenville Library(=it) **is** open from 10:00 A.M. to 6:00 P.M.
그린빌 도서관은 오전 10시에서 오후 6시까지 연다.

We **are** over the budget right now.
우리는 현재 예산을 초과했습니다.

You **are** always busy.
당신은 항상 바쁘다.

Consulting services(=they) **are** for members only.
상담 서비스는 회원들만을 위한 것입니다.

PRACTICE

A. 다음 단어들을 적절한 주격 인칭 대명사로 바꾸세요.

1. Ms. Wei → She   2. The new product →   3. The office →
4. Mr. Munro and his assistant →   5. You and your team →

B. 각 문장에 알맞은 be동사를 고르세요.

1. Ms. Wei (is / are) in charge of approving rental applications.
2. The new product (am / is) very sophisticated.
3. The office (is / are) on the sixth floor.
4. Mr. Munro and his assistant (is / are) away from the office.
5. You and your team (am / are) valuable to me.

C. 빈칸에 알맞은 보기를 고르세요.

1. The building ------- under construction.
  (A) be   (B) is   (C) been   (D) are

PART 1

1.

(A)   (B)   (C)   (D)

2.

(A)   (B)   (C)   (D)

PART 2

1. Mark your answer on your answer sheet.   (A)   (B)   (C)

2. Mark your answer on your answer sheet.   (A)   (B)   (C)

3. Mark your answer on your answer sheet.   (A)   (B)   (C)

4. Mark your answer on your answer sheet.   (A)   (B)   (C)

5. Mark your answer on your answer sheet.   (A)   (B)   (C)

6. Mark your answer on your answer sheet.   (A)   (B)   (C)

Be동사 부정문

Mr. Jordan **is** in the park.
조던 씨는 공원에 있다.

He **is not** in the office.
그는 사무실에 없다.

1. be not : ~ 아니다, 없다

주어	be동사 부정형	축약형
I	am not	= I'm not
he she it	is not	= he's not / he isn't = she's not / she isn't = it's not / it isn't
we you they	are not	= we're not / we aren't = you're not / you aren't = they're not / they aren't

I **am not** responsible for the repairs.
저는 수리 책임을 맡고 있지 않습니다.

Mr. Hoffman **is not** in line for a promotion.
호프만 씨는 승진 대상이 아니다.

She **is not** happy about the manager's decision.
그녀는 관리자의 결정을 기뻐하지 않는다.

The coupon **is not** valid for online purchases.
이 쿠폰은 온라인 구매에는 유효하지 않습니다.

This facility **is not** open to the public.
이 시설은 대중에게 공개되지 않습니다.

We **are not** aware of the situation.
우리는 상황을 알지 못한다.

You **are not** in a position to make the decision.
당신은 결정을 내릴 위치에 있지 않아요.

The older models **are not** available.
이전 모델들은 구할 수 없다.

PRACTICE

A. 다음 문장을 부정문으로 바꾸세요.

1. It is close to my house. →
2. The projects are successful. →
3. I am sure. →

B. 밑줄 친 부분에 유의하여 문장의 해석을 완성하세요.

1. Those <u>are not</u> for sale. 그것들은 판매용이 _____.
2. The bridge <u>is not</u> under repair. 다리는 수리 중이 _____.

C. 빈칸에 알맞은 보기를 고르세요.

1. I ------- in charge of the guest list.
   (A) not   (B) not are   (C) am not   (D) are not

PART 2

1. Mark your answer on your answer sheet.   (A)   (B)   (C)

2. Mark your answer on your answer sheet.   (A)   (B)   (C)

3. Mark your answer on your answer sheet.   (A)   (B)   (C)

4. Mark your answer on your answer sheet.   (A)   (B)   (C)

5. Mark your answer on your answer sheet.   (A)   (B)   (C)

6. Mark your answer on your answer sheet.   (A)   (B)   (C)

PART 4

1. What is the purpose of the message?
    (A) To complain about the delay
    (B) To request a refund
    (C) To notify a customer of a problem
    (D) To schedule an appointment

2. Where does the speaker most likely work?
    (A) At a car dealership
    (B) At a furniture store
    (C) At a chemical plant
    (D) At a travel agency

03

• 현재와 현재진행 •

Be동사 의문문

technical 기술적인
confident 자신있는
support 지원
dispatch 배송
eligible 자격이 있는
within ~ 이내의
distance 거리

Is Mr. Smith in the office?
스미스 씨는 사무실에 있습니까?

No, he isn't.
아니요, 그렇지 않습니다.

1. be동사 의문문은 **be동사가 문장의 맨 앞에** 나온다.

Mr. Smith **is** in the office. 평서문

Is Mr. Smith in the office? 의문문

2. be동사 의문문은 **yes, no로 간단하게 답할 수 있다.**

의문문	답변	
Am I ~?	Yes, you are. No, you aren't.	**Am** I late for the meeting? 제가 회의에 늦었나요? Yes, you are. / No, you aren't. 네, 그렇습니다.　/　아니요, 그렇지 않습니다.
Is he(she/it) ~?	Yes, he(she/it) is. No, he(she/it) isn't.	**Is** she confident about the result? 그녀는 결과에 자신이 있습니까? Yes, she is. / No, she isn't. **Is** technical support available on Saturdays? 토요일에 기술지원을 이용할 수 있나요? Yes, it is. / No, it isn't.
Are we(they) ~?	Yes, we(they) are. No, we(they) aren't.	**Are** you busy right now? 당신은 지금 바쁩니까? Yes, I am. / No, I'm not.
Are you ~?	Yes, I am(we are). No, I'm not(we aren't).	**Are** these products ready for dispatch? 이 상품들은 배송 준비가 되었습니까? Yes, they are. / No, they aren't.

PRACTICE

A. 다음 문장을 의문문으로 바꾸세요.

1. He is free for lunch today. →
2. I am eligible for an upgrade. →

B. 의문문에 알맞은 답변을 고르세요.

1. Is the shopping mall within walking distance?
   (A) Yes, it is.　(B) No, they aren't.　(C) Yes, I am.
2. Is the doctor in today?
   (A) Yes, it is.　(B) No, she isn't.　(C) Yes, they are.

C. 빈칸에 알맞은 보기를 고르세요.

1. Is ------- the manager of the new campaign?
   (A) they　(B) he　(C) I　(D) you

PART 2

1. Mark your answer on your answer sheet.   (A)   (B)   (C)

2. Mark your answer on your answer sheet.   (A)   (B)   (C)

3. Mark your answer on your answer sheet.   (A)   (B)   (C)

4. Mark your answer on your answer sheet.   (A)   (B)   (C)

5. Mark your answer on your answer sheet.   (A)   (B)   (C)

6. Mark your answer on your answer sheet.   (A)   (B)   (C)

PART 3

1. Where is the conversation probably taking place?

    (A) In a library
    (B) In a gym
    (C) In an office
    (D) In a theater

2. What does the man ask the woman to do?

    (A) Visit his colleague
    (B) Summarize a report
    (C) Extend a deadline
    (D) Review his work

UNIT 04

• 현재와 현재진행 •

현재진행 시제

A man **is sitting** on a sofa.
한 남자가 소파에 앉아 있다.

A man **is looking** at a laptop.
한 남자가 노트북을 보고 있다.

KEY VOCA

result 결과
present 제출하다,
출시하다
expansion 확장
exhibition 전시
perspective 잠재적인
conduct 수행하다
completely 완전히
strategy 전략

1. 현재진행 시제는 **현재 일어나는 일이나 가까운 미래의 일을 표현**할 수 있다.

2. be동사 현재형(am/is/are) + 현재분사(-ing) : ~하는 중이다

be동사	(부정)	현재분사	
am is are	(not)	sitting looking waiting presenting considering starting meeting painting hiring	I **am waiting** for the test results. 저는 검사 결과를 기다리고 있습니다. Atlantic Electronics **is presenting** a new product this weekend. 애틀랜틱 전자는 이번 주말에 신제품을 출시한다. The company **is not considering** expansion at the moment. 회사는 지금 확장을 고려하고 있지 않다. The art exhibition **is starting** next week. 그 예술 전시회는 다음 주에 시작한다. Ms. Powell **is meeting** with a perspective client now. 파웰 씨는 지금 잠재 고객과 만나고 있다. Two men **are painting** the wall. 남자 두 명이 벽에 페인트칠하고 있다. We **are not** currently **hiring**. 현재 우리는 채용하고 있지 않습니다.

PRACTICE

A. 밑줄 친 동사를 현재진행 시제로 바꾸세요.

1. The researchers <u>conduct</u> a study on renewable energy. →
2. He <u>creates</u> a website. →

B. 밑줄 친 부분에 유의하여 문장의 해석을 완성하세요.

1. We <u>are looking</u> for a completely new strategy. 우리는 완전히 새로운 전략을 _____.
2. I <u>am communicating</u> with the designer. 저는 디자이너와 _____.

C. 빈칸에 알맞은 보기를 고르세요.

1. I am ------- to reach Mr. Rosenfeld.
   (A) try   (B) tries   (C) trying   (D) tried

PART 1

1.

(A) (B) (C) (D)

2.

(A) (B) (C) (D)

PART 7

Questions 1-2 refer to the following advertisement.

WE ARE HIRING!

Future Technology specializes in custom software development for mobile. Our goal is to offer the most stable technologies to our clients. — [1] —. The position is responsible for setting up and maintaining the server. — [2] —. Previous work experience is desirable but not essential. — [3] —. At this time, we are only accepting résumés from local candidates. — [4] —. For more information or to apply, visit www.futuretechnology.com.

---

1. What type of business is Future Technology?

(A) A trading company
(B) An IT company
(C) A design firm
(D) A shipping company

2. In which of the positions marked [1], [2], [3], and [4] does the following sentence best belong?

"Currently, we are seeking a talented system administrator."

(A) [1]
(B) [2]
(C) [3]
(D) [4]

현재진행 시제 의문문

Is Mr. Clayton **considering** other options?
클레이턴 씨가 다른 선택지들을 고려하고 있습니까?

Yes, he is.
네, 그렇습니다.

KEY VOCA

consider 고려하다
option 선택
train 훈련하다
conduct 수행하다
survey 조사
audit (회계) 감사
transfer 이동하다
leaky 새는
director 이사

1. 현재진행 시제 의문문은 **be동사가 문장의 맨 앞에** 나온다.

Mr. Clayton **is** considering other options. 평서문

Is Mr. Clayton considering other options? 의문문

2. be동사 의문문은 **yes, no로 간단하게 답할 수 있다.**

be동사	주어	현재분사
Am	I	
Is	he she it	considering doing training conducting going preparing
Are	we you they	

Am I **doing** this right?
제가 이것을 제대로 하고 있나요?
Yes, you are. / No, you aren't.

Is he **training** the new employees?
그는 신입 직원들을 훈련하고 있습니까?
Yes, he is. / No, he isn't.

Is Ms. Cassel **conducting** the survey?
카셀 씨가 조사를 수행하고 있습니까?
Yes, she is. / No, she isn't.

Are you **going** to the workshop today?
당신은 오늘 워크숍에 갈 거예요?
Yes, I am. / No, I'm not.

Are they **preparing** for the audit?
그들은 회계 감사를 준비하고 있습니까?
Yes, they are. / No, they're not.

PRACTICE

A. 다음 문장을 의문문으로 바꾸세요.

1. Carl is transferring to a different section. →
2. Daniel is fixing the leaky pipe. →

B. 다음 의문문에 알맞은 답변을 고르세요.

1. Are the directors discussing something important?
   (A) No, you aren't.   (B) Yes, they are.   (C) Yes, she is.
2. Are you hiring a graphic designer?
   (A) No, I'm not.   (B) No, you're not.   (C) Yes, they are.

C. 빈칸에 알맞은 보기를 고르세요.

1. Is ------- waiting in the lobby?
   (A) they   (B) he   (C) I   (D) you

PART 2

1. Mark your answer on your answer sheet. (A) (B) (C)

2. Mark your answer on your answer sheet. (A) (B) (C)

3. Mark your answer on your answer sheet. (A) (B) (C)

4. Mark your answer on your answer sheet. (A) (B) (C)

5. Mark your answer on your answer sheet. (A) (B) (C)

6. Mark your answer on your answer sheet. (A) (B) (C)

PART 3

1. Where do the speakers probably work?
   (A) At a restaurant
   (B) At a law firm
   (C) At a marketing firm
   (D) At a catering company

2. What does the man mean when he says,
   "You're amazing"?
   (A) He's admiring the woman's passion for
       work.
   (B) The woman's lecture is easy to
       understand.
   (C) He's happy with the woman's success.
   (D) He's confident in the woman's ability.

일반동사 현재 시제

They work at a hotel.
그들은 호텔에서 일한다.

The company has offices in other countries.
그 회사는 다른 나라에 사무소를 가지고 있다.

1. I do : 나는 ~한다

주어	일반동사	
I	*do*	I **speak** English and Spanish fluently. 저는 영어와 스페인어를 유창하게 말합니다.
he she it	*does*	Mr. Miller **drives** a taxi. 밀러 씨는 택시를 운전한다. Ms. King **wants** a simple layout. 킹 씨는 단순한 배치를 원합니다. She **likes** your sample design. 그녀는 당신의 디자인 시안을 좋아합니다. The train **runs** every 30 minutes. 그 열차는 30분마다 운행한다.
we you they	*do*	We **have** even more products in our shop. 우리는 훨씬 더 많은 상품을 매장에 가지고 있습니다. You **look** good today. 당신은 오늘 좋아 보입니다. His parents **live** in Beijing. 그의 부모님은 베이징에 산다. Our products **conserve** more energy. 우리 제품은 더 많은 에너지를 절약합니다.

PRACTICE

A. 각 문장에 알맞은 일반동사를 고르세요.

1. These exotic plants (look / looks) fantastic.
2. He (wash / washes) his car every Saturday.
3. The system (work / works) at night.

B. 밑줄 친 부분에 유의하여 문장의 해석을 완성하세요.

1. I <u>use</u> my own laptop for work.   나는 일을 위해 나의 노트북을 _____.
2. It <u>happens</u> all the time.   그것은 항상 _____.
3. She <u>designs</u> posters for large companies.   그녀는 큰 회사를 위한 포스터를 _____.

C. 빈칸에 알맞은 보기를 고르세요.

1. Ms. McKenzie usually ------- for work at 7:00 a.m.
   (A) leave   (B) leaving   (C) leaves   (D) is leave

PART 2

1. Mark your answer on your answer sheet.   (A)   (B)   (C)

2. Mark your answer on your answer sheet.   (A)   (B)   (C)

3. Mark your answer on your answer sheet.   (A)   (B)   (C)

4. Mark your answer on your answer sheet.   (A)   (B)   (C)

5. Mark your answer on your answer sheet.   (A)   (B)   (C)

6. Mark your answer on your answer sheet.   (A)   (B)   (C)

PART 3

Program	Options	Program Length
Program A	Lean Protein Shake	120 days
Program B		90 days
Program C	Yogurt and Fruits	90 days
Program D		30 days

1. Why is the man looking for a diet program?

(A) He plans a housewarming.
(B) He is allergic to yogurt.
(C) He has a free trial coupon.
(D) He wants healthier foods.

2. Look at the graphic. Which of the programs does the man want to know its price?

(A) Program A
(B) Program B
(C) Program C
(D) Program D

일반동사 현재 시제 vs. 현재진행 시제

He always **works** late.
그는 항상 늦게까지 일한다.

He **is working** on the report this week.
그는 이번 주 동안 보고서에 몰두하고 있다.

KEY VOCA

attend 출석하다
safety gear 안전 장비
plant 공장, 식물; 심다
concentrate 집중하다
organization 조직, 단체
indicate 나타내다,
가리키다
board 이사회, 판
buyer 구매자
sales 매출, 판매량
revenue 수입
quarter 4분기

1. 현재 시제는 **습관·반복을 나타내는 시간 표현**과 함께 쓰이며, **현재진행** 시제는 **특정 시간·기간을 나타내는 표현**과 함께 쓰인다.

He *always* **works** late. 현재 시제

He **is working** on the report *this week* . 현재진행 시제

2. I do vs. I am doing : 나는 (보통 때에) ~한다 vs. 나는 (특정 시간·기간에) ~을 하고 있다

주어	일반동사 현재 vs. 현재진행	(시간 표현)
I	*do*	always usually every day 보통 때에
he/she/it	*does*	
we/you/they	*do*	
I	am *doing*	right now this week this month this year 특정 시간·기간에
he/she/it	is *doing*	
we/you/they	are *doing*	

I **have** lunch at 12:30 *every day*.
I 나는 매일 12시 30분에 점심을 먹는다.

She *usually* **attends** the monthly meeting.
그녀는 보통 월간 회의에 참석한다.

We *always* **wear** safety gear in the plant.
우리는 공장에서 항상 안전장비를 착용한다.

I **am concentrating** on this project *this month*.
저는 이번 달에 이 프로젝트에 집중하고 있어요.

Mr. Lopez **is waiting** at the bank *right now*.
로페즈 씨는 지금 은행에서 대기하고 있다.

This year, we **are supporting** five organizations.
올해 우리는 5개 기관을 지원하고 있다.

PRACTICE

A. 밑줄 친 부분에 유의하여 문장의 해석을 완성하세요.

1. The figure usually <u>indicates</u> the number of products. 이 숫자는 보통 상품 개수를 _____.
2. The board members <u>are having</u> a meeting now. 이사회 구성원은 지금 회의를 _____.

B. 각 문장에 알맞은 시제를 고르세요.

1. He (are looking / looks / is looking) for new buyers these days.
2. It usually (is taking / takes / take) about 3 hours.
3. Sales revenue (are growing / is growing / grow) this quarter.

C. 빈칸에 알맞은 보기를 고르세요.

1. Mr. Penn usually ------- in to the office, but he is working at home today.
   (A) go   (B) goes   (C) is going   (D) are going

PART 5

1. Ms. Andriski usually ------- the deadline by a week.

(A) postpone
(B) postpones
(C) is postponing
(D) will postpone

2. Currently we ------- our business to meet our marketing initiatives.

(A) expands
(B) to expand
(C) are expanding
(D) had expanded

3. People are ------- waiting for a presenter in the lobby after the meeting starts.

(A) ever
(B) soon
(C) quite
(D) now

4. The IT team always ------- a review meeting immediately after each significant phase of inspection.

(A) conducting
(B) conducts
(C) conducted
(D) is conducting

PART 7

Questions 1-2 refer to the following advertisement.

VISIT ST MARKET ONLINE AND GET A DISCOUNT!

In the months of July and August,
we are offering all our customers a 30% discount on orders online.
Prior to getting a discount code, it is first necessary to register.
Register at www.stmarket.com/register now!

1. How long does the event last?

(A) A week
(B) 2 months
(C) 15 days
(D) A day

2. What is indicated about ST Market?

(A) It is asking customers to share ideas.
(B) It is offering a discount on offline purchases.
(C) It provides email vouchers.
(D) It runs an online website.

일반동사 현재 시제 부정문

We **don't collect** any personal information.
저희는 개인 정보를 수집하지 않습니다.
Ms. Holmes **doesn't work** in the corporate headquarters.
홈즈 씨는 기업 본사에서 일하지 않습니다.

1. I don't : 나는 ~하지 않는다

주어	do동사 부정형	동사원형
I	don't	
he she it	doesn't	collect work have invest think conduct offer reach accept
we you they	don't	

I **don't have** course materials.
저는 강의 자료를 갖고 있지 않습니다.

He **doesn't invest** in the stock market.
그는 주식 시장에 투자하지 않는다.

She **doesn't think** about the price.
그녀는 가격을 생각하지 않는다.

This book **doesn't have** any pictures.
이 책은 사진이 들어 있지 않다.

The park **doesn't conduct** daily tours in January.
공원은 1월에 일일 견학을 진행하지 않는다.

We **don't offer** a delivery service.
저희는 배달 서비스를 제공하지 않습니다.

Your orders **don't reach** the minimum order quantities.
당신의 주문이 최소 주문량에 미치지 않습니다.

They **don't accept** online applications.
그들은 온라인 지원을 받지 않습니다.

PRACTICE

A. 다음 문장을 부정문으로 바꾸세요.

1. I have the same problem. →
2. Mr. Lian knows the hiring manager. →
3. We send the promotion email biweekly. →

B. 밑줄 친 부분에 유의하여 문장의 해석을 완성하세요.

1. They <u>don't offer</u> a healthcare plan. 그들은 의료보험 제도를 _____.
2. My insurance <u>doesn't cover</u> prescription drugs. 나의 보험은 처방 약을 _____.
3. We <u>don't subscribe</u> to any newspaper. 우리는 어떤 신문도 _____.

C. 빈칸에 알맞은 보기를 고르세요.

1. I'm sorry sir, but we ------- a reservation under that name.
   (A) not have   (B) not having   (C) don't have   (D) doesn't have

PART 2

1. Mark your answer on your answer sheet.   (A)   (B)   (C)

2. Mark your answer on your answer sheet.   (A)   (B)   (C)

PART 5

1. Mr. Aldridge doesn't ------- the Globe Hotel as a venue for the company event.

(A) is recommending
(B) recommendation
(C) recommends
(D) recommend

2. The community center doesn't ------- use of facilities for private meetings and product launches.

(A) allow
(B) allowed
(C) is allowing
(D) allowed

PART 7

Questions 1-2 refer to the following text message chain.

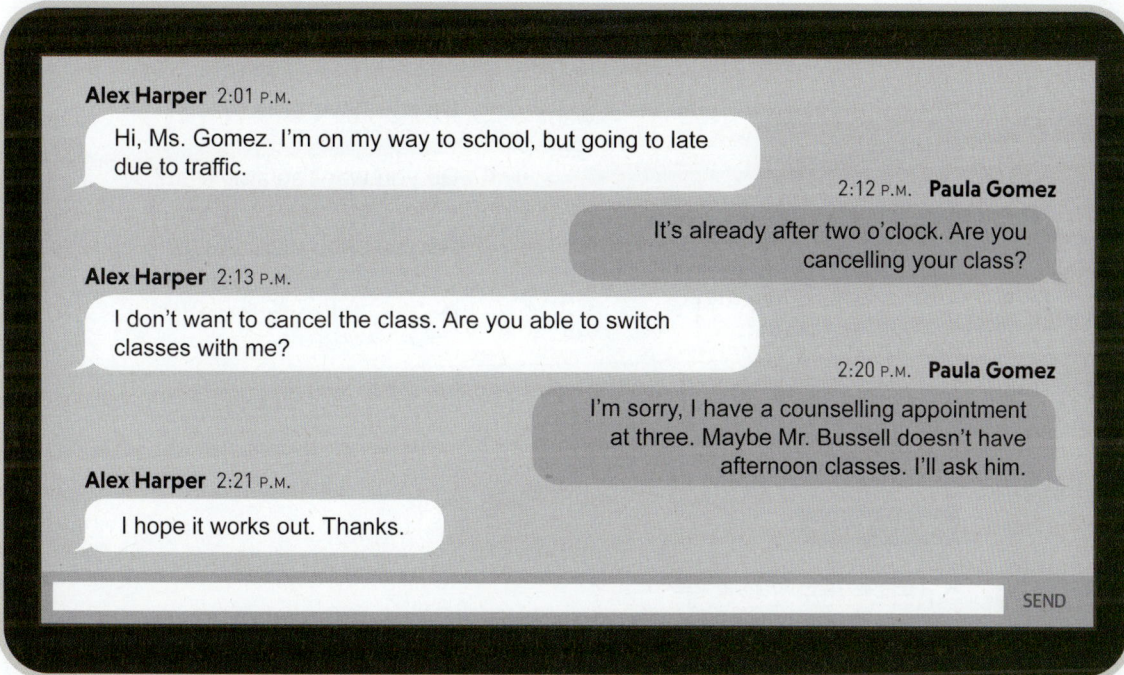

Alex Harper 2:01 P.M.
Hi, Ms. Gomez. I'm on my way to school, but going to late due to traffic.

2:12 P.M. **Paula Gomez**
It's already after two o'clock. Are you cancelling your class?

Alex Harper 2:13 P.M.
I don't want to cancel the class. Are you able to switch classes with me?

2:20 P.M. **Paula Gomez**
I'm sorry, I have a counselling appointment at three. Maybe Mr. Bussell doesn't have afternoon classes. I'll ask him.

Alex Harper 2:21 P.M.
I hope it works out. Thanks.

SEND

1. What does Ms. Gomez indicate she will do?

(A) Arrive late to the class
(B) Prepare the counselling
(C) Cancel the class
(D) Arrange the schedule

2. At 2:21 p.m., what does Mr. Harper most likely mean when he writes, "I hope it works out"?

(A) He doesn't want to change the schedule.
(B) He is pleased at the suggestion.
(C) He is busy at the moment.
(D) He doesn't think it is a good idea.

일반동사 현재 시제 의문문

Do you **take** your lunch to work?
당신은 회사에 점심을 가져오나요?

Does he **have** a security badge?
그가 보안 배지를 가지고 있나요?

KEY VOCA

security 보안, 안전
recommendation 추천
capability 기능, 능력
architect 건축가
make sense 이치에 맞다
previous 이전의
assess 평가하다
manufacturing 제조(업)
merger 합병, 결합
complete 완성하다,
마치다

1. Do you ~? : 당신은 ~하나요?

do동사	주어	동사원형
Do	I	
Does	he she it	take have need know work like want get
Do	we you they	

Do I **need** recommendation letters?
저에게 추천서가 필요하나요?

Does he **know** the area well?
그가 그 지역을 잘 아나요?

Does she **work** overtime?
그녀는 추가 근무를 하나요?

Does Ms. Hampton **like** your idea?
햄튼 씨가 당신의 아이디어를 좋아하나요?

Does this speaker **have** Bluetooth capability?
이 스피커는 블루투스 기능을 가지고 있나요?

Do you **have** time to talk?
당신은 이야기할 시간이 있나요?

Do you **want** an aisle seat?
통로 좌석을 원하시나요?

Do you **get** a medical check-up regularly?
당신은 정기적으로 건강검진을 받습니까?

Do they **take** credit cards?
그들은 신용카드를 받나요?

PRACTICE

A. 각 문장에 알맞은 do동사를 고르세요.

1. (Do / Does) Ms. Johnson take this pill?
2. (Do / Does) we need more architects?
3. (Do / Does) it make sense to you?

B. 다음 문장을 의문문으로 바꾸세요.

1. Mr. Lewis contacts his previous employer. →
2. They share their opinions with each other. →
3. He assesses a manufacturing process. →

C. 빈칸에 알맞은 보기를 고르세요.

1. Does Saito Company ------ the merger to be completed this month?
   (A) expects   (B) expecting   (C) expect   (D) to expect

PART 2

1. Mark your answer on your answer sheet.　(A)　(B)　(C)

2. Mark your answer on your answer sheet.　(A)　(B)　(C)

3. Mark your answer on your answer sheet.　(A)　(B)　(C)

4. Mark your answer on your answer sheet.　(A)　(B)　(C)

5. Mark your answer on your answer sheet.　(A)　(B)　(C)

6. Mark your answer on your answer sheet.　(A)　(B)　(C)

PART 3

1. Who is the man?

   (A) A cleaner
   (B) A store clerk
   (C) A building manager
   (D) A party planner

2. What is the problem?

   (A) An item is damaged.
   (B) A coupon is expired.
   (C) An item is too expensive.
   (D) The floor is wet.

3. What does the man offer to do?

   (A) Deliver an item
   (B) Speak to a manager
   (C) Call a provider
   (D) Reduce a price

Be동사 과거 시제 (was, were)

I was in the meeting.
저는 회의 중이었습니다.
The subject of the meeting was the company's financial situation.
회의 주제는 회사의 재무 상황이었습니다.

KEY VOCA

subject 주제
financial 재정의
regional 지역의
among ~ 사이의
outstanding 뛰어난
shocked 충격을 받은
renovation 보수공사
expertise 전문지식
qualified 자격을 갖춘

1. be동사 과거 시제(was, were) : ~이었다, 있었다

주어	be동사	
I	was	**I was** previously Blue Ocean Hotels' regional director. 저는 이전에 블루 오션 호텔의 지사장이었습니다. **I was** a presenter at the patient care workshop last year. 저는 작년 환자 간호 워크숍의 발표자였습니다.
he she it	was	Mr. Brown **was** among one of the most outstanding candidates. 브라운 씨는 가장 뛰어난 후보자 중 한 명이었다. She **was** shocked at the news. 그녀는 그 소식에 충격을 받았다. The train station **was** under renovation two weeks ago. 두 주 전에 기차역은 수리 중이었다. The job fair at the Grand Hotel **was** great. 그랜드 호텔에서의 직업 박람회는 멋졌습니다.
we you they	were	We **were** aware of the problem. 우리는 그 문제를 알았다. You **were** so kind to me yesterday. 당신은 어제 제게 몹시 친절했습니다. Your expertise and experience **were** very helpful. 당신의 전문지식과 경험이 매우 도움되었습니다.

PRACTICE

A. 밑줄 친 be동사를 과거 시제로 바꾸세요.

1. Ms. Hopkins <u>is</u> a qualified candidate.
2. I <u>am</u> concerned about the decline in sales.

B. 각 문장에 알맞은 be동사를 고르세요.

1. The information (was / were) available on the website.
2. Last night's event (is / was) a huge success.
3. These blenders (was / were) especially popular last year.

C. 빈칸에 알맞은 보기를 고르세요.

1. The CFO ------- under great pressure.
   (A) are (B) were (C) was (D) be

PART 5

1. The revised design ------- completely different from the original and it was much better.

(A) are
(B) were
(C) was
(D) is

2. The whole company was ------- because our newest product wasn't popular.

(A) qualified
(B) concerned
(C) supposed
(D) sophisticated

3. Ms. Wooldridge ------- previously in charge of the accounting department.

(A) is
(B) was
(C) are
(D) were

4. Yesterday the visitors ------- impressed with the factory's brand-new facility.

(A) was
(B) were
(C) is
(D) are

5. Mr. Maxwell ------- a senior sales representative when he was at Top Market.

(A) is
(B) are
(C) was
(D) were

6. The sales director ------- unable to return the client's call because he was on a flight to Chicago.

(A) is
(B) are
(C) was
(D) were

PART 7
Questions 1-2 refer to the following article.

New York - Last Wednesday was Maya Fabric House's 12th anniversary. It was a small fabric manufacturer in Brooklyn. It was even on the verge of bankruptcy four years ago. But now it is an international company with 4,000 employees. To celebrate its anniversary and accomplishments, Maya Fabric House is holding a charity auction this Friday. The preview of the auction items is available on www.maya-fabric.com.

1. What is this article about?

(A) A product launch
(B) A management course
(C) A job opening
(D) A charity event

2. What is indicated about Maya Fabric House?

(A) It is doing business overseas.
(B) It went bankrupt.
(C) It is hiring part-timers.
(D) It was a charity organization.

Be동사 과거 시제 부정문과 의문문

Were you aware of the problem?
당신은 그 문제를 알고 있었습니까?
I **was not** aware of the problem.
저는 그 문제에 관해 알고 있지 않았습니다.

KEY VOCA

confident 자신 있는
satisfactory 만족스러운
channel 경로, 수단
particular 특정한,
까다로운
director 이사, 감독
operational
사용 준비가 된
absent 불참한
competent 유능한
supervisory 감독하는
relevant 관련 있는

1. be동사 과거 시제 부정문 : ~이 아니었다, 있지 않았다

주어	be동사 부정형	
I he/she/it	was not (= wasn't)	I **wasn't** confident about my decision. 나는 내 결정에 자신 있지 않았다. The service **was not** satisfactory. 서비스가 만족스럽지 않았다.
we you they	were not (= weren't)	We **were not** at the bus terminal. 우리는 버스 터미널에 있지 않았습니다. The sales channels **were not** ideal. 판매 경로가 이상적이지 않았다.

2. be동사 과거 시제 의문문은 **be동사가 문장의 맨 앞에** 나온다.

be동사	주어	
Was	I he/she/it	**Was** he particular about food? 그가 음식에 까다롭게 굴었나요? Yes, he was. / No, he wasn't. **Was** his suggestion technically possible? 그의 제안이 기술적으로 가능했습니까? Yes, it was. / No, it wasn't.
Were	we you they	**Were** you on the board of directors? 당신은 이사진 중 한 명이었습니까? Yes, I was. / No, I wasn't. **Were** the offices operational? 사무실들은 사용 준비가 되어 있었나요? Yes, they were. / No, they weren't.

PRACTICE

A. 다음 문장을 의문문으로 바꾸세요.

1. He was absent from the meeting. →
2. Ms. Yen was a competent accountant. →

B. 밑줄 친 부분에 유의하여 문장의 해석을 완성하세요.

1. Mr. Bauman <u>was not</u> a member of the supervisory board. 바우만 씨는 감사회 회원이 _____.
2. His presentation <u>wasn't relevant</u> to the topic of the workshop. 그의 발표는 워크숍 주제와 _____.
3. Customer feedback on the new software <u>was not great</u>. 새 소프트웨어에 관한 고객 의견은 _____.

C. 빈칸에 알맞은 보기를 고르세요.

1. His colleague was ------- a general manager in Ottawa.
   (A) not   (B) no   (C) nothing   (D) nobody

PART 2

1. Mark your answer on your answer sheet.　(A)　(B)　(C)

2. Mark your answer on your answer sheet.　(A)　(B)　(C)

3. Mark your answer on your answer sheet.　(A)　(B)　(C)

4. Mark your answer on your answer sheet.　(A)　(B)　(C)

PART 5

1. In fact it ------- not a matter of speed but safety.

(A) are
(B) were
(C) was
(D) am

2. Even though Mr. Thompson was not ------- to lead the meeting, he was able to find a substitute.

(A) persuasive
(B) satisfactory
(C) available
(D) extensive

3. The residents of this apartment ------- not in favor of the plan.

(A) is
(B) was
(C) am
(D) were

4. Samuel's proposal was not ------- for our needs.

(A) delicate
(B) appropriate
(C) regional
(D) technical

5. There weren't any additional ------- imposed by the Financial Reporting Council.

(A) restrict
(B) restricted
(C) restrictedly
(D) restrictions

6. Ms. Lane was granted two interviews ------- ultimately was not hired.

(A) or
(B) such
(C) but
(D) for

일반동사 과거 시제

We **decided** to go with Mr. Morton.
우리는 모튼 씨와 가기로 했어요.

He **gave**[1] two weeks' notice to quit.
그는 그만둔다는 2주 전 통보서를 냈어요.

KEY VOCA

notice 통보(서)
quit 끝내다
proposal 제안(서)
secure 지키다, 확보하다
contract 계약
committee 위원회
confirm 확인하다
announce 알리다
pretax 세전의
profit 수익
departure 출발

1. I did : 나는 ~했다

주어	일반동사	
I he/she/it we/you/they	*did*	I **ordered** it half an hour ago. 저는 그것을 30분 전에 주문했어요. Mr. Carell **accepted** our proposal. 카렐 씨가 우리의 제안을 받아들였습니다. She **left**[2] the office one hour ago. 그녀는 한 시간 전에 사무실을 나갔어요. Last year our total export sales **rose**[3] 7%. 작년에 우리의 전체 수출액은 7퍼센트 상승했다. We **rescheduled** the interview. 우리는 면접 일정을 재조정했습니다. You **secured** a huge contract for the company. 당신은 회사를 위해 큰 계약을 확보했습니다. They **continued** to work in the field. 그들은 현장에서 작업을 계속했다. Only two members of the committee **voted** against the report. 오직 두 명의 위원이 그 보고서에 반대하는 표를 던졌다.

PRACTICE

A. 각 문장에 알맞은 일반동사를 고르세요.

1. I (sell / sold) an account to a start-up company 2 years ago.
2. Ms. Asada (confirm / confirmed) my reservation.
3. Mr. Kinsey usually (take / took) the subway to work.

B. 밑줄 친 부분에 유의하여 문장의 해석을 완성하세요.

1. He <u>checked</u> the inventory. 그는 재고를 _____.
2. They <u>announced</u> a fall in pretax profits. 그들은 세전 수익 하락을 _____.

C. 빈칸에 알맞은 보기를 고르세요.

1. My tour operator ------- the flight departure time again.
   (A) change   (B) changes   (C) changing   (D) changed

[1] give의 과거형

[2] leave의 과거형

[3] rise의 과거형

PART 5

1. Last week Kelso Company ------- new equipment in exchange for old equipment.

(A) acquire
(B) acquired
(C) is acquiring
(D) be acquired

2. The president ------- the role of social services.

(A) emphasis
(B) emphasize
(C) emphasized
(D) emphatically

3. Mr. Hopkins urged them not ------- the opportunity to participate in the evaluation group for information management.

(A) missed
(B) to miss
(C) missing
(D) miss

4. Anthony Howell's new novel *Amigo* ------- over one million copies within six months of its release.

(A) sold
(B) rose
(C) paid
(D) spent

PART 7

Questions 1-2 refer to the following article.

SLP'S NEW CHANNELS COMING UP

By Anton Schultz

The SL Production (SLP) announced the introduction of five new TV channels. — [1] —. SLP's CEO, Mr. David Bremen said this is in direct response to customer feedback. — [2] —. "I'm very happy for these improvements. We are also launching a brand new Kids channel online."
— [3] —. The new channels are all coming in early January, and Mr. Bremen is confident of success of them. — [4] —.

1. What is reported about SLP?

(A) It hired a broadcasting firm.
(B) It launched a new sports channel.
(C) It introduced the start of new channels.
(D) It decided to merge the two companies.

2. In which positions marked [1], [2], [3], and [4] does the following sentence best belong?

"He thinks this channel adds another exciting dimension to their kids & education line-up."

(A) [1]
(B) [2]
(C) [3]
(D) [4]

일반동사 과거 시제 부정문과 의문문

Did she **renew** the subscription?
그녀가 구독을 갱신했나요?

No, she **didn't renew** her subscription yet.
아뇨, 그녀는 아직 구독을 갱신하지 않았어요.

KEY VOCA

renew 갱신하다
client 의뢰인, 고객
show up 나타나다,
등장하다
back 뒷받침하다, 지지하다
candidate 후보, 지원자
application 지원
form 양식, 서식
transfer 이동하다, 옮기다
take place 열리다,
개최되다
purchase 구입하다

1. I didn't ~ : 나는 ~하지 않았다

주어	do동사 부정형	동사원형	
I he/she/it we/you/they	didn't (= did not)	receive show work back	I **didn't receive** any email from the client. 저는 의뢰인으로부터 어떤 이메일도 받지 않았습니다. He **didn't show** up to the meeting. 그는 회의에 나타나지 않았다. It **didn't work** out. 그것은 효과가 없었어요. The figures **didn't back** it up. 수치가 그것을 뒷받침해주지 않았다.

2. Did you ~? : 당신은 ~했나요?

do동사	주어	동사원형	
Did	I he/she/it we/you/they	renew attend interview go have	**Did** Mr. Trebus **attend** the meeting today? 트레버스 씨가 오늘 회의에 참석했나요? **Did** Ms. Klinton **interview** the candidates? 클린턴 씨가 후보자들을 면접 봤어요? **Did** you **go** to Marysville Tuesday? 당신은 화요일에 매리스빌에 가셨나요? **Did** they **have** time to write the application form? 그들은 지원서를 쓸 시간이 있었나요?

PRACTICE

A. 다음 문장을 부정문으로 바꾸세요.

1. He transferred to another city. →
2. The air show took place on 25 to 30 August. →

B. 각 문장에 알맞은 do동사를 고르세요.

1. (Did / Do / Does) Mr. Allen purchase a new store? 알렌 씨가 새로운 점포를 구입했나요?
2. (Did / Do / Does) you visit your doctor often? 당신은 의사를 자주 보러 가나요?

C. 빈칸에 알맞은 보기를 고르세요.

1. He didn't ------- up for a training program.
   (A) signs   (B) signed   (C) signing   (D) sign

PART 2

1. Mark your answer on your answer sheet. (A) (B) (C)

2. Mark your answer on your answer sheet. (A) (B) (C)

PART 3

Item	Price
Whisky	$10.00
Fruit juice	$4.00
Mineral water	$2.00
Crisps	$1.00

1. Where does the man most likely work?

(A) At a research firm
(B) At a restaurant
(C) At a hotel front desk
(D) At a real estate agency

2. Look at the graphic. How much will the woman pay for the mini bar?

(A) $2.00
(B) $4.00
(C) $6.00
(D) $10.00

PART 5

1. The legal department didn't really ------- a lot of progress in those talks.

(A) make
(B) makes
(C) made
(D) to make

2. ------- Mr. Daniels made a proposal to bring people together, it didn't appear to count at all.

(A) Although
(B) So that
(C) Regarding
(D) Because of

과거진행 시제

I was waiting for a client at the airport.
저는 공항에서 고객을 기다리고 있었습니다.
I was standing in the arrivals hall.
저는 입국장에 서 있었습니다.

KEY VOCA

airport 공항
arrival 도착
warehouse 창고
recent 최근의
further 추가적인
check 확인하다
even though
비록 ~일지라도
monitor 관찰하다
expansion 확장
meaningful 의미 있는

1. 과거진행 시제는 **과거의 특정 시점에 진행 중이었던 일을 표현**할 수 있다.

2. be동사 과거형(was/were) + 현재분사(-ing) : ~하는 중이었다

be동사	현재분사	
was were	waiting standing leaving writing sitting considering talking checking	I got your message when I **was leaving** for the warehouse. 창고로 떠나고 있을 때 당신의 메시지를 받았어요. My assistant **was writing** a report about the recent market trend. 제 비서는 최근 시장 동향에 관한 보고서를 작성하고 있었습니다. She **was sitting** at the front. 그녀는 앞쪽에 앉아있었다. We **were considering** further investment in service development. 우리는 서비스 개발에 추가 투자를 고려하고 있었습니다. It's too bad that you **were talking** to the wall. 당신이 벽에 이야기하고 있었다니 참 안됐네요. The technicians **were checking** the car's engine when I arrived there. 내가 도착했을 때 기술자들이 차의 엔진을 점검하는 중이었다.

PRACTICE

A. 괄호 안 동사를 적절한 형태로 바꾸세요.

1. We were (think) about having pizza for dinner. 우리는 저녁으로 피자를 먹는 것에 대해 생각하고 있었어요.
2. She was (work) at home even though she was sick. 그녀는 아팠는데도 집에서 일하고 있었습니다.

B. 각 문장에 알맞은 be동사를 고르세요.

1. While I was monitoring the situation, he (is / was) reviewing the report.
2. We (are / were) discussing the expansion plan at that time.

C. 빈칸에 알맞은 보기를 고르세요.

1. We were ------- meaningful progress before you arrived.
   (A) make (B) made (C) making (D) makes

PART 2

1. Mark your answer on your answer sheet.   (A)   (B)   (C)

2. Mark your answer on your answer sheet.   (A)   (B)   (C)

3. Mark your answer on your answer sheet.   (A)   (B)   (C)

4. Mark your answer on your answer sheet.   (A)   (B)   (C)

PART 3

1. Where do the speakers most likely work?

    (A) At an advertising agency
    (B) At a research laboratory
    (C) At a furniture company
    (D) At an event planning company

2. What does the man mention he did yesterday?

    (A) He had a meeting.
    (B) He attended a seminar.
    (C) He made a contract.
    (D) He prepared a presentation.

3. What does the woman offer to do?

    (A) Make a reservation
    (B) Postpone the deadline
    (C) Contact the client
    (D) Analyze some information

과거진행 시제 부정문과 의문문

Was all equipment **working** properly?
모든 장비가 적절하게 작동하고 있었습니까?
No, some **wasn't working** properly.
아니요, 몇몇은 적절하게 작동하고 있지 않았습니다.

1. 과거진행 시제 부정문(was/were not -ing) : ~하고 있지 않았다

주어	be동사 부정형	현재분사	
I he/she/it	was not (= wasn't)	working making considering attending	The local branch **wasn't making** enough profit. 분점은 충분한 수익을 내고 있지 않았다. At first, we **weren't considering** seasonal fluctuations. 처음에, 우리는 계절적 변동을 고려하고 있지 않았습니다.
we you they	were not (= weren't)		They **weren't attending** the charity reception. 그들은 자선 연회에 참석하고 있지 않았습니다.

2. 과거진행 시제 의문문은 **be동사가 문장의 맨 앞에** 나온다.

be동사	주어	현재분사	
Was	I he/she/it	supervising calling running complaining	**Was** Ms. Adorno **supervising** the interns? 아도르노 씨가 인턴들을 감독하고 있었습니까? **Was** he **calling** the central office? 그가 중앙 사무실에 연락하고 있었습니까?
Were	we you they		**Were** you **running** the administrative division? 당신은 행정부서를 운영하고 있었습니까? **Were** the employees **complaining** about working conditions? 직원들이 업무환경에 관해 불평하고 있었나요?

PRACTICE

A. 다음 문장을 의문문으로 바꾸세요.

1. Dr. Miller was conducting research in Argentina. →
2. The hotel was offering special prices. →

B. 밑줄 친 부분에 유의하여 문장의 해석을 완성하세요.

1. The local branch wasn't experiencing huge profit loss. 분점은 큰 수익 손실을 _____.
2. He wasn't managing his department skillfully. 그는 자기의 부서를 씨씨 있게 _____.
3. We weren't expecting a large number of guests. 우리는 많은 수의 손님을 _____.

C. 빈칸에 알맞은 보기를 고르세요.

1. The film was not ------- good reviews.
   (A) get (B) got (C) getting (D) gets

PART 3

1. What problems do the speakers have?

(A) They lost an important client.
(B) Sales figures are falling unexpectedly.
(C) The global markets are unstable.
(D) Several projects are over the budget.

2. What does the man mean when he says, "I know"?

(A) He has extensive knowledge.
(B) He thinks Mr. Ford is a great manager.
(C) He agrees with the woman's opinion.
(D) He has a solution to the problem.

3. What does the man suggest to the woman?

(A) Find a substitute for Mr. Ford
(B) Convene a meeting
(C) Develop a training program
(D) Renew Mr. Ford's contract

PART 5

1. The directors acknowledged that the main system ------- not working properly.

(A) are
(B) were
(C) was
(D) am

2. The reporter revealed the fact that the organization wasn't ------- the facility according to the rule.

(A) inspect
(B) inspects
(C) inspected
(D) inspecting

3. The study acted as the basis for the technical portion of the plan, but the credibility of that was not -------.

(A) encouraging
(B) surrounding
(C) increasing
(D) researching

4. The engine was not producing enough power to maintain stable flight, ------- Mr. Edwards searched for a suitable location for a forced landing.

(A) but
(B) so
(C) when
(D) because

현재완료 시제

I **have worked** here since last year.
저는 여기서 작년부터 일해왔습니다.
He **has finished** the report.
그는 보고서를 끝마쳤습니다.

KEY VOCA

since ~이래로, ~부터
promotion 승진, 홍보
provide 제공하다
assistance 지원
component 부품, 부속
unemployment
실업(률)
decrease 감소하다,
하락하다
increase 증가하다

1. 현재완료는 과거에 일어난 일이 **현재까지 이어지거나, 현재에 계속 영향을 미칠 때** 사용한다.

| 현재완료가 쓰이는 대표적인 4가지 상황: | ① 완료 (막 방금 전에 ~했다) |
| ② 계속 (지금까지 ~해왔다) |
| ③ 경험 (~한 적이 있다) |
| ④ 결과 (결국 ~했다) |

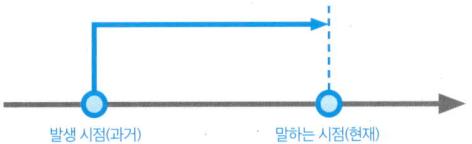

발생 시점(과거)   말하는 시점(현재)

2. have + *done* : ~해왔다, ~했다

주어	have + 과거분사❶	축약형
I	have *done*	= I've *done*
he she it	has *done*	= he's *done* = she's *done* = it's *done*
we you they	have *done*	= we've *done* = you've *done* = they've *done*

I **have known** Dr. Smith for❷ 10 years.
나는 스미스 선생님을 10년 동안 알아왔다. 계속

He**'s** just❷ **heard** about Tom's promotion.
그는 톰의 승진 소식을 방금 들었다. 완료

Ms. Wisely **has provided** technical assistance.
위즐리 씨는 기술적 지원을 제공해 오고 있다. 계속

The Bedfordshire plant **has produced**
10,000 components.
베드포드셔 공장은 1만 개의 부품을 생산했다. 계속

We**'ve phoned** him 4 times.
우리는 그에게 4번 전화했다. 경험

Total unemployment **has decreased** by 2%.
전체 실업률은 2% 하락했다. 결과

❶ 동사의 변화형 중 하나로 형용사의 성질을 띠며, 완료형 및 수동형을 만들 때 쓰인다.

❷ 현재완료 시제와 어울리는 시간 표현: since(~ 이후로), for(~ 동안), just(막), already(이미), recently(최근에) 등

PRACTICE

A. 문장의 해석에 알맞은 표현을 고르세요.

1. Clients (have increased / has increased) their orders. 고객들이 주문량을 늘렸습니다.
2. I (have / had) just had lunch. 저는 막 방금 점심을 먹었어요.

B. 밑줄 친 부분에 유의하여 해석을 완성하세요.

1. Mr. Wong <u>has returned</u> from vacation. 윙 씨는 휴가에서 _____.
2. They <u>have attended</u> the promotional events. 그들은 홍보 행사에 _____.

C. 빈칸에 알맞은 보기를 고르세요.

1. He says he ------- a letter from John Grey.
 (A) has receive (B) have receive (C) receive (D) has received

PART 2

1. Mark your answer on your answer sheet.   (A)   (B)   (C)

2. Mark your answer on your answer sheet.   (A)   (B)   (C)

PART 5

1. They ------- a large supply of monitors over the last 6 months.

(A) receives
(B) is receiving
(C) having received
(D) have received

2. Ms. Esser has been in this position ------- the past 7 years.

(A) for
(B) with
(C) by
(D) to

3. The City Council has given $180,000 in government grants to 80 organizations ------- the last fiscal year.

(A) despite
(B) except
(C) since
(D) behind

4. We have ------- received the documents dated on 13 January and we are in the process of checking these against our verification requirements.

(A) usually
(B) shortly
(C) regularly
(D) recently

5. The sales department ------- the promotional event already without consulting the management.

(A) has extended
(B) will extend
(C) extends
(D) extending

6. The Wise Financials ------- through a lot of transformations since 2013.

(A) goes
(B) going
(C) are going
(D) has gone

7. The local ------- has produced 10,000 components since it opened.

(A) plant
(B) report
(C) order
(D) event

8. Gate Security INC. has consistently ------- excellent security services for over twenty five years.

(A) provide
(B) provides
(C) provided
(D) providing

현재완료 시제 부정문과 의문문

The board **hasn't voted** to suspend funding. 이사회는 자금 조달을 중단하는 데 투표하지 않았다.
Have you **applied** to any other universities? 다른 대학교에 지원하셨나요?

1. haven't *done* : ~해오지 않았다 계속 , ~하지 않았다 완료 결과 , ~한 적이 없다 경험

주어	have동사 부정형	과거분사
I we you they	have not (= haven't)	voted met cleaned come
he she it	has not (= hasn't)	

I **haven't met** him in person.
나는 그를 실제로 만나본 적이 없어요.

They **haven't cleaned** the lobby this week.
그들은 이번 주에 로비를 청소하지 않았어요.

He **has not come** today.
그가 오늘 오지 않았어요

2. Have you *done* : 당신은 ~해왔나요?

Have	주어	과거분사
Have	I we you they	applied opened used sent left
Has	he she it	

Have you **opened** our website yet?
당신이 이제 웹사이트를 열어놨나요?

Haven't they **used** that name yet?
그들이 아직 그 이름을 사용하고 있지 않나요?

Has she **sent** out the bills?
그녀가 영수증을 보냈나요?

Has the flight **left** the departure gate?
비행편이 출발 게이트를 떠났나요?

PRACTICE

A. 밑줄 친 부분에 유의하여 문장의 해석을 완성하세요.

1. I haven't decided yet. 저는 아직 _____.
2. Ms. Reed has not contacted me for a week. 리드 씨가 일주일 째 저에게 _____.

B. 다음 문장을 의문문으로 바꾸세요.

1. We have changed our advertising agency. →
2. She has enrolled in a public speaking course. →

C. 빈칸에 알맞은 보기를 고르세요.

1. Haven't you ------- Ms. Turner's proposal?
   (A) decline   (B) have declined   (C) declined   (D) declining

PART 2

1. Mark your answer on your answer sheet.　(A)　(B)　(C)

2. Mark your answer on your answer sheet.　(A)　(B)　(C)

3. Mark your answer on your answer sheet.　(A)　(B)　(C)

PART 3

1. Why does the man talk to the woman?

(A) To invite her to a lunch meeting
(B) To find out the hours of operation
(C) To rent a restaurant temporarily
(D) To inquire about job opportunities

2. What does the woman mean when she says, "One of our kitchen assistants has just quit"?

(A) There is a job opening available.
(B) She is having troubles with the staff.
(C) The restaurant is in a difficult situation.
(D) She is complaining about her job.

3. What will the woman do next?

(A) Contact a hotel
(B) Close a website
(C) Look for an employee
(D) Prepare the table

PART 5

1. Moreover, Mr. Jenkins hasn't ------- PND Pesticides regarding the revised plan until now.

(A) inform
(B) informed
(C) informing
(D) information

2. Ms. Cerone decided to accept the job offer but she hasn't signed the contract -------.

(A) soon
(B) yet
(C) even
(D) almost

미래 시제 (1) will

An IT specialist **will visit** the office.
IT 전문가가 사무실을 방문할 것입니다.

He **will upgrade** our current system.
그는 우리 현 시스템을 업그레이드할 것입니다.

KEY VOCA

specialist 전문가
current 현재의
last 지속하다
postpone 연기하다
approve 승인하다
proposal 제안서
appoint 임명하다
review 검토하다
detail 세부사항

1. 미래 시제는 **미래에 관한 일을 말할 때** 사용한다.

2. 미래 시제 will의 긍정문과 부정문

	will	동사원형	
긍정문	will (= 'll)	visit be talk last place	I **will be** at your office at 12:00. 12시에 당신 사무실에 있겠습니다. We**'ll talk** about the sales report later. 우리는 판매 보고서에 관해 나중에 이야기할 것입니다.
부정문	will not (= won't)		The interview **will not last** more than 30 minutes. 면접은 30분 이상 지속되지는 않을 것입니다. We **won't place** an advertisement on the newspaper. 우리는 신문에 광고를 내지 않을 것입니다.

3. 미래 시제 will의 의문문은 **조동사 will이 문장의 맨 앞에** 나온다.

Will	주어	동사원형	
Will	I he/she/it we you they	postpone approve appoint	**Will** you **postpone** your business trip? 당신은 출장을 연기할 건가요? **Will** Ms. Marshall **approve** the business proposal? 마셜 씨가 사업 제안서를 승인할까요? **Will** the CEO **appoint** a new vice-president within the week? CEO가 이번 주 내로 새 부사장을 임명할까요?

PRACTICE

A. 각 문장에 알맞은 동사를 고르세요.

1. We will (review / reviewing) the software throughout the morning.
2. Your car will (is / be) ready by October 14th.

B. 다음 문장을 의문문으로 바꾸세요.

1. She will pick up the cake. →
2. Mr. Diaz will fix the copying machine tomorrow. →

C. 빈칸에 알맞은 보기를 고르세요.

1. We ------- the details at the next meeting.
   (A) discussed   (B) have discussed   (C) will discuss   (D) was discussing

PART 5

1. Mr. O'Donnell will officially ------- the position of managing director on 1 August.

(A) assumed
(B) assume
(C) assuming
(D) assumes

2. The organizing committee ------- on the venue and date soon.

(A) decided
(B) has decided
(C) will decide
(D) was deciding

3. Our human resources manager will ------- in touch with you shortly.

(A) is
(B) be
(C) was
(D) being

4. The board of directors will ------- the proposal by the end of the month.

(A) approve
(B) visit
(C) last
(D) complain

PART 7

Questions 1-2 refer to the following letter.

Dear Mr. Welding,

On behalf of Skywave Plus, I am pleased to invite you to our company's official launch event. The event will take place on June 10, at La Plaza Hotel. The presentation will start at 6 p.m. A champagne reception will follow at the same venue. Each guest will get a $50 voucher at the end of the presentation. RSVP by May 20 to Linda Hassan, l.hassan@skywaveplus.com, if you will be attending.

Yours sincerely,

Peter Garner

Peter Garner
Promotion Manager

1. Why did Mr. Garner send the letter?

(A) To order an item
(B) To postpone a meeting
(C) To advertise special offers
(D) To invite someone to an event

2. What should Mr. Welding do if he wants to attend the event?

(A) Purchase a product
(B) Send an e-mail
(C) Submit an application
(D) Buy a ticket

미래 시제 (2) be going to

Mr. McKeon **is going to talk** about new company policies.
맥케온 씨가 새 회사 방침에 관해 이야기할 것입니다.

KEY VOCA

policy 방침
address 다루다
as soon as ~ 하자마자
agenda 안건
package 포장
concerning ~에 관한
lecture 강의하다
efficiency 효율성
inventory 재고(목록)

1. be동사 현재형 + going to + 동사원형 : ~할 것이다, ~할 예정이다

be동사	going to	동사원형	
am is are	(not) going to (=gonna)	talk get work address	I**'m going to get** you some food. 제가 음식을 좀 가져다 줄게요. Everything **is going to work** out. 모든 게 잘 해결될 거예요. We **are going to address** this issue as soon as possible. 우리는 가능한 한 빨리 이 문제를 다룰 것입니다.

2. be동사 과거형 + going to + 동사원형 : ~할 예정이었다, ~하려고 했다

be동사	going to	동사원형	
was were	(not) going to (=gonna)	make redesign	I **was going to make** copies of the agenda for the staff meeting. 저는 직원회의 안건을 복사하려고 했어요. They **were not going to redesign** the package. 그들은 포장 용기를 다시 디자인하려고 하지 않았어요.

3. be going to + 동사원형의 의문문은 **be동사가 문장의 맨 앞에** 나온다.

Mr. McKeon **is** going to talk about new company policies. 평서문

Is Mr. McKeon going to talk about new company policies? 의문문

PRACTICE

A. 각 문장에 알맞은 동사를 고르세요.

1. I'm going to (send / sent) you some information concerning the project.
2. Dr. Fincher is going to (lecturing / lecture) on work efficiency.

B. 다음 문장을 의문문으로 바꾸세요.

1. We are going to focus on the European market. →
2. Benjamin is going to attend Mark's wedding. →

C. 빈칸에 알맞은 보기를 고르세요.

1. Mr. Martinez is going to ------- the inventory this afternoon.
   (A) check   (B) checks   (C) checking   (D) checked

PART 2

1. Mark your answer on your answer sheet.   (A)   (B)   (C)

2. Mark your answer on your answer sheet.   (A)   (B)   (C)

PART 4

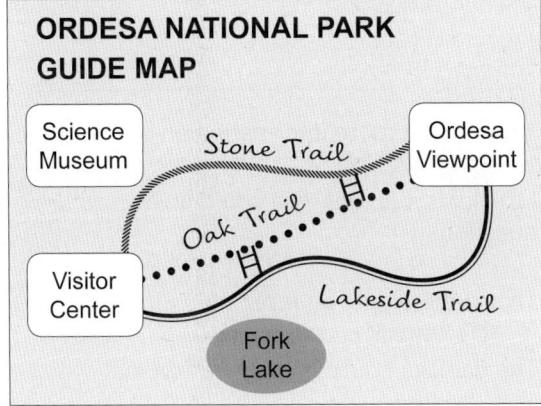

1. Who most likely is the speaker?

  (A) An art dealer
  (B) A tour guide
  (C) A photographer
  (D) A city official

2. Look at the graphic. Where will the listeners NOT be able to visit today?

  (A) Visitor Center
  (B) Fork Lake
  (C) Science Museum
  (D) Ordesa Viewpoint

PART 5

1. This oil painting is going to ------- the overall look of the reception area.

  (A) improve
  (B) improvement
  (C) improving
  (D) improves

2. The development department is not going to ------- happy about the new budget limit.

  (A) is
  (B) was
  (C) be
  (D) been

Can / Could

Visitors **can get** a guidebook at reception.
방문자들은 접수처에서 안내서를 받을 수 있습니다.

KEY VOCA

visitor 방문객
guidebook 안내서
reception 접수처
worse 더 나쁜
copy 한 부
reschedule
일정을 다시 잡다
view 경관
reduce 줄이다
guarantee 보장하다

1. 조동사 can(과거형 could) + 동사원형 : ~할 수 있다, ~해도 좋다, ~일 수도 있다

	can (could)	동사원형	
긍정문	can could	get answer be have	You **can get** more information on our website. 당신은 저희 웹사이트에서 더 많은 정보를 얻을 수 있습니다. I think Ms. Cunningham **could answer** your question. 저는 커닝엄 씨가 당신의 질문에 답변해줄 수 있을 것 같아요.
부정문	cannot (=can't) could not (=couldn't)		That rumor **can't be** true. 그 소문이 사실일 리 없다. The damage **could have** been❶ worse. 피해가 더 심했을 수도 있다.

2. 조동사 의문문은 조동사가 문장의 맨 앞에 나온다.

Visitors **can** get a guidebook at reception. 평서문

Can visitors get a guidebook at reception? 의문문

3. 조동사 can(could)의 의문문은 공손하게 요청하거나 허가를 구하기 위해서도 사용한다.

Can I **have** a copy of the agenda?
의제 한 부를 받을 수 있을까요?

Can we **reschedule** the appointment?
예약 일정을 다시 잡을 수 있을까요?

❶ could + have + 과
거분사: ~했을지도
모른다(약한 추측)

PRACTICE

A. 각 문장에 알맞은 동사를 고르세요.

1. You can (enjoying / enjoy) beautiful views from the terrace.
2. We can (reduce / reduced) the cost from 10% to 7%.

B. 다음 문장을 의문문으로 바꾸세요.

1. WHL can guarantee delivery within three business days. →
2. He can help you move the furniture. →

C. 빈칸에 알맞은 보기를 고르세요.

1. Graham doesn't think that they could ------- the project on time.
   (A) completes   (B) complete   (C) completing   (D) completed

PART 2

1. Mark your answer on your answer sheet.　(A)　(B)　(C)

2. Mark your answer on your answer sheet.　(A)　(B)　(C)

PART 3

Venue	Capacity	Price
Rose Room	25~35	$500
Marble Room	40~60	$650
Crystal Ballroom	80~100	$800
Grand Banquet	120~150	$1,100

1. Why is the man calling?

(A) To purchase a gift card
(B) To express his gratitude
(C) To inquire about special rate
(D) To book a place for a party

2. Look at the graphic. How much will the man pay for the hall?

(A) $500
(B) $650
(C) $800
(D) $1,100

3. What will the man do next?

(A) Send out more invitations
(B) Contact another hotel
(C) Move the date of event
(D) Hire a catering company

PART 5

1. Due to a technical issue with our online server you can ------- the tickets for the show only at our ticket office.

(A) purchases
(B) purchase
(C) purchasing
(D) purchased

2. Gold members of Paradise Vacation can simply ------- online cancellations and modifications to their bookings without additional fees.

(A) make
(B) makes
(C) made
(D) making

May / Might

The repair may take longer than expected.
수리가 예상보다 더 오래 걸릴 수도 있습니다.
May I **get** you some tea while you wait?
기다리시는 동안 차라도 가져다 드릴까요?

1. 조동사 may + 동사원형 : ~해도 괜찮다, ~일지도 모른다

	may	동사원형	
긍정문	may	take request be cover	You **may request** a refund within 48 hours of the transaction. 당신은 거래 48시간 내로 환불을 요청할 수 있습니다.
부정문	may not		The manager **may not be** aware of the gravity of the situation. 관리자는 상황의 심각성을 인지하지 못하고 있을 수도 있다. Your insurance **may not cover** the losses. 당신의 보험이 그 손해를 보상해주지 않을 수도 있습니다.

2. 조동사 may의 의문문은 **공손하게 요청하거나 허가를 구하기 위해서도 사용**한다.

May I **speak** to Mr. Yang? 양 씨와 통화할 수 있을까요?
May I **help** you? 제가 도와드려도 될까요?

3. 조동사 might + 동사원형 : ~일지도 모른다

	might	동사원형	
긍정문	might	have fit be	His cautious attitude **might have** caused❶ some confusion. 그의 신중한 태도가 혼란을 불러일으켰을 수도 있다. This place **might fit** your needs perfectly. 이 장소가 당신의 필요에 완벽하게 맞을지도 모릅니다.
부정문	might not		I **might not be** able to stretch the budget. 제가 예산을 늘리지 못할 수도 있어요.

PRACTICE

A. 각 문장에 알맞은 동사를 고르세요.

1. You might (needs / need) a copy of your medical records.
2. Unauthorized batteries might (cause / caused) damage to the product.

B. 밑줄 친 부분에 유의하여 문장의 해석을 완성하세요.

1. They <u>might change</u> the supplier. 그들은 공급업체를 _____.
2. DPC Corporation <u>might announce</u> more details on the acquisition of Warner Energy tomorrow. DPC사는 워너 에너지 인수에 관한 더 많은 세부사항을 내일 _____.

C. 빈칸에 알맞은 보기를 고르세요.

1. The Customer Department might ------- a significant transformation.
   (A) undergoes (B) undergoing (C) undergone (D) undergo

❶ might + have + 과
거분사: ~했을지도
모른다(약한 추측)

PART 5

1. According to the press release, MGN Inc. might ------- different strategies this time.

    (A) pursue
    (B) pursued
    (C) pursues
    (D) pursuing

2. Despite the challenging market conditions, the sales growth may ------- 7% this year.

    (A) exceedingly
    (B) excess
    (C) exceed
    (D) excessive

3. Their new product line might ------- new customers and increase revenues.

    (A) gain
    (B) gaining
    (C) gained
    (D) gains

4. The employees might not ------- they are getting sufficient financial rewards.

    (A) complete
    (B) prevent
    (C) control
    (D) think

PART 6

Questions 1-4 refer to the following e-mail.

Dear Mr. Clarke,

Thank you for considering the Southfield Hotel for your upcoming -------. Regarding your inquiry,
1.
kindly be informed that you may check in early with no ------- charge but it is subject to availability.
2.
If you wish to make a reservation now, contact 203-450-3791. -------.
3.
Our Reservations and Customer Services Team is always available to answer any questions you

may -------.
4.

Kind regards,

Peter Romero

General Manager, Southfield Hotel

---

1. (A) test
    (B) copy
    (C) noise
    (D) visit

2. (A) full
    (B) total
    (C) general
    (D) extra

3. (A) The drivers may not want to pick you up at the airport.
    (B) Or you may fill out the attached form and send it back to us.
    (C) The hotel is under renovation.
    (D) We offer a wide range of services to tourists.

4. (A) have
    (B) having
    (C) has
    (D) had

Must

The ideal candidate **must have** 3-5 years of sales experience.
이상적인 후보자는 3~5년의 판매 경력을 가지고 있어야 합니다.

1. 조동사 must + 동사원형 : ~해야 한다, ~이 틀림없다

2. 조동사 must not + 동사원형 : ~하지 않아야 한다, ~이 아닌 것이 틀림없다

	must	동사원형	
긍정문	must	have wear be exceed	All participants **must wear** the ID badge at all times. 모든 참가자는 항상 신분증을 착용해야 합니다. You **must be** under a lot of pressure. 당신은 많은 부담을 받고 있겠군요.
부정문	must not		The total dimensions of luggage **must not exceed** 110cm. 수화물의 총 치수가 110센티미터를 초과하지 않아야 합니다.

3. have to + 동사원형 : ~해야 한다, ~이 틀림없다

4. don't have to + 동사원형 : ~할 필요 없다❶

	have to	동사원형	
긍정문	have to	revise find work	I **have to revise** the graph on the report before noon. 저는 정오 전에 보고서의 그래프를 수정해야 합니다. They **had to find** other sources of funding. 그들은 다른 자금 출처를 찾아야 했다.
부정문	don't have to		He **doesn't have to work** late tonight. 그는 오늘 밤에 늦게까지 일할 필요가 없습니다.

PRACTICE

A. 밑줄 친 부분에 유의하여 문장의 해석을 완성하세요.

1. You <u>must not proceed</u> too quickly on these issues. 당신은 이 문제들을 너무 빨리 _____.
2. You <u>don't have to worry</u> about the result. 당신은 결과에 대해 _____.
3. The first draft <u>doesn't have to be perfect</u>. 초고가 _____.
4. We <u>must not ignore</u> the importance of collaboration. 우리는 협업의 중요성을 _____.

B. 빈칸에 알맞은 보기를 고르세요.

1. The building manager ------- to postpone the inspection until next week.
   (A) have   (B) has   (C) must   (D) must not

❶ don't have to와
must not의 해석이
다르므로 유의한다.

PART 5

1. The constructor must ------- all necessary documents by the end of this month.

(A) submit
(B) submitted
(C) submission
(D) submissive

2. Workers must ------- safety helmets properly and follow safety instructions.

(A) wear
(B) install
(C) train
(D) allow

3. The committee must ------- environmental impact assessments annually.

(A) conduction
(B) conductive
(C) conduct
(D) conducting

4. As an investment banker, Mr. Murray must ------- to these changes in global economy professionally.

(A) to respond
(B) responding
(C) responded
(D) respond

PART 6

Questions 1-4 refer to the following notice.

NOTICE

The renovation project for our office is going to take place next week. In order for things to run ------- , all employees must ------- their personal belongings in boxes and leave them on the desk.
    1.   2.
Don't forget to mark your name on the top and sides of each box. If you have any valuables in the office, you have to ------- them home with you. The company cannot be responsible for the
                        3.
loss of any personal items. -------. The renovation is going to last for a week, so you have to work
                              4.
from home. Please check your e-mail and voicemail frequently.

Thank you in advance for your cooperation.

---

1. (A) extensively
(B) persuasively
(C) smoothly
(D) independently

2. (A) exceed
(B) format
(C) ignore
(D) pack

3. (A) take
(B) taken
(C) took
(D) taking

4. (A) The renovation may cause some noise and disturbance.
(B) We have already completed the renovation.
(C) We are excited to announce the expansion plan.
(D) The company has spent $70,000 on renovation.

Should

OK? AGREEMENT OK!
1. ___
2. ___
3. ___
4. ___

Both sides **should come** to an agreement before construction begins.
양 측은 건설이 시작되기 전에 합의에 이르러야 합니다.

1. 조동사 should + 동사원형 : ~하는 것이 좋다, ~일 것이다[1]

2. 조동사 should not + 동사원형 : ~하지 않는 것이 좋다, ~이 아닐 것이다

	should	동사원형	
긍정문	should	come be know move bring spend take	You **should be** careful when using chemicals. 화학약품을 사용할 때 조심해야 합니다. Investors **should know** about the risks before making a decision. 투자자들은 결정을 내리기 전에 위험에 관해 알고 있는 것이 좋습니다. We **should move** to a larger office space. 우리는 더 큰 사무 공간으로 이사해야 합니다. These changes **should bring** greater efficiency. 이 변화들은 너 큰 효율성을 가져올 것입니다.
부정문	should not (=shouldn't)		You **shouldn't spend** too much money on decorations. 당신은 장식에 너무 많은 돈을 써서는 안 됩니다. The survey is very simple and **shouldn't take** longer than 10 minutes. 설문은 매우 단순하며 10분 이상 걸리지 않을 것입니다.

3. 조동사 should의 의문문은 어떤 일을 해야 할지 의견을 묻기 위해 사용한다.

Should we **leave** for the airport now? 우리는 지금 공항으로 떠나야 하나요?
Should I **cancel** the appointment? 제가 예약을 취소해야 할까요?
Should I **call** you back later? 제가 나중에 다시 전화 드릴까요?

PRACTICE

A. 각 문장에 알맞은 동사를 고르세요.

1. Your order should (arrived / arrive) within 5-12 business days after you place it.
2. We should (informing / inform) the supplier of the new address.

B. 밑줄 친 부분에 유의하여 문장의 해석을 완성하세요.

1. We <u>shouldn't postpone</u> the current development plan. 우리는 현 개발 계획을 _____.
2. The total cost <u>should be under</u> $300. 총비용은 300달러 _____.

C. 빈칸에 알맞은 보기를 고르세요.

1. Ms. Mortimer's wide range of experience should ------- a valuable asset to our team.
   (A) is (B) are (C) been (D) be

[1] should는 '~해야 한다'로 해석할 수 있지만 의무보다는 충고의 의미를 나타낸다.

PART 2

1. Mark your answer on your answer sheet.   (A)   (B)   (C)

2. Mark your answer on your answer sheet.   (A)   (B)   (C)

PART 3

1. Where do the speakers most likely work?

(A) At a shopping mall
(B) At a restaurant
(C) At an architecture firm
(D) At a printing company

2. Why does the man say, "No way"?

(A) To suggest a solution
(B) To express surprise
(C) To show regret
(D) To object to the suggestion

PART 7

Questions 1-2 refer to the following information.

FAB ORGANIZATION TO DEVELOP 'FAB SPECIALTY FOOD AWARDS'

Sunday, February 3

— [1] —. FAB Organization announced the development of the FAB Specialty Food Awards.
— [2] —. This is to support the food producers and manufacturers from specialty food industry. It will encourage the producers in manufacturing quality products and following best practices to meet the market demands. — [3] —.
There is no fee to register and submit a product. — [4] —. All the European food producers can participate but need to meet 3 requirements:

- Must have less than 30 full-time employees
- Annual sales should be under 300,000 EUR
- A product for submission must be in the market for less than 12 months as of January 1

---

1. What is indicated about the FAB Specialty Food Awards?

(A) It is to support the European food producers.
(B) It will take place on January 1.
(C) It is open to all the international food producers.
(D) It is the fund-raiser for the food vendors and distributors.

2. In which of the positions marked [1], [2], [3], and [4] does the following sentence best belong?

"The winner of the awards will be highlighted to local and international vendors and distributors."

(A) [1]
(B) [2]
(C) [3]
(D) [4]

Would

I **would like to express** my sincere gratitude for your generous gift.
당신의 관대한 선물에 대해 제 진심 어린 감사를 표하고 싶습니다.

1. 조동사 would + 동사원형 : ~일 것이다

	would	동사원형	
긍정문	would (='d)	be satisfy go decide	The software upgrade **would be** the best solution for now. 지금으로는 소프트웨어 업그레이드가 최선의 해결책일 것입니다. This course **would satisfy** the needs of beginners. 이 과정은 초보자들의 필요를 충족시킬 것입니다.
부정문	would not (=wouldn't)		I **would go** to the Chinese restaurant on 7th Street. 저라면 7번가에 있는 중국 식당에 가겠어요. I **wouldn't decide** such an important matter alone. 저는 그렇게 중요한 문제를 혼자서 결정하지 않을 것입니다.

2. 조동사 would와 함께 사용되는 관용 표현

2-1. would like to + 동사원형 : ~하고 싶다

I **would like to introduce** our new team member to you. 여러분께 새로운 팀원을 소개해주고 싶습니다.

2-2. would rather + 동사원형 : ~하는 것이 더 좋다, 차라리 ~하겠다

I**'d rather focus** on the Arizona office. 저는 애리조나 사무실에 집중하는 것이 더 좋겠어요.

3. 조동사 would의 의문문은 공손하게 요청하거나 제안하기 위해 사용한다.

Would you **fill** in this registration form while waiting? 기다리시는 동안 이 신청서를 작성해주시겠어요?
Would you **like to join** us for dinner? 저녁 식사를 저희와 함께하고 싶으신가요?

PRACTICE

A. 각 문장에 알맞은 동사를 고르세요.

1. His resignation would (be / been) a great loss to our company.
2. I would like to (getting / get) a refund on this shirt.

B. 밑줄 친 부분에 유의하여 문장의 해석을 완성하세요.

1. I'd like to increase the order. 저는 주문을 _____.
2. The initial stage would take much longer than two months.
   초기 단계는 2개월보다 훨씬 더 오래 _____.

C. 빈칸에 알맞은 보기를 고르세요.

1. The participants would ------- training in fire safety precautions.
   (A) receipt (B) received (C) receiving (D) receive

PART 5

1. The moving company would ------- for damaged furniture and compensate the client.

   (A) apologize
   (B) apologizing
   (C) apologized
   (D) apology

2. The plan was based on the expectation that the shopping mall would ------- 2 million visitors per year.

   (A) sell
   (B) release
   (C) attract
   (D) describe

3. The new method of collating information would ------- efficiency in the research center.

   (A) to increase
   (B) increase
   (C) increasing
   (D) increased

4. Ms. Patel would not ------- the job offer from Waterston Group due to the level of the salary.

   (A) acceptingly
   (B) acceptance
   (C) acceptable
   (D) accept

PART 7

Questions 1-2 refer to the following e-mail.

To:	info@goldplate.com
From:	olivia@duvall.com
Subject:	Catering Request

To whom it may concern:

I'm contacting you to request a quote for our company's annual dinner.
A friend of mine recommended your company saying that you would be helpful in meeting my needs. Our company is celebrating its 10th anniversary on May 12. We'll send out invitations to all partner companies, so there would be roughly 350 people attending the banquet.
I would appreciate it if you could give us your reply before April 28.

Sincerely,
Olivia Coleman
Duval Logistics

1. What is the purpose of this e-mail?

   (A) To get an estimate
   (B) To close a contract
   (C) To invite to an event
   (D) To offer information

2. What is suggested about Duval Logistics?

   (A) It will open a new branch.
   (B) It has 350 employees.
   (C) It has been in business for ten years.
   (D) It offers expedited delivery.

능동태와 수동태 (do, be done)

The GR Company was founded in 1970.

GR 사는 1970년에 설립되었다.

6 people are employed there.

6명의 사람이 그곳에 고용되어 있다.

KEY VOCA

found 세우다, 설립하다
employ 고용하다
interest 흥미를 끌다; 흥미
prepare 준비하다
article 기사, <법> 조항
earthquake 지진
impress 인상을 남기다
invoice 송장, 인보이스

1. 주어가 동사의 행위·동작 대상일 때, 그 문장을 **수동태** 문장이라 한다.

Somebody **founded** the GR Company in 1970. 능동태 누군가가 GR 사를 1970년에 설립했다.

The GR Company **was founded** in 1970. 수동태

2. be + done : (주어가) ~되다

be동사	과거분사❶	
am is are	founded employed interested prepared cleaned written promoted damaged	I **am** not **interested** in the project. 저는 그 프로젝트에 흥미가 없습니다. Manson Tech **is prepared** to compromise. 메이슨 테크는 타협할 준비가 되어 있다. **Are** the offices **cleaned** once a week? 사무실은 일주일에 한 번 청소되나요?
was were		This article **was written** by James Harper.❷ 이 기사는 제임스 하퍼에 의해 쓰였다. Ms. Park **was promoted** to a higher position. 박 씨는 더 높은 직책으로 승진되었다. Several historic buildings **were damaged** during the last earthquake. 몇 개의 역사적 건물들이 지난 번 지진이 일어나는 동안 손상되었다.

PRACTICE

❶ 동사의 변화형 중 하나로 형용사 성질을 띠며, 완료형 및 수동형을 만든다.

❷ 수동태 문장에서 동작의 주체는 전치사 by로 나타낼 수 있다.

A. 다음 문장을 수동태 문장으로 바꾸세요.

1. Her ideas impress me. →
2. He delivered the mail. →
3. We collected the data. →

B. 밑줄 친 부분에 유의하여 문장의 해석을 완성하세요.

1. The invoice was emailed three days ago. 3일 전에 송장이 _____.
2. These items are delivered to customers within a week. 이 제품들은 일주일 내로 고객에게 _____.

C. 빈칸에 알맞은 보기를 고르세요.

1. The meeting ------- for May 30.
   (A) is schedule   (B) is scheduled   (C) were scheduled   (D) not scheduled

PART 2

1. Mark your answer on your answer sheet.   (A)   (B)   (C)

2. Mark your answer on your answer sheet.   (A)   (B)   (C)

PART 5

1. This large-scale 3D printer ------- for release in 2020.

(A) planned
(B) is planning
(C) is planned
(D) to plan

2. After the last week's staff meeting, a press release ------- by the company.

(A) is issued
(B) issuing
(C) issued
(D) was issued

PART 6

Questions 1-2 refer to the following instruction.

Every device is exposed to direct sunlight, extreme temperature and moisture. Therefore, all our products are subject to rigorous quality inspections. -------. Through this process, we ensure the highest safety standards for our -------.
1.   **2.**
If you want to buy products and would like to ask more details, call our service team at 350-04-5800.

1. (A) During device inspections, devices are randomly chosen, and put through the defect tracking.
(B) Damaged devices were recently repaired by one of our associates.
(C) We found it difficult to maintain the safety guidelines in the construction field.
(D) You are advised to manually check the machine on your own.

2. (A) providers
(B) customers
(C) technicians
(D) marketers

수동태 진행 시제와 완료 시제

The floor **is being mopped**.
바닥이 닦이고 있다.
The monitor **has been turned** on.
화면이 켜져 있다.

KEY VOCA

mop 닦다, 걸레질하다
turn on ~을 켜다
construct 건설하다, 짓다
account 계정, 계좌
device 기기
display 전시; 전시하다
along ~을 따라서
rack 선반, 거치대
side by side 나란히
water 물; 물을 주다

1. be being *done* : (주어가) ~되고 있다, ~되는 중이다

The floor is **being mopped** . 수동태 진행 be + being + 과거분사
진행 be + 현재분사 ➕ 수동태 be + 과거분사

be동사	being + 과거분사	
am is are	being *done*	I **am being helped** by Mr. Scott. 저는 스캇 씨에게 도움받고 있어요. A house **is being constructed**. 집이 지어지는 중이다. The cartons **are being moved**. 상자들이 옮겨지고 있다.
was were		My account **was being used** by another device. 나의 계정이 다른 기기에서 사용되고 있었어요. **Were** they **being taught** in a classroom? 그들이 교실에서 수업을 받고 있었나요?

2. have been *done* : (주어가) ~되어 있다, ~되었다

The monitor has **been turned** on. 수동태 현재완료 have + been + 과거분사
현재완료 have + 과거분사 ➕ 수동태 be + 과거분사

have	been + 과거분사	
have has	been *done*	The items **have been displayed** on the top shelf. 상품이 맨 위 선반에 진열되어 있습니다. A crate **has been filled** with beans. (나무) 상자가 콩으로 채워져 있습니다.

PRACTICE

A. 문장의 해석에 알맞은 표현을 고르세요.

1. Some dishes (are / were) being washed in the machine. 접시들이 기계 안에서 세척되고 있다.
2. The trees (are being planted / have been planted) along the road. 나무가 길을 따라 심어져 있다.

B. 밑줄 친 부분에 유의하여 문장의 해석을 완성하세요.

1. Some magazines <u>have been placed</u> on the rack. 잡지 몇 개가 진열대에 _____.
2. Some chairs <u>are being set up</u> side by side. 의자가 나란히 _____.

C. 빈칸에 알맞은 보기를 고르세요.

1. Some potted plants -------.
   (A) been watered   (B) have watered   (C) being watered   (D) are being watered

PART 1

1.

(A)   (B)   (C)   (D)

2.

(A)   (B)   (C)   (D)

3.

(A)   (B)   (C)   (D)

4.

(A)   (B)   (C)   (D)

조동사 + 수동태

Maintenance **will be performed** by our contractors.
유지보수는 도급업자들에 의해 수행될 것입니다.

This form **must be completed** in advance.
이 양식은 사전에 작성되어야 합니다.

KEY VOCA

perform 수행하다
contractor 도급업자
complete 완성하다
in advance 미리, 사전에
transport 운송; 운송하다
submit 제출하다
turn in 제출하다
replace 교체하다
supervisor 상사, 감독관
launch 착수하다, 개시하다
effect 효과
request 요청; 요청하다

1. 조동사 + be done : (주어가) ~될 것이다 `미래` `가능` `추측`, ~되어야 한다 `의무` `제안`

조동사	be + 과거분사	
will would `미래`		Most items **can be returned** within 90 days of receiving them. 대부분의 상품은 수령 후 90일 이내에 반품될 수 있습니다. **Can** it **be used** for long-distance transport? 그것은 장거리 운송에 사용될 수 있나요?
can could `가능`		The report **may be reviewed** every two to three years. 보고서는 2년에서 3년 마다 검토될 수 있습니다.
may might `가능` `추측`	be *done*	The proposal **might** not **be allowed**. 그 제안서는 수용되지 않을 수도 있습니다. Contributions **must be submitted** before March 1. 기부금은 3월 1일 전에 제출되어야 합니다.
must have to `의무`		The required documents **have to be turned** in before next Friday. 필요 서류들은 다음 금요일 전에 제출되어야 합니다. Some tools **should be replaced** after a few years. 일부 도구는 수년이 지나면 교체되어야 한다.
should `의무` `제안`		**Should** it **be taken** every day? 그것은 매일 복용되어야 하나요?

PRACTICE

A. 밑줄 친 부분에 유의하여 문장의 해석을 완성하세요.

1. It <u>must be approved</u> by your supervisor. 그것은 당신의 상사에 의해 _____.
2. A reception <u>will not be held</u> at the Plaza Hotel. 리셉션은 플라자 호텔에서 _____.

B. 문장의 해석에 알맞은 표현을 고르세요.

1. The campaign (will / have to) be launched officially next month.
   캠페인은 다음 달에 공식적으로 출범될 것이다.
2. Consumers (should / can) be instructed in the proper use of goods.
   소비자는 상품의 적절한 사용법에 대해 배워야 한다.
3. The long-term effects have to (be seen / see). 장기적인 효과는 지켜봐야 한다.

C. 빈칸에 알맞은 보기를 고르세요.

1. All travel requests must be ------- into the system before you go on your trip.
   (A) enter   (B) enters   (C) entering   (D) entered

PART 5

1. A meeting with Mr. Wang must ------- for tomorrow afternoon otherwise he might look for another firm.

    (A) be arranging
    (B) be arranged
    (C) have arranged
    (D) arrange

2. This year's golf tournament will be ------- at Rosewood Valley Club instead of the Pine Hills Resort.

    (A) hold
    (B) holds
    (C) held
    (D) holding

PART 6

Questions 1-4 refer to the following instructions.

WE WOULD LIKE TO THANK YOU FOR PURCHASING LEVO!

Please read this fully and ------- before using LEVO.
     1.

- LEVO is not recommended for children under 8 years of age.

- Since LEVO is an electric toy, care must be ------- when handling LEVO.
                                            2.

- Do not spill liquid or food on the LEVO. When cleaning the monitor, unplug the power cord and wipe gently with a soft cloth.

- The defects and malfunctions are covered by the LEVO one-year warranty. -------.
                                                               3.

If service is -------, contact us at cs@levocorp.com or our supplying agencies.
     4.

---

1. (A) recently
    (B) extremely
    (C) particularly
    (D) carefully

2. (A) take
    (B) taken
    (C) taking
    (D) to take

3. (A) The results of installation process will be displayed on the monitor.
    (B) Our consulting team is composed of highly trained and experienced people.
    (C) All the second-hand items should be sold in a safe condition.
    (D) If the toy is dismantled, the warranty is void, and service costs will be charged.

4. (A) required
    (B) inquired
    (C) modified
    (D) operated

Who, What, Which

Who is exhibiting at the Art Center?
누가 아트 센터에서 전시하고 있나요?

What does the man offer to do?
남자가 제공하기로 한 것은 무엇인가요?

Which is your choice?
당신의 선택은 어느 것인가요?

1. Who, What, Which는 의문문의 맨 앞에서 **사람, 사물의 내용**을 묻는다.

Who is the man in the meeting room? 질문 회의실에 있는 남자는 누구인가요?

The man in the meeting room is **Mr. Clark** . 대답 회의실에 있는 남자는 클락 씨입니다.

2. Who 누구 / **What** 무엇 / **Which** 어느 것

의문사	be동사/조동사	
Who		**Who** left a suitcase here? 누가 가방을 여기에 두었나요? **Who** was invited to work with Evergreen Motor? 누가 에버그린 모터와 일하도록 요청받았나요? **Who** will you send an email to? 당신은 누구에게 이메일을 보낼 건가요?
What	is ~? do ~? will ~?	**What** is causing the problem? 무엇이 문제를 일으키고 있습니까? **What** is your major complaint? 당신의 주된 불만은 무엇입니까?
Which		**Which** is vulnerable to the market situations like this? (그 중) 어느 것이 이와 같은 시장 상황에 취약합니까? **Which** is the key to the conference room? (이 중) 어느 것이 회의실 열쇠입니까?

PRACTICE

A. 밑줄 친 부분에 유의하여 문장의 해석을 완성하세요.

1. <u>What</u> is the cheapest way to deliver it? 그것을 배달하는 가장 저렴한 방법은 _____?
2. <u>What</u> does the client ask to do? 의뢰인이 _____ 해달라고 요청하나요?
3. <u>Which</u> was written by Dr. Collins? _____ 콜린스 박사에 의해 쓰였나요?

B. 각 문장에 알맞은 의문사를 고르세요.

1. (Who / What / Which) were your main duties at your last job?
2. (Who / What / Which) will be in charge of the sales?

C. 다음 의문문에 알맞은 답변을 고르세요.

1. What is the recipient asked to do?
   (A) She is a lawyer.   (B) To create a new account.   (C) That's nice.

PART 2

1. Mark your answer on your answer sheet.　　(A)　(B)　(C)

2. Mark your answer on your answer sheet.　　(A)　(B)　(C)

3. Mark your answer on your answer sheet.　　(A)　(B)　(C)

4. Mark your answer on your answer sheet.　　(A)　(B)　(C)

5. Mark your answer on your answer sheet.　　(A)　(B)　(C)

6. Mark your answer on your answer sheet.　　(A)　(B)　(C)

PART 3

1. What problem does the woman mention?

    (A) Her laptop isn't working.
    (B) She can't use the library computer.
    (C) She forgot her password.
    (D) Her battery charger is missing.

2. Who most likely is the man?

    (A) A salesperson
    (B) A librarian
    (C) A police officer
    (D) A hotel receptionist

3. What does the man offer to do?

    (A) Renew the ID card
    (B) Explain the registration process
    (C) Participate in the program
    (D) Check the registration number

What + 명사, Which + 명사

What department does Ms. Bennett belong to?
베넷 씨는 무슨 부서 소속인가요?
Which location is more ideal?
어떤 장소가 더 이상적인가요?

KEY VOCA

department 부서
belong to ~에 속하다
ideal 이상적인
resource 자원
kind 종류; 친절한
condition 조건, 조항
discontinue 중단하다
session 시간, 과정
publish 공표하다,
출판하다
counsel 상담하다

1. What과 Which는 **명사와 결합**할 수 있다.

What department does Ms. Bennett belong to? 질문 베넷 씨는 무슨 부서 소속인가요?

Ms. Bennett belongs to **Human Resources** . 대답 베넷 씨는 인사팀 소속입니다.

2. What + 명사 : 무슨 ~ / Which + 명사 : 어느 ~ ❶

의문사구	be동사/조동사	
What *size*		**What problem** do you have? 당신은 어떤 문제를 가지고 있습니까? **What size** do you want? 무슨 사이즈를 원하세요? **What kind** of air conditioner are you looking for? 무슨 종류의 에어컨을 찾으시나요?
	is ~? do ~? will ~?	**What conditions** should be assessed in the report? 무슨 조건들이 보고서에서 평가되어야 하나요? **Which part** of the test is the most difficult? 시험의 어느 영역이 가장 어렵나요? **Which product** has been discontinued? 어느 제품이 중단되었나요?
Which *part*		**Which model** should we advertise? 우리는 어떤 모델을 광고해야 할까요? **Which item** is gaining popularity? 어느 제품이 인기를 얻고 있습니까?

PRACTICE

A. 밑줄 친 부분에 유의하여 문장의 해석을 완성하세요.

1. <u>Which session</u> do you want to attend? 당신은 _____ 에 참석하고 싶나요?
2. <u>What color</u> would be best for the design? _____ 디자인에 가장 좋을까요?
3. <u>What type</u> of media do you have in India? 인도에 _____ 매체를 보유하고 있나요?
4. <u>Which information</u> is to be published? _____ 공개되는 것인가요?
5. <u>Which lines</u> do you use? _____ 을 이용하시나요?

B. 다음 의문문에 알맞은 답변을 고르세요.

1. What kind of business does the speaker work for?
(A) The size of the business   (B) A security guard   (C) Career counselling

❶ What + 명사는 종류를 묻는 말이고, Which + 명사는 제한된 선택지 중 어느 것을 선택할 것인지 묻는 말이다.

PART 2

1. Mark your answer on your answer sheet.   (A)   (B)   (C)

2. Mark your answer on your answer sheet.   (A)   (B)   (C)

3. Mark your answer on your answer sheet.   (A)   (B)   (C)

4. Mark your answer on your answer sheet.   (A)   (B)   (C)

PART 4

Reno Speakers		
	Battery	
Model 1	12 hours	replaceable
Model 2	12 hours	non-replaceable
Model 3	6 hours	replaceable
Model 4	6 hours	non-replaceable

1. What is mentioned as a notable feature of Reno Z20?

(A) It is a lightweight device.
(B) It has a low price.
(C) It has a handy size.
(D) It produces loud sound.

2. Look at the graphic. Which model is Reno Z20?

(A) Model 1
(B) Model 2
(C) Model 3
(D) Model 4

3. According to the speaker, what is provided with Reno Z20?

(A) High quality accessories
(B) Free installation
(C) A portable charger
(D) A product warranty

When, Where, Why

When will the council meeting take place?
언제 의원 회의가 열리나요?

Where can I find the receipt number?
어디서 영수증 번호를 찾을 수 있나요?

Why did you leave your last job?
왜 전 직장을 그만두었나요?

1. When, Where, Why는 의문문의 맨 앞에서 **시간, 장소, 이유**를 묻는다.

Where can I find the receipt number? 질문

You can find it **in the lower left corner**. 대답 왼쪽 모서리 하단에서 그것을 찾을 수 있어요.

2. When 언제 / **Where** 어디서 / **Why** 왜

의문사	be동사/조동사	
When		**When** will they begin the construction? 언제 그들은 공사를 시작할 예정인가요? **When** does he start work? 언제 그가 일을 시작하나요? **When** did you order a copier? 언제 복사기를 주문했어요?
Where	is ~? do ~? will ~?	**Where** is the meeting room? 어디에 회의실이 있나요? **Where** can we get the security badge? 어디서 보안 배지를 받을 수 있나요? **Where** does the company open a second branch? 어디에 회사는 두 번째 지점을 여나요?
Why		**Why** are you looking for a new opportunity? 왜 새로운 기회를 찾고 있나요? **Why** has she gone to Vancouver? 왜 그녀가 벤쿠버에 갔나요?

PRACTICE

A. 각 문장에 알맞은 의문사를 고르세요.

1. (When / Where / Why) should I fill out this form? 제가 왜 이 양식을 작성해야 하나요?
2. (When / Where / Why) is my expected delivery date? 제 예상 배송일이 언제인가요?
3. (When / Where / Why) are you visiting us from? 어디서 오셨나요?

B. 대답에 맞는 질문을 완성하세요.

1. Q. _____ can I send this parcel? A. Downstairs in the foyer.
2. Q. _____ will we hear the result? A. In an hour.

C. 다음 의문문에 알맞은 답변을 고르세요.

1. Where did she buy the tickets?
   (A) At 10:00 A.M.   (B) On the next page.   (C) On the official website.

PART 7

Questions 1-5 refer to the following e-mails.

From:	company@acelandscape.com
To:	jcalvert@mailus.com
Date:	May 30
Subject:	Preliminary advice on additional expenses

Dear Jason Calvert,

We are pleased to inform you that the landscape job that we have contracted for will be completed. There has been a recent shortage of lawnmowers, and we are considering locating ten extra lawnmowers to meet the completion date ourselves. If you don't want to add them, we will hire an outside contractor in regards to our contract. We are being held up until we find a contractor, so we may not complete the job by the end of July.

List	Price	
Locate a lawn mower	$1,100	per unit
Hire a contractor*	$500	per day

*Specified in the contract

Please check the price list and let me know your decision at your earliest convenience.

Sincerely,
Phillip Anderson

From:	jcalvert@mailus.com
To:	company@acelandscape.com
Date:	June 2
Subject:	Re: Preliminary advice on additional expenses

Dear Phillip Anderson,

I am writing to confirm that we have agreed to add more equipment to this project. As we said in the previous meeting, we must complete it before the grand opening on August 1. Some of our facilities including the banquet hall are already booked for that day.

Best regards,
Jason Calvert

1. Why did Mr. Anderson send the e-mail?

(A) To request for time extension
(B) To get information about a contract
(C) To promote landscaping service
(D) To ask Mr. Calvert for confirmation

2. When should the project be completed?

(A) By May 30
(B) By June 30
(C) By July 31
(D) By August 31

3. Where does Mr. Calvert most likely work?

(A) At a theme park
(B) At a botanical garden
(C) At a shipping company
(D) At a city hotel

4. What additional amount did Mr. Calvert agree to pay for the project?

(A) $500
(B) $1,100
(C) $5,000
(D) $11,000

5. In the second e-mail, the word "booked" in paragraph 1, line 3, is closest in meaning to

(A) fixed
(B) applied
(C) reserved
(D) prepared

How

How will I know if the event is canceled?
행사가 취소되면 제가 어떻게 알게 되나요?

How many branches are in Japan?
얼마나 많은 지점이 일본에 있나요?

How long will you stay here?
얼마나 오래 여기서 숙박하실 건가요?

1. How는 의문문의 맨 앞에서 **방법·상태**를 묻는다.

How will I know if the event is canceled? 질문

You will receive an email notification. 대답 이메일 통지를 받으실 겁니다.

2. How는 **형용사, 부사와 결합**할 수 있다.

How many branches are in Japan? 질문

I think there are **five**. 대답 5개 있는 것 같아요.

3. How : 어떻게 / **How+형용사[부사]** : 얼마나 ~한[하게]

의문사(구)	be동사/조동사	
How		**How** are the negotiations coming along? 협상은 어떻게 되어 가고 있습니까? **How** do you know about the reconstruction? 구조조정에 대해 어떻게 알고 계세요?
How *many* 형용사	is ~? do ~? will ~?	**How many** people will make use of this option? 얼마나 많은 사람들이 이 옵션을 활용할까요? **How big** is your collection? 소장품 규모가 얼마나 큰가요?
How *long* 부사		**How long** does it take? 얼마나 오래 걸리나요? **How quickly** can a new company make a profit? 신생 회사가 얼마나 빨리 수익을 낼 수 있을까요?

PRACTICE

A. 밑줄 친 부분에 유의하여 문장의 해석을 완성하세요.

1. <u>How</u> can I get to the city hall? 제가 시청에 _____ 갈 수 있나요?
2. <u>How often</u> do you have a meeting? 당신은 _____ 회의를 하나요?

B. 문장의 해석에 알맞은 표현을 고르세요.

1. (How / How long) is the course? 그 과정은 얼마 동안인가요?
2. (How many / How much) people are there? 얼마나 많은 사람들이 거기에 있나요?

C. 다음 의문문에 알맞은 답변을 고르세요.

1. How many artworks do you need for your next art exhibition?
   (A) I'm preparing just four.   (B) Thanks, I'll take care of it.   (C) It takes three hours.

PART 3

Mifflin Electronics Business Hours		
	Open	Close
Mon–Fri	9:00 a.m.	6:00 p.m.
Sat	9:00 a.m.	5:00 p.m.
Sun	10:00 a.m.	3:00 p.m.

1. What problem does the man have?

(A) He can't locate the service center.
(B) He can't take a picture with his phone.
(C) He doesn't have time to visit the repair shop.
(D) His cell phone batteries are not fully charged.

2. What does the woman say the company will do?

(A) Provide a replacement
(B) Refund his money
(C) Send a repairman
(D) Deliver a new product

3. Look at the graphic. What day will the man visit a store?

(A) On Monday
(B) On Friday
(C) On Saturday
(D) On Sunday

PART 6

Questions 1-2 refer to the following advertisement.

Are you considering opening a coffee shop? How ------- can a new cafe make a profit? A month?
1.

A year? You can shorten the time with us. Come to Espresso Consulting! Our experts will analyze

your business plan and help you ------- your goals. Call us now at 800-635-9788.
2.

---

1. (A) quickly
(B) completely
(C) especially
(D) properly

2. (A) cancel
(B) achieve
(C) know
(D) stay

부정 의문문과 부가 의문문

Haven't we finalized the contract?
우리가 그 계약을 마무리 짓지 않았나요?
He is a consultant, isn't he?
그는 상담사예요. 그렇죠?

KEY VOCA

finalize 마무리 짓다
consultant 상담사
be supposed to
~하기로 되어 있다
material 자료, 물질
work 일하다, 작동하다
access 접근하다, 접속하다
management
경영, 관리
template 서식
vehicle 차량

1. 부정 의문문은 '동사+not'의 형태로 시작하는 의문문으로, **긍정의 대답을 기대할 때** 쓰인다.

문장의 동사	부정 의문문	
be동사	Aren't you ~? Isn't he ~?	**Aren't you** supposed to use the list? 당신이 그 목록을 사용하기로 되어 있지 않나요?
일반동사	Don't you ~? Doesn't he ~?	**Didn't she** attend an international event? 그녀는 국제 행사에 참여하지 않았던가요?
have동사	Haven't you ~?	**Hasn't he** prepared the materials? 그가 자료를 준비해놓지 않았나요?
조동사	Can't you ~?	**Shouldn't I** come earlier than July? 제가 7월 이전에 와야 하는 것 아닌가요?

2. 부가 의문문은 평서문 뒤에 오는 축약형 의문문으로, **상대방의 동의를 구할 때** 쓰인다.

문장의 동사	평서문 + 부가 의문문	
be동사	You *are* ~, aren't you? He *is* ~, isn't he?	The copier is not working, **is it?**[1] 복사기가 작동하지 않아요. 그렇죠?
일반동사	You *do* ~, don't you? He *does* ~, doesn't he?	You know a lot of architects, **don't you?** 당신은 많은 건축가들을 알지요. 그렇죠?
have동사	You *have done* ~, haven't you?	We've finalized the contract, **haven't we?** 우리는 계약을 끝냈어요. 그렇죠?
조동사	You *can* ~, can't you?	We can't access the management system, **can we?**[1] 우리는 관리 시스템에 접근할 수 없어요. 그렇죠?

PRACTICE

A. 다음 의문문을 부정 의문문으로 바꾸세요.

1. Can we open a store by this week? →
2. Are you using the current template? →

B. 다음 문장에 적절한 부가 의문문을 써 넣으세요.

1. We will talk about last month's sales, _____? 우리는 지난 달 매출에 대해 이야기 할 겁니다. 그렇죠?
2. Ms. Kim doesn't work with him anymore, _____? 김 씨는 더 이상 그와 일하지 않아요. 그렇죠?

C. 다음 의문문에 알맞은 답변을 고르세요.

1. The trip from Los Angeles took too long, didn't it?
   (A) Yes, it was very clean.   (B) Yes, and the vehicle was too small.   (C) Yes, I lived here.

[1] 평서문이 부정문일 경우 부가 의문문에 not을 쓰지 않는다.

PART 2

1. Mark your answer on your answer sheet. (A) (B) (C)

2. Mark your answer on your answer sheet. (A) (B) (C)

3. Mark your answer on your answer sheet. (A) (B) (C)

4. Mark your answer on your answer sheet. (A) (B) (C)

PART 7

Questions 1-2 refer to the following text message chain.

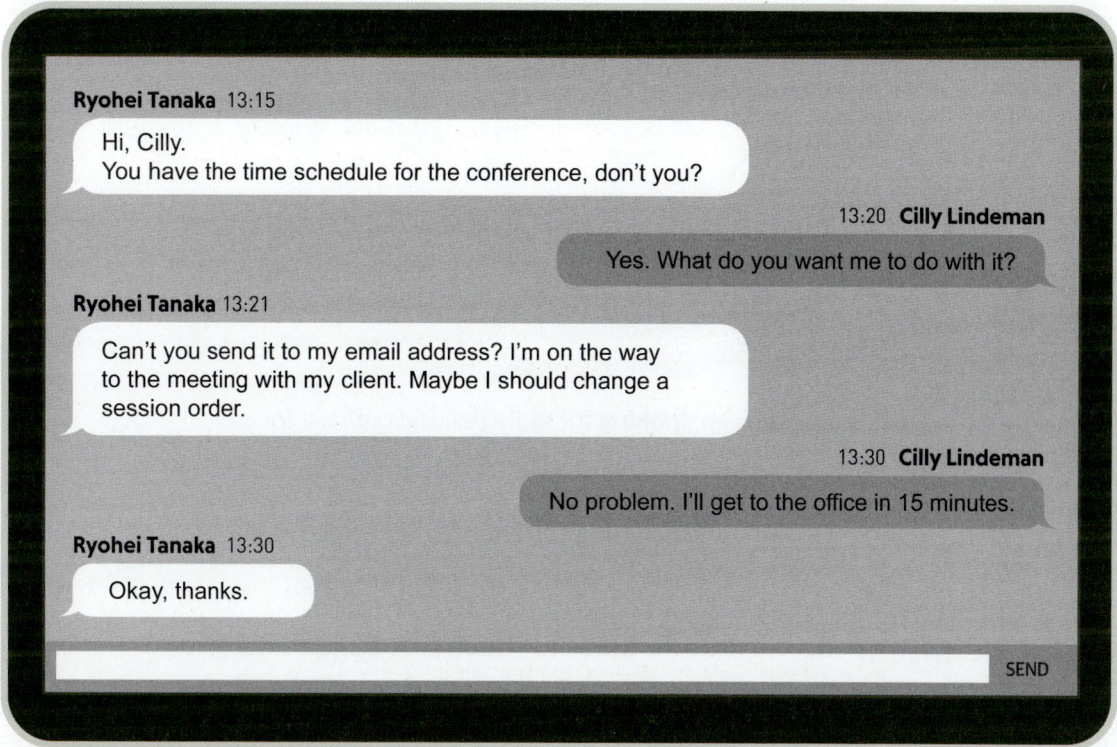

Ryohei Tanaka 13:15
Hi, Cilly.
You have the time schedule for the conference, don't you?

13:20 **Cilly Lindeman**
Yes. What do you want me to do with it?

Ryohei Tanaka 13:21
Can't you send it to my email address? I'm on the way to the meeting with my client. Maybe I should change a session order.

13:30 **Cilly Lindeman**
No problem. I'll get to the office in 15 minutes.

Ryohei Tanaka 13:30
Okay, thanks.

SEND

1. What does Mr. Tanaka indicate he will do?

(A) Take an express train
(B) Send a report via email
(C) Have a client meeting
(D) Make a conference call

2. At 13:30, what does Ms. Lindeman most likely mean when she writes, "I'll get to the office in 15 minutes"?

(A) She doesn't want to talk to Mr. Tanaka.
(B) She can send the schedule soon.
(C) She should attend the conference.
(D) She will reschedule the sessions.

동명사

Painting the entire space costs a lot of money and time.
전체 공간을 칠하는 것은 많은 비용과 시간이 든다.

KEY VOCA

entire 전체의
draw up 작성하다
exhibit 전시품
prohibit 금지하다
realistic 현실적인
simplify 단순화하다
contribute 기여하다
in accordance with
~에 따라
financial statements
재무제표

1. 동명사(-ing)❶ : ~하는 것, ~하기

2. 동명사는 **명사 역할을 할 수 있도록 동사를 변형**한 것이다.

동사	동명사(-ing)
The workers **paint** the entire space. 일꾼들은 전체 공간을 칠한다.	**Painting** the entire space costs a lot of money and time. 전체 공간을 칠하는 것은 많은 비용과 시간이 든다.
The members **drew** up of guidelines. 회원들은 지침을 작성했다.	The members quit **drawing** up of guidelines. 회원들은 지침을 작성하는 것을 그만두었다.

3. 동명사는 명사와 마찬가지로 **주어, 목적어, 보어**❷가 될 수 있으며 **전치사 뒤**에도 올 수 있다.

주어	**Touching** any exhibits is❸ strictly prohibited. 전시품을 만지는 것은 엄격하게 금지됩니다.
목적어	Please keep **looking** for more realistic options for us. 저희를 위해 더 현실적인 선택지들을 찾는 것을 계속해주세요.
보어	Our aim is **simplifying** current reporting procedures. 우리의 목적은 현 보고 절차를 단순하게 하는 것입니다.
전치사 뒤	Dr. Ryu has contributed to **making** the world a safer place. 류 박사는 세계를 더 안전한 곳으로 만드는 데에 공헌했습니다.

❶ 동명사와 현재분사는 형태가 같지만 문법적 역할이 다르다. (동명사: 명사 역할, 현재분사: 형용사 역할)

❷ 주어를 보충하는 형용사·명사를 주격 보어, 목적어를 보충하는 형용사·명사를 목적격 보어라고 한다.

❸ 동명사 주어는 단수로 취급한다.

PRACTICE

A. 밑줄 친 부분에 유의하여 문장의 해석을 완성하세요.

1. We prepared the financial statements in accordance with German accounting rules.
   우리는 독일 회계법에 따라 재무제표를 _____.

2. In addition to preparing the financial statements, I have to visit the plants.
   재무제표를 _____ 외에도, 저는 공장들을 방문해야 합니다.

B. 각 문장에 알맞은 동사를 고르세요.

1. Building a reliable reputation (take / takes) a lot of time.
2. (Hire / Hiring) a local advertising agency was his idea.
3. Mr. Hayden suggested (extended / extending) the deadline for evaluation.

PART 5

1. Garnet Manufacturing Company reduced the price without ------- product quality.

(A) compromising
(B) compromised
(C) compromise
(D) be compromised

2. The executives at the head office are discussing the ways of ------- the profitability in rural areas.

(A) improves
(B) improving
(C) improved
(D) improve

3. Please join us in ------- our 15th anniversary, a milestone we couldn't have reached without your support.

(A) celebrate
(B) celebrating
(C) celebrated
(D) to celebrate

4. Some of the unsatisfied managers are considering not ------- in the upcoming retreat.

(A) participate
(B) participating
(C) be participated
(D) participated

PART 7

Questions 1-2 refer to the following notice.

City of Centennial Public Works Department

 The amount of improper trash disposal is increasing. Thus, the city council would like to remind all residents of the rules regarding trash disposal.

- The ordinance prohibits trash carts from being placed in front of your residence prior to 9:00 P.M.
- Beverage containers such as milk cartons and juice boxes should be rinsed clean. A thorough washing is not required.
- Burning trash privately is strictly prohibited.
- The city has implemented a call-in system for scheduling pick-up for bulky waste. Call us at 810-637-1205 to schedule pick-up instead of leaving them on the street.

Your help in getting all waste collected in an efficient manner is greatly appreciated.

1. For whom is the notice most likely intended?

(A) Senior citizens
(B) Environmental activists
(C) City officials
(D) Local residents

2. According to the notice, why should people contact the Public Works Department?

(A) To report a violation
(B) To dispose oversized waste
(C) To donate reusable items
(D) To provide feedback

동명사 vs. 명사

ABT Tech's sales revenue keeps **increasing** rapidly.
ABT 테크의 판매 수익은 계속해서 빠르게 증가한다.

1. 동명사는 동사와 마찬가지로 목적어를 취할 수 있다. 반면, 명사는 목적어를 취할 수 없다.

동명사	**Improving** your communication skills is key to success. <small>동명사 improving의 목적어</small> 당신의 의사소통 능력을 향상하는 것이 성공에 중요하다.
명사	Improvements your communication skills are key to success. (X) **Improvements** in❶ your communication skills are key to success. (O) 당신의 의사소통 능력의 향상이 성공에 중요하다.

2. 동명사는 관사 a(n)/the와 함께 사용할 수 없다. 반면, 명사에는 선택적으로 관사를 사용할 수 있다.

동명사	The main concern is **improving** our distribution network. 주된 관심사는 유통망을 개선하는 것이다.
명사	The main concern is *the* **improvement** of ❶ the distribution network. 주된 관심사는 유통망 개선이다.

3. 동명사는 부사의 수식을 받고, 명사는 형용사의 수식을 받는다.

동명사	A group of experts recommended **closing** the factory *temporarily*. 한 무리의 전문가들이 일시적으로 공장을 닫는 것을 권고했다.
명사	A group of experts recommended *temporary* **closure** of ❶ the factory. 한 무리의 전문가들이 공장의 일시적인 폐쇄를 권고했다.

PRACTICE

A. 각 문장에 알맞은 단어를 고르세요.

1. Thank you for the (inviting / invitation), but I can't make it.
2. Thank you for (inviting / invitation) me to interview for a position as a customer service representative with your company.

B. 밑줄 친 부분에 유의하여 문장의 해석을 완성하세요.

1. The close <u>cooperation</u> with Wintrust Services has created a long list of successful achievements. 윈트러스트 서비스와의 긴밀한 _____은 성공적인 성취의 긴 목록을 만들었다.
2. Such an achievement will not be possible without <u>cooperating</u> closely with GreenShelf. 그린셸프와 긴밀하게 _____ 없이 그러한 성취는 불가능할 것이다.

C. 빈칸에 알맞은 보기를 고르세요.

1. Addison Hardware has succeeded in ------- itself to different situations.
   (A) adapt   (B) adaptation   (C) adaptable   (D) adapting

❶ 명사와 명사를 연결하려면 전치사나 접속사가 필요하다. 단, 복합명사는 예외.

PART 5

1. The plant manager is responsible for ------- the outcomes of the manufacturing process.

(A) improvement
(B) improved
(C) improve
(D) improving

2. Glenn Security has a long history of ------- the best quality services to a diverse range of global clients.

(A) provider
(B) providing
(C) provision
(D) provide

3. Edelman Organization is committed to ------- a better future for children in Zambia.

(A) build
(B) built
(C) building
(D) builds

4. All employees should avoid ------- the skin by wearing protective gear.

(A) damage
(B) damaged
(C) damages
(D) damaging

PART 7

Questions 1-2 refer to the following notice.

SECURITY NOTICE

CVA Banking is dedicated to providing our customers with the best quality and secure Internet banking services. — [1] —. Please keep in mind the following instructions for safe online banking:

- Avoid using the same password to log into other Internet websites.
- Avoid accessing online banking accounts from public computers. — [2] —.
- Install a licensed firewall and update it at regular intervals. It will prevent unauthorized access to your computer.
- Do not share your password with anyone. — [3] —.
- Click the Exit button when you leave your computer.

Also, we recommend checking your accounts regularly. — [4] —. If you notice any abnormal situations on them, please call our 24-hour customer service center.

---

1. What is the purpose of the notice?

(A) To provide security precautions
(B) To list some banking products
(C) To call a board meeting
(D) To inform changes to interest rates

2. In which of the positions marked [1], [2], [3], and [4] does the following sentence best belong?

"Giving your password to another person may put your finances at risk."

(A) [1]
(B) [2]
(C) [3]
(D) [4]

to부정사 (1) 명사 역할

The East Beach police are encouraging drivers to use alternate routes.

이스트 비치 경찰은 운전자들에게 대체 경로를 이용할 것을 권장하고 있다.

KEY VOCA

encourage 권장하다
immediately 즉시
reliable 신뢰할 수 있는
refuse 거부하다
promote 홍보하다
attractive 매력적인
various 다양한
specific 구체적인
conclusion 결론
allow 허락[허용]하다
track 추적하다; 길
serve 서비스를 제공하다

1. to부정사(to+동사원형)는 **다양한 품사로 기능할 수 있도록 동사를 변형한 것**이다.

2. 동사의 성질이 남아있어 **목적어를 취할 수 있고, 부사의 수식을 받을 수 있다.**

Sakorn Realty wishes **to begin** construction *immediately*.

    to begin의 목적어

사콘 부동산은 건설을 즉시 시작하기를 바란다.

3. 명사로 사용되는 to부정사 : ~하는 것, ~하기

주어	**To find** a reliable partner is[1] important. 신뢰할 수 있는 협력자를 찾는 것은 중요하다.
목적어	The committee refused **to choose** Mr. Nadella as their new leader. 위원회는 나델라 씨를 그들의 새로운 지도자로 선택하기를 거부했다.
보어	The plan is **to promote** Seoul as an attractive tourist destination. 계획은 서울을 매력적인 관광지로 홍보하는 것이다. Furthermore MicroZyme Pharmaceuticals encourages the employees **to attend** various training programs. [2] 게다가 마이크로짐 제약회사는 직원들이 다양한 훈련 프로그램에 참여하도록 권장한다.

4. to부정사가 주어로 쓰인 경우, **그 자리에 it을 쓰고 주어인 to부정사를 문장 맨 뒤로 보낼 수 있다.**[3]

To find a reliable partner is important.

It is important **to find** a reliable partner.

To draw more specific conclusions will be possible.   더 구체적인 결론을 끌어내는 것이 가능할 것이다.

It will be possible **to draw** more specific conclusions.

[1] to부정사가 주어일 때는 단수로 취급한다.

[2] 동사+목적어+to부정사: (목적어)가 (to부정사)하기를 (동사)하다

[3] 목적어로 쓰인 to부정사구가 길 때도, 그 자리에 it을 쓰고, to부정사구를 뒤로 보낼 수 있다.(가목적어 it-진목적어 to부정사)

PRACTICE

A. 각 문장에 알맞은 동사를 고르세요.

  1. Store managers need to (be trained / been trained) in how to use the new system.

  2. The new system will allow us (to track / to be tracked) cash flow easily.

B. 밑줄 친 부분에 유의하여 문장의 해석을 완성하세요.

  1. We hope <u>to serve you</u> in the near future.   우리는 가까운 미래에 _____ 희망합니다.

C. 빈칸에 알맞은 보기를 고르세요.

  1. We want ------- our competitiveness globally.

    (A) strength   (B) to strengthen   (C) strengthening   (D) strengthen

PART 5

1. Castle Group plans ------- its battery division to Novian Systems for $230 million.

(A) sell
(B) sold
(C) to sell
(D) seller

2. Customers are encouraged to ------- the information carefully with professional healthcare providers prior to initiating an intense physical activity program.

(A) place
(B) order
(C) review
(D) label

3. The travelers wanted to ------- Grand Portage State Forest but they couldn't get in because of the weather.

(A) visit
(B) to visit
(C) be visited
(D) have visited

4. Low oil prices continue ------- their toll on both the alternative fuels market and recycling companies.

(A) take
(B) taken
(C) to take
(D) be taken

5. Lovidien customer service department will attempt ------- your questions in a timely manner.

(A) answer
(B) answered
(C) be answered
(D) to answer

6. Brady Studio has decided to ------- Mr. Hassan the business development position.

(A) offer
(B) remind
(C) work
(D) notify

7. Samuel Cassidy, the President of the Tolmar Fund, agreed ------- a speech at the celebration event of Tsinghua Museum.

(A) give
(B) to give
(C) given
(D) gave

8. Baird Company allows ------- to leave work early on Fridays and come in late on Mondays.

(A) employees
(B) customers
(C) competitors
(D) attendees

9. It is difficult ------- the risks in all of these proposals, in terms of price fluctuations.

(A) to see
(B) seen
(C) see
(D) sees

10. Ms. Kimura thinks managers need to be acutely ------- to the issue of commercial confidentiality.

(A) sensitive
(B) difficult
(C) dramatic
(D) improper

to부정사 (2) 형용사와 부사 역할

The event was a great chance **to enjoy** the exquisite selection of cheese.

그 행사는 특선 치즈를 즐길 수 있는 훌륭한 기회였습니다.

KEY VOCA

exquisite 진귀한
complex 복잡한
attempt 시도
consolidate 강화하다
sign up 등록하다
ignore 무시하다
go public 상장하다
charge (요금을) 부과하다
creditor 채권자

1. 형용사[1]로 사용되는 to부정사 : ~하는, ~할

Ms. Graham has demonstrated her *ability* **to handle** complex tasks .

그래함 씨는 복잡한 과제를 처리할 수 있는 그녀의 능력을 증명했다. 명사 ability 수식

Max Clothing is going to open 100 stores in an *attempt* **to consolidate** its leading market position .

맥스 의류는 그것의 선도적인 시장 위치를 강화하려는 노력으로 상점 100개를 열 것이다. 명사 attempt 수식

2. 부사[2]로 사용되는 to부정사 : ~하기 위해 목적, 그래서 ~하다 결과

Approximately 20 students *signed up* **to volunteer** at the next Friday's charity event .

학생들 대략 20명이 다음 금요일의 자선 행사에서 자원봉사하기 위해 등록했다. 동사구 signed up 수식

Turn the knob left **to lower** the temperature .

손잡이를 왼쪽으로 돌려서 온도를 낮추세요. 절 Turn the knob left 수식

3. to부정사의 관용 표현

3-1. too 형용사/부사 + to부정사 : 너무 (형용사/부사)해서 (to부정사)할 수 없다

The conflict between two departments is **too obvious to ignore**.

두 부서간의 갈등은 너무 명백해서 무시할 수 없다.

3-2. 형용사/부사 enough + to부정사 : (to부정사)하기에 충분히 (형용사/부사)하다

Mr. Timpone's company became **large enough to go** public.

팀폰 씨의 회사는 상장하기에 충분히 커졌다.

[1] 형용사는 명사를 수식하거나 보충할 수 있다.

[2] 부사는 형용사, 동사, 다른 부사, 절을 수식할 수 있다.

PRACTICE

A. 각 문장에 알맞은 동사를 고르세요.

1. Initially, there weren't many service providers (to choose / choosing) from.
2. The hotel has the right (charge / to charge) a fee for late cancellations and no-shows.

B. 밑줄 친 부분에 유의하여 문장의 해석을 완성하세요.

1. I called the travel agency to arrange a business trip. 나는 _____ 여행사에 전화했다.
2. You don't have permission to access this folder. 당신은 _____ 권한이 없습니다.

C. 빈칸에 알맞은 보기를 고르세요.

1. It turned out Ines Design didn't have enough funds ------- its creditors.
   (A) payment (B) payable (C) pay (D) to pay

PART 2

1. Mark your answer on your answer sheet.　(A)　(B)　(C)

2. Mark your answer on your answer sheet.　(A)　(B)　(C)

PART 6
Questions 1-2 refer to the following article.

INGERSOLL INSURANCE MERGES WITH MORRIS FINANCIAL

Chicago (June 8) - Hebron Group agreed to sell Ingersoll Insurance company to Morris Financial.

For Morris, this acquisition can be an opportunity ------- a foothold in the insurance market in the
1.

United States. Hebron announced that it would sell one of its affiliates ------- on its core business
2.

in January. -------. The implications of the merger between two companies are difficult to predict.
3.

Morris officials declined to ------- on whether it will keep Ingersoll's 3,700 employees. However,
4.

rumor has it that the executives decided to cut about 10%. Many experts in the industry say that

it would be necessary to reduce Ingersoll's operating costs given its financial situation. Morris is

expected to unveil the details of the merger next Wednesday.

---

1. (A) gain
(B) gained
(C) to gain
(D) gaining

2. (A) to concentrate
(B) concentrating
(C) concentration
(D) concentrate

3. (A) Morris submitted an offer to acquire right away.
(B) The deal contains a $3 million breakup fee.
(C) The directors continue to ask for support.
(D) The deal announcement won't affect the service.

4. (A) attract
(B) comment
(C) lower
(D) ignore

원형부정사

The mall is testing a new system to help visitors **locate** where their cars are.

쇼핑몰은 방문객들이 그들의 차가 있는 위치를 찾는 것을 도와주는 새로운 시스템을 시험하고 있다.

KEY VOCA

locate (위치를) 찾다
conventional 관습적인
suitable 적절한
dispute 논쟁
organize 조직하다
abandon 폐지하다, 버리다

1. 원형부정사는 **to부정사에서 to가 생략된 것**으로 동사원형과 형태가 동일하며, **사역동사와 지각동사의 목적격 보어로 사용**된다.

2. 사역동사 + 목적어 + 원형부정사 : (목적어)가 (원형부정사)하도록 하다

사역동사	목적어	원형부정사	
make let have help[1]	me him her it us you them	locate challenge check use find	Ms. Barnett's speech *made* me **challenge** the conventional ideas. 바넷 씨의 연설은 제가 관습적인 생각에 대항하도록 했습니다. I'll *have* Lucas **check** the damage. 루카스가 손상을 확인하도록 할게요. He wouldn't *let* us **use** the company vehicle. 그는 우리가 회사 차량을 사용하도록 허용하지 않을 것이다. Identifying your priorities will *help* you **find** the most suitable place. 우선순위를 확인하는 것은 당신이 가장 적합한 장소를 찾도록 도와줄 것입니다.

3. 지각동사[2] + 목적어 + 원형부정사 : (목적어)가 (원형부정사)하는 것을 (지각)하다

지각동사	목적어	원형부정사	
watch see hear notice observe ⋮	me him her it us you them	grow dispute talk	I *have watched* our company **grow** over the last 8 years. 저는 지난 8년간 우리 회사가 성장하는 것을 보았습니다. I've never *seen* Aaron **dispute** with his supervisor. 저는 아론이 그의 상사와 논쟁하는 것을 본 적이 없어요. I *heard* them **talk** about additional hiring. 저는 그들이 추가 고용에 관해 말하는 것을 들었습니다.

[1] help는 원형부정사와 to부정사를 둘 다 목적격 보어로 취할 수 있어 준사역동사라고 부른다.
help + 목적어 + 원형부정사/to부정사: (목적어)가 (원형부정사/to부정사)하도록 돕다

[2] 목적어의 행위·동작을 보거나 인지하는 의미를 가진 동사

PRACTICE

A. 각 문장에 알맞은 동사를 고르세요.

1. Mr. Santos will gladly help us (organize / organized) the exhibition of Latin American art.
2. I wouldn't let him (make / makes) the same mistake.

B. 밑줄 친 부분에 유의하여 문장의 해석을 완성하세요.

1. I'll let you <u>know</u> if there is any problem. 문제가 생기면 당신이 _____ 하겠습니다.
2. The shareholders wouldn't let Mr. Myers <u>abandon</u> the original plan.
   주주들은 마이어스 씨가 원래 계획을 _____ 하지 않을 것이다.

C. 빈칸에 알맞은 보기를 고르세요.

1. This change will make us ------- the best possible result in the end.
   (A) achieve   (B) to achieve   (C) achievement   (D) achieved

PART 3

1. Why is the man concerned?

(A) He is not the right person for the job.
(B) The workload has increased.
(C) His boss is not happy with his work.
(D) He can't copy some documents.

2. What does the woman imply when she says, "I would, but he took a day off today"?

(A) The photocopier can't be fixed today.
(B) She wants to postpone the task.
(C) She can't take on any extra work.
(D) The man is not understanding her words.

3. What does the woman suggest?

(A) Distributing materials online
(B) Visiting the nearest print shop
(C) Hiring an assistant
(D) Asking for a pay raise

PART 5

1. The senior engineers had a long talk with Mr. Nelson to make him ------- the importance of further investment in R&D.

(A) understand
(B) understood
(C) has been understood
(D) has understood

2. No one ever heard Mr. Haggard ------- about having to work a little overtime.

(A) complaint
(B) complained
(C) complain
(D) to complain

3. The executives decided to let employees ------- their own work schedules to promote a better work-life balance.

(A) trigger
(B) create
(C) lesson
(D) count

4. The coordinator is responsible for helping the group leaders ------- potential risks and achieve their goals.

(A) identified
(B) identification
(C) identify
(D) identifiable

가산 명사와 불가산 명사

He is planning to hold meetings with **each employee**.
그는 각각의 직원들과 회의를 하려고 계획 중이다.

Where did you purchase new office **furniture**?
새 사무실 가구를 어디서 구입했어요?

KEY VOCA

purchase 구입하다
furniture 가구
document 서류
put on ~에 놓다, 두다
remember 기억하다
hiring 채용
announce 알리다,
발표하다
detailed 구체화된
display 표시하다

1. 영어의 명사는 **단·복수 유무**에 따라 **가산 명사와 불가산 명사**로 나뉜다.

2-1. 가산 명사는 반드시 **관사❶/한정사❷+단수형** 또는 **복수형(-s)**으로 쓰인다.

He is planning to hold meetings with each employee .

What kind of employees does Mr. Lee want?
이 씨는 어떤 종류의 직원들을 원하나요?

2-2. 불가산 명사는 **관사/한정사 사용이 선택적**이며, 하나 또는 여러 개일지라도 **a(n)** 또는 **복수형(-s)**을 쓰지 않는다.

Where did you purchase new office furniture ? a furniture (X) / funitures (X)

구분	회사 업무	경제·금융	규정·자격	일상 생활
가산 명사 단·복수 O	employee 직원 employer 고용주 document 문서 position 직위, 자리 representative 대표 official 직원, 공무원 procedure 절차 task 업무, 일 work 작품❸ business 사업체, 회사❸	account 계정, 계좌 profit 수익 cost / expense 비용 price 가격 sale 판매, 매출(량) refund 환불 earning 수익 fund 기금, 자금 increase↔decrease 증가↔감소	certificate 자격증, 증서 standard 기준, 표준 regulation 규정, 규칙 guideline 지침 precaution 예방 조치 measure 조치, 정책 condition 조건, 조항❸ notice 공지문❸	belonging 소지품 applicant 지원자, 신청자 order 주문, 명령 benefit 혜택, 이익 instruction 설명서
불가산 명사 단·복수 X	employment 고용 access 접근, 접속 advice 조언 stationery 문구류 work 일, 직장❸ business 사업❸	money 돈 cash 현금	certification 자격 knowledge 지식 evidence 증거 condition 상태❸ notice 공지❸	baggage / luggage 짐 furniture 가구 scenery 경치, 광경 news 뉴스, 소식 information 정보

❶ 관사: a / an(=one),
the

❷ 한정사(수와 범위를
한정): every, each,
any, no, one's, this,
its 등

❸ 문맥에 따라 가산/
불가산 둘 다로 쓰
이는 명사

PRACTICE

A. 가산 / 불가산 명사에 유의하여 각 문장에 알맞은 표현을 고르세요.

1. (The document / Document) must be delivered in person.   서류는 직접 배달되어야 합니다.
2. A woman is putting (her / a) luggage on the floor.   한 여자가 바닥에 짐을 내려놓고 있다.
3. Please remember to take all your (belonging / belongings) with you.
모든 짐을 잊지 않고 가져가시기 바랍니다.

B. 빈칸에 알맞은 보기를 고르세요.

1. New hiring procedures ------- announced on last Tuesday.
   (A) is   (B) are   (C) was   (D) were
2. Detailed information ------- on the screen.
   (A) are displayed   (B) display   (C) displays   (D) is displayed

PART 1

1.

(A)   (B)   (C)   (D)

2.

(A)   (B)   (C)   (D)

PART 5

1. All EPA Systems' ------- must pack their personal belongings and leave the office by 9 p.m.

(A) employs
(B) employing
(C) employment
(D) employees

2. The missing items are indicated on the copy of the ------- we sent out yesterday.

(A) order
(B) ordering
(C) orderly
(D) orderer

3. All departments were more successful than anticipated and earned a large -------.

(A) cash
(B) profit
(C) deficit
(D) advice

4. Today's lecture is about how to build a stronger ------- with your business partners.

(A) access
(B) evidence
(C) precaution
(D) relationship

혼동하기 쉬운 가산 명사와 불가산 명사

We supply quality construction **tools** and **equipment**.
우리는 품질 좋은 건설 도구와 장비를 공급합니다.

KEY VOCA

quality 품질; 질 좋은
construction 건설
vending machine
자동 판매기
monitor 감독[감시]하다
HR(Human Resources)
인사팀
conduct 수행하다
electronics 전자제품
accurate 정확한
achieve 성취하다
highlight 강조하다,
비추다

1. 의미가 유사한 가산 명사와 불가산 명사에 유의한다.

We supply quality construction **tools** [가산] and **equipment** [불가산].

a tool (O), tool (X)   an equipment (X) / equipments (X)

가산 명사	불가산 명사	
a tool 도구 a(n) item / product 상품 a machine 기계 a permit 허가서 a survey 조사 an approach 접근(법) an estimate 견적서, 계산값	equipment 장비 merchandise 상품 machinery 기계류 permission 허가 research 연구 access 접근, 접속 estimation 견적, 추정	**You can find a vending machine** at the corner. 구석에서 자동 판매기를 볼 수 있을 거예요. Ms. Belyakov monitors all plant **machinery** and **equipment**. 벨리야쿠프 씨는 모든 공장 기계와 장비를 감독한다. **Do you have a work permit?** 업무 허가증을 가지고 있나요? You can get **permission** from Julian in the HR. 인사팀의 줄리안에게서 허가받을 수 있어요. Mr. Dunaway hopes to get **an estimate** before making a decision. 더너웨이 씨는 결정하기 전에 견적서를 받고 싶어합니다. In my **estimation**, a week will be enough. 제 예상으로는, 일주일이면 충분할 것 같습니다.

PRACTICE

A. 가산, 불가산 명사에 유의하여 문장을 완성하세요.

1. They conducted online _____s for brand _____ for Georgia Electronics.
   (survey / research) 그들은 조지아 전자의 브랜드 연구를 위한 온라인 조사를 실시했다.
2. In our _____, new techniques can be applied to produce accurate _____s.
   (estimate / estimation) 우리의 예상으로는, 신기술이 정확한 값을 산출하는 데 적용될 수 있다.
3. There are a wide variety of _____es to achieving open _____.
   (approach / access) 개방적인 접근을 이룰 수 있는 다양한 접근법이 존재한다.
4. A creative display promotes best-selling _____s and highlights new _____.
   (product / merchandise) 창의적인 전시는 잘 팔리는 상품의 판매를 촉진하고 새로운 상품을 강조해준다.

B. 빈칸에 알맞은 보기를 고르세요.

1. Some ------- are loaded into a trailer.
   (A) tool   (B) tools   (C) equipment   (D) the equipment
2. I contacted Mr. Griffin to ask for -------.
   (A) permit   (B) permission   (C) permitted   (D) permitting

PART 1

1.

(A)   (B)   (C)   (D)

PART 6

Questions 1-2 refer to the following advertisement.

WELCOME TO SPRING MERCHANDISE!

Welcome! We are one of the biggest promotional merchandise suppliers in the US. We offer a
huge variety of different promotional products including -------, clothing, bags and more! Branded
1.
promotional ------- are our specialty. -------.
2.   **3.**

Subscribe to our website today and get a members-only pass to our biggest sale event!

Take a look through and let us know if you have any questions. If you can't find what you're

looking for, please email at supply@springmd.com.

---

1. (A) progress
(B) research
(C) scenery
(D) stationery

2. (A) item
(B) itemized
(C) to itemize
(D) items

3. (A) Glass and crystal awards are stylish
corporate gifts and rewarding incentives.
(B) To add more items to your list, please
browse the site for further products and
click Add to List.
(C) From printed t-shirts to embroidered caps,
we provide any promotional clothing
item you require.
(D) Our management team consists of
one systems director and two sales
directors.

인칭 대명사와 재귀 대명사

It will help **you** prepare for workout by relaxing **your** body.

그것은 당신의 신체를 완화하여 운동 준비를 하도록 당신을 도울 것이다.

1. 인칭 대명사는 **주격, 소유격, 목적격**으로 나뉜다.

It will help **you** prepare for workout by relaxing **your** body.
주격(~은)　　　목적격(~을)　　　　　　　　소유격(~의)

2. 소유 대명사는 **소유격+명사**를 대신한다.

Ms. Davis's decision itself will benefit **my** business and even **hers** .
　　　　　　　　　　　　　　　　소유격 + 명사　　　소유 대명사(= her business)

데이비스 씨의 결정은 그 자체로 저의 사업은 물론 그녀의 것에도 이익을 가져올 것입니다.

3-1. 재귀 대명사는 **주어와 동일한 목적어** 또는 **주어를 강조하는 부사**로 쓰인다.

She has established **herself** as a promising young manager.
주격(~는)　　　　　　　　　재귀 대명사(주어와 동일한 목적어)

그녀는 자신을 유망한 젊은 관리자로 만들었다.

The employees had to write their performance reports **themselves** .
주어(= 주격 they)　　　　　　　　　　　　　재귀 대명사(주어를 강조하는 부사)

직원들은 그들의 성과 보고서를 직접 작성해야 했다.

3-2. 전치사+재귀 대명사의 관용 표현

① by oneself 혼자서(=on one's own) ② for oneself 스스로, 혼자 힘으로 ③ to oneself 자신에게
He runs the restaurant entirely **by himself** . 그는 레스토랑을 전부 혼자서 운영한다.

수	인칭	주격	소유격	목적격	소유 대명사	재귀 대명사
		~는	~의	~를	~의 것	그 자신을, 스스로
단수	1인칭	I	my	me	mine	myself
	2인칭	you	your	you	yours	yourself
	3인칭	it	its	it	–	itself
		he	his	him	his	himself
		she	her	her	hers	herself
복수	1인칭	we	our	us	ours	ourselves
	2인칭	you	your	you	yours	yourselves
	3인칭	they	their	them	theirs	themselves

PRACTICE

A. 문장의 해석에 알맞은 단어를 고르세요.

1. That plan was (his / hers). 그 계획은 그녀의 것이었어요.
2. Didn't you send (him / himself) the final report yesterday? 어제 최종 보고서를 그에게 보내지 않았어요?

B. 빈칸에 알맞은 보기를 고르세요.

1. ------- stopped working, too.
   (A) My　(B) Me　(C) Mine　(D) Myself
2. The company has started to rebrand ------- as the UK's leading supplier.
   (A) itself　(B) themselves　(C) its　(D) their

PART 5

1. Mr. Perez and ------- team spent three weeks trying to borrow $5 million.

(A) him
(B) his
(C) he
(D) himself

2. We encourage all users to check and update ------- personal information when submitting a proposal.

(A) them
(B) their
(C) they
(D) theirs

3. TP Bike Company sees ------- as a small business and spend a lot of money on advertising to promote sales.

(A) itself
(B) himself
(C) yourself
(D) themselves

4. To keep your appliances running smoothly and safely, ------- should take care of the regular maintenance and timely repair.

(A) your
(B) yours
(C) you
(D) yourself

5. Last year, the Paige Commercial Bank introduced ------- brand-new loan program for university students.

(A) it
(B) their
(C) them
(D) its

6. Trying to fix this problem for -------, Mr. Hung and I have checked all the terms and conditions working through the night.

(A) ourselves
(B) itself
(C) himself
(D) yourself

7. The company gave up buying the office building from Ms. Murvey, so it is still -------.

(A) her
(B) hers
(C) herself
(D) she

8. The company owners said that ------- primary reason for having the policy is to improve employee productivity.

(A) theirs
(B) they
(C) them
(D) their

9. Hundreds of guests were invited to the launch event and ------- were given a free sample of the new product.

(A) they
(B) them
(C) their
(D) themselves

10. Dr. Cole couldn't complete ------- research on DNA, and he was forced to return the $55,000 grant.

(A) he
(B) his
(C) him
(D) himself

지시 대명사 that, those

This figure is worse than **that** of last year.

이 수치는 작년의 것보다 더 안 좋다.

KEY VOCA

figure 숫자, 수치
distinguish 구별하다
goods 상품, 재산
booklet 소책자
practical 실용적인
retire 은퇴하다
anticipate 기대하다
interest 이자, 흥미
in sync with
~과 일치하다
thermal 열의, 열이 나는
net 순의, 그물
surpass 넘다

1. 앞에서 언급한 **특정 명사**를 대신할 때 **that**과 **those**를 사용한다.

This figure is worse than **that** of last year.
<small>(=the figure) this (X)</small>

Consumers can distinguish the Green Auto's goods from **those** of other companies.
소비자는 그린 오토의 상품과 다른 회사의 것들을 구분할 수 있다. <small>(=goods) these (X)</small>

2. those + 수식어구 : ~하는 사람들

The booklet offers practical advice to **those** entering this field .

그 소책자는 이 분야에 들어오는 사람들에게 실용적인 조언을 제공한다.

Those who already retired admitted that retired life is much better than anticipated.

이미 은퇴를 한 사람들은 은퇴 생활이 예상됐던 것보다 훨씬 더 좋다고 인정했다.

3. this / that 의미 비교

	형태	의미	
지시 대명사	this these	이것 이것들	**This** is his final report. <small>이것이 그의 최종 보고서예요.</small> **Those** were the company's core products. <small>그것들은 그 회사의 핵심 제품이었어요.</small>
	that those	그것 그것들	The interest rate is higher than **that** of last month. <small>금리가 지난 달 (금리)보다 더 높다.</small>
	those + 수식어구	사람들	Only **those** who are selected for an interview will be contacted. <small>인터뷰에 선정된 사람들에게만 연락이 갈 것입니다.</small>
지시 형용사 (한정사)	this + 단수명사 these + 복수명사	이 ~ 이 ~들	**This book** is one of 20 best-selling books of the year. <small>이 책은 그 해의 베스트셀러 20종 중 하나입니다.</small>
	that + 단수명사 those + 복수명사	그 ~ 그 ~들	**Those orders** were cancelled for non-payment. <small>그 주문건들은 미지불로 인하여 취소되었다.</small>

PRACTICE

A. 문장의 해석에 알맞은 단어를 고르세요.

1. (This / That) subway service was extended to Second Street Station on September 21.
   이 지하철 서비스는 9월 21일에 2번가 역까지 연장되었다.
2. Ms. Hobbs's opinions were in sync with (these / those) of other board members.
   홉스 씨의 의견은 다른 이사회원들의 의견과 일치했다.
3. (This / These) areas are famous for its thermal spa resorts. 이 지역들은 온천 리조트로 유명하다.
4. Net profits and sales surpassed (that / those) of last year. 순이익과 매출이 작년 치를 넘어섰다.

PART 2

1. Mark your answer on your answer sheet.   (A)   (B)   (C)

2. Mark your answer on your answer sheet.   (A)   (B)   (C)

3. Mark your answer on your answer sheet.   (A)   (B)   (C)

4. Mark your answer on your answer sheet.   (A)   (B)   (C)

PART 5

1. These contracts, obtained by supply agreements, resembled ------- of their subsidiaries, EPI Systems and Genus Corp.

(A) those
(B) this
(C) both
(D) them

2. Those ------- Singapore may wish to transfer some of their assets abroad because of economic instability.

(A) from
(B) out
(C) next
(D) yet

3. Roice Company's distribution channels on the international market differ from ------- in the domestic market.

(A) those
(B) that
(C) these
(D) this

4. The purpose of ------- letter is to provide you with the decision relating to employee compensation policies.

(A) this
(B) them
(C) theirs
(D) these

5. Most of ------- paintings were privately owned by a wealthy Mexican businessman who had a lot of interest in Baroque art.

(A) this
(B) that
(C) these
(D) them

6. This exercise equipment is recommended for ------- who don't have time to hit the gym.

(A) this
(B) that
(C) these
(D) those

42

· 명사와 대명사 ·

부정 대명사 (1) one, another, other

BLOCKED

The government has closed the tunnel and will open new one inside the city.
정부는 그 터널을 폐쇄했으며 시내에 새로운 터널을 개통할 것이다.
The other courses are all full.
다른 강의는 (인원이) 다 찼어요.

1. 부정 대명사는 분명하지 않은 대상을 대신하는 대명사이다.

2. 부정 대명사 one, another, other는 **특정 집단의 일부**를 나타낸다.

The government has closed the *tunnel* and will open new **one** inside the city.
(= tunnel)

ONE	ONE
THE OTHER	ANOTHER
ONE	SOME
THE OTHERS	OTHERS

	형태	의미	
부정 대명사	one ones	(어떤 명사의 단수) (어떤 명사의 복수)	The impact protection of XMI helmets equaled the expensive **ones**. XMI 헬멧의 충격 보호 정도는 비싼 헬멧들과 동일했다.
	another	또 다른 하나	Ms. Ali spent the day rushing from one client meeting to **another**. 앨리 씨는 한 고객 회의에서 다른 회의로 뛰어다니며 하루를 보냈다.
	the other the others	나머지 하나 나머지 전체	Can I connect one computer to the USB and **the other** to the internet? 한 컴퓨터를 USB로, 나머지 하나는 인터넷으로 연결할 수 있나요?
	others	나머지 중 일부	Although some funds are less risky than **others**, all funds have some level of risk. 어떤 펀드는 다른 펀드보다 덜 위험하지만, 모든 펀드는 어느 정도의 위험을 가지고 있다.

3. 부정 대명사가 명사 앞에서 명사의 범위를 한정할 때, 이를 부정 형용사라 한다.

The **other** *courses* are all full. (특정 강의 외에) 다른 강의들

	형태	의미	
부정 형용사 (한정사)	another+단수명사	또 다른 ~	Could you come back **another** time? 다른 시간에 다시 와주실 수 있어요?
	other+ 불가산명사 복수명사	다른 ~	Local resellers might offer **other** payment methods. 지역 재판매업자들은 다른 지불 방법을 제공할지도 몰라요.

PRACTICE

A. 각 문장에 알맞은 부정 대명사와 부정 형용사를 고르세요.

1. Does she know how to install a new drive to replace an old (one / ones)?
오래된 드라이브를 대신할 수 있는 새로운 드라이브 설치 방법을 그녀가 알고 있나요?

2. You can sell your home before buying (another / other). 다른 집을 사기 전에 당신의 집을 팔 수 있습니다.

3. (Other / Ones) workers will consider it important, too. 다른 작업자들도 그것이 중요하다고 생각할 거예요.

4. The (other / others) player was not injured. 다른 선수는 부상당하지 않았다.

PART 5

1. Many ------- companies including EST Co., and PN Global improved their productivity and position.

(A) another
(B) others
(C) other
(D) ones

2. If you'd like to transfer more than $10,000 from one account to -------, you need to fill out this form.

(A) other
(B) another
(C) the others
(D) each other

3. Mr. Sanchez has received comments from ------- about his lectures during the semester.

(A) others
(B) ones
(C) some
(D) itself

4. The Sufi Museum will be closed, but the others in the city ------- in full operations by Tuesday evening.

(A) are
(B) to be
(C) is being
(D) had been

PART 7

Questions 1-3 refer to the following information.

Swansea Millennial Center | Price & Seating

Swansea Millennial Center is one of the city's oldest theaters, with a capacity of 2,315 across the stalls and circle seating sections. Both the interior and exterior of the theater resemble the interior of Yoop Castle in Oz.

You can pick your favorite spot in the auditorium by buying one of the seating options below. If you don't select a seat we'll assign seats randomly when you purchase a ticket.

	Premium	A1-A3	B1-B3	Other Seats
PRICE	$62-85	$40-55	$30-35	$25

*Prices include use of a cloakroom. Large items can be checked for $2 each.

Season Ticket Holders enjoy the benefit of exchanging tickets for another performance of the same show for free based on availability. See more at: http://www.millenial.org/ticket.

1. What is indicated about Swansea Millennial Center?

(A) It is located near the subway station.
(B) It has been recently completed.
(C) It has a seating capacity over 2,000.
(D) Its use is limited to residents of Swansea.

2. What is included in the seating price?

(A) Storage facility
(B) Merchandise
(C) Parking
(D) Food and drink

3. What is indicated about the seats of Swansea Millennial Center?

(A) The price of them range from $30 to $85.
(B) They are 20% off to the Season Ticket Holders.
(C) They need to be reserved online.
(D) They can be selected by a ticket holder.

부정 대명사 (2) some, any, (n)either, none

Many students don't like Professor James Lee's group project, but **some** are interested in the idea.

많은 학생들이 제임스 리 교수의 그룹 과제를 좋아하지 않지만, 일부는 그 생각에 관심이 있다.

1. 부정 대명사 some, any, (n)either, none은 **수량**을 나타내며 **해석의 긍정·부정에 유의**한다.

Many *students* don't like Professor James Lee's group project, but **some** are interested in the idea.

'일부 학생들'
(= some students)

	형태	의미	
부정 대명사	some 긍정 any 주로 부정	약간, 몇몇	Although alternative medicines are popular, he doesn't think **any** of them really work. 대체 의약품이 유명하지만, 그는 그 중 일부라도 정말로 효과를 낸다고 생각하지 않는다.
	either 긍정 ❶ neither 부정 ❶	둘 중의 어느 쪽도	**Neither** of them works on the report. 둘 중 누구도 그 보고서를 작업하지 않는다.
	none ❶	아무것도, 아무도	**None** of other positions requires years of specialized experience. 다른 직위 중 어느 것도 수년의 전문 경력을 요구하지 않는다.
부정 형용사 (한정사)	some + 명사 any + 명사	약간의 ~, 어떤 ~	The A01 bus line still doesn't have **any** passengers. A01번 버스 노선은 아직도 승객이 몇 명 없다.
	either + 명사 neither + 명사	둘 중의 어떤 ~도	The company denied having ever worked at **either** facility. 회사는 두 개의 시설 중 어떤 곳에서도 작업한 사실을 부정했다.
	no + 명사	어떤 ~도 아니다[없다]	That state has **no** separate estate tax. 그 주는 어떤 별도의 재산세가 없다.

PRACTICE

A. 문장의 해석에 알맞은 단어를 고르세요.

1. (Some / Any) of our manufacturers accept purchase orders for small businesses.
   우리 제조업체 중 일부는 소규모 사업체의 구매 주문도 받고 있다.

2. They decided to use (either / neither) of these options. 그들은 이 옵션들 중 어느 쪽이라도 사용하기로 했다.

3. If you meet the minimum qualifications for (any / either) job opening, you can apply for that job. 어떤 공석에 적합한 최소 자격요건을 충족하신다면, 그 직무에 지원하실 수 있습니다.

B. 밑줄 친 부분에 유의하여 문장의 해석을 완성하세요.

1. Neither shareholder has enough shares to individually control YJ Corporation.
   둘 중 어떤 주주도 YJ 기업을 개별적으로 지배할 충분한 지분을 _____.

2. You may have confidence in some areas and not in others.
   당신은 _____ 분야에는 자신이 있고 나머지 분야에는 그렇지 않을지도 모릅니다.

❶ either, neither, none 은 항상 단수 취급 (격식), 나머지는 뒤 따르는 명사에 따라 단·복수가 결정된 다.

PART 5

1. In the country, some of the largest car insurance companies ------- an incredible number of discounts to customers.

(A) offer
(B) offers
(C) offering
(D) to offer

2. TR Airlines will contact ------- passengers who have booked a flight to Paris departing after February 28.

(A) any
(B) none
(C) no
(D) neither

PART 7

Questions 1-4 refer to the following memo.

M E M O

Date: October 31

As previously announced, the company has opened another new branch in Philadelphia. We are hiring more people for there and want to fill some positions internally, if possible. Sales experience in AMI is a must. The deadline for applications is November 15.

Please submit a standard application with your resume and a cover letter explaining your interest in this position. If you have any questions, call Jane Hill at extension 505-633-7844.

The Philadelphia branch is conveniently located within walking distance of many other workplaces that AMI serves including Logistech, EKEA Engineering and other AMI's major clients. The Philadelphia branch opens Monday to Friday 8:30 am – 4:00 pm.

Richard Thomas, HR Department, AMI Association

---

1. Why did Mr. Thomas write the memo?

(A) To request employees to use licenses
(B) To announce a promotion
(C) To inform workers about job openings
(D) To give a warning

2. For whom is the memo most likely intended?

(A) HR Department
(B) Workers of EKEA engineering
(C) Branch managers of AMI Association
(D) Current or former sales staff in AMI

3. According to the memo, what is required to apply for the position?

(A) An approved career certificate
(B) A resume and a cover letter
(C) An identification badge
(D) A previous sales report

4. The word "walking" in paragraph 3, line 1, is closest in meaning to

(A) total
(B) short
(C) ready
(D) helpful

부정 대명사 (3) all, each, few, little

KEY GROCERY

Each has its own unique bar code.
각각은 고유한 바코드를 가진다.

Do **all** board members have voting rights?
모든 이사회원이 투표 권한을 가지나요?

KEY VOCA

unique 고유한, 특유의
right 옳은; 권한
comply with
~을 준수하다
notification 알림, 공지
credit 신용, 학점
last 지속하다[되다]
committee 위원회
check-up 검사
delay 늦추다, 연기하다

1. 부정 대명사 **all, each, few, little**은 **수량**을 나타내며 **동사의 단·복수에 유의**한다.

2. 부정 형용사로 쓰일 경우 **뒤따르는 명사의 단·복수에 유의**한다.

	형태		의미	
부정 대명사	all		전부, 모두	**All** *have* gone to the meeting. 모두 회의에 갔어요. **All** he said *was* "No, of course not." 그가 말한 전부는 "아뇨, 당연히 아니에요." 였다. **All** of the managers *are* required to comply with the company's security policies. 관리자 전원은 회사의 보안 정책을 준수해야 한다. **Each** of the awardees will receive a financial grant. 각각의 수상자는 금전적 보상을 받을 것이다. **Few** of them could see the notification. 그들 중 소수만 알림을 볼 수 있었다. Ms. Adams knows **a little** about internet marketing. 애덤스 씨는 인터넷 마케팅에 대해 약간 안다.
	each[1]		각각	
	a few 긍정 few 부정		몇몇 거의 없음	
	a little 긍정 little 부정		약간 거의 없음	
부정 형용사 (한정사)	all	+ 불가산 + 복수	모든 ~	**All** *candidates* must have completed 140 credit hours. 모든 지원자는 140학점을 이수했어야 합니다. **Every** *session* has been designed to last one hour. 모든 세션은 한 시간 동안 계속되도록 구성되어 있습니다. There are **a few** *things* in the cabinet.[2] 캐비닛에 그것들 중 몇 개가 있어. There is **little** *money* for tourist programs.[2] 관광 프로그램을 위한 돈이 거의 없어요.
	each[1] every[1]	+ 단수	각각의 ~ 모든 ~	
	a few 긍정 few 부정	+ 복수	몇몇의 ~ 거의 없는 ~	
	a little 긍정 little 부정	+ 불가산	약간의 ~ 거의 없는 ~	

[1] each, every는 항상 단수 취급한다.

[2] There be+명사(~가 있다) 문형에서 be 동사의 수는 명사의 수에 일치한다.

PRACTICE

A. 각 문장에 알맞은 표현을 고르세요.

1. All the people I met (is / are) very friendly and nice.
2. Here is (a little / a few) information about the committee.
3. (Every / All) machine we used needs a regular check-up.

B. 빈칸에 알맞은 보기를 고르세요.

1. More than 28% of ------- flights were delayed last year according to team officials.
   (A) all   (B) each   (C) every   (D) a little

PART 5

1. ------- employees need to maintain a high degree of personal cleanliness during all working hours.

(A) Every
(B) All
(C) Another
(D) Little

2. ARP Manufacturing will be doing annual inspection on ------- product line.

(A) each
(B) a few
(C) all
(D) other

PART 6

Questions 1-4 refer to the following notice.

SCIENCE BUILDING UNDER CONSTRUCTION!

Two renovation projects are underway in the Science Building — installing new elevators and renovating the corridor. Work hours will be 8 AM to 4:30 PM, Monday-Friday. Some weekend and evening work is expected.

Drilling activities during the installation of the new elevator machines may be heard on the first floor. ------- activities generating loud noise will be completed by 10 AM. The elevators will be
1.
modernized one at a time, allowing one to remain operational while the other ------- out of service.
2.

The hallway renovation will include installation of new energy-efficient lighting and an upgrade of sprinklers. While this work is underway, a temporary partition wall will be set up in the corridor outside room 301 and room 304 and will narrow the hallway. -------.
3.

Please use other entrances or the side ramps to access the front entrance until ------- projects
4.
are complete. Questions may be directed to Scarlett Campbell (scambpell@ubccollege.com).

---

1. (A) Any
(B) Every
(C) Each
(D) Another

2. (A) takes
(B) is taken
(C) are taking
(D) been taken

3. (A) Occasionally the hallway will be closed.
(B) You can request a repair in the building.
(C) Major projects have been recently completed.
(D) Trucks are scheduled to use this route every Monday.

4. (A) these
(B) other
(C) every
(D) their

UNIT 45 형용사

• 형용사와 부사 •

Green Farm delivers **fresh** vegetables to your doorstep.

그린 팜은 신선한 야채를 당신의 현관에 배달합니다.

KEY VOCA

doorstep 현관
extraordinary 이례적인
remain 남다, 계속 ~하다
confident 확신하는
minimal 최소의
debate 토론
exact 정확한
in spite of ~에도 불구하고
quarter 사분기
candidate 후보
secretary 비서

1. 형용사는 **명사를 수식**할 수 있다.

Green Farm delivers **fresh** *vegetables* to your doorstep.

Your team made a **huge** *contribution* to the company's **extraordinary** *success*.

귀하의 팀은 회사의 이례적인 성공에 큰 기여를 했습니다.

2. 형용사는 명사를 직접 수식하는 것 외에도 **주어와 목적어로 사용된 명사를 보충**[1]할 수 있다.

The housing industry remains **confident** about the prospects for industry growth.
주어 The housing industry 보충

주택산업은 산업 성장 전망에 대해 여전히 자신한다.

Additional precautions have been taken to keep *risks* **minimal**.
목적어 risks 보충

위험을 최소로 유지하기 위해 추가 예방조치가 취해졌다.

3. 의미에 주의해야 할 형용사 비교

considerable 상당한	considerate 사려 깊은	successful 성공적인	successive 연속적인
beneficial 유익한	beneficent 인정 많은	confident 자신있는	confidential 기밀의
healthy 건강한	healthful 건강에 좋은	imaginary 상상의	imaginative 상상력이 풍부한
prospective 장래의, 유망한	prosperous 번영하는	respectful 공손한	respective 각각의
reliable 믿을 수 있는	reliant 의지하는	premier 최고의	primary 주요한

PRACTICE

A. 다음 문장에서 밑줄 친 형용사가 수식하거나 보충하는 명사(구)에 동그라미 치세요.

1. The producers made the <u>final</u> decision after much debate.
2. The <u>exact</u> date will be communicated in the invitation.
3. The offer will remain <u>open</u> until August 14.
4. In spite of the <u>steady</u> increase in employment during the last quarter, unemployment is still at high levels.

B. 밑줄 친 부분에 유의하여 문장의 해석을 완성하세요.

1. According to a <u>reliable</u> source, the CEO of Bernard Industries will announce his resignation next Wednesday.
   _____ 소식통에 따르면, 버나드 산업의 CEO는 다음 주 수요일에 사임을 선언할 것이다.

C. 빈칸에 알맞은 보기를 고르세요.

1. VMC Biotech is looking for a ------- candidate for the position of secretary.
   (A) suitably   (B) suitability   (C) suitable   (D) suit

❶ 주어를 보충하는 형용사·명사를 주격 보어, 목적어를 보충하는 형용사·명사를 목적격 보어라고 한다.

PART 7

Questions 1-3 refer to the following a Web page.

---

www.nbmmedia.com/radio/advertisement

| FEATURED | ON AIR | EVENT | ADVERTISEMENT |

Let's Grow Your Business Together!

NBM Radio offers local businesses distinctive opportunities to promote their products and services at a competitive rate. — [1] —.

NBM Radio is the number one commercial radio in the community which has been on the air since 2003. — [2] —. We cover international and domestic news, sports, weather, traffic and culture. Our loyal listeners are actively engaged when they listen to our station. — [3] —.

< RADIO CAMPAIGN OPTIONS FOR 30 DAY CAMPAIGN >

	Option 1	Option 2	Option 3	Option 4
Hours	Off hours (10pm – 5am)		Prime time (5am – 10pm)	
Spot Duration	30 seconds	45 seconds	30 seconds	45 seconds
Rotations per Day	20	40	20	35
Cost	$5,000	$7,500	$10,000	$15,000

- 10% discount for full upfront payment
- — [4] —. To find out more about promotion opportunities call us at 844-797-314.

---

1. What is indicated about NBM Radio?

(A) It offers special rates for loyal customers.
(B) It is a national radio station.
(C) It broadcasts 24 hours a day.
(D) It specializes in business news.

2. In which of the positions marked [1], [2], [3], and [4] does the following sentence best belong?

"Thus, they are unlikely to switch channels when commercials come on."

(A) [1]
(B) [2]
(C) [3]
(D) [4]

3. On the Web page, the word "competitive" in paragraph 1, line 2, is closest in meaning to

(A) fierce
(B) opposing
(C) contentious
(D) affordable

현재분사와 과거분사

$8,000

As a **preferred** member, you can rent a vehicle at a **discounted** price.

우선 고객으로서, 귀하는 차량을 할인된 가격으로 대여할 수 있습니다.

KEY VOCA

preferred 우선의,
rent 대여하다
overcome 극복하다
factor 요소
valid 유효한
quarterly 분기별의
designate 지정하다
property 건물
high-end 고급의

1. 동사를 **형용사처럼 사용하기 위해** -ing 혹은 -ed를 붙여 분사를 만든다.

2. 현재분사(-ing) : ~하는, ~하고 있는 [능동] [진행]

과거분사(-ed) : ~되는, ~되어 있는 [수동] [완료]

motivate 동기 부여하다	motivating 동기 부여하는	Ms. Garber's speech had a **motivating** effect. 가버 씨의 연설은 동기 부여하는 효과를 가졌다.
	motivated 동기 부여된	Without the **motivated** staff, ACO Company wouldn't be able to overcome the crisis. 동기 부여된 직원들이 없었더라면, ACO 사는 위기를 극복할 수 없었을 것이다.
limit 제한하다	limiting 제한하는	The lack of financial resources has been another **limiting** factor. 재정 자원의 부족은 또 다른 제한 요소였다.
	limited 제한된	This offer is only valid for a **limited** period of time. 이 (가격) 제안은 제한된 기간에만 유효합니다.
disappoint 실망시키다	disappointing 실망스러운	Prime Direct reported **disappointing** quarterly results. 프라임 다이렉트는 실망스러운 분기 성과를 보고했다.
	disappointed 실망한	The sales team is trying to win back the **disappointed** customers. 판매팀은 실망한 고객들을 되찾기 위해 노력하고 있다.

3. 의미에 주의해야 할 현재분사와 과거분사

experienced 경험이 있는	distinguished 우수한	detailed 자세한	challenging 도전적인
complicated 복잡한	rewarding 보람 있는	demanding 힘든	following 그 다음의
leading 선도적인	preceding 앞선, 이전의	preferred 우선의	outdated 구식인

PRACTICE

A. 밑줄 친 부분에 유의하여 문장의 해석을 완성하세요.

1. Only <u>designated</u> vehicles can access to the <u>restricted</u> area.
   오직 _____ 차량만이 _____ 구역에 접근할 수 있다.

2. The <u>estimated</u> cost of repairing the damage to the property is $34,500.
   부동산의 손상을 복구하는 것의 _____ 가격은 34,500 달러이다.

3. Within 2 business days, you'll get an email <u>requesting</u> approval of the transfer.
   2 영업일 이내로, 당신은 이체 승인을 _____ 이메일을 받을 것입니다.

4. The <u>increasing</u> demand for high-end electronics fosters investment in technology.
   고급 전자제품에 대한 _____ 수요는 기술 투자를 조성한다.

5. The existence of a manual payroll system can present an <u>increased</u> risk of error.
   수동 급여지급 시스템의 존재는 _____ 오류 위험을 보여줄 수 있다.

PART 5

1. Expenditure decisions ------- the hiring of new staff will be made at the next meeting scheduled for March 26.

   (A) involves
   (B) involved
   (C) to involve
   (D) involving

2. The funds ------- through this campaign will be devoted to protect endangered animals in the Amazon Rainforest.

   (A) raise
   (B) raised
   (C) to raise
   (D) raising

3. Ms. Beard's effort has contributed to developing an ------- understanding of the value of cultural diversity.

   (A) enhance
   (B) enhancement
   (C) enhanced
   (D) enhancer

4. The executives gathered to discuss the company's future in the ------- market for data security solutions.

   (A) expanding
   (B) expansion
   (C) to expand
   (D) expand

5. More than 40,000 companies, organizations, and individuals from around the world have become our ------- users.

   (A) satisfaction
   (B) satisfied
   (C) has satisfied
   (D) satisfy

6. We were founded in 1997, and we're the oldest ------- authority in the state.

   (A) regulate
   (B) regulating
   (C) regulated
   (D) to regulate

7. Given the crucial nature of the item, the ------- proposal should be reviewed as soon as possible.

   (A) revises
   (B) revising
   (C) revised
   (D) revise

8. In spite of ------- requests, there has been no response from the service provider about the refund till now.

   (A) repeated
   (B) repeating
   (C) repetition
   (D) to repeat

9. You need to provide a ------- formatted text file that is readable by the system.

   (A) distantly
   (B) faithfully
   (C) slightly
   (D) properly

10. The decision will be processed by the Select Committee within four weeks of receiving a ------- submission.

    (A) completed
    (B) completing
    (C) completes
    (D) completion

부사

During the tour, you should **exactly** follow the guide's instructions.

관광하는 동안 당신은 안내인의 지시를 정확하게 따라야 합니다.

1. 부사는 **일반적으로 형용사에 -ly를 붙여서** 만든다.

형용사	부사	형용사	부사
exact 정확한	exactly 정확하게	surprising 놀라운	surprisingly 놀랍게
complete 완전한	completely 완전히	precise 정확한	precisely 정확하게
comfortable 편안한	comfortably 편안하게	immediate 즉각적인	immediately 즉시

2. 부사는 **형용사를 수식**할 수 있다.

The **completely** *different* wallpaper will change the atmosphere of your room.

완전히 다른 벽지는 당신 방의 분위기를 바꿀 것입니다.

3. 부사는 **동사를 수식**할 수 있다.

The room is equipped with air-conditioning so guests can *stay* **comfortably** all year round.

투숙객들이 일년 내내 편안하게 머무를 수 있도록 방은 냉난방 장치를 갖추고 있습니다.

4. 부사는 **다른 부사를 수식**할 수 있다.

The researchers foresaw the result of the public's reaction **surprisingly** *precisely*.

연구원들은 대중 반응의 결과를 놀랍도록 정확하게 예측했다.

5. 부사는 **절 전체를 수식**할 수 있다.

Maintenance work to ensure safety will be taking place from next Monday to Friday. **Therefore**, *the library will be closed next week*.

안전을 보장하기 위한 보수 작업이 다음 월요일부터 금요일까지 진행될 것입니다. 그러므로 다음 주에 도서관이 폐쇄됩니다.

PRACTICE

A. 다음 문장에서 밑줄 친 부사가 수식하는 대상에 동그라미 치세요.

1. The machine needs to be repaired <u>immediately</u>.
2. The contract specifies the <u>mutually</u> agreed price and payment conditions.
3. <u>Unfortunately</u>, I have another engagement tonight.
4. Mr. Duggan is looking for <u>moderately</u> priced hotels.

B. 밑줄 친 부분에 유의하여 문장의 해석을 완성하세요.

1. As a manger, Mr. Hall <u>regularly</u> monitors the process. 관리자로서, 홀 씨는 _____ 과정을 감시한다.

C. 빈칸에 알맞은 보기를 고르세요.

1. Coldwell Engineering purchased the building ------- occupied by Four Peaks Enterprises.
   (A) present   (B) presented   (C) presently   (D) presentation

PART 2

1. Mark your answer on your answer sheet.   (A)   (B)   (C)

2. Mark your answer on your answer sheet.   (A)   (B)   (C)

PART 4

1. What type of business is being advertised?

    (A) A local restaurant
    (B) A boutique shop
    (C) A grocery store
    (D) A real estate company

2. According to the speaker, how can listeners get a discount coupon?

    (A) By posting a review
    (B) By arriving early
    (C) By spending $30 or more
    (D) By enrolling in a program

3. Why does the speaker say, "You definitely don't want to miss this"?

    (A) To warn the listeners
    (B) To inspire participation
    (C) To announce the opening date
    (D) To set a deadline

PART 5

1. The training activities were unnecessarily ------- until the end of the program.

    (A) delay
    (B) delays
    (C) delaying
    (D) delayed

2. McKinsey Technology could consider an early release of the software when the projects reach an ------- high performance level.

    (A) accepts
    (B) accepting
    (C) acceptable
    (D) acceptably

혼동하기 쉬운 형용사와 부사

He got up **late**.
그는 늦게 일어났다.
He came to work in the **late** afternoon.
그는 늦은 오후에 직장에 왔다.

KEY VOCA

fit 들어맞다
penalty 벌금
rate 속도
entry 출품
subject 주제
turn out 드러나다

1. 형태가 같은 형용사와 부사

형용사 / 부사	
enough 충분한 / 충분히	I don't have **enough** *time* to visit the bakery. 저는 제과점에 방문할 충분한 시간이 없어요. The room is *big* **enough** to fit 30 people. 그 방은 30명이 들어가기에 충분히 크다.
late 늦은 / 늦게	A penalty for **late** *payment* was added to the invoice. 송장에 늦은 납부에 대한 벌금이 추가되었다. He *showed up* **late** to the interview. 그는 면접에 늦게 나타났다.
fast 빠른 / 빠르게	The technology is growing at a **fast** *rate*. 기술이 빠른 속도로 성장하고 있다. The deadline for entries is **fast** *approaching*. 출품 마감기한이 빠르게 다가오고 있다.
hard 힘든, 단단한 / 힘들게, 열심히	Forex Papers went through **hard** *times* in its early years. 초창기에 포렉스 제지는 힘든 시간을 보냈다. The whole team *worked* **hard**. 팀 전체가 열심히 일했다.

2. 의미에 주의해야 할 형용사와 부사 (-ly를 붙이면 뜻이 달라지는 부사)

형용사 / 부사	부사	형용사 / 부사	부사
hard 힘든 / 힘들게 short 짧은 / 짧게 high 높은 / 높게	hardly 거의 ~않다 shortly 곧 highly 매우	late 늦은 / 늦게 near 가까운 / 가까이	lately 최근에 nearly 거의

3. 형태에 주의해야 할 형용사 (-ly로 끝나는 형용사)

friendly 친절한 quarterly 분기별의	costly 비용이 많이 드는 likely ~할 것 같은	orderly 정돈된	timely 시기적절한

PRACTICE

A. 다음 문장에서 밑줄 친 부사 혹은 형용사가 수식하는 대상에 동그라미 치세요.

1. The service was not good <u>enough</u>.
2. The class was canceled because there weren't <u>enough</u> people interested in the subject.

B. 밑줄 친 부분에 유의하여 문장의 해석을 완성하세요.

1. The flight arrived an hour <u>late</u> due to a weather problem. 기상 문제로 비행기는 한 시간 _____ 도착했다.
2. Norman Bank has changed its investment strategy <u>lately</u>. 노먼 은행은 _____ 투자 전략을 바꾸었다.

C. 빈칸에 알맞은 보기를 고르세요.

1. The decision made by the president himself turned out to be a ------- mistake.
   (A) cost   (B) costed   (C) costly   (D) costs

PART 3

1. Where do the speakers most likely work?

(A) At an employment agency
(B) At a security company
(C) At a travel agency
(D) At a construction company

2. What does the man mean when he says, "She must know what she's doing"?

(A) He thinks Ms. Shaffer is immature.
(B) He's worried about the China branch.
(C) He's impressed with Ms. Shaffer's performance.
(D) He's doubting Mr. Cottrell's quality.

3. What do the women want to do?

(A) Ask Mr. Cottrell to resign
(B) Visit the China branch
(C) Promote Ms. Shaffer
(D) Hold an emergency meeting

PART 6

Questions 1-3 refer to the following notice.

ATTENTION

The wired and wireless network throughout the building is currently down. -------. Technicians are
1.
now working to restore network connectivity. Internet services are expected to resume -------. We
2.
are deeply sorry for this issue and the inconvenience this has caused. Please check back for
updates. Your patience is highly appreciated while we resolve this issue in a ------- manner.
3.

---

1. (A) The weekly system maintenance will begin at 3 A.M.
(B) The first phase of this work has been fully completed.
(C) The operating systems using the network are also unavailable.
(D) Some customers have reported security update problems.

2. (A) short
(B) shorten
(C) shortly
(D) shortage

3. (A) timely
(B) nearly
(C) hardly
(D) gradually

비교급과 최상급

The KPhone 5 is **lighter** than the KPhone 4.
케이폰 5는 케이폰 4보다 가볍다.
The KPhone 5 is **the lightest** smartphone.
케이폰 5는 가장 가벼운 스마트폰이다.

1. 비교급(-er, more ~) : 더 ~한 [형용사] , 더 ~하게 [부사]

2. 최상급(-est, most ~) : 가장 ~한 [형용사] , 가장 ~하게 [부사]

원급	비교급	최상급
light	lighter	lightest
large	larger	largest
convincing	more convincing	most convincing
easily	more easily	most easily
important	more important	most important

Baytech has decided to build a **large** warehouse to stock raw materials and finished products.
베이테크는 원자재와 완제품을 보관할 큰 창고를 짓기로 했다.

The number of applicants is **larger** than[1] we expected.
지원자 수는 우리가 예상했던 것보다 더 크다.

Banner Homes became one of **the largest**[2] construction companies in[3] the Midwest.
배너 주택은 중서부에서 가장 큰 건설 회사 중 하나가 되었다.

3. 비교급과 최상급을 강조하는 표현

3-1. much, even, far, a lot, still + 비교급

Graphical data can make your argument *much* **more convincing**.
도표로 된 자료는 당신의 주장을 훨씬 더 설득력 있게 만들어 줄 수 있다.

The new platform can obtain support *much* **more easily**.
새로운 플랫폼은 지원을 훨씬 더 쉽게 얻을 수 있다.

3-2. much, even, by far, very + 최상급

The leisure industry is *by far* **the most important** market for Fulton Global.
여가 산업은 풀턴 글로벌의 단연코 가장 중요한 시장이다.

PRACTICE

A. 밑줄 친 형용사를 문맥에 맞게 비교급 혹은 최상급으로 바꾸세요.

1. This year is <u>successful</u> year in the history of HMG Group.
2. Acosta International is <u>successful</u> than others in identifying new market opportunities.

B. 밑줄 친 부분을 강조하기에 알맞은 표현을 고르세요.

1. Hensley Motors will continue to improve the service to a (much / very) <u>higher</u> standard.
2. Several analysts are taking a (far / by far) <u>more positive</u> view.

C. 빈칸에 알맞은 보기를 고르세요.

1. Morris Park Station is ------- than Grand Central Station to the office.
   (A) close   (B) closely   (C) closer   (D) closest

PART 5

1. Now that the software has been upgraded, ------- more accurate assessments can be made of potential benefits and risks.

(A) very
(B) much
(C) most
(D) so

2. Insurers throughout the world were hit ------- than they had been in the past.

(A) hard
(B) harder
(C) hardly
(D) harden

3. Ivan Antonovich, one of the ------- influential writers of our time is invited to give a special lecture.

(A) such
(B) as
(C) most
(D) far

4. Mr. Lambert stressed the importance of attracting and retaining more ------- employees for long-term growth.

(A) qualify
(B) quality
(C) qualification
(D) qualified

PART 7

Questions 1-2 refer to the following article.

"The Midnight of November 18"

Peter Corman's new film, "The Midnight of November 18" has finally been released. Corman's stories are frequently considered typical action movies, but his films get bolder and more sophisticated every time. "The Midnight of November 18" is deeper than it looks. It is not a simple tale of good and evil. It poses a more complex puzzle than his previous works. Still, it's hugely entertaining with fascinating action scenes. The 150-minute running time passes in a flash. Especially the first section of the movie is the richest and most haunting. Golden Star-winning actress Amy Barden plays the leading role.

1. What is the article about?

(A) A list of awards nominees
(B) A newly released film
(C) A local DVD shop
(D) A premiere event

2. What is indicated about "The Midnight of November 18"?

(A) It is Mr. Corman's debut film.
(B) It is selected for screening at a film festival.
(C) It is an action movie with female lead.
(D) The film has grossed half a billion dollars.

전치사+명사

He's waiting **at** the bus stop.
그가 버스 정류장에서 기다리고 있다.

A risk assessment must be undertaken
before starting the work.
위험 평가는 작업을 시작하기 전에 반드시 수행되어야 한다.

KEY VOCA

undertake 착수하다, 수행
하다
potential 잠재적인
advantage 이점, 혜택
headquarters 본사
abroad 해외로, 해외에서
wage 임금
unload (짐을) 내리다

1. 전치사는 **명사, 명사구❶, 명사절❷과 함께 전치사구**를 이룬다.

He's waiting **at** the bus stop .
　　　　　　　　　명사구

A risk assessment must be undertaken **before** starting the work . ❸
　　　　　　　　　　　　　　　　　　　　　　　동명사구(-ing)

2. 전치사구는 **형용사 또는 부사 역할**을 한다.

전치사구		
전치사	**+ 명사**	The challenge **to** us is to capture the potential advantages. 형용사 우리에게 닥친 도전은 잠재적인 이점을 포착하는 것이다. She arrived 20 minutes late **for** work . 부사 그녀는 20분 늦게 회사에 도착했다.
	+ 명사구	Companies **in** the bay area have moved headquarters abroad. 형용사 만 지역에 있는 회사들이 본사를 해외로 옮겼다. Go down the street and turn north **at** the traffic light . 부사 이 길을 따라가다가 신호등에서 북쪽으로 도세요.
	+ 명사절	He will give advice **about** whether we should go abroad . 형용사 그는 우리가 해외로 나가야 할지에 관한 조언을 줄 것이다. It depends **on** how difficult the work is . 부사 그것은 작업이 얼마나 어려운지에 따라 다릅니다. He will hear a report **on** increasing the minimum wage . 형용사 그는 최소 임금을 증가시키는 것에 관한 보고를 들을 것이다.
	+ 동명사	I'm going to another meeting **after** having lunch . 부사 저는 점심을 먹은 후에 다른 회의에 갈 거예요.

❶ 명사 역할을 하는
두 개 이상의 단어
단위

❷ 명사 역할을 하는
절(주어 + 동사 +
…)

❸ 전치사 뒤에 오는
동사의 유일한 형태
는 동명사(구)이다.

PRACTICE

A. 밑줄 친 부분에 유의하여 문장의 해석을 완성하세요.

1. We've agreed to meet <u>on Tuesday</u>.   우리는 _____ 만나기로 동의했어요.
2. Some chairs are being unloaded <u>from the truck</u>.   의자들이 _____ 내려지고 있다.
3. The manager <u>of our line</u> is a very experienced marketer.   _____ 관리자는 경험 많은 마케터입니다.

B. 각 문장에 알맞은 단어를 고르세요.

1. This item is not available in (you / your) country.
2. After (saving / to save) the file, I will send it to Mr. Garcia.
3. After a reception, there will be a book signing in (the lobby / lobbied).
4. Please submit your application before (entering / enter) the main hall.

PART 5

1. Please read the following guidelines before ------- your proposal.

(A) submit
(B) submitted
(C) submitting
(D) to submit

2. It provides information ------- hours of work under the Employment Standards Act.

(A) about
(B) that
(C) whether
(D) after

3. They need the tools to decide what programs are suitable for ------- trainees.

(A) they
(B) their
(C) them
(D) themselves

4. Mr. Tanaka and Ms. Morgan have adopted divergent ------- of product quality in recent years.

(A) views
(B) viewed
(C) viewer
(D) to view

PART 7

Questions 1-3 refer to the following article.

Marzi Plans to Launch New Brand

By Nathalie Thompson

December 27 - Marzi Food and Beverage (MFB) is aiming to build an ice-cream parlor chain called Marzi's Frozen Custard in the next 6 months. — [1] —. Based in Orlando, the company plans to invest $1.3 million to build its own ice-cream chain in Florida. The menu will also feature freshly baked breads, cakes, and beverages with the options of dining in or take-away. — [2] —.

MFB has also announced its plans to acquire 500 convenience store units and 20 bakeries within one year. — [3] —.

"We are pleased to add another brand to our portfolio to be built alongside select sites of MFB. Our online store and hospitality concepts will be complementary to each other," said Gabriel Diena, Senior Director of Marketing and Sales for Marzi Food and Beverage. — [4] —.

1. What is indicated about Marzi's Frozen Custard?

(A) It was first marketed 2 years ago.
(B) It was a local dairy plant.
(C) It is distributed internationally.
(D) Its first store will open in Florida.

2. What is reported about MFB?

(A) It has a brand of bread bakeries.
(B) It expects online store's earnings to decrease.
(C) It plans to build a new brand within 6 months.
(D) It is the world's largest restaurant brand.

3. In which positions marked [1], [2], [3], and [4] does the following sentence best belong?

"The company has plans to rebrand and renovate all of its properties following the acquisition."

(A) [1]
(B) [2]
(C) [3]
(D) [4]

UNIT 51

• 전치사 •

KEY VOCA

complete 완성하다
found 설립하다, 세우다
response 반응; 반응하다
launch 출시; 출시하다
division 부서, 분할
applause 박수갈채
regulation 규정, 규율
account 계좌, 장부

❶ by는 기한, within은 기간, until, till은 지속 시간

❷ for는 시간의 길이, during은 시간의 범위

시간 전치사

Louis's Cake opens at 9:00 a.m.
루이즈 케이크는 오전 9시에 연다.

These tasks should be completed throughout the semester.
이 과제들은 학기에 걸쳐서 완성되어야 한다.

1. 시간 전치사는 **특정 시점이나 기간**을 나타낸다.

구분	전치사	의미
시간	at 시간, 순간	~에
	on 일자, 요일	
	in 월, 년, 오전/오후	
시점	before ahead of prior to	~ 전에
	after following	~ 후에
	from since as of past	~부터 ~ 이래로 ~을 기점으로 ~을 지나서
	by❶ until(= till)	~까지
	within + 숫자	~ 내에
기간	during❷ for + 숫자	~ 동안
	from ~ to …	~부터 …까지
	through throughout	~ 동안 주욱 ~에 걸쳐서
	over	~ 넘게, ~ 동안
	amid	~인 가운데

The company was founded in the 2000s.
회사는 2000년대에 설립되었다.

Call us ahead of coming in to be added to the list.
명단에 추가되려면 오시기 전에 전화 주십시오.

I haven't received a response after submitting an application.
저는 온라인 신청서를 제출한 후에 응답을 받지 못했습니다.

5 million units have been sold since its launch.
출시 이래 5백만개가 팔렸습니다.

As of August 1, we are opening a service division
8월 1일부로 서비스 과를 신설합니다.

Please send out the request form by Friday.
금요일까지 신청서를 보내주세요.

The exhibition runs until next week.
전시는 다음 주까지 운영됩니다.

Payment must be made within 10 days.
지불은 10일 내로 이루어져야 합니다.

All the items are 25% off during the event.
전 상품이 행사 기간 동안 25퍼센트 할인된다.

The lecture lasted for two hours.
강의는 두 시간 동안 지속되었다.

Our business hours are from 9 to 5.
저희 영업 시간은 9시부터 5시까지 입니다.

Martinez will work through the coming months.
마르티네스는 다음 몇 달 동안 일할 것입니다.

Thank you for your help over the past 4 years.
지난 4년 간에 걸친 도움에 감사 드립니다.

The speech ended amid loud applause.
큰 박수가 한창일 때에 연설이 끝났다.

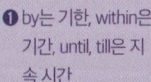 **PRACTICE**

A. 밑줄 친 부분에 유의하여 문장의 해석을 완성하세요.

1. <u>Following the crisis</u>, the government has promised to increase the regulations.
   _____ 정부는 규제를 늘리기로 약속했다.
2. We will close the accounts <u>within three months</u>. 우리는 계좌를 _____ 닫을 것입니다.
3. There will be six meetings <u>during the third quarter</u>. _____ 6개의 회의가 있을 것입니다.

PART 2

1. Mark your answer on your answer sheet.   (A)   (B)   (C)

2. Mark your answer on your answer sheet.   (A)   (B)   (C)

3. Mark your answer on your answer sheet.   (A)   (B)   (C)

4. Mark your answer on your answer sheet.   (A)   (B)   (C)

PART 5

1. JS Manufacturing hopes to receive final approval for its lending program ------- two months.
(A) within
(B) during
(C) amid
(D) past

2. You will receive an email approximately six weeks ------- the official announcement.
(A) prior to
(B) since
(C) now
(D) for

3. ------- August 1, the company recorded $4 million in long-term debt.
(A) Over
(B) In
(C) Through
(D) As of

4. Progress in logistics performance slowed down over the last two years ------- the global recession.
(A) amid
(B) on
(C) to
(D) within

5. Public transportation in the Nevada City is limited ------- the holidays.
(A) since
(B) over
(C) from
(D) under

6. Despite the team's attempts to make the process faster, they couldn't complete the project ------- noon.
(A) throughout
(B) following
(C) before
(D) within

7. The prize giving ceremony originally scheduled ------- 11 A.M. has been postponed until next week.
(A) at
(B) in
(C) past
(D) during

8. The article says that the decision on the relocation of the community center will be made ------- the end of the month.
(A) for
(B) by
(C) on
(D) over

장소 전치사

SECURITY INSPECTION

Passengers are standing on the platform.
승객들이 승강장에 서 있다.

A man is passing through airport security.
한 남자가 공항 보안 검색대를 통과하고 있다.

KEY VOCA

platform 승강장, 플랫폼
security 보안, 안전
corridor 복도, 통로
garage 차고
assembly 집합, 조립, 의회
limit 한도; 제한하다
park 공원; 주차하다

1. 장소 전치사는 **장소, 위치, 방향**을 나타낸다.

구분	전치사	의미
장소	at	~에
	on	~에, ~ 위에
	in	~에
위치	above, over ↔below, under	~ 위에 ~ 아래에
	around	~ 주위에
	beside (=by, next to)	~ 옆에 ~ 곁에
	in front of ↔behind	~ 앞에 ~ 뒤에
	between❶ among	~ 사이에
	inside ↔outside	~ 내부에 ~ 외부에
	within	~ 안에서
방향	across	~을 건너서
	along	~을 따라
	from ~ to …	~에서 …까지
	into ↔out of	~ 안으로 ~ 밖으로
	opposite	~의 건너에
	past	~을 지나서
	through	~을 관통하여
	throughout	~ 전역에

A train is arriving **at** the station. 기차가 역에 들어오고 있다.

What's **in** the refrigerator? 냉장고 안에 무엇이 있나요?

The salaries are well **above** average for our area.
급여는 우리 지역 평균보다 많이 높습니다.

Write your name **under** your drawing.
그림 아래에 이름을 쓰시오.

People are sitting **around** the table.
사람들이 테이블 주위에 앉아 있다.

He is standing **beside** the cabinet.
그가 캐비닛 옆에 서 있다.

There is the waiting area **in front of** the counter.
카운터 앞에 대기하는 곳이 있어요.

It's **between** Boston and Ogdensburgh.
그것은 보스턴과 오그덴스버그 사이에 있어요.

That's causing much concern **among** doctors.
그것이 의사들 사이에서 많은 염려를 불러일으키고 있다.

Only 20 percent of chief executives come from **inside** the company. 임원의 20퍼센트 만이 회사 내부 출신이다.

His office is **along** the corridor.
그의 사무실은 복도를 따라가면 있습니다.

How can I get **from** the airport **to** the center of Zurich? 공항에서 취리히 중심부까지 어떻게 가면 되나요?

The vehicle is being backed **into** the garage.
차량이 차고로 되돌려지고 있다.

Opposite the park is the National Assembly.
공원 맞은 편에 국회 의사당이 있습니다.

This method allows knowledge to spread **throughout** the team. 이 방법은 팀 전체에 지식이 퍼져나가게 해준다.

PRACTICE

A. 문장의 해석에 알맞은 단어를 고르세요.

1. I have worked for 10 years (at / on) the company. 저는 그 회사에서 10년 동안 일해왔습니다.
2. There are a lot of values (below / over) detection limit in this data.
   이 데이터에는 검출 한계보다 낮은 값이 많이 있습니다.
3. Smoking is not permitted (around / within) the grounds. 구내 흡연이 허용되지 않습니다.
4. Cars have been parked (next to / opposite) the road. 길 옆으로 차들이 주차되어 있다.

❶ between은 비교 대상이 둘, among은 셋 이상

PART 1

1.

(A)   (B)   (C)   (D)

2.

(A)   (B)   (C)   (D)

3.

(A)   (B)   (C)   (D)

4.

(A)   (B)   (C)   (D)

기타 전치사

You will find your dream tour package **among** our hiking tours.

저희 하이킹 투어 중에서 당신이 꿈꾸는 투어 패키지를 찾게 될 것입니다.

1. 다양한 의미를 나타내는 전치사

구분	전치사	의미
이유	because of due to owing to thanks to for	~ 때문에, ~ 덕분에
양보	despite in spite of notwithstanding	~에도 불구하고
대상	about(=over, on[upon], as to)	~에 대하여
	regarding (=concerning)	~에 관하여
제외 · 포함	aside[apart] from except (for) excluding besides	~을 제외하면, ~ 외에
	including	~을 포함하여
수단	by with through	~을 통해, ~을 가지고
비교	against	~에 반하여
	among	~ 중에서
	by	~ 만큼
	beyond	~을 넘어서
	like / such as	~와 같이
	than, to	~보다

Owing to the bad weather, the final match has been postponed.
안 좋은 날씨로 인해 결승전이 연기되었다.

We solved the problem **thanks to** your efforts.
당신의 노력 덕분에 그 문제를 해결했다.

Best Savings Bank has continued to support the group **despite** the banking crisis.
베스트 저축 은행은 금융 위기에도 불구하고 그룹 지원을 계속해 왔다.

Managers have access to information **about** their staff.
관리자들은 그들의 직원들에 대한 정보에 접근할 수 있다.

We have a few questions **regarding** clause 17.
17번 조항에 관하여 몇 가지 질문이 있습니다.

Aside from GT, other carmakers faced stiff competition.
GT 외에, 다른 자동차 제조사들은 치열한 경쟁에 직면했다.

No one **besides** Ms. Hendrix has the key.
헨드릭스 씨를 제외하면 아무도 열쇠를 가지고 있지 않다.

You can search for a document **by** name and date.
이름과 날짜로 문서를 검색하실 수 있습니다.

Revenues and profits were all **beyond** our forecasts.
매출액과 이익 모두 우리의 예측을 넘어섰습니다.

It may contain fragile items **such as** glassware.
거기에는 유리식기처럼 깨지기 쉬운 제품이 포함될 수 있습니다.

Their performance was superior **to** the second quarter.
그들의 성과는 2사분기보다 뛰어났다.

PRACTICE

A. 밑줄 친 부분에 유의하여 문장의 해석을 완성하세요.

1. He has to decide <u>among</u> multiple job offers. 그는 다양한 채용 제안 _____ 결정을 내려야 한다.
2. Economic activity weakened <u>due to</u> rising oil prices. 유가 상승 _____ 경제 활동이 약화되었다.
3. <u>Notwithstanding</u> its high price, it is often used in the industry.
   높은 가격_____ 그것은 업계에서 자주 사용됩니다.
4. They were all there <u>except</u> Dr. Reyes. 레이스 선생님_____ 그들은 모두 거기에 있었어요.
5. The company has long fought <u>against</u> the legislation. 회사는 입법_____ 오랜 싸움을 해왔다.

PART 5

1. Donations to ATC Services can be made at any time ------- contacting our Jackson office.

(A) about
(B) to
(C) by
(D) from

2. ------- changes in personnel and resources we are unable to hold our annual wine tasting event this year.

(A) As to
(B) Such as
(C) Despite
(D) Due to

3. These policies have increased federal property values far ------- any previous level.

(A) beyond
(B) through
(C) owing to
(D) aside from

4. Most apprentices can start on Monday next week, ------- complete beginners, for whom there are specific start dates.

(A) like
(B) when
(C) except for
(D) instead of

5. They are soliciting support for the anti-descrimination campaign from all sides ------- the private sector.

(A) inclusive
(B) including
(C) includes
(D) inclusion

6. A well-known journalist Amy Harris said Friday that she was pursuing new charges ------- the operators of National Daily Post.

(A) with
(B) besides
(C) in spited of
(D) against

7. Furthermore, e-Health App can contribute to achieving a safer working environment ------- the useful health tips it provides.

(A) for
(B) as
(C) upon
(D) than

8. Mr. Henford and Ms. Bingley will be consulting ------- proposals for the new charging system later this year.

(A) on
(B) up to
(C) through
(D) than

9. ------- parents' strong opposition, the school board has decided to raise fees for the after school program.

(A) Concerning
(B) Excluding
(C) Notwithstanding
(D) Among

10. The SH Group has had a successful year despite growing competition ------- big tech companies.

(A) beyond
(B) like
(C) including
(D) among

등위 접속사

My name is Yena Jeong, **and** I'm the Editor-in-Chief of Acta Production.
제 이름은 예나 정이고, 액타 프로덕션의 편집 책임자입니다.

1. 등위 접속사 and, but[yet], or, so, far는 단어와 구, 절을 대등하게 연결한다.

My name is Yena Jeong,　**and**　I'm the Editor-in-Chief of Acta Production.

　　　　　　　　　　　　　　　　　　　　　　　　　　절 and 절

종류	형태	
and 그리고, ~와	단어 + 단어	It will be on our web site for the next [four] **or** [five] months. 그것은 앞으로 4달 혹은 5달 동안 웹사이트에 올라갈 것입니다.
but / yet 그러나, 그런데 or 또는, ~이거나 so 그래서	구 + 구	He works [every day], **but** [not today]. 그는 매일 근무하지만, 오늘은 아니에요. [We changed the order in the middle of the project], **so** [it wouldn't be so obvious]. 프로젝트 중간에 순서를 바꾸었기 때문에, 그것은 그다지 분명하지는 않을 것입니다.
for ~이기 때문에	절 + 절	[Do not use harsh chemicals] **for** [they may scratch the frame's finish]. 그것들이 액자의 마감칠을 벗겨낼 수 있기 때문에 독한 화학물질을 사용하지 마세요.

2. 상관 접속사는 둘 이상의 단어로 된 등위 접속사로, 연결 대상의 상관 관계를 나타낸다.

종류	형태	
both A and B A와 B 둘 다 either A or B A이든 B이든 neither A nor B A도 B도 아닌	단어 + 단어	You must have half of the value in **either** [cash] **or** [equity]. 당신은 가격의 절반 금액을 현금이나 자본금의 형태로 보유해야 한다. Developments, **whether** [large] **or** [small], produce additional job opportunities. 개발은 그 규모가 크든 작든 추가적인 일자리를 창출한다.
not only A but (also) B❶ (=B as well as A) A뿐만 아니라 B도 not A but B A가 아니라 B whether A or B A인지 B인지	구 + 구	This figure includes **both** [thermal energy for heating] **and** [electricity consumption]. 이 수치는 난방용 열에너지와 전기 소비를 포함합니다. Our main concern is [to optimize mobility] **rather than** [to prevent it]. 우리의 주된 관심은 이동성을 막기보다는 최적화하는 것입니다.
A rather than B B보다는 A	절 + 절	**Not only** [are they smaller and lighter for the same capacity] **but also** [they can be recharged wire-less]. 그것들은 같은 용량으로 더 작고 가벼울 뿐 아니라, 무선으로 충전될 수도 있다.

PRACTICE

A. 문장의 해석에 알맞은 단어를 고르세요.

1. It is (not only / not) delicious but healthy. 그것은 맛은 없지만 건강식이에요.
2. (Both / Whether) public and private sector support is essential.
   공공 부문과 사적인 부문 모두의 지원이 필수적이다.
3. They provide an excellent service (yet / and) some could be improved.
   그들은 훌륭한 서비스를 제공하지만, 일부는 개선의 여지가 있어요.
4. (Either / Neither) we go now or wait till tomorrow. 지금 가거나 내일까지 기다리거나 할거야.
5. Unemployment becomes a concern for the individual (as well as / rather than) for the society. 실업은 사회뿐만 아니라 개인의 걱정거리가 되었다.

❶ 구어적 표현으로 only 대신 just를 사용할 수 있다.

PART 4

1. What is the purpose of the training program?

(A) To improve work performance
(B) To introduce employees to the company
(C) To inform employees of the company's policies
(D) To keep a workplace safe and healthy

2. What does the speaker have to confirm?

(A) A visa expiration date
(B) An identification card
(C) An website questionnaire
(D) Account information

3. What does the listener have to do?

(A) Attend a training program
(B) Reserve airline seats
(C) Prepare required documents
(D) Watch orientation videos

PART 5

1. Mr. Belvin said we need to file ------- Federal and State income tax returns each year.

(A) if
(B) either
(C) both
(D) so

2. The applicants must present either the original degree certificate ------- an official letter from the graduate school.

(A) or
(B) yet
(C) and
(D) for

3. The workshop will provide some general rules ------- tips for dealing with exceptional situations.

(A) both
(B) as well as
(C) rather
(D) neither

4. They chose to work things out for themselves ------- to follow the advice of outside specialists.

(A) whether
(B) that
(C) despite
(D) rather than

5. Mr. Lodge's baking class for kids is getting popular among students ------- parents since it is a fun activity rather than a class.

(A) and
(B) but
(C) yet
(D) so

6. As hurricane season approaches, the weather service recommends storing emergency supplies and ------- the vehicle with gas.

(A) to fill
(B) filling
(C) fill
(D) filled

부사절 접속사

Please contact customer service **if** your order hasn't arrived within 10 days.
주문이 10일 내로 도착하지 않으면 고객 서비스로 연락주세요.

Although the report was due in December, it was submitted in July.
보고서는 12월까지였지만, 그것은 7월에 제출되었다.

1. 부사절 접속사는 **부사 역할을 하는 종속절을 이끌어** 주절과 종속절을 연결한다.

Please contact customer service **if** your order hasn't arrived within 10 days.
　　　　　　　　　　　주절　　　　　　　　　　　종속절(조건 부사절: 만약 ~하면)

2. 부사절 접속사의 의미

구분	접속사	의미
시 간	when, as before after until since while	~할 때 ~하기 전에 ~한 후에 ~할 때까지 ~한 이래로 ~하는 동안에
조 건	if unless(=if~not) once	만약 ~라면 만약 ~ 않는다면 일단 ~하면
이 유	because as since	~이기 때문에
	now that in that	~라는 점에서
양 보	although (even) though even if	~이긴 하지만
	while whereas	~인 반면에
목 적	so that in order that	~하기 위하여
기 타	as if(=as though) whether as	마치 ~인 것처럼 ~이든지 간에 ~대로

When supplies are limited, prices tend to increase.
공급이 제한될 때 가격은 상승하는 경향이 있다.

Timesheets can be edited **until** they're approved.
(출퇴근) 시간 기록부는 그것이 승인되기 전까지 수정될 수 있습니다.

He checks work email every day **while**❶ he is on vacation. 그는 휴가 중일 때도 업무 이메일을 날마다 확인한다.

The data cannot be shared **unless** the company allows it. 회사가 허락하시 않는나면 그 데이터는 공유될 수 없습니다.

Since he didn't come today, we should ask someone else. 그가 오늘 안 왔기 때문에, 우리는 다른 사람에게 물어봐야 한다.

Now that the new terminal is open, we can go there directly. 새로운 터미널이 개장해서 우리는 그곳으로 바로 갈 수 있어요.

Although several tests can be done with this device, the results of two tests are recorded.
이 장비로 여러 개의 검사가 진행될 수 있지만, 두 개 검사의 결과만 기록됩니다.

While❶ there were few people, the seminar went as planned. 사람들은 별로 없었지만, 세미나는 계획대로 진행되었어요.

We sent Dr. Graham **so that** she can provide the necessary medication.
우리는 그녀가 필수적인 치료를 제공할 수 있도록 그레이엄 선생님을 보냈습니다.

They did exactly **as** I had asked.
그들은 정확히 내가 요청한대로 해주었다.

PRACTICE

A. 문장의 해석에 알맞은 표현을 고르세요.

1. I've lived in London (since / because) I left JT Consulting Group.
JT 컨설팅 그룹을 떠난 이래로 런던에 살고 있어요.

2. This system has become operational recently, (even though / as if) it should be improved. 이 시스템은 최근에 작동 가능해졌어요. 그것은 개선되어야 하긴 하지만요.

3. (Whether / Since) they are mutuals or limited companies, Mr. Hancock sells five or six products per client. 그것들이 뮤추얼 펀드든 주식 회사든 간에 핸콕 씨는 고객당 5~6개의 상품을 판매한다.

4. It is important that the patients understand the entire procedure (before / now that) it begins. 그것이 시작하기 전에 환자들이 전체 절차를 이해하는 것은 중요합니다.

5. A written report is not necessary, (so that / unless) there is a specific reason for it.
구체적인 이유가 있지 않다면 서면 보고서는 필수가 아닙니다.

❶ 접속사 as, since, while은 다양한 의미를 가지므로 문맥에 주의한다.

PART 4

1. What most likely is being advertised?

(A) A veterinary clinic
(B) A convenient store
(C) A dentist's office
(D) A discount store

2. According to the speaker, why should listeners choose this business?

(A) It has an experienced staff.
(B) It has lots of branches.
(C) It is conveniently located.
(D) It is open 24 hours a day.

3. According to the speaker, what is happening this month?

(A) A new website is being launched.
(B) An advertisement will appear on broadcasts.
(C) A recruitment process will be under way.
(D) A free medical service is being offered.

PART 6

Questions 1-4 refer to the following letter.

Dear Ms. Bretton:

We are pleased that you have chosen SP Furniture. We hope you are enjoying the quality and affordability of your new bedroom furniture.

SP Furniture's bedroom units can be removed independently and easily joined together ------- **1.** they do not take up a lot of space. Even though there is ------- space in your house, you can offer **2.** your out-of-town guests a comfortable place to sleep.

Your purchase includes a 2-year warranty. -------. **3.** Please do not hesitate to contact us ------- any problems should arise. **4.**

1. (A) so that
(B) even
(C) although
(D) when

2. (A) entire
(B) limited
(C) compatible
(D) sufficient

3. (A) We are confident that you will be happy with your purchase.
(B) We also have an excellent selection of furniture care products.
(C) We stock a vast range of bedroom brands and products.
(D) We have a part time vacancy in housekeeping department.

4. (A) if
(B) until
(C) whether
(D) in that

56

• 접속사와 절 •

KEY VOCA

dairy 유제품
experience 경험;
경험하다
objective 목표
volume 용적, 양
consent 동의
grant 승인하다, 인정하다
ensure 보장하다
considerable 상당한

부사절 접속사 vs. 전치사

Sales of dairy increased although we experienced price pressure.
우리가 가격 압박을 경험했음에도 불구하고, 유제품 매출은 증가했다.

Sales of dairy increased despite price pressure.
가격 압박에도 불구하고, 유제품 매출은 증가했다.

1. 접속사 뒤에는 주어와 동사가 오고, 전치사 뒤에는 (동)명사구가 온다.

Sales of dairy increased **although** we experienced price pressure . 부사절
　　　　　　　　　　　　　접속사　　주어　　　　　　동사(구)

Sales of dairy increased **despite** price pressure . 전치사구
　　　　　　　　　　　전치사　　　명사구

2. 부사절 접속사 vs. 전치사

구분	부사절 접속사	전치사
시간	when ~할 때 before ~하기 전에 after ~한 후에 until ~할 때 까지 while ~하는 동안	at / in / on ~에 before / prior to ~ 전에 after ~ 후에 until / by ~까지 during / for ~ 동안
조건	unless 만약 ~않는다면	without but for ~ 없이
이유	because as since ~이기 때문에	because of due to owing to for ~ 때문에
양보	although (even) though even if ~이긴 하지만	despite in spite of ~에도 불구하고

Bonuses can be lower when the objectives are not fully met.
목표가 완전히 달성되지 않을 때 상여금은 더 낮을 수 있다.

The volume of travel increases **in** the vacation season.
여행 규모는 휴가철에 승가한다.

Unless there's anything else, I'm leaving now.
다른 일 없으면 저는 지금 가겠습니다.

A company can't request your credit history **without** your consent.
회사는 당신의 동의 없이 신용 이력을 요청할 수 없습니다.

Their safe use requires training, **because** they are used differently.
그것들은 다르게 사용되기 때문에 안전한 사용에는 훈련이 필요합니다.

Mr. Barnes has not been able to attend yet **owing to** illness.
바네스 씨는 질병 때문에 아직 참석할 수 없었습니다.

PRACTICE

A. 각 문장에 알맞은 접속사 또는 전치사를 고르세요.

while
during

1. _____ a survey, we have concluded that 98% of customers are satisfied.
2. Sandler sent you a message _____ you were out of the office.

since
because of

3. _____ he does not seem to understand, Ms. Allen will explain to him later.
4. They cannot be granted a loan _____ their financial situation.

although
despite

5. _____ her lack of experience, she got the job.
6. _____ he hasn't yet decided how, Mr. Martin promises to ensure a clear choice.

B. 빈칸에 맞는 알맞은 보기를 고르세요.

1. ------- strong public interest, the media has given considerable attention to the subject.
   (A) In spite of　(B) Due to　(C) When　(D) Until

PART 5

1. We are losing the opportunity to remain competitive in the global market ------- we address these percentages and change them.

(A) unless
(B) in order to
(C) how
(D) as if

2. Other airline carriers will avoid all charges by transiting in Dubai rather than Europe, ------- the longer distance.

(A) because
(B) despite
(C) enough
(D) in that

3. It gives you access to financing to fund special projects or emergencies -------- limitations.

(A) although
(B) in case
(C) since
(D) without

4. ------- we buy the warranty from the retailers, The Jason Insurance deals with our claims.

(A) Except for
(B) Even though
(C) Whether
(D) In spite of

PART 7

Questions 1-2 refer to the following e-mail.

To:	contact@channelseven.com
From:	m.johnson@kmail.net
Date:	March 31
Subject:	Complain about BTW News

I am writing to express my displeasure with your coverage on Channel 7.
I have always allowed my children to watch your station because of its family-centered programming, but when I sit down to watch a sitcom between the hours of 7:00 and 9:00 p.m, I saw your new program "BTW News." The use of language and the materials in the program were quite inappropriate for children, and I was saddened that the one channel I had trusted has a lack of a commitment to education.

As a public sector broadcaster, you should be more careful when you plan and prepare a program. I hope you discontinue this program as soon as possible, so we can once again enjoy watching Channel 7's shows.

Michelle Johnson

1. What is indicated about Channel 7?

(A) It plans to host a prime-time news.
(B) It provides radio programs for adults.
(C) It is a public broadcasting company.
(D) It sells items from its web site.

2. What is suggested about BTW News?

(A) It airs in the evening.
(B) It includes educational content.
(C) It is only available on the Internet.
(D) It is a family sitcom.

3. What does Ms. Johnson ask Channel 7 to do?

(A) Change the name of the program
(B) Provide more news programs
(C) Update the broadcasting schedule
(D) Stop providing a TV program

명사절 접속사

We know **that** Ayle Cosmetics' products are sold internationally.

우리는 에일 화장품의 제품이 국외에서 판매된다는 것을 알고 있어요.

I wonder **why** people do not trust him.

저는 왜 사람들이 그를 신뢰하지 않는지 궁금해요.

KEY VOCA

cosmetic(-s) 화장품
internationally
국제적으로, 해외에서
trust 신뢰하다
quota 할당량, 몫
be responsible for
~에 책임이 있다
terminate 종료하다
distribution 유통, 분배

1. that, if, whether는 명사절❶을 이끈다.

We know **that** Ayle Cosmetics' products are sold internationally .
　　　　　~하는 것(know의 목적어)

명사절 접속사		명사절 형태
that	~라는 것 ~한다는 점	➕ 완전한 절
if❷ whether	~인지 아닌지	

The committee will evaluate **if** there is serious impact on quotas of vulnerable stocks.
위원회가 취약한 주식 지분에 심각한 영향이 있는지 평가할 것이다.

Roger asked me **whether** the team needed any help.
로저는 나에게 팀에 도움이 필요한지를 물었다.

2. 의문사도 명사절을 이끌 수 있다.

I wonder **why** people do not trust him .
　　　　　왜 ~하는지(wonder의 목적어)

의문사		명사절 형태
의문 대명사	who 누가 ~하는지 what ~가 무엇인지 which 어느 것이 ~인지 whom 누구에게(를) ~하는지	➕ 불완전한 절❸
의문 형용사	whose + 명사 누구의 ~인지 what + 명사 무슨 ~인지 which + 명사 어떤 ~인지	
의문 부사	when 언제 ~하는지 where 어디서 ~하는지 why 왜 ~하는지 how 어떻게 ~하는지, 얼마나 ~하는지	➕ 완전한 절

I know **who** is responsible for this.
저는 누가 이 일에 책임이 있는지 알아요.

The Illinois Dining Company will tell us **what** we need for the opening ceremony.
일리노이 다이닝사에서 개업식에 필요한 것이 무엇인지 우리에게 말해줄 거예요.

You must inform us **whose** contract has been terminated.
당신은 우리에게 누구의 계약이 종료되었는지 알려야 합니다.

Do you want to know **where** our distribution partners are located?
우리 회사의 유통 협력업체가 어디에 있는지 알고 싶으신가요?

We collect client feedback to better understand **how** we can improve.
저희는 어떻게 개선할 수 있는지 더 잘 이해하기 위해서 고객 피드백을 수집합니다.

❶ 명사절은 문장에서 주어, 목적어, 보어 역할을 한다.

❷ if가 이끄는 명사절은 동사의 목적어 역할만 하고, 주어, 보어가 될 수 없다

❸ '의문 대명사'와 '의문 형용사+명사'는 명사를 대신하므로 당연히 불완전한 절이 온다.

PRACTICE

A. 각 문장에 알맞은 단어를 고르세요.

1. Please tell us (how / whose) we can contact you if we have any questions.
2. His patients believe (if / that) the supplements should help them maintain their health.
3. We are interested in (what / why) has been accepted by Ms. Kim.

B. 밑줄 친 부분에 유의하여 문장의 해석을 완성하세요.

1. Also, Mr. Shennan would like to know <u>whether</u> the policy was applied in practice.
또한 셰넌 씨는 그 정책이 실무에 _____ 알고 싶어합니다.
2. Even the system operators didn't know <u>where</u> the files were located.
시스템 운영자조차도 그 파일이 _____ 몰랐다.

PART 2

1. Mark your answer on your answer sheet.   (A)   (B)   (C)

2. Mark your answer on your answer sheet.   (A)   (B)   (C)

3. Mark your answer on your answer sheet.   (A)   (B)   (C)

4. Mark your answer on your answer sheet.   (A)   (B)   (C)

PART 5

1. The IT and Facility personnel must work closely together to ensure ------- the information can be easily understood by the general public.

(A) what
(B) who
(C) that
(D) which

2. In order to meet this deadline, JCBs should decide ------- they need to receive data from reporting agents.

(A) when
(B) so
(C) what
(D) that

3. It is necessary to establish common rules according to ------- compensation system will be permitted.

(A) when
(B) that
(C) how
(D) which

4. Based on the assessment, the members of the Committee will determine ------- further risk reduction measures are required or not.

(A) whose
(B) whom
(C) which
(D) whether

5. Mr. Wedd has indicated -------- he is thinking about leaving the company since last month.

(A) that
(B) of which
(C) whether
(D) what

6. It takes a while to find out -------- type of services can be offered to subscription customers.

(A) if
(B) that
(C) whether
(D) what

관계대명사와 관계부사

Ms. Freeman, **who** processed the client's application, will arrange a meeting.
고객 신청서를 처리했던 프리먼 씨가 회의를 주선할 것입니다.

We await the day **when** he joins the union.
우리는 그가 조합에 가입하는 날을 기다립니다.

1. 관계대명사·관계부사는 **선행사❶**를 **수식하는 형용사절**을 이끈다.

2. 관계대명사는 선행사가 **사람, 사물, 동물**일 때 사용한다.

Ms. Freeman will arrange a meeting. _{Ms. Freeman: 사람} 프리먼 씨가 회의를 주선할 것이다.
Ms. Freeman processed the client's application. _{Ms. Freeman: 주어} 프리먼 씨는 고객 신청서를 처리했다.
→ [*Ms. Freeman,* **who** processed the client's application], will arrange a meeting.
선행사 ⬆ 주격 관계대명사(who)+형용사절 → [~했던 프리먼 씨]

선행사	관계대명사❷		절 형태	
사람	주격 소유격 목적격	who whose who(m)	❶ 불완전한 절❸	The sanction will be applied to [*people* **who** live in Georgia]. 사람 주격 이 허가는 조지아 주에 사는 사람들에게 적용될 것이다.
사물	주격 소유격 목적격	which whose / of which which		He met [*the associates* **whom** he had been seeking]. 사람 목적격 그는 그가 찾고 있던 동료들을 만났다. There are [*many products* **whose** quality is great]. 사물 소유격 품질이 훌륭한 제품들이 많이 있다.
사람 사물 동물	주격 목적격	that		The number of [*calves* **that** were born in December] went down by 4%. 동물 목적격 12월에 출생한 가축의 숫자는 4% 내려갔다.

3. 관계부사는 선행사가 **장소, 시간, 이유, 방법**일 때 사용한다.

We await *the day*. _{the day: 시간} 우리는 그 날을 기다린다.
He joins the union **on the day**. _{on the day: 시간 부사구} 그는 그 날에 조합에 가입한다.
→ We await [*the day* **when** he joins the union].
선행사 ⬆ 관계부사(when)+형용사절 → [~하는 그 날]

선행사	관계부사	절 형태	
장소	where(=on the place)	❶ 완전한 절	Mr. Park also attended [*the ceremony* **where** his team received an award]. 장소 그의 팀이 수상한 기념행사에 박 씨도 참석했다.
시간	when(=in/on/at ~)		
이유	why(=for the reason)		This technology affects [(*the way*)❹ **how** we look at the situation]. 방법 이 기술은 우리가 상황을 보는 방식에 영향을 준다.
방법	how(=in the way)		

PRACTICE

A. 각 문장에 알맞은 표현을 고르세요.

1. The second floor, part (of which / which) has rooms with Wi-Fi access, is used by the Marketing Team.
2. In all the cases (that / how) we have studied, financial markets are highly competitive.
3. It reminds me of the time (when / where) I was a member of the Board.
4. This is the reason (how / why) this contract poses a problem.

PART 5

1. Nationals of these countries who work abroad ------- also unable to transfer money back to their home countries.

(A) are
(B) being
(C) has been
(D) to be

2. Mr. Faber assumes that the manager reports shares in a corporation ------- was founded in Mexico.

(A) of which
(B) that
(C) who
(D) where

PART 7

Questions 1-3 refer to the following article.

KEY TIMES
BUSINESS NEWS 📝

Tri-Star Commerce Appoints CEO

Friday, December 16 - Calibro Corp's subsidiary, Tri-Star Commerce has announced the appointment of Mr. Toby Payne as its new CEO. He will be replacing Mr. Shuo Liu, who has stepped down from his position after serving in the role for 7 years. — [1] —.

Mr. Payne will resume the new role on December 20th. He has handled several leadership roles throughout his tenure and has team-building and brand expansion skills. He was appointed as a head of e-commerce for AZR and has also worked as Chief Sales Officer for The Tina Co. for 3 years. — [2] —.

"I'm very pleased to join the team at Tri-Star, which has enhanced its competitive position in the e-commerce market." said Mr. Payne. — [3] —.

Mr. Robert Henri, who has worked as the president of Calibro Corp., said, "I am pleased to welcome Toby to the Tri-Star team where he will make an impact as it continues to expand services throughout the nation. I have been particularly impressed by Toby's strong leadership style, and his hands-on implementation support to grow company operations is the perfect fit for leading Tri-Star's plans for future growth." — [4] —.

1. What is indicated about Calibro Corp?

(A) It is considering hiring a new CEO.
(B) It will be hosting a welcome event.
(C) It has an e-commerce subsidiary.
(D) It operates internationally.

2. For how many years has Mr. Payne worked at The Tina Co.?

(A) 3
(B) 6
(C) 7
(D) 10

3. In which of the positions marked [1], [2], [3], and [4] does the following sentence best belong?

"Prior to this he worked as a regional director for Kerry Manufacturing for 6 years."

(A) [1]
(B) [2]
(C) [3]
(D) [4]

간접목적어와 직접목적어

The mobile service provider sent **me an incorrect bill**.

모바일 서비스 제공자가 저에게 부정확한 청구서를 보냈습니다.

KEY VOCA

incorrect 부정확한
technique 기법
post 직위
credible 믿을 수 있는
assignment 업무
capacity 용량
relaxation 휴식

1. 동사 + 간접목적어 + 직접목적어 : (간접목적어)에게 (직접목적어)를 ~하다

The mobile service provider sent [me] [an incorrect bill] .

동사 간접목적어 직접목적어
보냈다 나에게 부정확한 청구서를

2. 간접목적어와 직접목적어를 사용하는 주요 동사

allow 허용하다	ask 묻다	send 보내주다	show 보여주다
teach 가르치다	offer 제공하다, 제의하다	tell 말해주다	give 주다

Live Text **allows** [you] [to get a text message directly to your mobile].
라이브 텍스트는 당신에게 휴대폰으로 직접 문자 메시지 받는 것을 허용합니다.

The GB Association **asked** [their members] [to participate in an online course].
GB 협회는 회원들에게 온라인 수업에 참여할 것을 요청했습니다.

We **teach** [beginners] [the basic pencil drawing techniques].
우리는 초보자들에게 기본적인 연필화 기법을 가르칩니다.

I was surprised when Ms. Ashford **offered** [me] [the post of financial director].
저는 애슈포드 씨가 저에게 재무 이사직을 제의했을 때 놀랐습니다.

They didn't even **send** [me] [a letter of apology].
그들은 저에게 사과 편지조차 보내지 않았습니다.

Ms. Peng will **tell** [you] [the details of the assignment].
펭 씨가 당신에게 업무의 세부사항을 말해줄 것입니다.

This is a great chance to **show** [the potential buyers] [that we are a responsible and credible partner].
이것은 잠재적인 구매자들에게 우리가 책임감 있고 믿을 만한 협력자라는 것을 보여줄 훌륭한 기회입니다.

You were right to **give** [Mr. Bachmann] [a second chance].
당신이 바크먼 씨에게 두 번째 기회를 준 것은 옳았어요.

PRACTICE

A. 각 문장에 알맞은 단어를 고르세요.

1. Those who are interested can send (my / me) an email at greylion@gomail.com.
2. Bill Electronics is planning a special factory tour to show (consume / consumers) how its products are made.

B. 밑줄 친 부분에 유의하여 문장의 해석을 완성하세요.

1. These options cost less, but give you <u>less storage capacity</u>.
   이 옵션들은 비용이 덜 들지만 당신에게 _____ 줍니다.
2. Mr. Fisher is telling <u>his colleague</u> what happened last night.
   피셔 씨는 _____ 어젯밤에 무슨 일이 있었는지 말해주고 있다.

C. 빈칸에 알맞은 보기를 고르세요.

1. The beautifully appointed rooms at Ford Hotel give ------- the feeling of relaxation.
   (A) you   (B) your   (C) yours   (D) yourself

PART 7

Questions 1-2 refer to the following letter.

September 10
Talia Radomski
Springfield Company
150 Portsmouth Avenue
Niles, MI 49120

Dear Ms. Radomski,

Mason Office Products appreciates the business you have given us. We have been catering all the office supplies needs of your office for the past year. We have truly enjoyed working with your company. We hope you've found our service satisfying, too.

As you mentioned in our phone conversation, we provide you the highest level of service on time. However our service contract is due to expire next month. We would be pleased to renew this contract. If you extend our contract period, we promise to keep providing you with the same quality service and even better service. Also, in order to show you our gratitude, we would like to offer you an additional 10 percent discount.

Thanks a lot for your time and consideration. In case of any inquiries, kindly contact Mr. Jeremy Choi at 410-358-6697.

Sincerely,

G. Lombardi

Gabriel Lombardi
Customer Service Manager
Mason Office Products

---

1. What is the purpose of the letter?

(A) To arrange a meeting
(B) To extend a supply agreement
(C) To announce price changes
(D) To cancel a contract

2. What is indicated about Mr. Choi?

(A) He recommended Ms. Radomski's business to Ms. Lombardi.
(B) He has experience as a caterer.
(C) He has been transferred to another department.
(D) He is an employee of Mason Office Products.

명령문과 권유문 (Do, Let's)

Don't leave your valuables in the room.
귀중품을 방 안에 두지 마시오.

Leave your valuables at the front desk.
귀중품을 안내 데스크에 맡기시오.

KEY VOCA

leave 두다, 남기다
valuable 귀중품
refer 참조하다
application
응용 프로그램
damage 피해;
피해를 입히다
conclusion 결론
hesitate 주저하다

1. 명령문(Do) : ~해라

You **leave** your valuables at the front desk. 평서문 당신은 귀중품을 안내 데스크에 맡긴다.

Leave your valuables at the front desk. 명령문

긍정문	동사원형	**Refer** to the assembly guide included with the product. 제품에 포함된 조립 안내서를 참조하십시오. Please❶ **close** all other applications before initiating the install process. 설치 과정을 시작하기 전에 모든 다른 응용 프로그램을 닫아주십시오.
부정문	Do not(= Don't) + 동사원형	**Do not try** to fix the machine by yourself. 기계를 스스로 고치려고 시도하지 마시오.

2. 권유문(Let's + 동사원형) : ~하자, ~합시다

We **take** a closer look at the damage. 평서문 우리는 피해를 더 자세히 살펴본다.

Let's take a closer look at the damage. 권유문 피해를 더 자세히 살펴봅시다.

긍정문	Let's + 동사원형	**Let's hear** what Mr. Phillips has to say. 필립스 씨가 무슨 할 말이 있는지 들어봅시다.
부정문	Let's not + 동사원형	**Let's not jump** to conclusions. 성급히 결론 내리지 맙시다.

PRACTICE

A. 각 문장에 알맞은 동사를 고르세요.

1. Let's (wait / waiting) and see how things go.
2. Please (do / does) not hesitate to contact us.
3. (Place / Be placed) the document on my desk and I'll check later.

B. 다음 문장에 알맞은 답변을 고르시오.

1. This place is too crowded.
   (A) Let's go somewhere else.   (B) I'm getting hungry.   (C) I hope you feel better.

C. 빈칸에 알맞은 보기를 고르세요.

1. Once you receive the application form, please ------- it and send it back to us.
   (A) signature   (B) sign   (C) signal   (D) signs

❶ 공손하게 부탁하
기 위해 명령문에
please를 덧붙일 수
있다.

PART 7

Questions 1-2 refer to the following advertisement.

SNOW PEAK SKI RESORT

Winter vacation is coming!
Are you worried about
how to entertain your kids?

Spend time with your children in the fresh air of the mountains!
Experience all that Snow Peak has to offer from a luxury spa to an
art gallery.
Snow Peak, Colorado's largest ski resort, is the perfect choice
for all types of families and children, from young tots to energetic
teenagers. We provide ski lessons and comprehensive childcare
for 4 to 10 years old.

- Complimentary in-town shuttle
- High-speed Internet access at no cost
- Free equipment rental for children under 10
- Discounts available for groups of 10 or more

Visit www.snowpeakski.com for more information.

1. For whom is the advertisement most likely
intended?

(A) People who organize a company retreat
(B) People who are planning a winter
vacation
(C) People who spend a lot of time indoors
(D) People who are looking for jobs

2. What is indicated about Snow Peak?

(A) It provides 24-hour child care service.
(B) It is located remote from slopes.
(C) It has facilities for non-skiing guests.
(D) It has the highest slopes in the area.

가정법

KEY VOCA

grateful
고마워하는, 감사해하는
copy 사본; ~부
package 포장물; 포장하다
arise 생기다, 발생하다
likely ~할 것 같은
agenda 의제, 안건
misplace
잘못된 위치에 두다, 잃다

I would be grateful if you could send me a copy of your recent portfolio.
당신의 최근 포트폴리오 사본을 제게 보내주시면 좋겠습니다.

1-1. if 가정법 : 만약 ~한다면 ~일 것이다

I would be grateful **if** you could send me a copy of your recent portfolio.
주절: 결과(~일 것이다) ↑　　　　if절: 가정(만약 ~한다면)

1-2. if 가정법의 시제

구분	if절 시제 가정	주절 시제 결과	
현재와 미래 사실을 가정	if + 주어 + should + do 가정법 미래: 실현 가능성 ●	will can may …	do
	if + 주어 + do 가정법 현재: 실현 가능성 ●		
현재의 반대 사실을 가정	if + 주어 + did 가정법 과거	would should could might	do
과거의 반대 사실을 가정	if + 주어 + had done 가정법 과거완료	would should could might	have done

If you *should need* more storage space, you *can upgrade* your package.
만약 저장 공간이 더 필요하시면 패키지를 업그레이드 하실 수 있습니다.

If you *do not find* the information that you are looking for, *contact* us via e-mail.●
만약 찾고 있는 정보를 발견 못할 경우, 이메일을 통해 연락주세요.

Unless● the need *arose*, we *shouldn't delay* the departure.
만일 필요가 생기지 않는다면 우리는 출발을 늦추지 않아도 돼요.

We *would have expanded* the program if we *had retained* significant resources in China.
우리가 방대한 자원을 중국에 보유했더라면, 프로그램을 확장했을 것이다.

2. as if / as though 가정법 : 마치 ~인 것처럼

People speak of manufacturing **as though** it were● something in the past.
　　　　　　　　　　　　　현재 사실의 반대→ 과거 시제(were) ●

사람들은 제조업에 대해 마치 그것이 과거의 것인 것처럼 말한다.

3. wish (that) 가정법 : ~이기를 바란다

You'll likely **wish (that)** you *had* a web site for your company.
　　　　　　　　　　　현재 사실의 반대 → 과거 시제(had) ●

당신은 당신의 회사에 맞는 웹사이트를 가지고 싶을 것입니다.

PRACTICE

A. 밑줄 친 부분에 유의하여 문장의 해석을 완성하세요.

1. If he went to the Alberta office, he <u>could see</u> Ms. Deiana.
그가 만약 앨버타 사무소에 간다면, _____

2. If <u>you come</u> at 9:00 a.m., you will have the opportunity to see what's on the agenda.
_____, 안건에 오른 내용을 볼 기회가 있을 거예요.

B. 각 문장에 알맞은 시제를 고르세요.

1. If you should misplace the letter from us, you (may / might) request a copy of the letter to be sent to you. 만약 저희로부터 온 서신을 잃어버리신다면, 귀하에게 보내진 서신 사본을 요청하시면 됩니다.

2. If you had come to the H. Olsen Library, you would (have gotten / had gotten) the information you need. H. 올슨 도서관에 왔더라면, 당신에게 필요한 정보를 얻었을 거예요.

● 가정법 미래와 가정법 현재는 주절에 명령문도 올 수 있다.

● 부정의 내용을 가정할 때 if ~ not 대신 unless(~하지 않는다면)를 사용할 수 있다.

● 가정법 과거에서 if절의 be동사 형태는 언제나 were이다.

● as though / wish 가정법의 시제 변화는 if 가정법과 유사하다.

PART 4

1. What most likely is being advertised?

(A) A car rental company
(B) An insurance agency
(C) A driving school
(D) A shopping center

2. What does the speaker emphasize about DriveSafe.com?

(A) The flexible scheduling
(B) The qualified instruction system
(C) The reasonable rate
(D) The payment options

3. What will be offered for registration in January?

(A) The safety inspection
(B) A healthcare service
(C) A free practice test
(D) A driver's manual

PART 5

1. As Ms. Rivera said, if the critical result had been reported promptly, we probably would not ------- in LJ Company.

(A) invested
(B) investing
(C) had invested
(D) have invested

2. For a while, it looked ------- the group would record the best earnings in the past three years.

(A) if
(B) as though
(C) even
(D) where

3. The audit committee could open a confidential document if it ------- reliable information from the regulators.

(A) received
(B) to receive
(C) will receive
(D) receiving

4. It would have been much better if they had actually ------- the effort to develop multi-sector safety policies.

(A) make
(B) are making
(C) made
(D) been made

5. They wish that the next conference is an opportunity ------- a set of management goals and objectives.

(A) defines
(B) define
(C) to define
(D) will define

6. This tool has often been used ------- it were a measure of coordination.

(A) unless
(B) in order to
(C) how
(D) as if

도치

Never do Mr. Boatman and Mr. Shaw **agree** with each other.
보트먼 씨와 쇼 씨는 서로 동의하는 법이 없다.

KEY VOCA

each other 서로
constant 일정한
diligent 근면한
location 지점, 위치
reactivate
재활성화하다
attentively 주의깊게
weigh 저울질하다

1. 부정어(never, not only, nor 등), only가 문장 맨 앞에 오면❶ (조)동사가 주어 앞으로 이동한다.❷

The level of surplus **is** never constant.
부정어

Never **is** the level of surplus constant. 혹자 수준은 결코 일정하지 않다.
부정어 be동사 주어

2. 가정법에서 접속사 if가 생략되면 if절 내의 (조)동사가 주어 앞으로 이동한다.

If you **should** need further assistance, please do not hesitate to contact us.
접속사 if

Should you need further assistance, please do not hesitate to contact us.
if 생략 조동사 주어

만약 귀하께서 추가적인 도움이 필요하시다면 저희에게 주저하지 말고 연락주세요.

3. 도치문의 구조는 의문문과 유사하다.

be 동사	Mr. Colter is not only competent but also diligent. 부정어 → Not only **is** Mr. Colter competent but also diligent. 부정어 be동사 주어 콜터 씨는 유능할 뿐만 아니라 근면하기도 합니다.
조 동 사	The account can be reactivated only after personally visiting one of our locations. only 부사구 → Only after personally visiting one of our locations **can** the account be reactivated. only 부사구 조동사 주어 개인적으로 저희 지점들 중 한 곳을 방문하신 후에야 계정이 다시 활성화될 수 있습니다.
일 반 동 사	My boss seldom **changes** his mind. 부정어 → Seldom **does** my boss **change** his mind. 부정어 do동사 주어 동사원형 내 상사는 거의 마음을 바꾸지 않는다.

❶ 강조 용법의 일종으로 부정어, only의 의미를 강조하기 위해 문장의 맨 앞에 둔다.

❷ 문장 성분이 정상적인 자리에서 다른 자리로 이동하는 것을 도치라고 한다.

PRACTICE

A. 각 문장에 알맞은 단어를 고르세요.

1. (Usually / Seldom) does he listen attentively to what I say.
2. Had the malfunction (been / is) reported so quickly, the necessary support would have been provided.
3. (Never / Often) is the protected area open to public access.

B. 빈칸에 알맞은 보기를 고르세요.

1. Only after weighing the benefits and risks did Mr. Stern ------- to participate in a clinical trial.
   (A) decision (B) decided (C) decide (D) deciding

PART 5

1. ------- the customers been aware of the hidden defects, they wouldn't have bought the refrigerator.

(A) Except
(B) Although
(C) Had
(D) Because

2. Only after submitting the documents did Mr. Hellinger ------- that he misspelled his name.

(A) noticing
(B) notice
(C) notices
(D) noticed

3. Had the developer received feedback fast enough, he could ------- even more significant progress within the time allowed.

(A) have made
(B) make
(C) be made
(D) has been made

4. ------- you agree to extend the contract for another year, there will be no charge for next month's service as a token of our gratitude.

(A) Should
(B) Will
(C) What
(D) That

5. ------- did Mr. Elfman's latest film attract public attention but also received excellent reviews from critics.

(A) Without
(B) Contrary to
(C) In spite of
(D) Not only

6. In no way can the venture company ------- itself from debts incurred during the previous financial year.

(A) free
(B) freely
(C) freedom
(D) freeing

7. Under no circumstances should ------- solicit personal gifts or cash from business contacts.

(A) employees
(B) employ
(C) employed
(D) employing

8. ------- had the situation begun to stabilize than a much bigger problem occurred.

(A) Only if
(B) No sooner
(C) While
(D) In case

9. Little did he realize that the company mainly ------- about trading in the global market.

(A) care
(B) cares
(C) careless
(D) carefully

10. Only by testing the productivity can ------- actually determine the supply point for the order.

(A) ours
(B) our
(C) we
(D) us

실전
모의고사

FINAL TEST

LC MP3

실전 토익으로 마무리하는 기초 영문법

신토익 유형과 난이도를 100% 분석 및 반영한 실전 모의고사입니다.
LC 45분, RC 75분 총 120분의 제한 시간을 두고 실전처럼 풀어주시기 바랍니다.
시험 후에는 반드시 정답 및 해설로 복습하고, 질문 사항이 있다면 www.keytoeic.co.kr에 등록해주세요.

LISTENING TEST

In the Listening test, you'll be asked to demonstrate your ability to understand spoken English. The listening test will last approximately 45 minutes. There are four parts, and directions are given for each part. You must mark your answers on the separate answer sheet. Do not write your answers in your test book.

PART 1

Directions: For each question in this part, you will hear four statements about a picture in your test book. When you hear the statements, you must select the one statement that best describes what you see in the picture. Then find the number of the question on your answer sheet and mark your answer. The statements will not be printed in your test book and will be spoken only one time.

Example

Statement (B), "A man is looking at some documents," is the best description of the picture, so you should select answer (B) and mark it on your answer sheet.

1.

2.

GO ON TO THE NEXT PAGE ➤

3.

4.

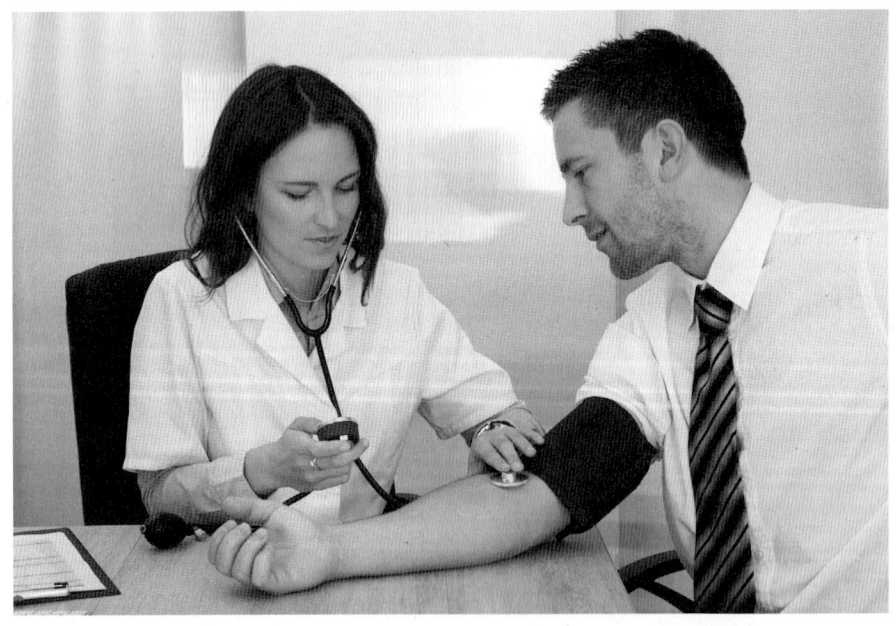

5.

6.

GO ON TO THE NEXT PAGE ➤

PART 2

Directions: You will hear a question or statement and three responses spoken in English. They will not be printed in your test book and will be spoken only one time. Select the best response to the question or statement and mark the letter (A), (B), or (C) on your answer sheet.

7. Mark your answer on your answer sheet.

8. Mark your answer on your answer sheet.

9. Mark your answer on your answer sheet.

10. Mark your answer on your answer sheet.

11. Mark your answer on your answer sheet.

12. Mark your answer on your answer sheet.

13. Mark your answer on your answer sheet.

14. Mark your answer on your answer sheet.

15. Mark your answer on your answer sheet.

16. Mark your answer on your answer sheet.

17. Mark your answer on your answer sheet.

18. Mark your answer on your answer sheet.

19. Mark your answer on your answer sheet.

20. Mark your answer on your answer sheet.

21. Mark your answer on your answer sheet.

22. Mark your answer on your answer sheet.

23. Mark your answer on your answer sheet.

24. Mark your answer on your answer sheet.

25. Mark your answer on your answer sheet.

26. Mark your answer on your answer sheet.

27. Mark your answer on your answer sheet.

28. Mark your answer on your answer sheet.

29. Mark your answer on your answer sheet.

30. Mark your answer on your answer sheet.

31. Mark your answer on your answer sheet.

PART 3

Directions: You will hear some conversations between two or more people. You will be asked to answer three questions about what the speakers say in each conversation. Select the best response to each question and mark the letter (A), (B), (C), or (D) on your answer sheet. The conversations will not be printed in your test book and will be spoken only one time.

32. Who is the man?

(A) A hotel receptionist
(B) A cleaning staff
(C) A maintenance worker
(D) A bus driver

33. Why is the woman calling?

(A) To order room service
(B) To get directions to a restaurant
(C) To complain about a room
(D) To inquire about a delay

34. What does the man say he will do?

(A) Make a reservation
(B) Check the time of meeting
(C) Expedite the delivery
(D) Send a repair person

35. What are the speakers mainly discussing?

(A) A marketing plan
(B) A completion date
(C) A job vacancy
(D) A pay raise

36. What does the speakers agree to do?

(A) Release the product earlier
(B) Put off the meeting
(C) Watch a product demonstration
(D) Throw a party

37. What department does the woman work in?

(A) Customer Service
(B) Sales
(C) Design
(D) Marketing

38. Why is the man calling?

(A) To complain about the service
(B) To request a refund
(C) To place an order
(D) To ask about a lost item

39. What will the man probably do next?

(A) Go to a restaurant
(B) Make a phone call
(C) Complete some paper work
(D) Explain a procedure

40. What does the woman ask the man to do?

(A) Speak with a manager
(B) Bring some identification
(C) Return an item
(D) Dress appropriately

41. What does the woman want to do?

(A) Visit a tourist spot
(B) Change an itinerary
(C) Check bus schedules
(D) Locate some tools

42. What does the woman show the man?

(A) A bus ticket
(B) A passport
(C) A train schedule
(D) A map

43. What does the man recommend?

(A) Eating at a restaurant
(B) Taking a cab
(C) Returning to a hotel
(D) Searching websites

GO ON TO THE NEXT PAGE

44. What is the conversation mainly about?

    (A) An art exhibit
    (B) A rock festival
    (C) A movie
    (D) A novel

45. Who is Philip Piccoli?

    (A) A critic
    (B) An actor
    (C) A designer
    (D) A photographer

46. What will the man probably do next?

    (A) Read some articles
    (B) Watch a video
    (C) Ask for a refund
    (D) Make some revisions

47. Where most likely are the speakers?

    (A) At a restaurant
    (B) At a grocery store
    (C) At an information desk
    (D) At a hotel

48. What does the man mean when he says,
    "I think I'll go with that"?

    (A) He wants to eat quickly.
    (B) He needs more time to decide.
    (C) He is not satisfied with the service.
    (D) He accepts a suggestion

49. What does the woman say happened last
    month?

    (A) They hired another employee.
    (B) They won a local award.
    (C) They purchased new furniture.
    (D) They renovated the place.

50. What event are the speakers discussing?

    (A) A launch party
    (B) A music festival
    (C) A charity reception
    (D) A retirement party

51. What does the man say about the order?

    (A) Cost will be reduced by 10 percent.
    (B) Delivery might be delayed.
    (C) Full payment is required in advance.
    (D) Some special menus can be added.

52. What will the woman probably do next?

    (A) Consult her coworker
    (B) Confirm a venue for an event
    (C) Go over a brochure
    (D) Check the order on her computer

53. Who is the woman?

    (A) A newspaper reporter
    (B) A musician
    (C) A store manager
    (D) An accountant

54. What does the man talk to the woman about?

    (A) A schedule of events
    (B) A new Web site
    (C) A statistical report
    (D) A publicity strategy

55. What does the woman offer to do?

    (A) Double check the schedule
    (B) Assign more people to a project
    (C) Provide contact information
    (D) Send a link to a man

56. What is the purpose of the woman's call?

    (A) To check her order
    (B) To make an extra order
    (C) To change the shipping address
    (D) To negotiate a price

57. According to the man, what caused the delay?

    (A) A work stoppage
    (B) A large volume of order
    (C) A shortage of raw materials
    (D) A mechanical malfunction

58. What does the woman imply when she says "How much longer can it be?"

    (A) She wants to cancel the order.
    (B) The order has taken too much time.
    (C) She needs some help.
    (D) A product was delivered to the wrong address.

59. What is the woman concerned about?

    (A) The cost for marketing
    (B) The shortage of personnel
    (C) The drop in sales
    (D) The condition of building

60. What do the men agree to do?

    (A) Expand the marketing budget
    (B) Conduct a survey
    (C) Get technical help
    (D) Review customer complaints

61. What does the woman ask the men to do?

    (A) Attend a meeting
    (B) Devise a strategy
    (C) Postpone a decision
    (D) Make a conference call

62. What is the purpose of the man's visit?

    (A) To apply for a job
    (B) To accept an award
    (C) To conduct an interview
    (D) To purchase a vehicle

63. What does the woman say she has done during the past two years?

    (A) Started a company
    (B) Managed a project
    (C) Launched a new product
    (D) Evaluated a program

64. Why does the woman say, "That would be nice"?

    (A) To give advice
    (B) To approve the plan
    (C) To take a break
    (D) To express doubt

GO ON TO THE NEXT PAGE

Winter Enterprises	
1st floor	Administration Department
2nd floor	Human Resources Department
3rd floor	Customer Service Department
4th floor	Public Relations Department

Schedule	
1:00~1:50	John Morgan
2:00~2:50	Ken Hempel
3:00~3:50	Adam Carbagio
4:00~5:30	Monthly Meeting

65. Look at the graphic. Where are the speakers currently?

(A) On the first floor
(B) On the second floor
(C) On the third floor
(D) On the fourth floor

66. What is the man offering to do?

(A) Obtain confirmation from the manager
(B) Take the woman to Mr. Reed's office
(C) Introduce the woman to his colleague
(D) Design the woman's business card

67. What does the woman plan to do with Mr. Reed?

(A) Prepare for a presentation
(B) Revise a company policy
(C) Take a training course
(D) Discuss a business deal

68. Where do the speakers most likely work?

(A) At an insurance agency
(B) At a law firm
(C) At an accounting firm
(D) At an advertising company

69. What problem does the woman have?

(A) She is late for a meeting.
(B) She has forgot to check an order.
(C) She has a schedule conflict.
(D) She didn't receive an email.

70. Look at the graphic. What time would Mr. Cohen probably visit the woman?

(A) 1:00
(B) 2:00
(C) 3:00
(D) 4:00

Directions: You will hear some talks given by a single speaker. You will be asked to answer three questions about what the speaker says in each talk. Select the best response to each question and mark the letter (A), (B), (C) or (D) on your answer sheet. The talk will not be printed in your test book and will be spoken only one time.

71. Where does the speaker most likely work?

(A) At a cleaning company
(B) At a restaurant
(C) At a medical clinic
(D) At a library

72. What is the listener asked to do?

(A) Send insurance information
(B) Arrive prior to the appointment
(C) Provide an email address
(D) Return a device

73. What does the speaker say is available on a Web site?

(A) The directions to the office
(B) New business hours
(C) A list of services
(D) Nutritional advice

74. What type of business is being advertised?

(A) A electronic store
(B) A landscaping company
(C) A flower shop
(D) A photograph studio

75. According to the speaker, what distinguishes Little Rosebud from its competitors?

(A) It's open 24 hours a day.
(B) Prices are reasonable.
(C) It is located in the city center.
(D) It offers a wide range of products.

76. Why should listeners visit the Web site?

(A) To view some samples
(B) To get a promotion code
(C) To check the order status
(D) To write reviews

77. Who are the listeners?

(A) Company shareholders
(B) Software developers
(C) Investment bankers
(D) Financial analyst

78. Why does the speaker say, "We can't afford to miss this opportunity"?

(A) To express her concerns
(B) To get support
(C) To explain the risk
(D) To warn the audience

79. According to the speaker, what can be found in the brochure?

(A) Effective dates
(B) Statistical data
(C) Training materials
(D) Press releases

80. Where is the speaker?

(A) On the subway
(B) In a car
(C) At a bus stop
(D) On a flight

81. Why is the speaker leaving the message?

(A) To reschedule a meeting
(B) To share some good news
(C) To accept an offer
(D) To ask for a favor

82. What will the listener do next?

(A) Copy a document
(B) Revise a report
(C) Authorize a transaction
(D) Work from home

GO ON TO THE NEXT PAGE

83. What is scheduled for the next month?

    (A) A company retreat
    (B) A renovation project
    (C) A performance evaluation
    (D) A safety inspection

84. Which department is working in the annex?

    (A) A personnel department
    (B) A technical department
    (C) A sales department
    (D) A maintenance department.

85. How can employees get permission to work from home?

    (A) By speaking to a supervisor
    (B) By consulting a physician
    (C) By conducting an employee survey
    (D) By receiving an education

86. What type of event is being announced?

    (A) A sporting game
    (B) A clearance sale
    (C) An awards ceremony
    (D) A charity dinner

87. Why does the speaker say, "There's no time to waste"?

    (A) The deadline is fast approaching.
    (B) The event might be canceled.
    (C) The listeners must attend the event.
    (D) The spots are filling up fast.

88. According to the speaker, why is money being raised?

    (A) To repair a community center
    (B) To build a public park
    (C) To upgrade a hospital facility
    (D) To protect endangered animals

89. Where is the announcement being made?

    (A) In an airport
    (B) At a conference room
    (C) In a movie theater
    (D) At a department store

90. Who most likely are the listeners?

    (A) Policy researchers
    (B) Store owners
    (C) Marketing managers
    (D) Health care providers

91. What will listeners most likely do next?

    (A) Take a short break
    (B) Listen to a speech
    (C) Meet with team leaders
    (D) Purchase a ticket

	Package 1	Package 2	Package 3	Package 4
Price	$800	$600	$700	$500
Fast Pass	Yes	Yes	No	No

92. Who most likely is the speaker?

    (A) A travel agent
    (B) A hotel receptionist
    (C) A restaurant manager
    (D) A conference organizer

93. According to the speaker, what is included in the package?

    (A) A meal voucher
    (B) A rental car
    (C) A guided tour
    (D) An entrance ticket

94. Look at the graphic. Which package does the speaker recommend?

    (A) Package 1
    (B) Package 2
    (C) Package 3
    (D) Package 4

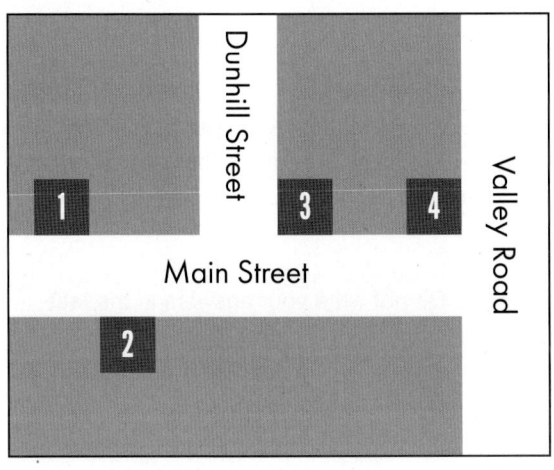

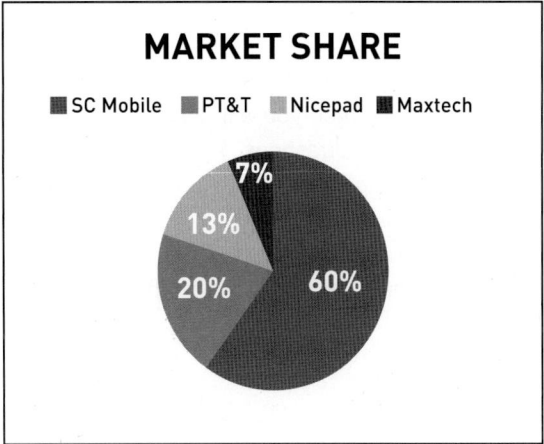

95. Why is the store having a sale?

(A) To promote an opening
(B) To clear inventory
(C) To celebrate an anniversary
(D) To close down a store

96. Look at the graphic. Which number shows where the new Nature Market is located?

(A) 1
(B) 2
(C) 3
(D) 4

97. What is mentioned about Nature Market?

(A) It has opened three new stores.
(B) It has a partnership with local farmers.
(C) It is the biggest in the area.
(D) It opened its first store about 10 years ago.

98. Where is the talk taking place?

(A) At a meeting room
(B) At a manufacturing facility
(C) At a construction site
(D) At a retail shop

99. Look at the graphic. What company does the speaker work for?

(A) SC Mobile
(B) PT&T
(C) Nicepad
(D) Maxtech

100. According to the speaker, what does the company plan to do next year?

(A) Attract a large number of investors
(B) Look for an acquisition target
(C) Invest in marketing and promotion
(D) Launch a new product

This is the end of the Listening test. Turn to Part 5 in your test book.

READING TEST

In the Reading test, you will read a variety of texts and answer several different types of reading comprehension questions. The entire Reading test will last 75 minutes. There are three parts, and directions are given for each part. You are encouraged to answer as many questions as possible within the time allowed.

You must mark your answers on the separate answer sheet. Do not write your answers in the test book.

PART 5

Directions: A word or phrase is missing in each of the sentences below. Four answer choices are given below each sentence. Select the best answer to complete the sentence. Then mark the letter (A), (B), (C), or (D) on your answer sheet.

101. The ------- of the special representatives was made in complex situations.

(A) appoint
(B) appoints
(C) appointed
(D) appointment

102. Mr. Lawson decided to quit his job and move to Moscow in order to devote ------- to drawing.

(A) he
(B) his
(C) him
(D) himself

103. The Fine Bank and Oregon Finance continue to suffer ------- a severe economic recession.

(A) inside
(B) from
(C) among
(D) without

104. MST Services Inc. takes reasonable precautions to keep ------- your personal information.

(A) secure
(B) helpful
(C) essential
(D) intelligent

105. If you'd like to file a police report on the ------- passport, please go to the nearest police station.

(A) miss
(B) missed
(C) to miss
(D) missing

106. To ensure -------, any information that can identify you will be disclosed only with your permission.

(A) integrity
(B) equality
(C) confidentiality
(D) originality

107. The pay slips are emailed ------- from Accor Accounting Systems, which are in a password-protected form.

(A) directly
(B) direct
(C) directs
(D) direction

108. If the work proceeds according to schedule, the new office building will be ready ------- Friday.

(A) in
(B) of
(C) to
(D) by

109. Bristol Holdings typically charge a 4% to 7% ------- on the sale price of a property.

(A) commission
(B) permission
(C) admission
(D) confusion

110. This new product quality inspection process will help to protect Hightek's brand value and avoid ------- testing.

(A) costly
(B) cost
(C) costs
(D) costed

111. The photography exhibition will open on next Wednesday with an opening ------- at the gallery from 5 P.M. to 7 P.M.

(A) receipt
(B) receivables
(C) receiver
(D) reception

112. Ms. Glowinski ------- on going back to work even though she has not fully recovered from the surgery.

(A) denies
(B) allows
(C) contains
(D) insists

113. Tyson Motors will hire more part-time workers to help with the front office ------- sales professionals for overseas business.

(A) but
(B) and
(C) as
(D) nor

114. Lighthouse Financing Plus ------- a black-tie fundraiser to help refugees across the world.

(A) will host
(B) having hosted
(C) to host
(D) hosting

115. It is not surprising that most employees in the software industry work much ------- than the contractual working time.

(A) long
(B) longer
(C) longest
(D) longed

116. At the time the annual budget is formulated, salaries, debt payments, etc., are regarded as ------- in short-term.

(A) sociable
(B) comfortable
(C) portable
(D) stable

117. ------- the last few months, the interest rates went up sharply due to inflation fears.

(A) During
(B) Since
(C) About
(D) Before

118. There is a widespread suspicion that Batchelder Electronics ------- concealed the defects in the goods.

(A) deliberately
(B) deliberateness
(C) deliberate
(D) deliberating

119. Although NCT Services has not released new models for a couple of years, there has been a rapid growth of sales ------- over the last few months.

(A) method
(B) career
(C) volume
(D) backdrop

120. If you want to start your own business, you may find it ------- to get advice from more experienced people.

(A) help
(B) helper
(C) helpful
(D) helpfully

GO ON TO THE NEXT PAGE

121. If such errors occur ------- when processing a document, they have to be checked continuously to prevent any loss.

(A) closely
(B) hardly
(C) urgently
(D) frequently

122. The reception room has large windows on the south side, ------- allow more daylight into the room and provide magnificent view of the Hudson River.

(A) what
(B) whom
(C) whose
(D) which

123. Due to equipment failure caused by a large power outage, the amount spent on ------- soared last month.

(A) alliance
(B) expiration
(C) maintenance
(D) resignation

124. The state government is also considering launching a new campaign to ------- the use of recycled products.

(A) promoted
(B) promote
(C) promotion
(D) promoting

125. It is important to ------- in mind that various organizational tasks need to be performed within a limited period.

(A) relate
(B) join
(C) keep
(D) offer

126. All conference ------- should reserve at least 3 tracks of 4 days from Tuesday afternoon to Friday morning.

(A) attend
(B) attends
(C) attendance
(D) attendees

127. They believed their future was bright ------- when the markets had already begun to move downwards.

(A) even
(B) roughly
(C) whether
(D) well

128. The Pelabohan tunnel was completed 6 months ago and now is in limited use ------- commercial and high-occupancy vehicles.

(A) for
(B) about
(C) of
(D) to

129. The directors of Max Life Group were frustrated after hearing the news that the city council refused to approve the -------.

(A) initial
(B) initiate
(C) initiative
(D) initially

130. A shipping confirmation with tracking information will be sent to the email address you have provided ------- the order has been dispatched.

(A) even
(B) once
(C) following
(D) over

Directions: Read the texts that follow. A word or phrase is missing in some of the sentences. Four answer choices are given below each of the sentences. Select the best answer to complete the text. Then mark the letter (A), (B), (C) or (D) on your answer sheet.

Questions 131-134 refer to the following advertisement.

PIACE SHOES IS LOOKING FOR A SALES ASSISTANT.

Job title: Sales Assistant

Job status: Full-time

Piace Shoes, located 20 minutes south of Auckland, is ------ looking for a sales assistant.
131.
Our sales assistants are required to serve the customers ensuring that the highest standards

of customer service ------, and achieve sales targets each month. The sales assistant is also
132.
responsible for training part time staff if required.

Primary duties include answering customers' questions courteously, monitoring stock on shelves

and assisting with stock ------.
133.

------. You may find more information on our web site at www.piacelady.net. Please email your
134.
resume to Lynn Fadi, the store manager at fadi@piacelady.net.

131. (A) soon
(B) never
(C) currently
(D) any longer

132. (A) are met
(B) meet
(C) to meet
(D) will meet

133. (A) counts
(B) countless
(C) counted
(D) countably

134. (A) Please note that working hours would include evenings and weekends.
(B) All other appropriate duties are required to perform the store manager job.
(C) Fitting rooms are designed to provide that very privacy.
(D) We are reporting to the manager on the issue of unemployment.

As of December 15, the head office of Twin City Data, currently at 2325 Paragon Drive, will be ------- to 1996 Atlantic Road. The relocation is inevitable ------- the company's growth. Our new
135.   **136.**
office location will provide better ------- for visitors, as it is located near public transportation.
                               137.

Our contact numbers remain unchanged. -------. We would like to apologize in advance for any
                                        138.
inconvenience this may cause.

We hope to have the opportunity of welcoming you at our new office in the near future.

Thank you for your continued support.

135. (A) to relocate
(B) relocating
(C) relocated
(D) relocate

136. (A) according to
(B) however
(C) apart from
(D) due to

137. (A) access
(B) buyer
(C) branch
(D) progress

138. (A) Please visit our current office to discuss your account in detail.
(B) Also, we are excited about our relocated office space.
(C) The new office will reflect our commitment to the customers' success.
(D) However, our phone system will be down on December 15.

To: nmarcello@gomail.com
From: csdept@greencleaning.com
Subject: Customer Satisfaction Survey Invitation

Dear Noah Marcello,

We wish to express our ------- thanks to you for choosing our service for your cleaning needs. Our
                          139.
priority is to provide the highest possible ------- of service. As part of our constant effort to serve
                                            140.
you better, we would like to know how satisfied you are with our service. We value your candid

opinion. It will be ------- used to improve our service.
                    141.
In order to start the survey, please click on the web address. -------. Upon completion of the
                                                               142.
survey, you will receive a discount voucher by e-mail.

Thank you in advance for taking your time.

Best regards,
Customer Support Department
Green Cleaning Service

139. (A) sincere
(B) terrific
(C) private
(D) bright

141. (A) actively
(B) activate
(C) active
(D) activity

140. (A) charge
(B) altitude
(C) level
(D) client

142. (A) You could be the lucky winner.
(B) We learn from our mistakes.
(C) We are sorry for the delay.
(D) It'll take less than 5 minutes.

GO ON TO THE NEXT PAGE

Questions 143-146 refer to the following notice.

Welcome to Furano Terrace! We're pleased that you have chosen to stay with us. The Furano Terrace Management & Service staff are always ready to help you and try to meet your expectations. Ask us anytime about anything related to your room, the property and facilities, or the service ------.
143.

If you wish to ------ the sports facility located on the 4th floor, please bring your reservation
144.
number with you. You are asked to read the safety regulations which are placed at the ------ to
145.
the facility.

Our front desk is open 24 hours to assist you! We also have a website, www.furano-guests.com, which only checked-in guests can use. ------.
146.

We look forward to getting to know you.

Sincerely,

The Furano Terrace Management & Service Team

143. (A) at odds
     (B) upon request
     (C) in general
     (D) in advance

144. (A) utilize
     (B) manage
     (C) obtain
     (D) connect

145. (A) enter
     (B) entrance
     (C) entry
     (D) enterable

146. (A) Complimentary breakfast buffet is included.
     (B) You can directly order room service on this website.
     (C) Personal information does not need to be shared.
     (D) We need at least 24 hours' notice of cancellation.

Directions: In this part you will read a selection of texts, such as magazine and newspaper articles, letters, and advertisements. Each text is followed by several questions. Select the best answer for each question and mark the letter (A), (B), (C), or (D) on your answer sheet.

Questions 147-148 refer to the following coupon.

McCormack Learning Center
Day Care Program

New Family Special:
Free Registration & $100 Tuition Credit!

Offer applies to new families only for full-time enrollment.
$100 tuition credit will be awarded to each child in family.
Cannot be combined with any other discount coupon.

Please present this coupon to advisor at the reception.
For an online registration, enter the coupon code: **MCC-2050**
Special valid through July 31.

McCormack Learning Center
Where Every Day is a Fun Day!
0505-333-1207

147. What is suggested about McCormack Learning Center?

(A) It is a family vacation resort.
(B) It runs a program for children.
(C) It offers language learning courses.
(D) It operates 24 hours a day.

148. What is true about the coupon?

(A) It cannot be used offline.
(B) It applies to current membership.
(C) It expires at the end of the year.
(D) It is only valid for full-time enrollment.

GO ON TO THE NEXT PAGE

Pamela Young

Hi, Henry. I'm just back from the meeting with the client. She loved your office designs but she asked for several modifications to them. 3:04 PM

Henry Corrigan

Great news! When do you need them by? 3:06 PM

Pamela Young

The next meeting is scheduled for Wednesday at 11:30. 3:07 PM

Henry Corrigan

No problem. I'll upload the new design file to your cloud. 3:09 PM

Pamela Young

Thanks! If it works out, it will be the biggest interior project we've ever done. 3:12 PM

Message   OK

149. At 3:09 PM, what does Mr. Corrigan mean when he writes, "No problem"?

(A) He believes Ms. Young will secure the deal.

(B) He hopes everything goes well.

(C) He is able to prepare the designs in time.

(D) He is happy for Ms. Young's success.

150. For what type of business does Ms. Young most likely work?

(A) An interior design company

(B) An office supplies store

(C) A risk management agency

(D) A computer repair shop

From:	schreiner@sunwebsolutions.com
To:	m.lerman@noamclinic.com
Subject:	Summary of the Cost
Date:	November 10

Dear Ms. Lerman,

Thank you for your interest in working with us. Our team has reviewed your business requirements and prepared the following estimate of the costs.

Website Design	$6,500
HTML Coding	$8,000
Web Hosting (Optional)	$1,180
Search Engine Optimization	$3,000
Mobile Website	$3,600

This is not a final quote. We will provide you with a precise quote after a more thorough information gathering process. Also, please note that we offer a free domain name for the first year if you sign up for the extra service.

Best Regards,
Logan Schreiner
Sun Web Solutions

151. What is the purpose of the e-mail?

(A) To advertise a website
(B) To provide a price quote
(C) To offer a personal service
(D) To ask for a discount

152. What should Ms. Lerman do if she wants to get a free domain name?

(A) Pay 50% of total cost in advance
(B) Schedule a meeting with Mr. Schreiner
(C) Subscribe to a web hosting service
(D) Create a mobile website

GO ON TO THE NEXT PAGE

WE ARE HIRING!

Janice Advertising Group, a full-service marketing firm located in Austin, Texas, is seeking a creative Web designer on a contract basis. The designer will be responsible for designing website and digital content to support marketing campaigns. The ideal candidate should have superior design skills and an eye for detail, as well as the ability to communicate effectively with clients and creative teams. Since a large portion of our clients speak Spanish as their primary language, fluent written and verbal communication skills in both English and Spanish are needed. At least 2-years of relevant work experience and a bachelor's degree are also necessary. The position will start in November and end in April.

153. What is NOT a stated requirement for the job?

(A) Fluency in a foreign language
(B) Attention to detail
(C) Strong communication skills
(D) Knowledge of international market

154. How long is the period of employment?

(A) Four weeks
(B) One year
(C) Six months
(D) Two years

Petals Flower Shop

Thank you for using Petals Flower Shop. Please help us by taking a few minutes to tell us about the service that you have received. You can submit your survey by fax 250-48-84 or by e-mail to service@ petals.corp. After we receive it, we will send you a Petals.Com gift certificate.

CUSTOMER NAME: *Tsugumi Akimoto*   **E-MAIL:** *takimoto@geemail.com*

FLORIST NAME: *Vanessa Lopez*   **DATE OF ORDER:** *July 20*

Please rate the following on a scale of 1 – 5: (1) poor, (2) fair, (3) good, (4) very good and (5) excellent.

- **SERVICE**
  How happy are you with your flowers?   □1 □2 □3 □4 ☑5
  Were you happy with your flower delivery service?   □1 □2 ☑3 □4 □5

- **WEBSITE**
  Selection of Flowers   □1 □2 □3 □4 ☑5
  Ease of Scheduling   □1 ☑2 □3 □4 □5
  Information provided   □1 □2 □3 ☑4 □5

  Would you use our service again?   Yes / No / (Maybe)
  Would you recommend our service to others?   (Yes) / No / Maybe

COMMENTS:

The site offers a vast selection of lovely flower arrangements and non-floral gifts. But delivery options are not as extensive as those of other online flower services. I couldn't add a greeting card to my order. Also, I needed to place an order three days in advance because of its time-consuming scheduling process.

---

155. What is suggested about the Petals Flower Shop?

    (A) It offers a free delivery service.
    (B) It has a limited selection of flowers.
    (C) It is inconvenient to order an item.
    (D) It deals in only floral selections.

156. What does Ms. Akimoto indicate about her flowers she ordered?

    (A) Flowers arrived in very poor condition.
    (B) The price was much for the product.
    (C) The customer service was excellent.
    (D) Few delivery options were available.

157. According to the form, what is provided to the sender of the survey?

    (A) A discount coupon
    (B) A non-floral gift
    (C) A gift voucher
    (D) A catalog of flowers

GO ON TO THE NEXT PAGE ➡

Dear residents:

This is our final notice to all residents at B-105 and B-110 in regards to bicycles being stored in the main hallway areas.

All residents who are still storing personal items and bicycles in the main hallways must remove them immediately. These items are an eyesore and represent potential hazards to residents.

Bicycle parking racks in our county are in place near all the subway stations to support the ever growing number of bicycles being ridden by our community members. They are free for any person using a bicycle and are securely attached to the ground.

If bicycles are not removed by Wednesday, May 13, we will begin cutting locks/chains and removing the bicycles ourselves.

Should you have any questions, please contact our Safety Office.
        Responsible Officer: Aaron Lampard and Joe Mauer (860-562-888, B-101 3rd floor)

Thank you for your prompt attention on this matter.

Sincerely,
Joe Mauer, Safety Office

158. Where would the notice most likely appear?

(A) In an school library
(B) In an office building
(C) In a hotel lobby
(D) In an apartment

159. What is suggested about the Safety Office?

(A) It is located near the subway station.
(B) It is in charge of IT maintenance.
(C) It receives resident inquiries.
(D) It is replacing the locking system.

160. What does Mr. Mauer indicates he will do after May 13?

(A) Pave the highway
(B) Remove bicycles
(C) Install a network
(D) Do a security inspection

Questions 161-163 refer to the following Web page.

http://ww2.allaboutguitars.co.au/about

ALL ABOUT GUITARS - The Largest Guitar Selection in Australia

Welcome to All About Guitars — Australia's largest musical instrument online store. We continually research new products and trends to bring you the best from around the globe at the most affordable prices. We offer free shipping (on almost everything) from the biggest online selection of musical instruments and equipment including guitars, basses, guitar amplifiers, keyboards, microphones, accessories, and more.

Next Day Delivery
Place an order before 2 pm Mon-Fri and we will dispatch your order for next day delivery. — [1] —. Free delivery on mainland orders over $50.

Real Time Stock Levels
Shop safely knowing if the product you want to order is in stock. — [2] —. Unlike many other stores, all our stock levels are shown in real time.

Dedicated Customer Service Team
We employ a dedicated team to help you choose the instrument that's right for you. — [3] —. Whether you are looking for the next guitar or need advice, access our staff by chatting online, or by calling 556-7811-036.

Stress Free Returns
If for some reason, you're not completely satisfied with your order, you may return it a full refund of the purchase price, excluding shipping charges. — [4] —.

---

161. What is true about the Web page?

(A) Several services of it will be discontinued.
(B) Customers can receive online consulting on it.
(C) It issues a newsletter for information about musical events.
(D) It provides real-time forums for communication between customers.

162. What is indicated about the All About Guitars?

(A) It offers free shipping on all items.
(B) It sells antique musical instruments.
(C) It is an Australian-based online retailer.
(D) It is currently offline for maintenance.

163. In which of the positions marked [1], [2], [3] and [4] does the following sentence best belong?

"You will receive your order the following working day by 6pm."

(A) [1]
(B) [2]
(C) [3]
(D) [4]

MEMORANDUM

To: Byman Hills Faculty
Date: September 21
Subject: Online Course Approval Guidelines

Dear Faculty,

The Byman Hills Course Planning Committee recently met to determine guidelines for online course approval. We are pleased to share our new guidelines with the faculty and hope that you will find online courses convenient and challenging.

As of the upcoming semester, teachers may request approval for graduate credit for online courses. These courses must be accepted by your department chair. In addition, the course must be within the teacher's content area or applicable to the current teaching role.

Please find the Course Approval Information attached, which includes applications for online course approval and salary lane changes. Please note the revised salary lane options listed on the application.

We are confident that the faculty will benefit from the opportunity to pursue online courses beginning this spring. We hope you will enjoy this new challenge and trust that teachers will research the relevance of courses to the subject levels to be taught.

---

164. Why was the memo written?

(A) To ask for research proposals
(B) To announce the approval
(C) To report the results of interview
(D) To offer information to teachers

165. What should teachers do before requesting online course approval?

(A) Make sure the courses are within their expertise
(B) Revise information on the staff webpage
(C) Submit a research performance report before the semester starts
(D) Provide details to recently registered students

166. The word "chair" in paragraph 2, line 2, is closest in meaning to

(A) head
(B) rule
(C) level
(D) work

167. What is suggested about the Course Approval Information?

(A) It includes an application for salary lane changes.
(B) It can be found at the postgraduate webpage.
(C) It requires the passcode to access.
(D) It will be amended every semester.

Timothy Cruz 9:10 AM	Good morning everyone. I received an email from headquarters, which says they can send two interns to help our branch.
Ursula Gordwin 9:12 AM	That's great! We're in the midst of preparing for Winter Welcome Weekend for new subscribers at the end of January. I think they can help subscription processing.
Christine Kim 9:15 AM	Well, if they don't have any customer service experience, it's better to allocate them to the online advertising. Ms. Jordi said our company is planning to launch a new online magazine.
Ursula Gordwin 9:16 AM	But over the next few months, customer service will be busy making dozens of phone calls to welcome the newest memberships.
Timothy Cruz 9:16 AM	Right. It's the busiest time of the year. We need at least one person to help our calls. I'll talk to Ms. Jordi for final decision.
Christine Kim 9:17 AM	OK. By the way, how was your trip, Tim? Is Green Papers still delaying signing the contract?
Timothy Cruz 9:19 AM	Discussions are underway. They asked whether we can buy more than we agreed upon last year. Instead they will give 10% off the price.
Christine Kim 9:22 AM	Why don't we amend the contract period from a year to 6 months? Sales are expected to rise over the next few months.
Timothy Cruz 9:22 AM	I'll ask them about that.

SEND

168. At what kind of company do the writers most likely work?

(A) A paper manufacturer
(B) A delivery business
(C) A sports magazine
(D) A ski resort

169. What will Mr. Cruz most likely tell Ms. Jordi?

(A) That there will be an extra charge for a large order
(B) That his team needs one of the new interns to help
(C) That he will meet Green Papers soon
(D) That she can transfer to another team

170. What is mentioned about Green Papers?

(A) It wants to increase the sales volume.
(B) It requests advice about price adjustment.
(C) It asks to purchase a new magazine line.
(D) It cannot accommodate the demand.

171. At 9:19 AM., what does Mr. Cruz mean when he writes "Discussions are underway"?

(A) He has not finalized the contract yet.
(B) He is going to discuss with another company.
(C) He is considering cancelling an order.
(D) He is not in charge of the project.

GO ON TO THE NEXT PAGE

GR Hotel Group to become a new owner of Rose Hill Hotel

By Andrea D. Shear

Rose Hill Hotel, a 45-year-old iconic landmark of Taipei, is entering a new phase. GR Hotel Group, one of the world's largest hotel chains, is buying a stake in the hotel, and is planning to restart renovations next month. Isaac Perry, who has owned the Rose Hill for 17 years, said that this will be the second major renovation since 2005. "We're excited that GR Hotel Group is making an incredible investment in our Rose Hill by revitalizing one of our great historic properties in the heart of Taipei," he said. — [1] —.

According to Ed Delano, the general manager in charge of redeveloping and operating the Rose Hill, the property should take about two years for the renovations to be done. — [2] —.

Its 230 guest rooms will be reconfigured into 125 more spacious accommodations and the appearance of the building be decorated with the cutting-edge design that the GR brand is known for. He also plans to introduce some new banquet halls, restaurants, and bars. — [3] —. Some of the hotel's spaces will stay pretty much the same.

"Our main goal is to give our guests a unique experience with local characteristics and atmosphere," Delano said. "We will bring it back to life, preserving its distinctive feature." — [4] —.

172. What is suggested about the Rose Hill Hotel?

(A) It is one of the biggest hotels in Taipei.

(B) It experiences shortage in investments.

(C) It has undergone several renovation projects.

(D) It hired an architect to do its building design.

173. What is stated about the renovation?

(A) Mr. Perry is responsible for the renovation work.

(B) Over 100 extra rooms will be added to the original building.

(C) The renovation includes expansion of dining facilities.

(D) Its exterior design will remain the same as before.

174. The word "preserving" in paragraph 4, line 2, is closest in meaning to

(A) maintaining

(B) protecting

(C) refreshing

(D) approving

175. In which of the positions marked [1], [2], [3] and [4] does the following sentence best belong?

"The hotel will be partially closed during the construction work."

(A) [1]

(B) [2]

(C) [3]

(D) [4]

GO ON TO THE NEXT PAGE

PRIME BUSINESS RESEARCH INSTITUTE, Conference Room A Schedule for April

Monday	Tuesday	Wednesday	Thursday	Friday
	1 10:00-12:00 Staff Meeting	2 13:00-15:00 Group Survey	3 13:00-16:00 Board of Directors' Meeting	4
7 All day Shareholder Meeting	8	9 13:00-15:00 Group Survey	10 16:00-18:00 Planning Dept. Meeting	11 14:00-16:00 Merck Industries Client Presentation
14	15	16 13:00-15:00 Group Survey	17	18
21 All day New Employee Training Session	22	23 13:00-15:00 Group Survey	24	25 15:00-17:30 Monthly Plan Review Meeting
28	29	30 13:00-15:00 Group Survey		

To reserve a conference room, send a reservation form to the meeting room manager Meghan Fischer at m.fischer@pbri.com. The form is available on the intranet. After using the conference room, please contact the maintenance department at 800-555-1385 so that the room can be cleaned properly.

From:	Meghan Fischer <m.fischer@pbri.com>
To:	Mark Joel <markjoel@pbri.com>
Subject:	Meeting Room Schedule

Hi, Mark,

I'm writing to inform you that Merck Industries has postponed the meeting to April 18 and Conference Room A became available for the time you originally asked. Please contact me at your earliest convenience if you want to move your reservation.
Also, please note that I'm going to take a vacation from May 5 to 19. So if you need a room during that period you should contact Dmitri Sokolov at sokolov@pbri.com. I've attached Conference Room A schedule for May in case you need it.

Meghan Fischer

176. What is indicated about Prime Business Research Institute?

(A) Its contract with Merck Industries ends soon.

(B) It holds staff meeting every week.

(C) It has introduced a hiring freeze.

(D) It conducts group surveys on a regular basis.

177. What are employees asked to do after they use the conference room?

(A) Lock the door

(B) Place a call

(C) Put down a deposit

(D) Email Ms. Fischer

178. Why was the e-mail sent?

(A) To assign a task

(B) To inform a change in schedule

(C) To reserve a meeting room

(D) To invite to a group survey

179. What is suggested about Mr. Joel?

(A) He wanted to schedule a meeting for April 11.

(B) He is a head of the marketing department.

(C) He was on a business trip last week.

(D) He should attend the training on April 21.

180. What does Meghan Fischer plan to do in May?

(A) Install soundproof walls

(B) Prepare a workshop

(C) Go on a vacation

(D) Replace a projector

GO ON TO THE NEXT PAGE

THE 7TH PHARMACEUTICAL MARKETING CONFERENCE

We are proud to present the return of the Pharmaceutical Marketing Conference.

It will bring together industry experts, leading pharmacy companies, and media professionals to discuss the latest media and marketing trends. You'll gain insights on the tools and strategies needed to prepare for a changing marketing environment impacting all elements of our industry.

TIME AND VENUE

August 30-31, at the Kensington Plaza in London (Same program on both days)

PROGRAMME

9:30 Chairman's Welcome And Opening Remarks
Suzan Wilson, Senior Vice President, Tiva Pharmacy

10:00 Using Media To Predict The Future Of Healthcare
Edward Fischer, Market Research Analyst, Association of Industrial Chemists

12:20 Networking Lunch

14:40 Benchmark For Pharma Social Listening
Jackie Jin, Digital Strategist, The Conversationalist

16:50 Long-Term Investment Uncertainty In the Pharmaceutical Market
Brian McMillan, Lecturer, College of Population Health, Cornwell University

To:	Serena Grande <sgrande@qmail.com>
From:	Wei Chang <wei@pmca.com>
Date:	August 14
Subject:	Confirmation of Submission

Thank you for submitting your application for the 7th Pharmaceutical Marketing Conference.
You have applied for:

Session(s): Using Media To Predict The Future Of Healthcare,
and Benchmark For Pharma Social Listening
Date: August 30, Wednesday
Venue: 14 floor, the Kensington Plaza, 56 Greenwood Road, London

Upon arrival at the venue, please proceed to the registration at the entrance and pick up your badge, which you need to wear at all times. Morning session participants are required to register online the day before the event. If you have any questions, please contact us at help@pmca.com.

Sincerely,
Wei Chang, Manager, The Association of Pharmaceutical Marketing

181. For whom is the information most likely intended?

(A) IT developers
(B) Broadcasting directors
(C) Students of medical colleges
(D) Marketers in the healthcare industry

182. According to the information, what is true about the conference?

(A) It will last three days.
(B) It will commence on August 31.
(C) Online registration is not available.
(D) There will be a chairman's speech.

183. On the information, the word "gain" in paragraph 2, line 2, is closest in meaning to

(A) obtain
(B) host
(C) share
(D) lead

184. What is suggested about Ms. Grande?

(A) She is an employee of Association of Industrial Chemists.
(B) She will attend the conference on the second day.
(C) She is interested in Jackie Jin's session.
(D) She works with Brian McMillan.

185. What session requires pre-registration?

(A) Using Media To Predict The Future of Healthcare
(B) Networking Lunch
(C) Benchmark For Pharma Social Listening
(D) Long-Term Investment Uncertainty In The Pharmaceutical Market

GO ON TO THE NEXT PAGE

DEKA FURNITURE SYSTEM

(888) 471 6300, www.dekafurniture.com

Invoice Number: HPC-281056   **Date:** January 13
Client: Blakely Interior
Address: 540 Foster Ave, Harwood Heights, IL 60706

Item No.	Description	Quantity	Unit Price	Total
NC305	Two-seat leather sofa, black	2	$800	$1,600
PC216	Fabric arm chair, grey	3	$150	$450
PC230	Footstool, light brown	2	$80	$160
BR408	Rug, 200 cm x 200 cm, synthetic fibers, red	1	$200	$200
			Total	$2,410

Payment must be made in full within two weeks of the invoice date. Should you have any questions, please contact Scott Crooks at crooks_deka@dekafurniture.com.

To:	Scott Crooks <crooks_deka@dekafurniture.com>
From:	Lisa Fraser <lisafraser@blakely.com>
Subject:	A Question Regarding the Invoice
Date:	January 15

Dear Mr. Crooks,

We received our January 13 order yesterday. Thank you for your prompt shipment. Thanks to your product, we've decorated our client's living room successfully. However, I noticed that the total amount is different from what I had expected. When I spoke to Allison Palmer on January 5th, she said we can get one fabric arm chair for free if we order two since we are a frequent buyer. Could you please talk to her about this matter and send us an updated invoice?
In addition, I'd like to order a coffee table for our reception area. I wonder if JM305 comes in dark blue. We want to make sure that the furniture coordinates with the walls and I can't come up with any other color that goes better with yellow.

Thank you,

Lisa Fraser
Blakely Interior

To:	Lisa Fraser <lisafraser@blakely.com>
From:	Scott Crooks <crooks_deka@dekafurniture.com>
Re:	A Question Regarding the Invoice
Date:	January 16

Dear Ms. Fraser,

I'm so sorry for the error on the invoice. It turned out that our junior associate forgot to mention the discount she offered. The corrected invoice will be sent to your email tomorrow.
About JM305, it had ivory, black and dark blue options but we no longer produce it. I've attached a list of dark blue coffee tables.
Once again, you have our most sincere apologies. We'll make sure that this kind of mistake won't happen again.

Scott Crooks
Senior Sales Manager
Deka Furniture System

186. How much money will be deducted from the invoice?

(A) $800
(B) $150
(C) $80
(D) $200

187. In the first e-mail, the word "matter" in paragraph 1, line 5 is closest in meaning to

(A) solution
(B) situation
(C) material
(D) essence

188. What color most likely are the walls of Blakely Interior's reception area?

(A) Black
(B) Grey
(C) Light brown
(D) Yellow

189. What is suggested about Allison Palmer?

(A) She has been transferred to the head office.
(B) She is on maternity leave.
(C) She works under Mr. Crooks.
(D) She plans to visit Ms. Fraser.

190. What is indicated about JM305?

(A) It has been discontinued.
(B) Its price has been increased.
(C) It is a very popular item.
(D) It is imported from overseas.

GO ON TO THE NEXT PAGE

Conrad Art Museum
27 Walker Street, Alexandria, VA 22314

Special Lectures At Grand Hall

Monday, July 6th 7 P.M.-8:30 P.M.	A Journey from Photographer to Urban Planner	Garry Dillon
Monday, July 13th 7 P.M.-8:30 P.M.	How Personal Aesthetic is Formed	Luis Krueger
Wednesday, July 15th 8 P.M.-10 P.M.	Everything You Want to Know about the Renaissance	Bruce Carr
Thursday, July 23th 7:30 P.M.-9:00 P.M.	Between Past and Future: Rembrandt and the Jews	Kathleen Grant

Reservation and advance payment are required.
Admission is $10 per person and $8 per member.
Cash and debit/credit cards are accepted for payment.

To:	Bruce Carr <brucecarr@wvu.edu>
From:	Lauren Corbett <l.corbett@icoa.com>
Date:	July 2
Subject:	The 8th International Conference of Arts

Dear Dr. Carr,

I'm writing to you on behalf of the International Conference of Arts Organization Committee. We are currently preparing the 8th international conference and we'd like to invite you to come and give a talk on Renaissance paintings. The conference is scheduled on Wednesday, July 15th at Plaza Hotel. You would be talking at 7:00 P.M. for 90 minutes in front of an audience of 150 people.
Please let me know at your convenience if you would be interested in giving a talk at our conference. We would be honored if you would accept this invitation to join us for this event.

Sincerely,
Lauren Corbett
Coordinator
ICOA Organization Committee

Special Lecture by Dr. Antonio Giovanna

(July 16) Last night, Conrad Art Museum welcomed Dr. Antonio Giovanna to the Grand Hall for a special lecture on Renaissance paintings. The 2-hour session was divided into a 100-minute lecture followed by a 20-minute Q&A session. The founder of Conrad Art Museum Ellen Palmer said, "It was such a meaningful lecture. We've learned on how many levels Renaissance arts and modern arts are connected." In response to the enormous popularity of last night's lecture, the museum tried to invite Dr. Giovanna to give another lecture in August, but unfortunately Dr. Giovanna has to be on tour with his new book *The Shadow of Renaissance*.

191. What information is NOT provided in the schedule?

(A) The subjects of lectures
(B) The duration of lectures
(C) Acceptable payment methods
(D) A membership fee

192. Why did Ms. Corbett write an email?

(A) To ask for information about a lecture
(B) To thank Dr. Carr for a contribution
(C) To invite Dr. Carr to speak at a conference
(D) To register for a lecture

193. What is implied about Dr. Carr?

(A) He cancelled the lecture in Conrad Art Museum.
(B) He has just published a new theory.
(C) He encourages his students to go to graduate school.
(D) He's in charge of organizing an international conference.

194. What is true about Conrad Art Museum?

(A) It holds free special lectures every month.
(B) It was founded by a local government.
(C) It offers special benefits to its members.
(D) It is currently recruiting volunteers.

195. According to the article, what will Dr. Giovanna probably do in August?

(A) Publish a book
(B) Give a special lecture
(C) Promote his new book
(D) Attend a seminar

GO ON TO THE NEXT PAGE

Purchase express tickets at lower than normal rates!

The City-Ex provides access from Arlanda Airport to major stations in metropolitan areas in Sweden, including Stockholm, Gothenburg, and Uppsala without transferring trains!
City-Ex Tickets can be purchased from the Travel Service Centers at Arlanda Airport or online. As purchase is not available outside of Sweden, we recommend buying the ticket immediately after arrival at Arlanda Airport.
All seats are equipped with a large tray and an outlet for laptops. Each car also has a large luggage storage space conveniently located with dial locks. Travel between Arlanda Airport and Stockholm Station is about an hour, with trains operating from 7 A.M. every day!

NOTICE
- Foreign passport holders only.
- Passport confirmation is required at the time of purchase.
- Not all trains provide direct service depending on the time. Refer to the timetable for details.

CITY-EX RATES

	One-way		Round-trip	
	Mon-Fri	Sat, Sun	Mon-Fri	Sat, Sun
Stockholm	27 EUR	30 EUR	45 EUR	50 EUR
Gothenburg	45 EUR	50 EUR	81 EUR	90 EUR
Uppsala	54 EUR	60 EUR	90 EUR	100 EUR

Weekday rates are 10% discounted rates. Weekends rates are applied to the holidays.

From:	mizuno@easymail.com
To:	kavett@city-ex.corp
Date:	November 10
Subject:	Inquiry

Dear Ms. Kavett,

Thank you for sending me an online ticket purchased on November 1. I have just checked the receipt and found it overcharged. I bought one round-trip ticket for Friday November 20, heading for Stockholm, but the receipt shows that the total fare is 50 EUR. When I saw the information on the web, it said the discount would be given for weekdays. If you check my records, you will notice that the total amount is incorrect. I would appreciate it greatly if you would resolve this matter soon.

Best regards,
Tatsuya Mizuno

196. What is NOT suggested in the advertisement?

(A) The tickets are available for foreigners only.
(B) The purchaser can select a seat in advance.
(C) A passport is required when purchasing the tickets.
(D) They can be purchased in person.

197. On the advertisement, the word "major" in paragraph 1, line 1, is closest in meaning to?

(A) serious
(B) main
(C) formal
(D) useful

198. What is suggested about the CITY-EX train?

(A) It can reach Stockholm Station in 30 minutes.
(B) It provides secure luggage storage.
(C) It runs weekends and holidays only.
(D) Not all trains offer an outlet for electronic devices.

199. What does Mr. Mizuno want Ms. Kavett to do?

(A) Send a revised online ticket
(B) Issue a partial refund for overcharge
(C) Change the date of departure
(D) Appoint the seat for two persons

200. According to the e-mail, how much money will be refunded to Mr. Mizuno?

(A) 5 EUR
(B) 10 EUR
(C) 30 EUR
(D) 50 EUR

부록

APPENDIX

기초 영문법에 도움이 되는 참고 자료

본문과 함께 공부하면 도움이 되는 추가 학습 자료입니다.
본문의 내용을 이해하는 데 필요한 기본적인 문법 용어와 예문을 수록하였습니다.

Contents

1. 문장의 구조

(1) 문장, 단어, 구, 절

① 문장

생각이나 감정을 완결된 내용으로 나타낸 것. 모든 문장에는 주어와 동사가 있으며, 마침표(.), 느낌표(!), 물음표(?)로 끝난다.

The workers are painting the wall. 작업자들이 벽을 칠하고 있다.
What kind of air conditioner are you looking for? 무슨 종류의 에어컨을 찾고 계신가요?
Have a great day! (명령문의 생략된 주어는 'You'이다.) 즐거운 하루 보내세요!

② 문장의 구성 단위

단어: 하나의 단어로 이루어진 문장의 최소 단위. 영어 문장에서는 띄어쓰기로 구분된다. 모든 단어는 뜻과 품사를 가진다.
구: 두 개 이상의 단어가 문장에서 하나의 단어와 같이 작용하는 것
절: 주어와 동사로 이루어진 문장의 구성 단위

 **TOEIC Key 문장 1**

Roger asked me whether the team needed any help.
로저는 나에게 그 팀에 어떤 도움이 필요한지를 물었다.

단어		Roger, asked, me, whether, … 로저, 물었다, 나에게, ~인지 아닌지, …
구	동사구	asked me whether the team needed any help 나에게 그 팀에 어떤 도움이 필요한지를 물었다
	명사구	the team 그 팀, any help 어떤 도움
절		whether the team needed any help 그 팀에 어떤 도움이 필요한지를

TOEIC Key 문장 2

Our goal is to promote investment in the start-ups.
우리의 목표는 스타트업에 대한 투자를 촉진하는 것입니다.

단어		our, goal, is, to, promote, investment, in, the, start-ups 우리의, 목표, ~이다, to(부정사), 촉진하다, 투자, ~에서, the(관사), 스타트업
구	명사구	our goal 우리의 목표, the start-ups 스타트업 to promote investment in the start-ups (to부정사구)스타트업에 대한 투자를 촉진하는 것
	전치사구	in the start-ups 스타트업에
절		없음

(2) 문장 성분

문장을 구성하는 요소. 영어에는 주어, 동사, 목적어, 보어, 수식어가 있다.

① 주어와 동사

- 주어와 동사는 문장의 필수 성분이다.
- 모든 문장에는 동사가 있으며, 동사는 반드시 시제를 가진다.
- 모든 문장에는 동사가 나타내는 동작·행위의 주체인 주어가 있다.
- 주어의 수·인칭이 동사의 수·인칭을 결정한다.

 **TOEIC Key!**

주어가 될 수 있는 어구: 명사

명사	**Speakers** are allowed to improve their speech after each presentation. 연사들은 발표 후에 연설문을 개선하는 것이 허용된다.
명사구	**The central banks** are likely to restrict their interest rate increases. 중앙 은행들은 이율 상승을 제한하려고 한다.
명사절	**Whether you are willing to go abroad** retains some importance in your job opportunities. 당신이 해외에 갈 의사가 있는지가 직업 기회에 약간의 중요성을 가진다.
대명사	**He** seems very friendly to all the staff. 그는 모든 직원들에게 아주 친절해 보인다.
to부정사(구)	**To find a reliable partner** is important. 신뢰할 수 있는 협력자를 찾는 것은 중요하다.
동명사(구)	**Improving your communication skills** is key to success. 당신의 의사소통 능력을 향상하는 것이 성공에 핵심적이다.

 **TOEIC Key!**

동사가 될 수 있는 어구: 동사

be동사	This section **is** a general description of the whole program. (be동사의 현재시제) 이번 시간은 전체 프로그램에 관한 일반적인 설명입니다.
일반동사	The museum **opened** in 2010. (일반동사의 과거시제 -ed) 그 박물관은 2010년에 열었다.
조동사+동사원형	We **will work** with Mr. Hall. (will + 동사원형) 우리는 홀 씨와 일할 것입니다.

② 목적어

목적어: 동사의 동작·행위의 대상. 직접목적어는 그 행위의 대상이며, 간접목적어는 그 행위가 향하는 대상이다.

We'll value <u>your vehicle</u> based on its condition. 저희는 차량의 상태에 근거하여 당신의 차량을 평가합니다.
　　　　　　直접목적어(~을/를)

Ms. Lee bought <u>them</u> <u>a house and a car</u>. 리 씨가 그들에게 주택과 차량을 사주었다.
　　　　　　간접목적어(~에게)　　직접목적어(~을/를)

목적어 역할을 하는 어구: **명사**

명사	You can find **lists** of your reports instantly. 당신은 보고서 목록을 즉시 찾을 수 있습니다.
명사구	He ordered **another book**. 그는 다른 책 한 권을 주문했다.
명사절	We can't tell **whether the consumers like our new XT 5 model.** 우리는 소비자들이 우리의 새로운 XT 5 모델을 좋아하는지 아닌지를 말할 수 없다.
대명사	Ms. Jackson also invited **her**. 잭슨 씨는 또한 그녀를 초대했다.
to부정사(구)	I really want **to get this position**. 저는 정말 이 직위를 얻기를 원합니다.
동명사(구)	You should consider **purchasing supplementary insurance for hospital stays.** 입원을 위한 추가 보험 구매를 고려하셔야 합니다.

③ 보어

주어, 동사, 목적어만으로 문장의 의미가 완결되지 않을 때 주어 또는 목적어의 상태를 보충해주는 말. 주격보어와 목적격보어가 있다.

TOEIC Key!

보어가 될 수 있는 어구: **명사, 형용사**

주격 보어	형용사	*We* are **responsible** for worker's health and safety. 우리는 작업자들의 건강과 안전을 책임진다.
	형용사(분사)	*The task* may seem **overwhelming** at first. 그 작업은 처음에는 압도적으로 보일 수 있다.
	명사절	*This* is **what investors and financial markets expect**. 이것이 투자자와 금융시장이 예상하는 것이다.
목적격 보어	형용사	You should always keep *all your options* **open**. 당신은 모든 선택지를 열어두어야 합니다.
	형용사(분사)	This slot makes *T820* fully **equipped** to accommodate a large memory chip. 이 슬롯은 T820 제품이 큰 메모리칩을 수용하는 기능을 완전히 갖추게 만든다.
	명사구	We elected *him* **captain of our team**. 우리는 그를 우리 팀의 수장으로 선출했다.

TOEIC Key!

	주격 보어를 갖는 동사	목적격 보어를 갖는 동사
~이다, ~상태에 있다 ~되다, 변하다 지각동사	be(am, are, is …), remain, stay become, turn, grow, get, go, come … look, appear, sound, feel, taste, smell	make, keep, find, consider, call, leave, elect …

183

④ 수식어
- 기본적으로 형용사와 부사를 말하며, 이와 같은 기능을 하는 구, 절도 모두 수식어에 해당한다.
  형용사: 명사 수식
  부사: 형용사, 부사, 동사를 수식. 일부 부사는 명사나 문장 전체를 수식한다.
- 수식어는 주어, 동사, 목적어, 보어와 달리 다양한 위치에 올 수 있다.

형용사 역할을 하는 어구: **형용사, 전치사구, to부정사구, 분사, 형용사절**

형용사	Green Farm delivers **fresh** *vegetables* to your doorstep. 그린 팜은 신선한 야채를 당신의 현관에 배달합니다.
전치사구	Managers have access to *information* **about their staff members**. 관리자들은 그들의 직원들에 대한 정보에 접근할 수 있다.
to부정사구	Ms. Graham has demonstrated her *ability* **to handle complex tasks**. 그래함 씨는 복잡한 과제를 처리할 수 있는 그녀의 능력을 증명했다.
분사	The lack of financial resources has been another **limiting** *factor*. 재정자원의 부족은 또 다른 제한하는 요소였다.
형용사절 (관계사절)	The sanction will be applied to *people* **who live in Georgia**. (사람, 주격) 이 허가는 조지아 주에 사는 사람들에게 적용될 것이다.

부사 역할을 하는 어구: **부사, 전치사구, to부정사구, 분사구문, 부사절**

부사	The **completely** *different* wallpaper will change the atmosphere of your room. 완전히 다른 벽지는 당신 방의 분위기를 바꿀 것입니다.
전치사구	The speech *ended* **amid loud applause**. 큰 박수 속에 연설이 끝났다.
to부정사구	*Turn the knob left* **to lower the temperature**. 온도를 낮추기 위해 손잡이를 왼쪽으로 돌리세요.
분사구문❶	**Entering the room**, *we found out the heater didn't work*. 객실에 들어왔을 때, 우리는 난방기가 고장난 것을 알았어요.
부사절	*Their safe use requires training*, **because they are used differently**. 그것들은 다르게 사용되기 때문에 안전한 사용에는 훈련이 필요합니다.

❶ 분사는 원래 형용사로 기능하지만, 부사로 기능하여 문장 전체를 수식할 수 있으며 이러한 분사(구)를 '분사구문'이라고 한다.

[참고] 품사별 기능

품사는 단어를 기능에 따라 나눈 것을 말하며 영어에는 크게 8품사가 있다. 실제 문장에서는 단어보다는 해당 품사 역할을 하는 구나 절이 주로 쓰인다. 이 구분 안에서 관사, 한정사, be동사, 조동사 등의 세부 구분이 존재한다.

품사	기능	예문
명사 nouns	주어 목적어 보어	The **project** will encourage **retail development** . 명사　　　　　　　　복합명사(명사 + 명사) 그 프로젝트는 유통 개발을 장려할 것이다. The main concern is **improving our distribution network** . 동명사구(~하는 것, ~하기) 주된 관심사는 유통망을 향상하는 것이다. How often do your patients fail **to keep an appointment** ? to부정사구(~하는 것, ~하기) 환자들이 얼마나 자주 예약을 지키지 못하나요?(예약 지키기를 실패하나요?) **What he says** doesn't make any sense. 명사절('주어'가 '동사'하는 것) 그가 말한 것은 이치에 맞지 않아요.
대명사 pronouns	주어 목적어 수식어 보어	*CBC Corporation* is a California-based manufacturing company. **We** observe operation procedures and safety rules. 주격 대명사(CBC Corporation 지칭) CBC 기업은 캘리포니아 지역의 제조회사 입니다. 저희는 작업 절차와 안전 규칙을 준수합니다.
형용사 adjectives	수식어 보어	It provides the **appropriate** level of accuracy. 형용사 그것은 적절한 수준의 정확성을 제공합니다. Manufacturers **considering organic production** have the potential to enter this market. 현재분사구(Manufacturers 수식) 유기농 생산을 고려하고 있는 제조업체들은 이 시장에 진입할 잠재력을 가진다. Ms. Freeman, **who processed the client's application** , will arrange a meeting. 관계대명사절(Ms. Freeman 수식) 고객 신청서를 처리했던 프리먼 씨가 회의를 주선할 것입니다.
동사 verbs	동사	He **has finished** the report.　그는 보고서를 끝마쳤습니다. 일반동사(3인칭 단수, 현재완료 시제) He **is** free for lunch today.　그는 오늘 점심에 일정이 없습니다. be동사(3인칭 단수, 현재 시제) Visitors **can get** a guidebook at reception. 조동사 + 동사원형 방문자들은 접수처에서 안내서를 받을 수 있습니다.

부사 adverbs	수식어	He **always** works **late** . 그는 항상 늦게까지 일한다. 부사(동사구 수식)　　　부사(동사 수식) **Although the report was due in December**, it was submitted in July. 부사절(주절 수식) 보고서는 12월까지였지만, 그것은 7월에 제출되었다.
전치사 prepositions	수식어 형성	Parking is available directly **in front of the entrance** . 주차는 입구 바로 앞에 가능합니다. 　전치사 in front of + 명사구 the entrance (available 수식)
접속사 conjunctions	단어, 구, 절 연결	It will be on our web site for the next 4 **or** 5 months. 접속사(단어와 단어 연결) 그것은 앞으로 4달 혹은 5달 동안 웹사이트에 올라갈 것입니다. Our main concern is *to optimize mobility* **rather than** *to prevent it.* 상관접속사(to부정사구 연결) 우리의 주된 관심은 이동성을 막기보다는 최적화하는 것입니다. **When** supplies are limited, prices tend to increase. 부사절 접속사(절과 절 연결) 공급이 제한될 때 가격은 상승하는 경향이 있다.
감탄사 interjections	-	**Oh** , we really didn't mean that. 감탄사 아, 저희는 그런 의도가 아니었습니다.

2. 토익 빈출 Phrases & Expressions 『키新토익 보카+리딩』을 참고하세요!

(1) 명사 - 복합명사

account number	계좌 번호	payment method	지불 방식
advertising strategy	광고 전략	payment record	지불 내역
application form	신청서	performance review	성과 평가
attendance record	참석 기록	press release	보도자료
award ceremony	시상식	price quote	가격 견적
baggage allowance	수하물 중량 제한	price reduction	가격 인하
banquet hall	연회장	priority seating	우대석
boarding pass[document]	탑승권	product quality	품질
brand value	브랜드 가치	project deadline	프로젝트 마감일
budget constraint	예산 제약	protection device	보호 장비
business imperative	필수 사업 요소	purchase agreement	구매 계약
business[operation] hour	영업 시간	real estate	부동산
cancellation fee	취소 수수료	reservation confirmation	예약 확인
career transition	경력 변화[전직]	retail store	소매점
company overview	회사 개요(회사 소개서)	retirement party	은퇴 기념 파티
complaint form	불만 접수 양식	route map	노선도
construction site	건축 부지	safety gear	안전 장비
corporate headquarter	기업 본사	safety guideline	안전 지침
customer satisfaction	고객 만족	safety rules	안전 수칙
data analysis	자료 분석	safety standards	안전 기준
delivery option	배달 옵션	sales figure	매출액
earning power	수익력	sales performance	영업 실적
employee productivity	직원 생산성	sales promotion	판매 촉진
enrollment fee	등록금	sales representative	판매 대리인
exchange rate	환율	score report	점수 보고서
expiration date	유효 기간	security pass	보안 출입증
government regulation	정부 규제	shipping charge	배송료
growth rate	성장률	speed limit	속도 제한
house conversion	주택 개조	system maintenance	시스템 유지보수
instruction manual	취급 설명서	system upgrade	시스템 업그레이드
interest rate	금리	tax regulation	조세 규정
job description	직무 소개	tourist attraction	관광 명소
job interview	채용 면접	training session[course]	교육 과정
job opening[vacancy]	공석	transit pass	교통 이용권
manufacturing process	제조 공정	weather forecast	일기 예보
market share	시장 점유율	welcome reception	환영식
marketing director	마케팅 책임자	work experience	경력

(2) 동사 - 구동사 및 동사+전치사 관용 표현

account for	~을 설명하다, 차지하다	cooperate with	~와 협력하다
agree on 사물	~에 동의하다	correspond with	~에 상응하다, ~와 잘 어울리다
agree with 사람	~의 의견에 동의하다	deal with	~을 다루다
apply for	~에 지원하다	depend on	~에 달려 있다
ask for	~을 요청하다	dispose of	~을 처리하다, 제거하다
be accustomed[used] to	~에 익숙해지다	feel like -ing	~하고 싶다
be affiliated with	~와 제휴하다	figure out	계산해내다, 알아보다
be assigned to	~에 할당되다	fill out	~을 채우다, 작성하다
be attributed to	~탓으로 돌리다	find out	알아내다
be committed to	~에 전념하다	get in touch with	~와 연락하다
be concerned with	~을 염려하다	get rid of	~을 제거하다
be covered with	~로 덮이다	inform[notify] A of B	A에게 B를 알리다
be dedicated[devoted] to	~에 헌신적이다	interfere with	~을 방해하다
be engaged in	~으로 바쁘다, ~에 가담하다	lead to	~을 초래하다
be entitled to	~의 자격이 있다	look forward to	~을 기대하다
be equipped with	~을 갖추다	look over	~을 훑어보다
be exposed to	~에 노출되다	merge with	~와 합병하다
be filled with	~로 채워지다	object[be opposed to	~에 반대하다
be included in	~에 포함되다	pay for	~을 지불하다
be interested in	~에 관심이 있다	pick up	찾아가다, 줍다
be involved in	~에 관여되다	provide A with B	A에게 B를 제공하다
be related[associated] with	~와 관련되다	refer to	~을 참고하다, 언급하다
be satisfied[contended] with	~에 만족하다	refrain from	~을 삼가다
be sent to	~에 보내지다	register for	~에 등록하다
be subject to	~에 처하다, 따르다	rely on	~에 의존하다
belong to	~에 속하다	reply[respond] to	~에 답하다
benefit from	~로부터 이익을 얻다	result in	~을 야기하다
cannot help -ing	~할 수 밖에 없다	sign up for	~을 신청하다, 가입하다
care for	~을 돌보다	spend 시간 -ing	~하는 데 시간을 보내다
carry out	수행하다	stop by	~에 들르다
come up with	~을 생각해내다	succeed in	~에 성공하다
comply with	~에 따르다, ~을 준수하다	take advantage of	~을 이용하다
concentrate on	~에 집중하다	take over	~을 인수하다
conflict with	~와 상충하다	take part in	~에 참여하다
consider A as B	A를 B로 간주하다	take place(=be held)	개최하다, 열리다
consist[be composed] of	~로 구성되다	transfer A to B	A를 B로 옮기다
contribute to	~에 기여하다	work on	~에 착수하다

(3) 형용사 - 형용사+전치사 관용 표현

aware of	~을 잘 알고 있는	eligible for	~의 자격이 있는
capable of	~할 수 있는	equivalent to	~에 상응하는
compatible with	~와 호환 가능한	exempt from	~로부터 면제된
conscious of	~을 인식하는	ideal for	~에 이상적인
consistent with	~에 일관된	responsible for	~에 책임이 있다
content with	~에 만족한	superior to	~보다 뛰어난
contrary to	~에 반대되는	vulnerable to	~에 취약한

(4) 전치사구

according to	~에 따르면	in honor of	~에 경의를 표하여
ahead of	~에 앞서	in person	몸소, 직접
along with	~와 함께	in stock	재고가 있는
as a result of	~의 결과로	in terms of	~의 관점에서
as long as	~하는 한	in time	시간 안에
as part of	~의 일환으로	in transit	운송 중에
at least	적어도, 최소한	on behalf of	~을 대표하여
by means of	~을 통해	on display	전시된, 진열된
by request	요청에 따라	on sale	판매 중인
except for	~을 제외하고	on schedule	예정대로, 정시에
in accordance with	~에 따라	on time	정각에, 제때에
in addition to	~에 더하여	on vacation	휴가 중인
in advance	미리	out of stock	재고가 없는
in charge of	~을 담당하고 있는	prior to	~에 앞서
in common	공통의, 공동의	with the exception of	~을 제외하면
in favor of	~을 찬성하여	without delay	지체 없이

3. 불규칙 동사 변화표

	원형	뜻	과거형	과거분사
원형 = 과거형 = 과거분사	broadcast	방송하다	broadcast	broadcast
	cast	던지다, 보내다	cast	cast
	cost	비용이 ~가 들다	cost	cost
	cut	자르다	cut	cut
	fit	맞다	fit	fit
	forecast	예상하다	forecast	forecast
	hit	때리다, 달성하다	hit	hit
	hurt	다치게 하다	hurt	hurt
	let	~하게 만들다	let	let
	put	놓다, 두다	put	put
	quit	끝내다	quit	quit
	read	읽다	read	read
	set	놓다, 설정하다	set	set
	shut	닫다	shut	shut
	spread	퍼지다	spread	spread
원형 ≠ 과거형 = 과거분사	bend	굽히다	bent	bent
	bind	묶다, 철하다	bound	bound
	bring	가져오다	brought	brought
	build	짓다, 만들다	built	built
	buy	사다	bought	bought
	catch	잡다	caught	caught
	cling	매달리다, 고수하다	clung	clung
	deal	거래하다	dealt	dealt
	feed	먹이다	fed	fed
	feel	느끼다	felt	felt
	find	찾다	found	found
	flee	달아나다, 도망하다	fled	fled
	have	가지다	had	had
	hear	듣다	heard	heard
	hold	쥐다, 잡다	held	held
	keep	유지하다	kept	kept
	lay	눕다	laid	laid
	lead	이끌다	led	led
	lean	기대다, 의지하다	leaned leant	leaned leant
	leap	뛰다, 도약하다	leaped leapt	leaped leapt
	learn	배우다, 학습하다	learned	learned
	leave	남기다, 두다	left	left
	lend	빌려주다	lent	lent
	lose	잃다	lost	lost
	make	만들다	made	made
	mean	의미하다	meant	meant
	meet	만나다, 달성하다	met	met
	mislay	위치를 잘못 놓다	mislaid	mislaid
	pay	지불하다	paid	paid
	say	말하다	said	said
	seek	찾다, 구하다	sought	sought
	sell	팔다	sold	sold
	send	보내다	sent	sent

	원형	뜻	과거형	과거분사
원형 ≠ 과거형 = 과거분사	sit	앉다	sat	sat
	spend	쓰다	spent	spent
	spill	흘리다	spilt	spilt
	spoil	망치다	spoiled	spoiled
	stand	서다	stood	stood
	stick	달라붙다, 고수하다	stuck	stuck
	strike	치다, 때리다	struck	struck
	sweep	쓸다, 청소하다	swept	swept
	swing	흔들리다, 흔들다	swung	swung
	teach	가르치다	taught	taught
	tell	말하다	told	told
	think	생각하다	thought	thought
	understand	이해하다	understood	understood
	win	이기다, 상을 타다	won	won
원형 ≠ 과거형 ≠ 과거분사	arise	오르다	arose	arisen
	be	~이다	was/were	been
	bear	참다, 견디다	bore	borne, born
	become	되다	became	become
	begin	시작하다	began	begun
	bite	물다	bit	bitten
	brake	깨다	broke	broken
	choose	선택하다, 고르다	chose	chosen
	come	오다	came	come
	do	하다	did	done
	draw	당기다, 그리다	drew	drawn
	drive	운전하다	drove	driven
	eat	먹다	ate	eaten
	fall	떨어지다, 하락하다	fell	fallen
	forbid	금지하다	forbade	forbidden
	forget	잊다	forgot	forgotten
	freeze	얼다, (가격을) 동결하다	froze	frozen
	give	주다	gave	given
	go	가다	went	gone
	grow	성장하다	grew	grown
	hide	숨다	hid	hidden
	know	알다	knew	known
	mistake	실수하다	mistook	mistaken
	prove	입증하다	proved	proven proved
	ride	타다	rode	ridden
	rise	오르다	rose	risen
	run	달리다, 운영하다	ran	run
	see	보다	saw	seen
	show	내보이다	showed	shown
	speak	말하다	spoke	spoken
	steal	훔치다	stole	stolen
	strive	분투하다	strove	striven
	take	받다, 가지다	took	taken
	tear	찢다	tore	torn
	throw	던지다	threw	thrown
	undergo	겪다, 경험하다	underwent	undergone
	undertake	착수하다	undertook	undertaken
	wear	입다	wore	worn
	withdraw	물러나다, 철수하다	withdrew	withdrawn
	write	쓰다	wrote	written

키新토익 그래머 스타터
Grammar Starter

1st Edition :   March, 2017
2nd Edition :   August, 2019

저자
키 영어학습방법연구소

펴낸이 김기중	**펴낸곳** (주)키출판사	**등록** 1980년 3월 19일(제16-32호)
전화 1644-8808	**팩스** 02)733-1595	**이메일** company@keymedia.co.kr
가격 12,800원	**ISBN** 978-89-7457-453-6 (13740)	**부가자료** www.englishbus.co.kr

키 新토익

그래머스타터

GRAMMAR

STARTER

토익초보자를위한 기초 영문법 · LC/RC

정답과 해설

교육 R&D에 앞서가는

Key 키출판사

키 新 토익

그래머스타터

GRAMMAR
STARTER

토익초보자를위한 기초 영문법 · LC/RC

정답과 해설

UNIT 01 Be동사 (am, is, are)

PRACTICE

A. 1. she 2. it 3. it 4. they 5. you
B. 1. is 2. is 3. is 4. are 5. are
C. 1. (B)

A. 1. 웨이 씨(→ 그녀) 2. 신제품(→ 그것) 3. 사무실(→ 그것) 4. 먼로 씨와 그의 비서(→ 그들) 5. 당신과 당신 팀(→ 당신들) B. 1. 웨이 씨는 대여 신청서 승인을 맡고 있다. 2. 신제품은 아주 정교하다. 3. 사무실은 6층에 있다. 4. 먼로 씨와 그의 비서는 사무실에서 멀리 있습니다. 5. 당신과 당신 팀은 저에게 귀중합니다. C. 1. 건물은 공사 중입니다.

ACTUAL TEST

PART 1 1. (A) 2. (D)
PART 2 1. (A) 2. (C) 3. (A) 4. (B) 5. (C) 6. (A)

PART 1

1.
(A) The cars are on the street.
(B) A vehicle is in the parking lot.
(C) The car is under repair.
(D) The driver is at the office.

해석 (A) 차들이 도로 위에 있다.
(B) 한 차량이 주차장에 있다.
(C) 차가 수리 중이다.
(D) 운전자는 사무실에 있다.

해설 (A) [O] 도로 위에 차들이 있으므로 정답이다.
(B) [X] 주차장이 아니라 도로 사진이므로 오답이다.
(C) [X] 차들이 수리 중이 아니라 주행 중이므로 오답이다.
(D) [X] 운전자들이 사무실이 아닌 차량에 있으므로 오답이다.

어휘 parking lot 주차장 repair 수리 driver 운전자

2.
(A) Some people are in the meeting room.
(B) A woman is in the office.
(C) The desk is empty.
(D) A monitor is on the desk.

해석 (A) 몇몇 사람들이 회의실에 있다.
(B) 한 여자가 사무실에 있다.
(C) 책상은 비어 있다.
(D) 모니터가 책상 위에 있다.

해설 (A) [X] 사진은 사무실이며 아무도 없으므로 오답이다.
(B) [X] 사진에는 아무도 없으므로 오답이다.
(C) [X] 책상 위에는 여러 물품이 놓여 있으므로 오답이다.
(D) [O] 모니터가 책상 위에 있으므로 정답이다.

어휘 meeting room 회의실 empty 빈

PART 2

1.
W I am busy these days.
M (A) I am very busy with my work, too.
(B) You are his assistant.
(C) You are valuable to me.

해석 저는 요새 바빠요.
(A) 저도 일하느라 매우 바빠요.
(B) 당신은 그의 비서입니다.
(C) 당신은 저에게 귀중해요.

해설 바쁘다는 상대방의 말에 마찬가지로 바쁘다고 답변한 (A)가 정답이다. (B), (C)는 문제 상황과 관련 없는 내용이므로 오답이다.

어휘 busy 바쁜 valuable 귀중한

2.
M The new product is very sophisticated.
W (A) He is a creative employee, too.
(B) You are over the budget.
(C) It is also affordable.

해석 신제품은 아주 정교해요.
(A) 그 역시 창의적인 직원입니다.
(B) 당신은 예산을 초과했습니다.
(C) 그것은 또한 저렴합니다.

해설 신제품이 정교하다는 상대방의 말에 그 제품이 저렴하기까지 하다고 부가적인 설명을 덧붙이는 (C)가 정답이다. (A), (B)는 신제품과 무관한 내용이므로 오답이다.

어휘 sophisticated 정교한 affordable 저렴한

3.
W Your résumé is quite impressive.
M (A) Thank you for saying so.
(B) It is on the desk.
(C) Either way is fine.

해석 당신의 이력서는 꽤 인상적이네요.
(A) 그렇게 말씀해주셔서 감사합니다.
(B) 그것은 책상 위에 있습니다.
(C) 둘 중 어느 쪽이든 좋아요.

해설 이력서를 칭찬하는 표현에 감사하다고 하는 (A)가 정답이다. (B)는 이력서 내용을 칭찬하는 말에 물리적 위치로 답하고 있으므로 오답이다. 둘 중 하나를 선택하는 질문이 아니었으므로 (C)도 오답이다.

어휘 résumé 이력서 quite 꽤 impressive 인상적인 either 둘 중 어느 하나

4.
M I'm here for the advertising lecture.
W (A) The venue is not big enough.
(B) The lecture hall is down the hall.
(C) Tim is in charge of advertising.

해석 저는 광고 강의를 들으러 왔습니다.
(A) 장소가 충분히 크지 않습니다.
(B) 강의실은 복도 끝에 있습니다.
(C) 팀이 광고를 맡고 있습니다.

해설 강의를 들으러 왔다는 남자의 말에 강의실 위치로 답변하는 **(B)**가 정답이다. (A)는 장소의 크기에 관한 평가이므로 오답이고, (C)는 문제에 등장한 advertising이라는 단어를 반복하여 혼동시키는 오답이다.

어휘 lecture 강의 venue 장소 enough 충분히 hall 실, 회관, 복도

5.
M The camera is affordable.
W (A) It's late.
(B) It's my pleasure.
(C) It's very popular.

해석 이 카메라는 저렴해요.
(A) 늦었어요.
(B) 천만에요.
(C) 그것은 아주 인기 있어요.

해설 카메라가 저렴하다는 말에 그것은 아주 인기 있다고 답하는 **(C)**가 정답이다. (A)와 (B)는 카메라를 받을 수 있는 주어 It을 사용했지만, 카메라와 상관없는 내용이므로 오답이다.

어휘 affordable 저렴한

6.
M We are over the budget right now.
W **(A) It's okay.**
(B) I'm over here.
(C) Thanks, but no.

해석 우리는 현재 예산을 초과했습니다.
(A) 괜찮아요.
(B) 저 여기에 있어요.
(C) 고맙지만 됐어요.

해설 예산을 초과했다는 말에 괜찮다고 답한 **(A)**가 정답이다. (B)는 문제의 over를 반복하여 오답으로 유도하는 보기이고, (C)는 제안을 거절할 때 쓰는 표현이므로 오답이다.

UNIT 02 Be동사 부정문

PRACTICE

A. 1. It is not close to my house. 2. The projects are not successful. 3. I'm not sure.
B. 1. 아니다 2. 아니다
C. 1. (C)

A. 1. 그것은 내 집에서 가깝다(→ 가깝지 않다). 2. 그 프로젝트들은 성공적이다(→ 성공적이지 않다). 3. 나는 확신한다(→ 확신하지 않는다). C. 1. 나는 손님 명단을 맡고 있지 않습니다.

ACTUAL TEST

PART 2 1. (B) 2. (A) 3. (C) 4. (C) 5. (A) 6. (C)
PART 4 1. (C) 2. (B)

PART 2

1.
W The enrollment fee is $10.
M (A) They are at the reception.
(B) It's not expensive.
(C) It is far from here.

해석 등록비는 10달러입니다.
(A) 그들은 접수처에 있습니다.
(B) 그것은 비싸지 않네요.
(C) 그것은 여기에서 멉니다.

해설 금액을 안내하는 말에 비싸지 않다고 답변한 **(B)**가 정답이다. (A)는 enrollment에서 연상되는 어휘 reception을 이용한 오답이고, (C)는 거리를 말하고 있으므로 오답이다.

어휘 enrollment 등록 fee 요금 reception 접수처

2.
M There is a big package in the lobby.
W **(A) That's for Ms. Morrison.**
(B) It's not a great idea.
(C) He's not in the lobby.

해석 로비에 큰 소포가 있어요.
(A) 그것은 모리슨 씨를 위한 것이에요.
(B) 그것은 좋은 생각이 아니에요.
(C) 그는 로비에 없어요.

해설 남자가 언급한 소포에 관하여 추가적인 정보를 제공하는 **(A)**가 정답이다. (B)는 제안이나 의견에 대한 답변이고, (C)는 lobby를 반복하여 혼동을 주는 오답이다.

어휘 package 소포

3.
M This is not a good time.
W (A) I'm at the airport.
(B) He's not a good manager.
(C) You're right.

해석 지금은 좋은 시기가 아니에요.
(A) 저는 공항에 있어요.
(B) 그는 좋은 관리자가 아니에요.
(C) 당신이 옳아요.

해설 지금은 좋은 시기가 아니라는 의견에 동의를 표시하는 **(C)**가 정답이다. (A)는 장소를 묻는 말에 적절한 답변이고, (B)는 인물에 관한 평가이므로 오답이다.

어휘 airport 공항 manager 관리자

4.
W The invoice is not in the filing cabinet.
M (A) It is very helpful.
(B) Yes, maybe later.
(C) It's on my desk.

해석 송장이 서류 정리함에 없네요.
(A) 그것은 매우 유용합니다.
(B) 네, 아마도 나중에요.
(C) 그것은 제 책상 위에 있어요.

해설 송장을 찾는 여자의 말에 위치를 알려주는 **(C)**가 정답이다. (A)와 (B)는 송장과 상관없는 내용을 언급하는 오답이다.

어휘 invoice 송장 file 서류를 철하다

5.

M The room isn't bright enough.

W **(A) It's quite spacious, though.**
   (B) The room number is 204.
   (C) It's not fast.

해석 이 방은 충분히 밝지 않네요.
   (A) 그렇지만 꽤 널찍해요.
   (B) 방 번호는 204입니다.
   (C) 그것은 빠르지 않아요.

해설 방이 밝지 않다는 말에 그렇지만 꽤 넓다고 답한 **(A)**가 정답이다. (B)는 문제의 room을 반복 사용한 오답이고, (C)는 방에 어울리지 않는 표현인 fast를 사용한 오답이다.

어휘 enough 충분히 spacious 넓은 though 그렇지만

6.

M The traffic on 5th Street isn't heavy.

W (A) The traffic light is red.
   (B) Yes, it's on 7th Street.
   (C) That's a relief.

해석 5번가의 교통량은 많지 않아요.
   (A) 신호등은 빨간색입니다.
   (B) 네, 그것은 7번가에 있어요.
   (C) 다행이네요.

해설 교통량이 많지 않다는 말에 다행이라고 답한 **(C)**가 정답이다. (A)와 (B)는 각각 문제에 나온 traffic과 street을 반복하여 혼동을 주는 오답이다.

어휘 traffic 교통 relief 안도

PART 4

W Good morning, Mr. Burton. This is Linda Bloom from At Home. Your order number is TX3105, right? ❶I am **afraid we're not able to fill your order** because ❷**the coffee table you ordered is not in stock.** Instead, the same table in black color is available for purchase. Please let me know if you are interested.

W 안녕하세요. 버튼 씨. 저는 엣 홈의 린다 블룸입니다. 당신의 주문번호가 TX3105가 맞으시지요? 죄송하지만 귀하께서 주문하신 커피 테이블이 다 떨어져 저희가 귀하의 주문에 응할 수 없습니다. 대신 같은 커피 테이블이 검은색으로 구매 가능합니다. 관심 있으시다면 저에게 알려주세요.

어휘 be able to 동사원형 ~할 수 있다 fill the order 주문에 응하다 be in stock 재고가 있다 available 이용 가능한

1. 해석 이 메시지의 목적은 무엇인가?
   (A) 지연에 관해 불평하기 위해
   (B) 환불을 요청하기 위해
   (C) 고객에게 문제를 알리기 위해
   (D) 약속을 잡기 위해

해설 메시지 앞부분에서 화자는 고객의 주문에 응할 수 없다고 했으므로 **(C)**가 정답이다.

어휘 complain 불평하다 delay 지연 notify 알리다 schedule 일정을 잡다

2. 해석 화자는 어디에서 근무하는 것 같은가?
   (A) 자동차 판매점 **(B) 가구점** (C) 화학 공장 (D) 여행사

해설 화자는 버튼 씨의 커피 테이블 주문에 관한 메시지를 남기고 있으므로 **(B)**가 정답이다.

어휘 chemical 화학의 agency 대행사

UNIT 03 Be동사 의문문

PRACTICE

A. 1. **Is he free for lunch today?** 2. **Am I eligible for an upgrade?**
B. 1. (A) 2. (B)
C. 1. (B)

A. 1. 그는 오늘 점심에 시간이 있습니다(→ 있습니까?). 2. 저는 업그레이드를 받을 자격이 됩니다(→ 됩니까?). B. 1. 쇼핑몰이 걸어갈 수 있는 거리 내에 있습니까? 2. 의사 선생님이 오늘 계십니까? C. 1. 그가 새로운 캠페인의 관리자입니까?

ACTUAL TEST

PART 2 1. (C) 2. (A) 3. (B) 4. (C) 5. (A) 6. (B)
PART 3 1. (C) 2. (D)

PART 2

1.

W Are you free next Tuesday?

M (A) Yes, you are.
   (B) Yes, in a few minutes.
   (C) No, I'm busy next Tuesday.

해석 당신은 다음 화요일에 시간이 있습니까?
   (A) 네, 당신은 그렇습니다.
   (B) 네, 몇 분 안에요.
   (C) 아니요, 저는 다음 화요일에 바쁩니다.

해설 다음 화요일에 시간이 있는지 묻는 말에 바쁘다고 하는 **(C)**가 정답이다. (A)는 1인칭이 아닌 2인칭으로 답변하여 오답이고, (B)는 질문에 어울리지 않는 답변이므로 오답이다.

2.

M Is Mr. Morton on leave today?

W **(A) Yes, he is.**
   (B) I'm okay with it.
   (C) Are you sure?

해석 모튼 씨는 오늘 휴가입니까?
   (A) 네, 그렇습니다.
   (B) 저는 괜찮습니다.
   (C) 확실한가요?

해설 모튼 씨가 휴가 중인지 묻는 말에 그렇다고 하는 **(A)**가 정답이다. (B)는 3인칭에 관해 묻는 질문에 1인칭에 관한 답변을 하였으므로 오답이다. (C)는 어떤 사실이 확실한지 묻는 표현이므로 오답이다.

어휘 on leave 휴가 중인

3.
M Is everything ready for your presentation?
W (A) Mr. Fuller is on his way to work.
(B) Yes, thanks for asking.
(C) Yes, it is very popular.

해석 발표 준비는 다 되었나요?
(A) 풀러 씨는 회사로 가는 중입니다.
(B) 네, 물어봐 줘서 고마워요.
(C) 네, 그것은 아주 인기가 있습니다.

해설 준비 상황을 묻는 말에 그렇다고 답하는 **(B)**가 정답이다. (A)는 presentation과 관련있는 어휘 work를 사용한 오답이고, (C)는 준비 상황과 관련 없는 답변이므로 오답이다.

어휘 presentation 발표 on one's way 도중에

4.
M Is Mr. Gilbert in the corridor?
W (A) It is a large area.
(B) It's up to you.
(C) No, he's in your office.

해석 길버트 씨가 복도에 있나요?
(A) 그것은 큰 구역이에요.
(B) 그것은 당신에게 달려있어요.
(C) 아니요, 그는 당신 사무실에 있어요.

해설 길버트 씨의 위치를 확인하는 질문이므로 그가 사무실에 있다고 알려주는 **(C)**가 정답이다. (A)는 corridor라는 공간에서 연상할 수 있는 표현 large를 사용한 오답이고, (B)는 결정권이 상대방에게 있음을 알려줄 때 사용하는 표현이므로 이 질문에 적절하지 않아 오답이다.

어휘 corridor 복도 be up to ~에 달려있다

5.
M Is Susan in her office?
W (A) She's out for lunch.
(B) It's not official yet.
(C) It's from our regional office.

해석 수잔이 그녀의 사무실에 있나요?
(A) 그녀는 점심 식사하러 나갔어요.
(B) 그것은 아직 공식적인 것은 아니에요.
(C) 그건 우리 지사에서 온 거예요.

해설 수잔이 사무실에 있는지 묻는 말에 점심 식사하러 나갔다고 답하는 **(A)**가 정답이다. (B)는 질문의 office의 형용사형 official을, (C)는 office를 반복하여 혼동을 주는 오답이다.

어휘 official 공식적인 regional 지역의

6.
W Is she the marketing director?
M (A) It's for the global market.
(B) No, she's in the sales department.
(C) I'm not happy with new directions.

해석 그녀가 마케팅 이사입니까?
(A) 이것은 세계 시장을 위한 것입니다.
(B) 아니오, 그녀는 영업부에 있습니다.
(C) 저는 새로운 방향이 만족스럽지 않습니다.

해설 그녀가 마케팅 이사인지 묻는 말에 영업부에 있다고 올바른 정보를 주는 **(B)**가 정답이다. (A)는 질문의 marketing에서 연상할 수 있는 어휘 market을 사용한 오답이고, (C)는 director와 발음이 유사한 어휘 directions를 사용한 오답이다.

어휘 director 이사 global 세계적인 department 부서 direction 방향

PART 3

W Good morning, Andrew. ❶Is everything okay with the project?
M I'm afraid it isn't. ❶The deadline is tomorrow but my colleague is out sick today.
W That's too bad. Is there anything I can help you with?
M Thank you for offering. If it's not too much trouble, ❷would you proofread my slides?
W Sure, no problem.

W 안녕하세요, 앤드류. 프로젝트는 잘 되어 가나요?
M 유감스럽게도 그렇지 않아요. 마감일은 내일인데 제 동료는 오늘 병가를 냈어요.
W 그것 참 안됐네요. 제가 도와드릴 수 있는 것이 있을까요?
M 제안해줘서 고마워요. 너무 폐가 되지 않는다면, 제 슬라이드들을 교정 봐 주시겠어요?
W 그럼요, 문제 없어요.

어휘 deadline 마감일 colleague 동료 be out sick 병가 내다 trouble 문제, 폐 proofread 교정보다

1. 해석 대화가 일어나는 곳은 어디인 것 같은가?
(A) 도서관 (B) 체육관 **(C) 사무실** (D) 극장

해설 project(프로젝트), colleague(동료) 등의 표현을 사용하여 업무 관련 대화를 나누고 있으므로 **(C)**가 정답이다.

2. 해석 남자가 여자에게 요청하는 것은 무엇인가?
(A) 그의 동료 방문 (B) 레포트 요약
(C) 마감일 연장 **(D) 그의 작업 검토**

해설 남자가 여자에게 슬라이드를 교정봐 달라고 했으므로 **(D)**가 정답이다.

UNIT 04 현재진행 시제

PRACTICE

A. 1. The researchers are conducting a study on renewable energy. **2.** He is creating a website.
B. 1. 찾고 있습니다 **2.** 의사소통하고 있습니다
C. 1. (C)

A. 1. 연구원들은 재생 가능한 에너지에 관한 연구를 수행한다(→ 수행하고 있다). 2. 그는 웹사이트를 제작한다(→ 제작하고 있다). C. 1. 저는 로젠펠드 씨와 연락하려고 하고 있습니다.

ACTUAL TEST

PART 1 1. (B) 2. (D)
PART 7 1. (B) 2. (A)

PART 1

1.
(A) A man is carrying a box.
(B) A man is riding a bicycle.
(C) A man is driving a car.
(D) A man is crossing the street.

해석 (A) 한 남자가 상자를 나르고 있다.
(B) 한 남자가 자전거를 타고 있다.
(C) 한 남자가 차를 운전하고 있다.
(D) 한 남자가 길을 건너고 있다.

해설 (A) [X] 사진에 등장하지 않은 사물을 언급하였으므로 오답이다.
(B) [O] 사진 속 인물이 자전거를 타고 있으므로 정답이다.
(C) [X] 사진에 차는 나오지만 운행하고 있지 않으므로 오답이다.
(D) [X] 길을 건너는 것이 아니라 길을 따라가고 있으므로 오답이다.

어휘 carry 나르다 cross 건너다

2.
(A) A woman is taking a note.
(B) A woman is standing on the sidewalk.
(C) A woman is holding a chair.
(D) A woman is talking on the phone.

해석 (A) 한 여자가 필기하고 있다.
(B) 한 여자가 보도에 서 있다.
(C) 한 여자가 의자를 들고 있다.
(D) 한 여자가 전화통화를 하고 있다.

해설 (A) [X] 여자 앞에 있는 필기구와 노트가 있지만 사용하고 있지 않으므로 오답이다.
(B) [X] 사진 배경은 보도가 아니라 사무실이므로 오답이다.
(C) [X] 여자는 의자를 들고 있는 것이 아니라 의자에 앉아있으므로 오답이다.
(D) [O] 여자가 전화기를 들고 통화하는 장면을 바르게 묘사하였으므로 정답이다.

어휘 take a note 필기하다 sidewalk 보도

PART 7

우리는 채용 중입니다!

❶**퓨처 테크놀로지는 모바일 기기를 위한 주문형 소프트웨어 개발을 전문으로 합니다.** 우리의 목표는 고객에게 가장 안정적인 기술을 제공하는 것입니다. 현재, 우리는 재능 있는 시스템 관리자를 찾고 있습니다. ❷**이 직책은 서버를 설정하고 유지하는 책임을 집니다.** 이전 경력이 선호되지만 필수는 아닙니다. 이번에는 지역 후보자들의 이력서만 받고 있습니다.
더 많은 정보를 얻거나 지원하기 위해서는 www.futuretechnology.com을 방문해주세요.

어휘 specialize 전문으로 하다 custom 주문의, 맞춤의 stable 안정적인 previous 이전의 desirable 바람직한 essential 필수적인

1. 해석 퓨쳐 테크놀로지는 어떤 업종인가?
(A) 무역회사 **(B) IT회사** (C) 디자인회사 (D) 배송회사

해설 구인 광고 앞부분에서 주문형 소프트웨어 개발을 전문으로 하는 회사라고 하였으므로 **(B)**가 정답이다.

2. 해석 [1], [2], [3], [4]로 표시된 곳 중에서 다음 문장이 가장 적합한 곳은?
"현재, 우리는 재능 있는 시스템 관리자를 찾고 있습니다."

해설 [1]번 뒤에서 현재 모집하는 직책이 맡을 업무에 관해 설명하고 있다. 이 말이 나오려면 어떤 직책을 모집하는지 먼저 언급해야 하므로, **(A)**가 정답이다.

UNIT 05 현재진행 시제 의문문

PRACTICE

A. 1. Is Carl transferring to a different section? 2. Is Daniel fixing the leaky pipe?
B. 1. (B) 2. (A)
C. 1. (B)

A. 1. 칼은 다른 부서로 옮길 것이다(→ 옮길 것입니까?). 2. 다니엘은 새는 수도관을 고치고 있다(고치고 있습니까?). B. 1. 이사들이 중요한 것을 의논하고 있습니까? 2. 당신은 그래픽 디자이너를 채용하고 있습니까? C. 1. 그가 로비에서 기다리고 있습니까?

ACTUAL TEST

PART 2 1. (A) 2. (A) 3. (C) 4. (B) 5. (A) 6. (C)
PART 3 1. (C) 2. (A)

PART 2

1.
W Are you having a good time?
M **(A) Yes, everything is wonderful.**
(B) That's too bad.
(C) I am at the restaurant.

해석 당신은 좋은 시간을 보내고 계신가요?
(A) 네, 모든 것이 멋지네요.
(B) 그것 참 안됐군요.
(C) 저는 식당에 있습니다.

해설 상대의 상황을 묻는 말에 긍정적으로 답한 **(A)**가 정답이다. (B)는 나쁜 소식을 듣고 유감을 표현하는 말, (C)는 현재 장소를 알려주는 말로 주어진 질문에 적절하지 않아 오답이다.

2.
M Is he travelling with his kids?
W **(A) No, he's on a business trip.**
(B) I'm visiting my family for a week.
(C) She's waiting for me.

해석 그는 아이들과 여행 중인가요?
(A) **아니요, 그는 출장 중입니다.**
(B) 저는 일주일간 가족을 방문할 것입니다.
(C) 그녀는 저를 기다리고 있습니다.

해설 그가 아이들과 여행 중인지 묻는 말에 아니라고 답한 **(A)**가 정답이다. (B)와 (C)는 질문의 주어 he가 아닌 I와 she로 답했으므로 오답이다.

어휘 travel 여행하다 on a business trip 출장 중인

3.
M Is the printer at the front desk working?
W (A) They are in the storage room.
(B) In the beginning of April.
(C) I guess so.

해석 안내 데스크에 있는 프린터가 작동하고 있나요?
(A) 그것들은 창고에 있어요.
(B) 4월 초에요.
(C) 그런 것 같아요.

해설 프린터의 상태를 묻는 말에 추측으로 답한 **(C)**가 정답이다. (A)는 위치를 알려주는 말, (B)는 시기를 알려주는 말로 기기 작동 상태와 무관하므로 오답이다.

어휘 front desk 안내 데스크 storage 창고

4.
M Are you working on the editorial for next issue?
W (A) That's okay.
(B) No, Karen is.
(C) He's a reporter.

해석 당신은 다음 호를 위한 사설을 작업하고 있나요?
(A) 괜찮아요.
(B) 아니요, 캐런이 하고 있어요.
(C) 그는 기자예요.

해설 사설을 작업하고 있는지 묻는 말에 작업자를 알려주는 **(B)**가 정답이다. (A)는 괜찮다는 표현이므로 주어진 질문에 적절하지 않아 오답이고, (C)는 editorial과 관련된 어휘 reporter를 사용한 오답이다.

어휘 editorial 사설 issue (정기 간행물의) 호 reporter 기자

5.
W Is John still looking for a new tenant?
M **(A) I'm not sure.**
(B) The apartment is near here.
(C) This is the lease agreement.

해석 존이 아직 새 입주자를 찾고 있어요?
(A) 저는 잘 모르겠어요.
(B) 그 아파트는 여기서 가까워요.
(C) 이것은 임대 계약서예요.

해설 아직 입주자를 찾고 있느냐는 질문에 잘 모르겠다고 답한 **(A)**가 정답이다. (B)와 (C)는 각각 tenant에서 연상할 수 있는 어휘 apartment, lease agreement를 사용한 오답이다.

어휘 tenant 세입자 lease 임대 agreement 계약(서)

6.
M Are you revising the audit report?
W (A) I'm reporting to Mr. Gold.
(B) The novel is undergoing revision.
(C) That's Andy's job.

해석 당신은 감사보고서를 수정하고 있습니까?
(A) 저는 골드 씨에게 보고하고 있습니다.
(B) 그 소설은 수정을 거치고 있습니다.
(C) 그건 앤디의 일이에요.

해설 감사보고서를 수정하고 있는지 묻는 말에 그 일은 다른 사람의 담당이라고 답하는 **(C)**가 정답이다. (A)는 질문의 report의 현재분사형을, (B)는 revise의 명사형 revision을 활용한 오답이다.

어휘 revise 수정하다 report 보고서; 보고하다 undergo 거치다

PART 3

M Hi, Julie. It's good to see you here. Are you enjoying the conference?
W Yes, I am. ❶**Ms. Austin's lecture on digital marketing is especially impressive.**
M I agree. I'm meeting all kinds of interesting people and ❶**I'm learning so many new marketing strategies.**
W Right. ❷**I'm thinking of using those for our next project.**
M Are you already coming up with ideas for next project? You're amazing.

M 안녕하세요, 줄리. 여기서 보니 좋네요. 학회 즐거우신가요?
W 네. 오스틴 씨의 디지털 마케팅에 관한 강의가 특히 인상적이네요.
M 저도 동의해요. 저는 온갖 흥미로운 사람들을 만나고 있고, 정말 많은 새로운 마케팅 전략을 배우고 있어요.
W 맞아요. 저는 그것들을 우리 다음 프로젝트에 쓸까 생각 중이에요.
M 당신 벌써 다음 프로젝트를 위한 아이디어를 구상하고 있어요? 당신 대단하네요.

어휘 conference 학회 lecture 강의 especially 특히 strategy 전략 prepare 준비하다

1. 해석 화자들이 일하는 곳은 어디일 것 같은가?
(A) 식당 (B) 법률사무소 **(C) 마케팅 회사** (D) 출장 음식 업체
해설 화자들은 학회에서 마케팅 강의를 듣고 마케팅 전략들을 배우고 있으므로 **(C)**가 정답이다.

2. 해석 남자가 "당신 대단하네요"라고 말한 의도는 무엇인가?
(A) 여자의 일에 대한 열정에 감탄하고 있다.
(B) 여자의 강의는 이해하기 쉽다.
(C) 여자의 성공에 기뻐한다.
(D) 여자의 능력을 확신한다.
해설 여자가 다음 프로젝트에 학회에서 배운 마케팅 전략을 사용하는 것을 고려하고 있다고 하였다. 이에 남자가 벌써 구상하느냐고 한 후 대단하다고 말했으므로 **(A)**가 정답이다.
어휘 admire 감탄하다 passion 열정 lecture 강의 confident 확신하는

UNIT 06 일반동사 현재 시제

PRACTICE

A. 1. look 2. washes 3. works

B. 1. 사용한다 2. 발생한다 3. 디자인한다
C. 1. (C)
A. 1. 이 이국적인 식물들이 멋져 보여요. 2. 그는 토요일마다 세차한다. 3. 시스템은 야간에 작동한다. C. 1. 매켄지 씨는 보통 오전 7시에 회사로 떠난다.

ACTUAL TEST

PART 2 1. (A) 2. (C) 3. (B) 4. (A) 5. (B) 6. (C)
PART 3 1. (D) 2. (C)

PART 2

1.
W It opens at 2 p.m. on weekdays.
M **(A) That's too late.**
  (B) A different time.
  (C) By February 16.

해석 그것은 평일 오후 두 시에 엽니다.
  (A) 그건 너무 늦네요.
  (B) 다른 시간이에요.
  (C) 2월 16일까지요.
해설 개점시간에 대한 언급에 너무 늦다고 의견을 말한 **(A)**가 정답이다. (B)와 (C)는 각각 질문의 2 p.m.과 weekdays라는 시간 표현에서 연상할 수 있는 어휘인 time과 특정 일자를 활용한 오답이다.
어휘 weekday 평일

2.
W Are you still in charge of the budget?
M (A) I have good prices for them.
  (B) The budget is limited.
  (C) No, Mr. Heidemann works on it.

해석 당신은 여전히 예산 업무를 맡고 있나요?
  (A) 저는 그것들을 좋은 가격에 드려요.
  (B) 예산은 제한되어 있습니다.
  (C) 아니요, 하이데만 씨가 그것을 처리합니다.
해설 예산 업무 담당 여부를 묻는 말에 바뀐 담당자를 알려주는 **(C)**가 정답이다. (A)는 budget과 관련된 어휘 prices를 활용한 오답이고, (B)는 질문의 budget을 반복한 오답이다.
어휘 be in charge of ~을 담당하다 budget 예산

3.
M The library offers meeting space for free.
W (A) In the meeting room.
  (B) Are you sure?
  (C) I'm free after tomorrow.

해석 그 도서관은 무료로 회의 공간을 제공합니다.
  (A) 회의실에서요.
  (B) 확실한가요?
  (C) 저는 내일 이후로는 시간이 있어요.
해설 남자가 제공하는 정보가 확실한지 묻는 **(B)**가 정답이다. (A)는 질문의 meeting space와 비슷한 표현인 meeting room을 활용한 오답이고, (C)는 문제의 free를 반복해 혼동을 주는 오답이다.

4.
M The registration ends in a week.
W **(A) I know.**
  (B) I'm here until May.
  (C) Only for an hour.

해석 등록은 일주일 내로 끝납니다.
  (A) 저도 알아요.
  (B) 저는 5월까지 여기 있어요.
  (C) 1시간 동안만요.
해설 등록 기한을 알리는 말에 이미 알고 있다고 한 **(A)**가 정답이다. (B), (C)는 문제와 마찬가지로 시간 표현을 언급하여 혼동을 주는 오답이다.
어휘 registration 등록 until ~까지

5.
W The new product attracts a lot of customers.
M (A) That is a very attractive offer.
  (B) Yes, we're expecting an increase in sales.
  (C) The pamphlet provides more details.

해석 신제품이 많은 고객을 끌어당깁니다.
  (A) 그것은 아주 매력적인 제안이군요.
  (B) 네, 우리는 판매 상승을 기대하고 있어요.
  (C) 소책자는 더 많은 세부사항을 제공합니다.
해설 신제품이 많은 고객을 끌어당긴다는 말에 판매 상승을 기대한다고 답한 **(B)**가 정답이다. (A)는 문제의 attract의 형용사형 attractive를 사용한 오답이고, (C)는 product와 관련된 어휘 pamphlet을 사용한 오답이다.
어휘 attract 끌어당기다 attractive 매력적인 offer 제안 expect 기대하다 pamphlet 소책자 detail 세부사항

6.
M I have an appointment with Ms. Brown.
W (A) You have a point.
  (B) Thank you for the invitation.
  (C) This way, please.

해석 저는 브라운 씨와 약속이 있습니다.
  (A) 당신 말이 일리 있습니다.
  (B) 초대해주셔서 감사합니다.
  (C) 이쪽으로 오시면 됩니다.
해설 브라운 씨를 찾아왔다는 말에 이쪽으로 오라고 안내하는 **(C)**가 정답이다. (A)는 appointment와 발음이 비슷한 어휘 point를 활용한 오답이다. (B)는 찾아온 손님에게 초청해주셔서 고맙다고 말하는 것은 논리적이지 않은 답변이므로 오답이다.
어휘 appointment 약속, 예약 point 논점 invitation 초청

PART 3

M I'm trying to change my daily diet. ❶I want to eat something healthier, like yogurt or vegetable juice.
W We have many healthy eating programs you would like. Here's one of our most popular programs. It provides a wide variety of vegetable salads and juices. ❷Live natural yogurt and fruits are optional.
M Mmm… ❷it sounds nice! I'd like to check the price for 90 days.

M 저는 제 일일 식단을 바꾸려고 하고 있어요. 저는 요거트나 채소 주스처럼 더 건강한 것을 먹고 싶습니다.

W 우리는 당신이 좋아하실 만한 여러 건강한 식이 프로그램을 가지고 있습니다. 여기 가장 인기 있는 저희 프로그램 중 하나가 있습니다. 이것은 아주 다양한 채소 샐러드와 주스를 제공합니다. 유산균이 살아있는 요거트와 과일은 선택적입니다.

M 음…좋은 것 같네요. 90일 프로그램의 가격을 확인하고 싶어요.

어휘 daily 일일의 diet 식단 a variety of 다양한 optional 선택적인

프로그램	옵션	프로그램 기간
프로그램 A	기름기 없는 단백질 셰이크	120일
프로그램 B		90일
프로그램 C	요거트와 과일	90일
프로그램 D		30일

1. **해석** 남자가 식이 프로그램을 찾는 이유는 무엇인가?
  (A) 그는 집들이를 기획한다.
  (B) 그는 요거트에 알레르기가 있다.
  (C) 그는 무료 체험 쿠폰이 있다.
  (D) 그는 더 건강한 음식을 원한다.

  해설 대화 초반에서 남자가 더 건강한 것을 먹고 싶다고 하였으므로 **(D)** 가 정답이다.

  어휘 housewarming 집들이 allergic 알레르기가 있는 trial 체험

2. **해석** 시각 정보에 의하면, 남자는 어느 프로그램의 가격을 알고 싶어 하는가?
  (A) 프로그램 A (B) 프로그램 B **(C) 프로그램 C** (D) 프로그램 D

  해설 여자가 요거트와 과일이 선택적으로 포함된 프로그램을 권하자 남자가 좋은 것 같다며 해당 프로그램의 90일 프로그램 가격을 알고 싶다고 하였다. 따라서 보기 중 요거트와 과일이 옵션이며 기간이 90일인 **(C)** 가 정답이다.

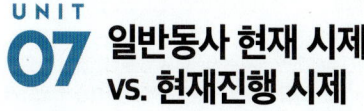

UNIT 07 일반동사 현재 시제 vs. 현재진행 시제

PRACTICE

A. 1. 나타낸다 2. 하고 있다
B. 1. is looking 2. takes 3. is growing
C. 1. (B)
B. 1. 그는 요새 새로운 구매자를 찾고 있다. 2. 그것은 보통 3시간 정도 걸린다. 3. 이번 분기에 판매 수입이 성장하고 있다. C. 1. 펜 씨는 보통 사무실에 가지만, 오늘은 집에서 일하고 있다.

ACTUAL TEST

PART 5 1. (B) 2. (C) 3. (D) 4. (B)
PART 7 1. (B) 2. (D)

PART 5

1. **해석** 안드리스키 씨는 보통 마감 기한을 일주일 연기한다.

  해설 빈칸 앞에 온 부사 usually는 현재 시제와 함께 쓰이는 표현이다. 주어가 3인칭 단수이므로 3인칭 단수 현재 시제인 **(B)** 가 정답이다.

  어휘 postpone 연기하다 deadline 마감 기한

2. **해석** 현재 우리는 마케팅 계획을 달성하기 위해 사업을 확장하고 있습니다.

  해설 문장 맨 앞에 나온 부사 Currently는 특정 시간을 나타내는 표현이다. 특정 시간을 나타내는 표현은 현재진행 시제와 어울리므로 **(C)** 가 정답이다.

  어휘 currently 현재 expand 확장하다 meet 충족하다, 달성하다 initiative 계획

3. **해석** 회의가 시작한 후 사람들은 지금 로비에서 발표자를 기다리고 있다.

  해설 빈칸 앞뒤에 are와 waiting이 나왔으므로 이 문장의 시제는 현재진행 시제라는 것을 알 수 있다. 현재진행 시제는 특정 기간동안 일어난 일을 나타내므로 **(D)** 가 정답이다.
  (A) 언제나 (B) 곧 (C) 꽤 **(D) 지금**

  어휘 presenter 발표자

4. **해석** IT팀은 매 중요한 검사 단계 직후에 항상 검토 회의를 한다.

  해설 빈칸 앞에 나온 부사 always는 보통 때를 나타낸다. 보통 때를 나타내는 시간 부사는 현재 시제와 함께 쓰이므로 **(B)** 가 정답이다.

  어휘 conduct 수행하다 review 검토 immediately 즉시 significant 중요한 phase 단계 inspection 조사

PART 7

ST 마켓 온라인을 방문하고 할인받으세요!
❶7월과 8월에 우리는 모든 고객에게 ❷온라인 주문에 대해 30퍼센트 할인을 제공하고 있습니다. 할인 코드를 받기 전에, 등록하시는 것이 먼저 필요합니다.
❸지금 www.stmarket.com/register에서 등록하세요!

어휘 discount 할인 necessary 필수적인 register 등록하다

1. **해석** 행사는 얼마 동안 지속되는가?
  (A) 일주일 **(B) 2달** (C) 15일 (D) 하루

  해설 7월과 8월에 할인을 제공한다고 하였으므로 행사는 2달 동안 지속된다. 따라서 **(B)** 가 정답이다.

  어휘 event 행사 last 지속되다

2. **해석** ST 마켓에 대해 명시된 것은?
  (A) 그것은 고객들에게 아이디어를 공유해달라고 요청하고 있다.
  (B) 그것은 오프라인 구매에 할인을 제공한다.
  (C) 그것은 이메일 쿠폰을 제공한다.
  (D) 그것은 온라인 웹사이트를 운영한다.

  해설 지문에서 온라인 주문에 대하여 30퍼센트 할인을 제공한다고 하였으므로 온라인으로 주문할 수 있는 웹사이트를 운영하고 있다는 것을 알 수 있다. 또한 지문 마지막에도 업체 홈페이지 주소가 나와 있으므로 **(D)** 가 정답이다.

  어휘 share 나누다, 공유하다 voucher 쿠폰, 상품권 run 운영하다

UNIT
08 일반동사 현재 시제 부정문

PRACTICE

A. 1. I don't have the same problem.
2. Mr. Lian doesn't know the hiring manager.
3. We don't send the promotion email biweekly.

B. 1. 제공하지 않는다 2. 보장하지 않는다 3. 구독하지 않는다

C. 1. (C)

B. 1. 저는 같은 문제를 가지고 있어요(→ 가지고 있지 않아요). 2. 리안 씨는 고용 관리자를 압니다(→ 모릅니다). 3. 우리는 홍보 이메일을 2주마다 보낸다(→ 보내지 않는다). C. 1. 죄송하지만 그 이름으로 된 예약은 없습니다.

ACTUAL TEST

PART 2 1. (B) 2. (A)
PART 5 1. (D) 2. (A)
PART 7 1. (D) 2. (B)

PART 2

1.
W This printer is out of order again.
M (A) I don't know how to print it.
(B) Ms. Hilton is coming to fix it.
(C) Your order is complete now.

해석 이 프린터가 또 고장 났어요.
(A) 저는 이것을 어떻게 인쇄하는지 몰라요.
(B) 힐튼 씨가 그것을 고치러 오고 있어요.
(C) 귀하의 주문이 이제 완료되었습니다.

해설 프린터가 고장 났다는 말에 누군가 고치러 오고 있다고 답한 **(B)**가 정답이다. (A)는 문제에 나온 printer의 동사형 print를 사용한 오답이고, (C)는 order를 반복 사용한 오답이다.

어휘 out of order 고장 난 fix 고치다 complete 완료된, 완전한

2.
W We need to hire a consultant.
M (A) I know a good person.
(B) The consultant doesn't renew his contract.
(C) He doesn't have work experience.

해석 우리는 자문가를 고용할 필요가 있어요.
(A) 저는 좋은 사람을 알아요.
(B) 그 자문가는 그의 계약을 갱신하지 않아요.
(C) 그는 경력이 없어요.

해설 자문가를 고용할 필요가 있다는 말에 추천할 만한 사람이 있다는 뜻을 내포한 **(A)**가 정답이다. (B)는 특정한 자문가를 언급한 말에 어울리는 대답이고, (C)는 주격 대명사 he로 받을 수 있는 대상이 질문에 나오지 않았으므로 오답이다.

어휘 consultant 자문가 renew 갱신하다 contract 계약

PART 5

1. 해석 알드리지 씨는 글로브 호텔을 회사 행사를 위한 장소로 추천하지 않는다.

해설 일반동사 현재 시제 부정문은 do[does] not 뒤에 동사원형이 온다. 빈칸 앞에 does not의 축약형 doesn't가 있고, 빈칸 뒤에 동사가 나오지 않았으므로 동사원형 **(D)**가 정답이다.

어휘 recommend 추천하다 venue 장소

2. 해석 주민 센터는 개별적인 회의나 제품 출시 행사를 위한 시설 이용을 허락하지 않는다.

해설 일반동사 현재 시제 부정문은 do[does] not 뒤에 동사원형이 온다. 빈칸 앞에 does not의 축약형 doesn't가 있고, 빈칸 뒤에 동사가 나오지 않았으므로 동사원형 **(A)**가 정답이다.

어휘 allow 허용하다 facility 시설 launch 출시

PART 7

알렉스 하퍼 2:01 p.m.
안녕하세요, 고메스 씨. 제가 학교에 가는 중인데 교통 때문에 늦을 것 같아요.

폴라 고메스 2:12 p.m.
벌써 두 시가 지났어요. 수업을 취소하시는 건가요?

알렉스 하퍼 2:13 p.m.
수업을 취소하고 싶지는 않아요. 저와 수업을 바꿔줄 수 있나요?

폴라 고메스 2:20 p.m.
미안하지만, 저는 세 시에 상담 예약이 있어요. ❶❷**아마 부셀 씨가 오후 수업이 없을 거예요. 제가 그에게 물어볼게요.**

알렉스 하퍼 2:21 p.m.
그것이 잘 되면 좋겠어요. 고마워요.

어휘 due to ~ 때문에 cancel 취소하다 switch 바꾸다 counselling 상담

1. 해석 고메스 씨는 무엇을 하겠다고 하는가?
(A) 수업에 늦게 도착한다.
(B) 상담을 준비한다.
(C) 수업을 취소한다.
(D) 일정을 조정한다.

해설 2시 20분 메시지에서 고메스 씨는 자신이 수업을 바꿔줄 수는 없지만 오후 수업이 없는 것 같은 부셀 씨에게 수업을 바꿔줄 수 있는지 물어보겠다고 하였으므로 **(D)**가 정답이다.

어휘 arrange 조정하다

2. 해석 오후 2시 21분에 하퍼 씨가 "그것이 잘 되면 좋겠어요"라고 쓸 때, 그 의도는 무엇인가?
(A) 그는 일정을 변경하고 싶어하지 않는다.
(B) 그는 제안을 마음에 들어한다.
(C) 그는 지금 바쁘다.
(D) 그는 그것이 좋은 의견이라고 생각하지 않는다.

해설 하퍼 씨의 말은 부셀 씨에게 수업을 바꿔줄 수 있는지 물어보겠다는 고메스 씨의 제안에 대한 응답이다. 따라서 하퍼 씨는 고메스 씨의 제안이 마음에 든다는 의미로 "그것이 잘 되면 좋겠어요"라고 한 것이므로 **(B)**가 정답이다.

어휘 be pleased at ~이 마음에 들다

09 일반동사 현재 시제 의문문

PRACTICE

A. 1. Does 2. Do 3. Does
B. 1. Does Mr. Lewis contact his previous employer?
2. Do they share their opinions with each other?
3. Does he assess a manufacturing process?
C. 1. (C)

A. 1. 존슨 씨는 이 약을 복용합니까? 2. 우리는 더 많은 건축가가 필요합니까? 3. 이것이 당신에게는 이해가 됩니까? B. 1. 루이스 씨는 그의 이전 고용주와 연락한다(→ 연락하나요?). 2. 그들은 서로 의견을 공유한다(→ 공유하나요?). 3. 그는 제조 절차를 평가한다(→ 평가하나요?). C. 1. 사이토 사는 이번 달에 합병이 완료될 것이라고 예상하나요?

ACTUAL TEST

PART 2 1. (B) 2. (A) 3. (B) 4. (A) 5. (C) 6. (B)
PART 3 1. (B) 2. (A) 3. (D)

PART 2

1.
W1 Do I have to reserve a conference room now?
W2 (A) The date is the same.
   (B) No, you don't have to.
   (C) It doesn't have a conference room.

해석 제가 지금 회의실을 예약해야 하나요?
(A) 날짜는 같아요.
(B) 아니요, 그러실 필요 없어요.
(C) 거긴 회의실이 없어요.

해설 지금 회의실을 예약해야 하느냐는 질문에 그럴 필요 없다고 말하는 (B)가 정답이다. (A)는 reserve와 관련 있는 어휘 date를 사용한 오답이고, (C)는 질문에 등장한 a conference room을 반복한 오답이다.

어휘 reserve 예약하다 date 날짜

2.
W Do you proofread the translation before sending it?
M **(A) Not every time.**
   (B) Just one.
   (C) To send an email.

해석 당신은 번역을 보내기 전에 교정을 보나요?
(A) 매번 하지는 않아요.
(B) 딱 하나요.
(C) 이메일을 보내기 위해서요.

해설 번역을 보내기 전에 교정을 보는지 묻는 질문에 매번 보지는 않는다고 답변한 (A)가 정답이다. (B)는 개수를, (C)는 목적을 말하고 있어 단순한 사실 여부를 묻는 말에 대한 응답으로 적절하지 않아 오답이다.

어휘 proofread 교정하다 translation 번역

3.
M Does she handle the billing and invoices?
W (A) Her medical prescriptions.
   (B) No, the accounting department does.
   (C) Yes, I'm doing it right now.

해석 그녀가 청구서와 송장을 처리하나요?
(A) 그녀의 처방전이요.
(B) 아니요, 회계부가 합니다.
(C) 네, 제가 지금 하고 있어요.

해설 그녀가 청구서와 송장 업무를 하는지 묻는 말에 그 일은 회계부가 한다고 정정해주는 (B)가 정답이다. (A)는 청구서나 송장과 관련 없는 문서인 처방전을 언급하였으므로 오답이다. (C)는 그녀에 관해 물어보았는데 자신에 관한 내용으로 응답하였으므로 오답이다.

어휘 handle 처리하다 prescription 처방전 accounting 회계

4.
M Does Mr. Conner request a change to the contract?
W **(A) I don't know anything about that.**
   (B) The contract ends next month.
   (C) Do you have any special requests?

해석 코너 씨가 계약서 변경을 요구합니까?
(A) 저는 그에 관해서는 아는 것이 없습니다.
(B) 계약은 다음 달에 만료됩니다.
(C) 특별 요청이 있습니까?

해설 코너 씨가 계약서 변경을 요구하느냐는 질문에 그에 관해 아는 것이 없다고 답한 (A)가 정답이다. (B)와 (C)는 각각 질문에 등장한 contract와 request를 사용한 오답이다.

어휘 request 요청; 요청하다 contract 계약(서)

5.
W Do you need some help with the inventory?
M (A) I'm inventing a new method.
   (B) Yes, I'm the manager.
   (C) Tamara is helping me already.

해석 당신은 재고 조사에 도움이 필요합니까?
(A) 저는 새로운 방법을 고안하고 있어요.
(B) 네, 제가 담당자입니다.
(C) 타마라가 이미 도와주고 있어요.

해설 도움이 필요한지 묻는 말에 다른 사람이 이미 도와주고 있다고 말하며 간접적으로 거절하는 (C)가 정답이다. (A)는 질문의 inventory와 발음이 비슷한 단어 invent를 사용한 오답이다. (B)는 질문과 관련 없는 내용으로 답하였으므로 오답이다.

어휘 inventory 재고 (조사) invent 고안하다 method 방법 already 이미

6.
M Do we have enough in the budget?
W (A) It's not enough time.
   (B) As long as I know.
   (C) I have a savings account.

해석 우리는 예산이 충분히 있습니까?
(A) 그건 충분한 시간이 아니에요.
(B) 제가 알기로는 그래요.
(C) 저는 저축 계좌가 있어요.

해설 예산이 충분한지 묻는 말에 그런 것 같다고 답한 **(B)**가 정답이다. (A)는 예산을 묻는 말에 시간이 충분하지 않다며 질문과 관계없는 답변을 하였으므로 오답이다. (C)는 budget과 관련된 어휘 account를 사용하여 혼동을 준 오답이다.

어휘 enough 충분한 양[수] as long as ~하는 한 savings account 저축 계좌

PART 3

> W Do you have another one in the same color?
> M ❶I'm afraid we don't. This is the last item.
> W ❷I really like these curtains but some stains are in the center.
> M Do you need it right now? The new supply comes in tomorrow.
> W I need it for a dinner party tonight. Just give me this one. Do I get any discount?
> M Sure, Ma'am. ❸I can offer you a 20% discount because of the stain.
>
> W 같은 색으로 다른 제품 있나요?
> M 죄송하지만 없습니다. 이것이 마지막 제품입니다.
> W 저는 이 커튼이 정말 마음에 들지만 중앙에 얼룩이 있어요.
> M 지금 당장 필요하세요? 새 공급품이 내일 들어옵니다.
> W 저는 이것이 오늘 저녁 파티에 필요해요. 그냥 이것으로 주세요. 제가 할인을 받게 되나요?
> M 물론입니다. 얼룩 때문에 20퍼센트 할인을 제공해드릴 수 있습니다.
>
> 어휘 curtain 커튼 stain 얼룩 supply 공급

1. 해석 남자는 누구인가?
   (A) 청소부 **(B) 가게 점원** (C) 건물 관리인 (D) 파티 기획자
   해설 대화 초반에서 다른 상품을 보여달라는 여자의 말에 죄송하지만 이 제품이 마지막 제품이라고 답한다. 이로 미루어 볼 때 대화가 상점에서 이루어지고 있고, 남자는 상점에서 일하는 사람일 것이므로 **(B)**가 정답이다.

2. 해석 문제가 무엇인가?
   (A) 제품이 손상되었다.
   (B) 쿠폰이 만료되었다.
   (C) 제품이 너무 비싸다.
   (D) 바닥이 젖었다.
   해설 여자는 커튼이 마음에 들지만 중앙 부분에 얼룩이 있다고 하였으므로 **(A)**가 정답이다.
   어휘 expired 만료된 floor 바닥

3. 해석 남자는 무엇을 해주겠다고 제안하는가?
   (A) 제품 배달 (B) 관리자와 대화
   (C) 공급자에게 전화 **(D) 가격 할인**
   해설 대화 마지막 부분에서 남자가 얼룩 때문에 20퍼센트 할인을 제공하겠다고 하였으므로 **(D)**가 정답이다.
   어휘 provider 공급자 reduce 축소하다

UNIT 10 Be동사 과거 시제 (was, were)

PRACTICE

A. 1. was 2. was
B. 1. was 2. was 3. were
C. 1. (C)

A. 1. 홉킨스 씨는 자격을 갖춘 지원자이다(→ 였다). 2. 저는 판매 하락이 걱정됩니다(→ 걱정되었습니다). B. 1. 이 정보는 웹사이트에서 이용할 수 있었습니다. 2. 어젯밤 행사는 큰 성공이었습니다. 3. 이 블렌더들은 작년에 특히 인기 있었습니다. C. 1. CFO는 큰 압박을 받았다.

ACTUAL TEST

PART 5 1. (C) 2. (B) 3. (B) 4. (B) 5. (C) 6. (C)
PART 7 1. (D) 2. (A)

PART 5

1. 해석 수정된 디자인은 원래의 것과 완전히 달랐고 훨씬 더 좋았다.
   해설 and 뒤 it was much better에서 be동사 과거 시제를 사용하였으므로 이 문장은 과거의 일을 말하고 있음을 알 수 있다. 따라서 과거 시제 be동사 중 3인칭 단수 주어(The revised design)와 함께 쓸 수 있는 **(C)**가 정답이다.
   어휘 revised 수정된 completely 완전히 much 훨씬 better 더 좋은

2. 해석 우리의 최신 제품이 인기 있지 않아서 회사 전체가 걱정했다.
   (A) 자격을 갖춘 **(B) 걱정하는** (C) 가정의 (D) 세련된
   해설 최신 제품이 인기 있지 않을 때 회사의 반응으로 가장 적합한 **(B)**가 정답이다.

3. 해석 올드리지 씨는 이전에 회계 부서를 담당했다.
   해설 빈칸 뒤에 previously(이전에)가 과거 시점을 나타내는 표현이므로 과거 시제 be동사 중 3인칭 단수 주어(Ms. Wooldridge)와 함께 쓸 수 있는 **(B)**가 정답이다.

4. 해석 어제 방문객들은 공장의 최신 설비에 감명받았다.
   해설 Yesterday(어제)는 과거 시점을 나타내는 표현이므로 과거 시제 be동사 중 3인칭 복수 주어(the visitors)와 함께 쓸 수 있는 **(B)**가 정답이다.
   어휘 impressed 감명받은 factory 공장 brand-new 최신의 facility 설비

5. 해석 맥스웰 씨는 탑 마켓에 있었을 때 상급 판매원이었다.
   해설 when 뒤에서 be동사 과거 시제 was를 사용하였으므로 이 문장은 과거의 일을 말하고 있음을 알 수 있다. 따라서 과거 시제 be동사 중 3인칭 단수 주어(Mr. Maxwell)와 함께 쓸 수 있는 **(C)**가 정답이다.
   어휘 senior 상급의 sales representative 판매원

6. 해석 판매 이사는 시카고로 가는 비행기에 있었기 때문에 고객의 전화에 답할 수 없었다.
   해설 because 뒤에서 be동사 과거 시제 was를 사용하였으므로 이 문장은 과거의 일을 말하고 있음을 알 수 있다. 따라서 과거 시제 be동사 중 3인칭 단수 주어(The sales director)와 함께 쓸 수 있는 **(C)**가 정답이다.

PART 7

뉴욕 - 지난 수요일은 마야 패브릭 하우스의 12번째 창립 기념일이었다. 그것은 브룩클린에 있는 작은 직물 제조업체였다. 심지어 4년 전에 파산 직전이었다. 그러나 이제는 직원 4,000명이 있는 ❷세계적인 기업이다. 창립 기념일과 성취를 축하하기 위해 ❶마야 패브릭 하우스는 이번 금요일 자선 경매를 개최한다. 경매 물품 미리보기는 www.maya-fabric.com에서 이용할 수 있다.

어휘   fabric 직물 manufacturer 제조업체 on the verge of ~ 직전의 bankruptcy 파산 accomplishment 성취 hold 개최하다 charity 자선 auction 경매 preview 미리보기 available 이용 가능한

1.   해석   이 기사는 무엇에 대한 것인가?
    (A) 제품 출시   (B) 경영 수업   (C) 구인   **(D) 자선 행사**

  해설   이 기사는 마야 패브릭 하우스에서 자선 경매를 개최하는 배경과 경매 날짜를 소개하며, 경매 물품을 미리 볼 수 있는 사이트를 안내하고 있다. 따라서 (D)가 정답이다.

  어휘   launch 출시 management 경영

2.   해석   마야 패브릭 하우스에 대해 명시된 것은?
    (A) 해외에서 사업을 하고 있다.
    (B) 파산했다.
    (C) 시간제 근로자를 채용하고 있다.
    (D) 자선 단체였다.

  해설   지문에서 마야 패브릭 하우스는 세계적인 기업이라고 하였으므로 **(A)**가 정답이다.

UNIT 11 Be동사 과거 시제 부정문과 의문문

PRACTICE

A. 1. Was he absent from the meeting?
   2. Was Ms. Yen a competent accountant?
B. 1. 아니었습니다 2. 관련이 없었다 3. 좋지 않았다
C. 1. (A)
A. 1. 그는 회의에 불참했다(→ 불참했나요?). 2. 옌 씨는 유능한 회계사였다(→ 회계사였나요?). C. 1. 그의 동료는 오타와에서 부장이 아니었어요. (A) 아니다 (B) 아니 (C) 아무것도 (D) 아무도

ACTUAL TEST

PART 2 1. (A) 2. (B) 3. (C) 4. (A)
PART 5 1. (C) 2. (C) 3. (D) 4. (B) 5. (D) 6. (C)

PART 2

1.   **M**   Were you at the press conference?
    W   **(A) No, I was out of town.**
        (B) He's not a qualified candidate.
        (C) You were very helpful.

해석   당신은 기자 회견에 있었나요?
    (A) 아뇨, 저는 시외에 있었어요.
    (B) 그는 자격을 갖춘 후보자가 아니에요.
    (C) 당신은 아주 도움이 되었어요.

해설   기자 회견에 있었냐는 상대방의 말에 다른 장소, 즉 시외에 있었다고 하는 (A)가 정답이다. 장소를 나타내는 전치사 at에서 유추할 수 있다. (B), (C)는 질문의 주제와 무관하며 주어가 상응하지 않으므로 오답이다. Were you ~로 시작하는 질문에 You were ~로 답하지 않음에 유의한다.

어휘   press conference 기자 회견 out of town 시외에, 교외로 qualified 자격이 있는 helpful 도움이 되는

2.   **W**   Were you absent from work yesterday?
    M   (A) I'm here.
        (B) Yes, I was out sick.
        (C) That wasn't necessary.

해석   어제 회사에 결근했나요?
    (A) 저 여기 있어요.
    (B) 네, 저는 아파서 안 나왔어요.
    (C) 그건 필수가 아니었어요.

해설   어제 결근했냐고 묻는 말에 긍정한 후 결근한 이유를 덧붙이는 (B)가 정답이다. (A)는 현재 시제이므로 오답이다. (C)는 That이 지칭하는 내용이 여자의 말에 없으므로 오답이다.

어휘   work 일, 직장 be out sick 아파서 쉬다, 병가를 내다 necessary 필수의

3.   **M**   The initial year of the survey was successful.
    W   (A) They were not useful.
        (B) Yes, it is comfortable.
        (C) Right, I thought it went well.

해석   첫해의 조사는 성공적이었어요.
    (A) 그것들은 쓸모없었어요.
    (B) 네, 그것은 편합니다.
    (C) 맞아요, 그것이 잘 진행되었다고 생각했어요.

해설   조사에 대해 언급한 남자의 말에 그것이 잘 진행되었다고 말하는 (C)가 정답이다. (A)는 They가 지칭하는 대상이 남자의 말에 없으므로 오답이며, (B)는 상황과 관련이 없는 내용이므로 오답이다.

어휘   initial 초기의, 처음의 survey 조사; 점검하다

4.   **W**   That was a grocery store, wasn't it?
    M   **(A) I don't remember.**
        (B) They were not accurate.
        (C) It's a complex thing.

해석   그건 식료품점이었어요, 그렇죠?
    (A) 기억이 안 나요.
    (B) 그것들은 정확하지 않았어요.
    (C) 그것은 복잡한 문제입니다.

해설   그것이 식료품점이었는지 확인하는 상대방의 말에 기억이 안 난다고 말한 (A)가 정답이다. (B), (C)는 식료품점에 관한 내용이 아니므로 오답이다.

어휘   grocery store 식료품점 accurate 정확한 complex 복잡한; 단지

PART 5

1. 해석 사실 그것은 속도의 문제가 아니라 안전(의 문제)였다.

해설 문장의 주어가 it이며 동사가 없으므로 be동사의 3인칭 단수형 **(C)** 가 정답이다.

어휘 in fact 사실은, 사실상 matter 문제; 중요하다

2. 해석 톰슨 씨가 회의를 진행할 시간을 낼 수 없었지만, 그는 대신할 사람을 찾을 수 있었다.
(A) 설득력 있는 　　　 (B) 만족스러운
(C) 이용 가능한 　　 (D) 대규모의, 넓은

해설 콤마(,) 이후에서 he는 Mr. Thompson을 가리킨다. 그가 대체 인원을 찾은 것은 직접 회의를 진행할 수 없기 때문이므로 **(C)**가 정답이다.

어휘 even though ~일지라도 substitute 대체품, 대리인

3. 해석 이 아파트의 거주자들은 그 계획에 찬성하지 않았다.

해설 주어 The residents를 of this apartment가 수식한다. 따라서 복수 주어와 함께 쓸 수 있는 be동사의 복수형 **(D)**가 정답이다.

어휘 in favor of ~에 지지하는, 찬성하는

4. 해석 사무엘의 제안은 우리의 요구에 적합하지 않았다.
(A) 연약한　 **(B) 적합한**　 (C) 지역의　 (D) 기술적인

해설 be동사는 주어의 상태(~이다)나 존재(있다)를 나타내는데, 여기서 주어는 사무엘의 제안이다. 제안의 '상태'를 나타내주는 **(B)**가 정답이다.

어휘 proposal 제안(서) needs 필요, 요구

5. 해석 재무 보고 위원회에서 제기된 다른 추가적인 제약 사항은 없었다.
(A) 제한하다　 (B) 제한된; 제한했다　 (C) 제한적으로　 **(D) 제한**

해설 'There+be동사'는 '~에 있다'라는 뜻으로, 이러한 구조의 문장에서 주어는 be동사 뒤에 온다. 동사가 be동사의 복수형 weren't(were not)이므로 복수 명사 **(D)**가 정답이다. (A), (B), (C)는 명사 역할을 할 수 없으므로 오답이다.

어휘 additional 추가적인 impose 도입하다, 내세우다 financial 재정[재무]적인 council 의회

6. 해석 레인 씨는 두 개의 면접에 응했지만, 최종적으로 채용되지 않았다.
(A) 또는, ~이거나　　 (B) 그러한
(C) 하지만　　　　 (D) ~를 위하여, ~ 때문에

해설 빈칸에는 두 개의 was를 연결하는 접속사가 와야 한다. 빈칸 앞뒤의 내용이 상반되므로 **(C)**가 정답이다.

어휘 be granted ~을 받다 interview 인터뷰, 면접 ultimately 궁극적으로, 최종적으로 hire 채용하다

UNIT
12 일반동사 과거 시제

PRACTICE

A. 1. sold 2. confirmed 3. took
B. 1. 확인했다 2. 발표했다
C. 1. (D)

A. 1. 2년 전에 저는 스타트업 회사에 계정을 팔았어요. 2. 아사다 씨가 저의 예약을 확인했습니다. 3. 킨지 씨는 보통 지하철을 타고 회사에 갔습니다. C. 1. 제 여행사는 항공기 출발 시각을 다시 변경했어요.

ACTUAL TEST

PART 5 1. (B) 2. (C) 3. (B) 4. (A)
PART 7 1. (C) 2. (C)

PART 5

1. 해석 켈소 사는 지난 주 오래된 장비 대신 새로운 장비를 구입했다.

해설 문장에 동사가 없고, 주어 앞에 Last week이라는 과거를 나타내는 부사구가 왔으므로 일반동사 과거 시제 **(B)**가 정답이다.

어휘 acquire 취득하다, 구입하다 in exchange for ~ 대신에 equipment 장비

2. 해석 사장은 사회적 사업의 역할을 강조했다.
(A) 강조, 주안점 　　　　 (B) 강조하다
(C) 강조했다; 강조된 　 (D) 강조하여, 단호하게

해설 문장에 동사가 없고, 주어가 단수 명사이므로 과거 시제 **(C)**가 정답이다.

어휘 role 역할 social 사회적인 service 사업, 봉사, 서비스

3. 해석 홉킨스 씨는 그들에게 정보 관리 평가단에 참여할 기회를 놓치지 말라고 충고했다.

해설 문장의 주어는 Mr. Hopkins이고, 동사는 과거 시제 urged이다. 따라서 동사의 내용을 보충해주는 to부정사 **(B)**가 정답이다.

어휘 urge to ~하기를 촉구하다 opportunity 기회 participate in ~에 참여하다 evaluation 평가 management 관리

4. 해석 앤소니 하월의 새 소설 '아미고'는 출간 6개월만에 100만부 넘게 팔렸다.
(A) 팔렸다　 (B) 올랐다　 (C) 지불했다　 (D) 썼다

해설 문장에 동사가 없으므로 동사가 필요하며, one million copies는 판매량을 의미할 것이므로 **(A)**가 정답이다. (B)는 목적어를 가질 수 없는 동사이며 (C), (D)는 사물 주어의 동사로 오기에 어색하므로 오답이다.

어휘 novel 소설 million 백만 copy 사본, 부 release 방출하다; 방출, 출시

PART 7

SLP의 새로운 채널이 온다
앤톤 슐츠 기자
❶SL 프로덕션(SLP)은 5개의 새로운 TV 채널 도입을 알렸다. SLP의 CEO 데이빗 브레멘 씨는 이것은 고객 피드백에 직접적으로 대응한 것이라고 말했다. "저는 이러한 개선이 매우 기쁩니다. **❷또한 우리는 새로운 어린이 채널을 온라인으로 출시합니다.**" 그는 이 채널이 또 하나의 흥미로운 차원을 어린이 교육 방송군에 더하는 것이라 생각한다. 새로운 채널들은 1월 초에 모두 나올 예정이며 브레멘 씨는 채널의 성공을 자신한다.

어휘 production 프로덕션, 제작(사) announce 알리다, 발표하다 introduction 도입, 소개 in response to ~에 응하는 direct 직접적인 improvement 개선, 향상 launch 출시하다 confident 자신하는

1. 해석 SLP에 대해 보도된 것은?
(A) 방송국을 선임했다.
(B) 새로운 스포츠 채널을 출시했다.
(C) 새로운 채널의 시작을 소개했다.
(D) 두 회사를 합병하기로 했다.

해설 두 번째 문장에서 새로운 TV채널의 도입을 알렸다고 했으며, 이후 새로 도입되는 채널에 대한 설명이 이어지므로 **(C)**가 정답이다.

어휘 broadcasting 방송 firm 회사; 단단한 merge 합병하다

2. 해석 [1], [2], [3], [4]로 표시된 곳 중에서 다음 문장이 가장 적합한 곳은?
"그는 이 채널이 또 하나의 흥미로운 차원을 어린이 교육 방송군에 더하는 것이라 생각한다."

해설 주어진 문장에서 this channel이라고 지칭하고 있으므로, 이 문장 앞에 특정 채널이 언급되어야 한다. [3] 앞에서 새로운 온라인 채널을 출시한다는 이야기가 나왔으므로 **(C)**가 정답이다.

어휘 add 더하다 dimension 차원, 범위 line-up (참석자) 목록

UNIT 13 일반동사 과거 시제 부정문과 의문문

PRACTICE

A. 1. He didn't transfer to another city. 2. The air show didn't take place on 25 to 30 August.
B. 1. Did 2. Do
C. 1. (D)

A. 1. 그는 다른 도시로 옮겨갔다(→ 옮겨가지 않았다). 2. 에어쇼는 8월 25일부터 30일까지 개최되었다(→ 개최되지 않았다). C. 1. 그는 훈련 프로그램에 등록하지 않았다.

ACTUAL TEST

PART 2 1. (A) 2. (C)
PART 3 1. (C) 2. (A)
PART 5 1. (A) 2. (A)

PART 2

1.
W Did Sarah accept the job offer?
M **(A) Not yet.**
(B) Yes, you are.
(C) We didn't expect it.

해석 새라가 일자리 제안을 받아들였나요?
(A) 아직 아니에요.
(B) 네, 당신이에요.
(C) 우리는 그것을 예측하지 않았어요.

해설 Did로 시작하는 의문문은 과거 사실을 확인하기 위한 질문이다. 새라가 일자리를 받아들였는지 아닌지를 묻고 있으므로, 아직 아니라고 대답한 **(A)**가 정답이다. (B)는 주어가 일치하지 않으며, (C)는 질문에 대한 내용이 아니므로 오답이다.

어휘 offer 제안하다; 제안 yet 아직 expect 예상하다

2.
W I didn't know the item is damaged.
M (A) The small one on the shelf.
(B) A cup of tea, please.
(C) Do you have the receipt?

해석 저는 그 상품이 손상되어 있는지 몰랐어요.
(A) 선반 위에 있는 작은 거요.
(B) 차 한 잔 주세요.
(C) 영수증 가지고 계세요?

해설 주어진 문장에서 상품이 손상되어 있음을 알 수 있으므로, 상품을 교환하거나 환불하는 상황으로 유추해볼 수 있다. 따라서 **(C)**가 정답이다. (A)는 특정 위치에 있는 물건을 가리킬 때 하는 말이고, (B)는 상품 손상과 관련이 없으므로 오답이다.

어휘 damaged 손상된, 하자가 있는 shelf 선반 receipt 영수증

PART 3

M Good morning, Ma'am.
W Good morning. ❶**I'm checking out.**
M OK. ❶**Which room is it?**
W Room 406.
M Did you have anything from the minibar?
W Yes. ❷**Just one mineral water.**
M Here you are. Please sign here.

M 안녕하세요, 손님.
W 안녕하세요. 체크아웃 하려고요.
M 알겠습니다. 몇 호실입니까?
W 406호실입니다.
M 미니 바에서 드신 것이 있나요?
W 네. 생수 하나요.
M 여기 있습니다. 사인해주세요.

어휘 ma'am 부인 (존칭 표현) check out 체크아웃 하다 sign 서명하다; 서명

상품	가격
위스키	10달러
과일 주스	4달러
생수	2달러
감자칩	1달러

1. 해석 남자는 어디에서 근무할 것 같은가?
(A) 리서치 회사   (B) 식당
(C) 호텔 프론트 데스크   (D) 부동산 중개소

해설 여자가 체크아웃 하겠다고 말했으며, 이에 남자가 몇 호실이냐고 묻고 있는 것으로 보아 숙박 업소임을 알 수 있다. 따라서 **(C)**가 정답이다.

2. 해석 시각 정보에 의하면, 여자는 미니 바 요금으로 얼마를 지불할 것 같은가?
(A) 2달러   (B) 4달러   (C) 6달러   (D) 10달러

해설 여자는 생수 하나에 대한 값을 지불하면 된다. 따라서 **(A)**가 정답이다.

PART 5

1. 해석 법률 부서는 그러한 논의에서 정말 많은 진전을 이루지는 않았다.

해설 일반동사 과거 시제의 부정형 didn't가 있으므로 그 뒤에는 동사원형이 와야 한다. 따라서 **(A)**가 정답이다.

어휘 legal 법적인 progress 진전, 진보 talk 이야기하다; 이야기, 논의

2. 해석 대니얼즈 씨는 사람들을 다 같이 모을 제안서를 만들었지만, 그것은 전혀 인정되지 않은 듯했다.

　(A) ~임에도 불구하고　　(B) ~하기 위해서
　(C) ~에 관하여　　　　　(D) 때문에

해설 앞에는 대니얼즈 씨가 제안서를 만들었다는 내용이 오고, 뒤에는 그것(= a proposal)이 인정되지 않은 것 같다고 했으므로 대조되는 내용을 연결하는 **(A)**가 정답이다.

어휘 proposal 제안(서) bring together 한데 모으다 appear 나타나다 count 세다, 인정되다

UNIT 14 과거진행 시제

PRACTICE

A. 1. thinking 2. working
B. 1. was 2. were
C. 1. (C)
B. 1. 내가 상황을 관찰하는 동안 그는 보고서를 검토하고 있었습니다. 2. 우리는 그때 확장 계획을 논의하고 있었습니다. C. 1. 우리는 당신이 도착하기 전에 의미 있는 진전을 만들어내고 있었어요.

ACTUAL TEST

PART 2 1. **(A)** 2. **(C)** 3. **(C)** 4. **(A)**
PART 3 1. **(A)** 2. **(D)** 3. **(D)**

PART 2

1.
W Did you want to see me?
M (A) No, I was looking for Monica.
　(B) I see a problem.
　(C) I was talking to him.

해석 저를 보자고 하셨나요?
　(A) 아뇨, 저는 모니카를 찾고 있었어요.
　(B) 저는 문제점이 보여요.
　(C) 저는 그에게 말하고 있었어요.

해설 과거 사실을 묻는 상대방의 질문에, 과거진행 시제로 모니카를 찾고 있었다고 답하는 **(A)**가 정답이다. (B)는 질문의 동사(see)를 사용한 문장이지만 내용상 관계가 없으며, (C)는 무엇을 하고 있었는지에 대한 대답이므로 오답이다.

어휘 look for ~를 찾다 see 보다, 알다 talk to ~와 이야기하다

2.
M Were you alone in the office?
W (A) It isn't working so well.
　(B) Yes, I'm on vacation.
　(C) No, I was having a conversation with Ms. Jones.

해석 사무실에 혼자 계셨나요?
　(A) 그것은 잘 작동하고 있지 않아요.
　(B) 네, 저는 휴가 중이에요.
　(C) 아뇨, 저는 존스 씨와 대화하던 중이었어요.

해설 사무실에 혼자 있었냐는 질문에 존스 씨와 함께 대화하고 있었다고 답하는 **(C)**가 정답이다. (A), (B)는 질문 내용과 무관한 답변이므로 오답이다.

어휘 so 그래서; 그렇게 on vacation 휴가 중인

3.
M I was teaching several courses at university.
W (A) Yes, he was a good teacher.
　(B) They are having a hard time.
　(C) Did you receive an offer during that time?

해석 저는 대학에서 몇 개의 강좌를 가르치고 있었어요.
　(A) 맞아요, 그는 좋은 선생님이었어요.
　(B) 그들은 어려운 시간을 보내고 있어요.
　(C) 그때 제안을 받으셨나요?

해설 과거에 대학에서 강좌를 가르치고 있었다는 말에 그 시기에 있던 일을 더 구체적으로 묻고 있는 **(C)**가 정답이다. (A)는 주어가 일치하지 않으며 (B)는 내용상 관련이 없으므로 오답이다.

어휘 teach 가르치다 several 몇 개의 offer 제안; 제안하다

4.
W Did you check my messages?
M (A) No, I was concentrating on the lesson.
　(B) Yes, I hope I will be able to.
　(C) It is near my house.

해석 제 메시지를 확인하셨어요?
　(A) 아뇨, 저는 강의에 집중하고 있었어요.
　(B) 네, 제가 할 수 있기를 바랍니다.
　(C) 그곳은 저희 집과 가까워요.

해설 메시지를 확인했냐는 말에 아니라고 답한 후 그 이유를 덧붙인 **(A)**가 정답이다. (B)는 미래 시제로 답하고 있으며, (C)는 소재가 관련이 없으므로 오답이다.

어휘 concentrate on ~에 집중하다 lesson 강의, 가르침 near ~에 가까운, 가까이

PART 3

W Sam, ❶I didn't see you at yesterday's seminar on social media advertising. I thought you were coming.
M I wanted to be there but something urgent came up. Mr. Cohen moved up the schedule for the meeting to tomorrow all of a sudden. ❷I was preparing the presentation material all day long.
W Well, ❸the advertising deal with Mr. Cohen is tremendously important to our company in many ways. Do you need any help with it?

16

M That is very kind of you. **③**I know you are good at data analysis. I really need your help on sales figures.

W No problem.

W 샘, 나는 소셜 미디어 광고에 관한 어제 세미나에서 당신을 못 봤어요. 전 당신이 온다고 생각했어요.

M 거기 가고 싶었지만 급한 일이 생겼거든요. 코헨 씨가 갑자기 회의 일정을 내일로 앞당겼어요. 저는 하루 종일 프레젠테이션 자료를 준비하고 있었어요.

W 음, 코헨 씨와의 광고 계약은 우리 회사에 여러모로 대단히 중요해요. 그 일에 도움이 필요하나요?

M 친절하시군요. 당신이 데이터 분석을 잘 하신다고 알고 있어요. 매출액에 관한 당신의 도움이 정말 필요해요.

W 문제없어요.

어휘 advertising 광고 urgent 급박한 move up 순서를 올리다, 앞당기다 all of a sudden 불의에, 갑자기 tremendously 엄청나게 sales figures 매출액

1. 해석 화자들은 어디에서 근무할 것 같은가?
   (A) 광고 대행사   (B) 설문조사 연구소
   (C) 가구 회사   (D) 행사 기획 회사
   해설 여자는 첫 번째 말과 두 번째 말에서 소셜 미디어 광고, 광고 계약에 대해 언급하였으므로 (A)가 정답이다.
   어휘 agency 대행사, 대리점 laboratory 연구실

2. 해석 남자는 어제 무엇을 하였다고 말하는가?
   (A) 회의를 가졌다.
   (B) 세미나에 참석했다.
   (C) 계약을 성사했다.
   (D) 프레젠테이션을 준비했다.
   해설 남자는 세미나에 가고 싶었지만 어제 하루 종일 발표 자료를 준비하였다고 했으므로 (D)가 정답이다.

3. 해석 여자는 무엇을 해 주겠다고 제안하는가?
   (A) 예약하기
   (B) 마감기한 연장
   (C) 고객과 연락하기
   (D) 정보 분석
   해설 남자는 여자가 데이터 분석을 잘 한다고 언급한 후 도움을 요청하고 있으므로 데이터 분석과 관련이 있는 (D)가 정답이다.
   어휘 make a reservation 예약하다 postpone 지연하다, 연기하다 deadline 마감기한, 마감일 analyze 분석하다

UNIT 15 과거진행 시제 부정문과 의문문

PRACTICE

A. 1. Was Dr. Miller conducting research in Argentina?
2. Was the hotel offering special prices?

B. 1. 경험하고 있지 않았다 2. 관리하고 있지 않았다 3. 예상하고 있지 않았다

C. 1. (C)

A. 1. 밀러 씨는 아르헨티나에서 조사를 수행하고 있었다(→ 있었습니까?). 2. 호텔은 특별 가격을 제공하고 있었다(→ 있었습니까?). C. 1. 영화는 좋은 후기들을 받고 있지 않았다.

ACTUAL TEST

PART 3 1. (B) 2. (C) 3. (A)
PART 5 1. (C) 2. (D) 3. (C) 4. (B)

PART 3

W **①**Last quarter's sales figures aren't looking good. **②**Apparently Mr. Ford isn't managing his department skillfully.

M I know. Home appliance sales figures were growing rapidly before he became the manager. **①**I wasn't expecting this kind of profit loss.

W Is Mr. Ford in his office?

M No, he is out sick today.

W Again? He called in sick five times this month alone.

M Well, I was talking to Jim the other day and he complained about Mr. Ford's irresponsibility. I wasn't taking his complaint very seriously but now I'm worried. **③**We need someone to take over his job.

W 지난 분기 매출액이 좋아 보이지 않는군요. 분명히 포드 씨는 그의 부서를 솜씨 있게 관리하고 있지 않아요.

M 그러게요. 그가 담당자가 되기 전에 가전제품 매출액이 급격하게 증가하고 있었잖아요. 저는 이러한 수익 손실은 예상하고 있지 않았어요.

W 포드 씨는 지금 사무실에 있나요?

M 아뇨, 그는 오늘 아파서 안 나왔어요.

W 또요? 그는 이번 달에만 5번 아프다는 전화를 했어요.

M 음, 하루는 짐과 이야기하고 있었는데 그가 포드 씨의 무책임한 태도에 관해 불평했어요. 저는 그의 불평을 아주 심각하게 받아들이지 않고 있었는데 지금은 걱정이 되네요. 그의 직무를 넘겨받을 사람이 필요해요.

어휘 apparently 분명히 manage 관리하다, 경영[운영]하다 skillfully 솜씨 있게, 숙련되게 rapidly 급속하게 profit 수익 loss 손실 call in sick 아프다고 전화하다 complain 불평하다 seriously 심각하게 take over 떠맡다, 인수하다

1. 해석 화자들에게 어떤 문제가 있는가?
   (A) 그들은 중요한 고객을 잃었다.
   (B) 매출액이 예상외로 감소하고 있다.
   (C) 세계 시장이 불안정하다.
   (D) 몇 개의 프로젝트가 예산을 넘어선다.
   해설 여자의 첫 번째 말에 매출액이 좋아 보이지 않는다고 하였고, 남자의 두 번째 말에 profit loss(수익 손실)라는 표현이 언급되었다. 따라서 (B)가 정답이다.
   어휘 unexpectedly 예상외로, 뜻밖에 unstable 불안정한 over ~을 넘어선 budget 예산

2. 해석 남자가 "그러게요"라고 말한 의도는 무엇인가?
   (A) 그는 광범위한 지식을 가지고 있다.
   (B) 그는 포드 씨가 훌륭한 담당자라고 생각한다.
   (C) 그는 여자의 의견에 동의한다.
   (D) 그는 문제에 대한 해결책을 가지고 있다.
   해설 포드 씨에 대한 부정적인 평가 다음에 한 말이므로, 그러한 평가에 동의를 나타낸 것이라 볼 수 있다. 따라서 (C)가 정답이다.
   어휘 extensive 광범위한 knowledge 지식 agree with ~에 동의하다

3. 해석 남자는 여자에게 무엇을 제안하는가?

<u>(A) 포드 씨의 대체인력 구하기</u>
(B) 회의 소집
(C) 교육 프로그램 개발
(D) 포드 씨의 계약 갱신

해설 남자는 마지막 말에서 포드 씨의 직무를 넘겨받을 사람이 필요하다고 했으므로 **(A)**가 정답이다.

어휘 substitute 대체인력 convene 소집하다, 모으다 renew 갱신하다

PART 5

1. 해석 책임자들은 주 시스템이 제대로 작동하고 있지 않았다고 인정했습니다.

해설 책임자들이 인정한 내용이 that 이후에 나와 있다. 단수명사 the main system을 주어로 하여 현재분사 working과 함께 쓸 수 있는 be동사가 필요하므로 **(C)**가 정답이다.

어휘 acknowledge 인정하다 main 주된 properly 적절하게

2. 해석 기자는 그 기관이 규정에 따라 시설을 점검하지 않고 있음을 밝혀냈다.

해설 기자가 밝혀낸 사실이 that 이후에 나와 있다. be동사 부정형과 함께 쓰일 수 있으면서 the organization을 주어로 할 때 해석이 자연스러운 **(D)**가 정답이다.

어휘 reporter 기자 reveal 밝히다, 드러내다 organization 기관, 단체 inspect 점검하다 facility 시설

3. 해석 그 연구는 계획의 기술적 부분의 기초로 작용했지만, 신뢰성이 증가하고 있지는 않았다.
(A) 고무적인   (B) 에워싸는   <u>(C) 증가하는</u>   (D) 조사하는

해설 대조적인 내용을 연결하는 접속사 but 뒤에는 연구에 대한 부정적인 내용이 와야 한다. 따라서 **(A)**가 정답이다.

어휘 act as ~로 작용하다 basis 기준, 기초 portion 부분, 몫 result 결과; (~의 결과로서) 발생하다

4. 해석 엔진이 안정적인 비행을 유지할 만큼 충분한 동력을 생산하고 있지 않아서, 에드워즈 씨는 강제 착륙에 적합한 위치를 찾았다.
(A) 그러나, 하지만   <u>(B) 그래서</u>   (C) ~할 때   (D) 왜냐하면

해설 빈칸 앞에는 엔진 문제가 언급되어 있고, 빈칸 뒤에는 그에 따른 조치가 나와 있으므로 **(B)**가 정답이다.

어휘 maintain 유지하다 flight 비행 search for ~을 찾다 suitable 적합한 forced 강제의

UNIT 16 현재완료 시제

PRACTICE

A. 1. have increased 2. have
B. 1. 막 돌아왔다 2. 참여해왔다
C. 1. (D)
C. 1. 그는 그가 존 그레이에게서 편지를 받아본 적이 있다고 말했다.

PART 2

1.

W1 Is Ms. Kidman coming to the office?
W2 **(A) No, she has already come yesterday.**
    (B) No, she didn't do it.
    (C) I come here every week.

해석 키드먼 씨가 사무실로 오고 있나요?
(A) 아니요, 어제 이미 왔습니다.
(B) 아니요, 그녀는 그것을 하지 않았습니다.
(C) 저는 매주 이곳에 옵니다.

해설 키드먼 씨가 오고 있냐는 질문에 어제 이미 왔다고 답한 **(A)**가 정답이다. (B)는 과거 사실을 묻는 말에 적절한 응답이므로 오답이고, (C)는 질문의 동사 come을 반복하여 혼동을 주는 오답이다.

어휘 already 이미 every 매 week 주

2.

W You went to the opening night last weekend, didn't you?
M **(A) Yes, I have enjoyed it a lot.**
   (B) I didn't send it yet.
   (C) You've reached customer service.

해석 당신은 지난 주말에 개막식에 갔었죠, 그렇지 않나요?
(A) 네, 저는 아주 즐거웠습니다.
(B) 저는 아직 보내지 않았습니다.
(C) 고객 서비스 센터입니다.

해설 개막식에 다녀왔는지 묻는 말에 긍정적인 대답을 한 후, 즐거웠다고 덧붙인 **(A)**가 정답이다. (B)는 질문 내용과 관계없는 동사 send로 답하여 오답이고, (C)는 고객 서비스 센터에 전화했을 때 직원이 응대하는 표현이므로 오답이다.

어휘 opening 개막 weekend 주말 reach 연락하다, 닿다

PART 5

1. 해석 지난 6개월 동안 그들은 다량의 모니터 공급을 받았다.

해설 과거 시점부터 현재까지의 시간을 나타내는 표현 over the last 6 months가 사용되었으므로 현재완료 시제 **(D)**가 정답이다.

어휘 supply 공급 over ~ 동안 last 지난

2. 해석 에세르 씨는 이 직책에 지난 7년동안 있어왔다.
<u>(A) ~ 동안</u>   (B) ~와   (C) ~까지   (D) ~에게

해설 동사 have been의 현재완료 시제와 어울려 7년 동안 직책에 있어왔다는 의미가 되어야 문맥이 자연스러우므로 **(A)**가 정답이다.

어휘 position 직책 past 지난

3. 해석 시 의회는 지난 회계연도 이후로 정부 보조금 180,000달러를 80개 기관에 주었다.
(A) ~에도 불구하고   (B) ~을 제외하고   <u>(C) ~ 이후로</u>   (D) ~ 뒤에

해설 동사 has given의 시제인 현재완료와 어울리도록 과거부터 현재까지의 시간을 나타내는 표현이 와야 하므로 **(C)**가 정답이다.

어휘 council 의회 grant 보조금

4. 해석 우리는 최근에 1월 13일자 문서를 받았고 이 문서들을 우리의 확인 요건과 대조하는 과정에 있다.

　　(A) 평소에　(B) 곧　(C) 정기적으로　**(D) 최근에**

　해설 현재완료 시제 have received가 사용되었으므로 최근에 문서를 받았다는 의미가 되어야 자연스럽다. 따라서 **(D)**가 정답이다.

　어휘 date 날짜를 기입하다 process 과정 check against ~과 대조하다 verification 입증, 확인 requirement 요건

5. 해석 영업부는 경영진과 상의하지 않고 이미 판촉 행사를 연장했다.

　해설 과거 시점을 나타내는 표현 already(이미)가 사용되었으므로 현재완료 시제가 빈칸에 와야 한다. 따라서 **(A)**가 정답이다.

　어휘 promotional 홍보의, 판촉의 without ~ing ~하지 않고 consult 상의하다 management 경영진

6. 해석 더 와이즈 금융은 2013년 이후로 많은 변혁을 거쳤다.

　해설 과거부터 현재까지의 시간을 나타내는 표현 since가 사용되었으므로 현재완료 시제가 빈칸에 와야 한다. 따라서 **(D)**가 정답이다.

　어휘 go through 거치다 transformation 변혁

7. 해석 지역 공장은 문을 연 이후로 1만 개의 부품을 생산했다.

　　(A) 공장　(B) 보고서　(C) 주문　(D) 행사

　해설 부품을 생산하는 곳으로 적합한 곳은 공장이므로 **(A)**가 정답이다.

8. 해석 게이트 보안 회사는 25년이 넘는 동안 지속적으로 뛰어난 보안 서비스를 제공해 오고 있습니다.

　해설 과거부터 이어지는 시간을 나타내는 표현 for가 사용되었으므로 문장의 시제는 현재완료가 되어야 한다. 빈칸 앞에 has가 나왔으므로 과거분사 **(C)**가 정답이다.

　어휘 security 보안 consistently 지속적으로

UNIT 17 현재완료 시제 부정문과 의문문

PRACTICE

A. 1. 결정하지 않았습니다 2. 연락하지 않고 있습니다
B. 1. Have we changed our advertising agency?
　2. Has she enrolled in a public speaking course?
C. 1. (C)
B. 1. 우리는 광고대행사를 바꿨습니다(→바꿨습니까?). 2. 그녀는 공개 연설 강좌에 등록했습니다(→등록했습니까?) C. 1. 당신은 터너 씨의 제안을 거절하지 않았나요?

ACTUAL TEST

PART 2 1. (B) 2. (A) 3. (A)
PART 3 1. (D) 2. (A) 3. (C)
PART 5 1. (B) 2. (B)

PART 2

1.
W　Did you book the hotel?
M　(A) Your name is not on the list.
　(B) No, I haven't had much time.
　(C) Tomorrow afternoon, I guess.

해석 당신은 호텔을 예약했습니까?
　(A) 당신의 이름은 명단에 없습니다.
　(B) 아니요, 저는 시간이 별로 없었습니다.
　(C) 제 생각엔 내일 오후요.

해설 호텔을 예약했는지 묻는 말에 너무 바빠서 아직 못했다고 답한 (B)가 정답이다. (A)는 호텔 측에서 상대방이 예약자 명단에 없음을 알려주기 위해 사용할 수 있는 표현이므로 질문 내용에 맞지 않아 오답이다. (C)는 과거에 어떤 일을 했는지 묻는 표현에 미래 시점으로 답하였으므로 오답이다.

어휘 book 예약하다 list 목록, 명단

2.
W　Is he going to accept the position?
M　**(A) Yes, he's decided to move to Oslo.**
　(B) I'm going back to work.
　(C) Sorry, no seats are available.

해석 그는 그 직책을 받아들일 건가요?
　(A) 네, 그는 오슬로로 가기로 했어요.
　(B) 저는 회사로 복귀할 거예요.
　(C) 죄송하지만 남은 좌석이 없습니다.

해설 그가 그 직책을 받아들일 것이냐는 질문에 yes로 긍정적인 대답을 한 후, 오슬로로 가기로 했다고 덧붙인 (A)가 정답이다. (B)와 (C)는 각각 position에서 연상할 수 있는 어휘 work와 seat을 사용한 오답이다.

3.
M　Haven't we already sent out the proposal?
W　**(A) No, not yet.**
　(B) Please think about the proposal.
　(C) I have two tickets.

해석 우리가 이미 제안서를 보내지 않았나요?
　(A) 아니요, 아직 하지 않았어요.
　(B) 이 제안에 관해 생각해 보세요.
　(C) 저는 표 두 장이 있어요.

해설 제안서를 보냈는지 묻는 말에 아직 아니라고 답한 (A)가 정답이다. (B)와 (C)는 각각 질문에 나온 proposal과 have를 반복한 오답이다.

어휘 already 이미 send out ~을 보내다 proposal 제안서

PART 3

M　Hi. My name's Fred Perez. I've visited your website and **❶❷I'm wondering if you have job openings available.**
W　One of our kitchen assistants has just quit. Have you ever worked in a restaurant?
M　Yes, I have worked for 2 years in a Japanese restaurant in Cleveland.
W　OK. Please wait a second. **❸Let me check if our chef's available.**

M 안녕하세요, 저는 프레드 페레스입니다. 귀하의 웹사이트를 방문했는데, 혹시 지원 가능한 일자리가 있는지 궁금합니다.

W 우리 주방보조 중 한 명이 마침 그만두었어요. 식당에서 일한 경험이 있나요?

M 네, 저는 2년 동안 클리블랜드에 있는 일식당에서 일했습니다.

W 좋아요. 잠시만 기다려주세요. 제가 주방장이 시간이 되는지 알아보고 올게요.

어휘 wonder 궁금해하다 available 이용할 수 있는, 시간이 있는 quit 그만두다 chef 주방장

1. 해석 남자는 여자에게 왜 말을 거는가?
   (A) 점심 회의에 초대하기 위해
   (B) 영업시간을 알기 위해
   (C) 일시적으로 식당을 대여하기 위해
   (D) 구직 기회에 관해 문의하기 위해

   해설 남자의 첫 번째 대사에서 지원 가능한 일자리가 있는지 물어봤으므로 **(D)**가 정답이다.

   어휘 find out 알아내다 operation 운영 rent 대여하다 temporarily 일시적으로 inquire 문의하다

2. 해석 여자가 "우리 주방보조 중 한 명이 마침 그만두었어요"라고 말한 의도는 무엇인가?
   (A) 지원 가능한 일자리가 있다.
   (B) 그녀는 직원들과 갈등이 있다.
   (C) 식당은 어려운 상황에 있다.
   (D) 그녀는 자기 직업에 관해 불평하고 있다.

   해설 남자가 식당에 지원 가능한 일자리가 있는지 물어본 후, 여자가 주방보조 중 한 명이 마침 그만두었다고 하였다. 이는 지원 가능한 일자리가 있다는 의미이므로 **(A)**가 정답이다.

   어휘 trouble 문제 complain 불평하다

3. 해석 여자는 다음에 무엇을 할 것인가?
   (A) 호텔에 연락하기   (B) 웹사이트 폐쇄
   (C) 직원 찾기   (D) 테이블 준비

   해설 여자의 마지막 대사에서 주방장이 시간이 있는지 알아보고 오겠다고 하였으므로 여자는 주방장을 찾으러 갈 것임을 알 수 있다. 따라서 **(C)**가 정답이다.

PART 5

1. 해석 게다가, 젠킨스 씨는 아직까지 PND 살충제 측에 수정된 계획에 관해 알리지 않았다.

   해설 빈칸 앞에는 hasn't가 나와있으므로 has와 함께 현재완료 시제를 만들 수 있는 과거분사가 빈칸에 와야 한다. 따라서 **(B)**가 정답이다.

   어휘 inform 알리다 regarding ~에 관하여 revised 수정된

2. 해석 세론 씨는 일자리 제의를 받아들이기로 했으나 아직 계약서에 서명하지 않았다.
   (A) 곧   **(B) 아직**   (C) 심지어   (D) 거의

   해설 현재완료는 과거에 발생해서 현재까지 이어지는 일을 표현하므로 아직 서명하지 않았다는 의미가 되어야 자연스럽다. 따라서 **(B)**가 정답이다.

UNIT

18 미래 시제 (1) will

PRACTICE

A. 1. review 2. be
B. 1. Will she pick up the cake? 2. Will Mr. Diaz fix the copying machine tomorrow?
C. 1. (C)

A. 1. 우리는 아침 동안 소프트웨어를 검토할 것입니다. 2. 당신의 차는 10월 14일까지 준비될 것입니다. B. 1. 그녀가 케이크를 찾아올 것입니다(→ 것입니까?). 2. 디아즈 씨가 내일 복사기를 고칠 것입니다(→ 것입니까?) C. 1. 우리는 다음 회의에서 세부사항을 논의할 것입니다.

ACTUAL TEST

PART 5 1. (B) 2. (C) 3. (B) 4. (A)
PART 7 1. (D) 2. (B)

PART 5

1. 해석 오도넬 씨는 상무이사 자리를 8월 1일에 공식적으로 맡을 것이다.

   해설 미래 시제를 만드는 조동사 will은 항상 동사원형과 함께 쓰이므로 **(B)**가 정답이다.

   어휘 officially 공식적으로 assume 맡다 managing director 상무 이사

2. 해석 조직 위원회는 장소와 일자를 곧 정할 것이다.

   해설 미래를 나타내는 시간 표현 soon이 나왔으므로 문장의 시제는 미래가 되어야 한다. 따라서 **(C)**가 정답이다.

   어휘 committee 위원회 venue 장소 soon 곧

3. 해석 우리 인사부장이 곧 당신에게 연락할 것입니다.

   해설 미래 시제를 만드는 조동사 will은 항상 동사원형과 함께 쓰이므로 **(B)**가 정답이다.

   어휘 human resources 인적 자원, 인사부 be in touch 연락하다

4. 해석 이사회는 이달 말까지 제안서를 승인할 것이다.
   (A) 승인하다 (B) 방문하다 (C) 지속하다 (D) 불평하다

   해설 이사회가 제안서에 관해 할 일로 가장 적절한 것은 '승인하다'이므로 **(A)**가 정답이다.

PART 7

웰딩 씨께
❶스카이웨이브 플러스를 대신하여, 저는 당신을 우리 회사의 공식 출시 이벤트에 초청하게 되어 기쁩니다. 행사는 6월 10일에 라 플라자 호텔에서 열립니다. 발표는 오후 6시에 시작할 것입니다. 같은 장소에서 샴페인 연회가 뒤를 이을 것입니다. 각 손님은 발표 말미에 50달러 상품권을 받게 됩니다. ❷참석하시려면 5월 20일까지 린다 하산에게 l.hassan@skaywaveplus.com으로 회답 주시기 바랍니다.
피터 가너
홍보 관리자

어휘 on behalf of ~을 대신하여 launch 출시 take place 일어나다, 개최되다 RSVP 회답 주시기 바랍니다

1. 해석 가너 씨는 왜 편지를 보냈는가?
    (A) 물품을 주문하기 위해
    (B) 회의를 연기하기 위해
    (C) 특가 판매를 광고하기 위해
    (D) 누군가를 행사에 초청하기 위해

해설 편지 앞부분에서 '당신을 우리 회사의 공식 출시 이벤트에 초청하게 되어 기쁩니다'라고 하였으므로 이 글을 쓴 목적은 웰딩 씨를 행사에 초청하기 위해서이다. 따라서 **(D)**가 정답이다.

어휘 order 주문하다 postpone 연기하다 special offer 특가 판매

2. 해석 웰딩 씨는 행사에 참석하고 싶다면 무엇을 해야 하는가?
    (A) 물품 구매   **(B) 이메일 발송**
    (C) 지원서 제출   (D) 표 구입

해설 편지 마지막 부분에서 참석하려면 린다 하산의 이메일 주소로 회답 달라고 하였으므로, 웰딩 씨가 참석하기 위해 할 일은 이메일을 보내는 것이다. 따라서 **(B)**가 정답이다.

UNIT 19 미래 시제 (2) be going to

PRACTICE

A. 1. send 2. lecture
B. 1. Are we going to focus on the European market?
    2. Is Benjamin going to attend Mark's wedding?
C. 1. (A)

A. 1. 제가 당신에게 프로젝트에 관한 몇 가지 정보를 보내드릴 것입니다. 2. 핀처 박사는 작업 능률에 관해 강의할 것입니다. B. 1. 우리는 유럽 시장에 집중할 것입니다(→것입니까?). 2. 벤자민은 마크의 결혼식에 참석할 것이다(→것입니까?). C. 1. 마르티네즈 씨는 오늘 오후 재고를 확인할 것이다.

ACTUAL TEST

PART 2 1. (A) 2. (C)
PART 4 1. (B) 2. (C)
PART 5 1. (A) 2. (C)

PART 2

1.
M Are you going to hire him as a financial consultant?
W **(A) No, he's not qualified.**
    (B) The finances are strong.
    (C) Are you working for him?

해석 당신은 그를 재정 고문으로 고용할 것입니까?
    (A) 아니요, 그는 자격이 없어요.
    (B) 재정이 튼튼합니다.
    (C) 당신은 그를 위해 일하고 있습니까?

해설 그를 재정 고문으로 고용할 것이냐는 질문에 부정적으로 답한 후, 그는 능력이 없다고 덧붙인 **(A)**가 정답이다. (B)는 financial의 명사형 finance를 사용한 오답이고, (C)는 hire에서 연상할 수 있는 어휘 work를 사용한 오답이다.

어휘 consultant 자문가, 고문 finance 재정

2.
M Are they going to open another branch?
W (A) That's a brilliant idea.
    (B) Thank you for your help.
    (C) It seems so.

해석 그들은 또 다른 지점을 낼 건가요?
    (A) 그것 참 좋은 생각이네요.
    (B) 도와주셔서 감사합니다.
    (C) 그렇게 보이네요.

해설 그들이 또 다른 지점을 낼 것인지 묻는 질문에 그런 것 같다고 불확실하게 답하는 **(C)**가 정답이다. (A)는 상대방의 제안에 답하는 표현, (B)는 상대방의 도움 제안에 감사하는 표현이므로 주어진 질문에 적절하지 않아 오답이다.

어휘 branch 지점 brilliant 훌륭한, 멋진

PART 4

W Good morning. Welcome to the Visitor Center at Ordesa National Park. ❶**I'm Claire and I'll be accompanying you on the entire trail today.** Before we start the tour, please look at the guide map. ❷**We take Stone Trail usually, but we've temporarily closed the road due to landslides. Instead, we are going to take the Lakeside Trail.** It's 1-mile long but after about half a mile the trail is extremely slippery. So we're going to change to the Oak Trail in the middle. It ends at the Ordesa Viewpoint and we're going to take a break there for lunch. Please stay on the trail and avoid cliff edges for your safety.

W 안녕하세요. 오르데사 국립 공원 방문자 센터에 오신 것을 환영합니다. 저는 클레어이고 오늘 경로 내내 여러분과 동행할 것입니다. 관광을 시작하기 전에 먼저 안내도를 봐주십시오. 우리는 보통 스톤 트레일을 택하지만, 산사태로 인해 일시적으로 길을 폐쇄했습니다. 대신 우리는 레이크사이드 트레일로 갈 것입니다. 이것은 일 마일 길이인데 반 마일 후에는 극도로 미끄럽습니다. 그러므로 우리는 중간에서 오크 트레일로 바꿔 갈 것입니다. 그것은 오르데사 전망대에서 끝납니다. 우리는 그곳에서 점심을 먹기 위해 휴식을 취할 것입니다. 여러분의 안전을 위해 항상 경로 위에 머물러주시고 절벽 가장자리를 피해 주세요.

어휘 accompany 동행하다 entire 전체의 trail 경로 temporarily 일시적으로 landslide 산사태 slippery 미끄러운 break 휴식 cliff 절벽

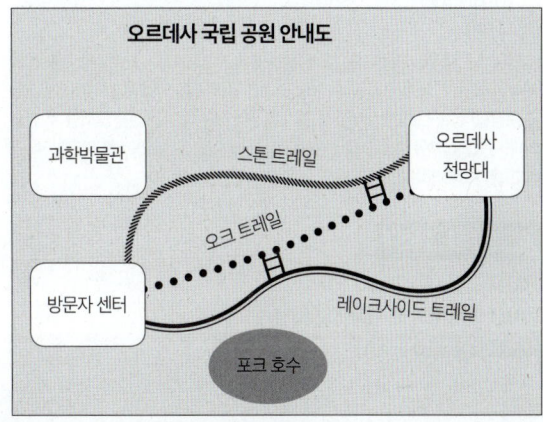

오르데사 국립 공원 안내도

1. **해석** 화자는 누구인 것 같은가?
   (A) 미술품 중개인　　　**(B) 여행 안내인**
   (C) 사진사　　　　　　(D) 시 공무원

   해설 여자는 오르데사 국립 공원에 방문한 사람들에게 관광 코스를 설명하고 있다. 또한 오늘 경로 내내 동행하겠다는 표현을 통해 여자가 방문객들을 안내하는 사람이라는 것을 알 수 있다. 따라서 **(B)**가 정답이다.

   어휘 dealer 중개인 official 공무원

2. **해석** 시각 정보에 의하면, 청자들이 오늘 방문하지 못하게 될 곳은 어디인가?
   (A) 방문자 센터　　　　(B) 포크 호수
   (C) 과학박물관　　　　(D) 오르데사 전망대

   해설 일반적으로 가는 스톤 트레일을 산사태로 인해 폐쇄하였다고 하였으므로 스톤 트레일에 있는 과학박물관은 방문할 수 없다. 따라서 **(C)**가 정답이다.

PART 5

1. **해석** 이 유화는 안내 구역의 전반적인 모습을 향상할 것이다.

   해설 미래 시제를 표현하는 be going to 뒤에는 동사원형이 오므로 **(A)**가 정답이다.

   어휘 overall 전반적인 reception 접수, 안내

2. **해석** 개발 부서는 새 예산 제한에 대해 기뻐하지 않을 것이다.

   해설 미래 시제를 표현하는 be going to 뒤에는 동사원형이 오므로 **(C)**가 정답이다.

   어휘 development 개발 limit 제한

U N I T
20 Can / Could

PRACTICE

A. 1. enjoy 2. reduce
B. 1. Can WHL guarantee delivery within three business days? 2. Can he help you move the furniture?
C. 1. (B)

A. 1. 당신은 테라스에서 아름다운 경관을 즐길 수 있습니다. 2. 우리는 10퍼센트에서 7퍼센트로 비용을 줄일 수 있습니다. B. 1. WHL은 영업일 3일 이내에 배달을 보장합니다(→ 보장합니까?). 2. 그가 당신이 가구 옮기는 것을 도와줄 수 있습니다(→ 있습니까?). C. 1. 그레이엄은 그들이 제시간에 프로젝트를 완료할 수 있다고 생각하지 않아요.

ACTUAL TEST

PART 2 1. (C) 2. (A)
PART 3 1. (D) 2. (D) 3. (A)
PART 5 1. (B) 2. (A)

PART 2

1. W　Can I have a word with you?
   M　(A) No, he's very busy.
   　　(B) Are you sure?
   　　(C) Sure, about what?

   해석 얘기 좀 나눌 수 있을까요?
   (A) 아니요, 그는 몹시 바쁩니다.
   (B) 확실합니까?
   (C) 그럼요, 무엇에 관해서요?

   해설 얘기 나눌 수 있느냐는 질문에 그렇다고 답한 후 무엇에 관해서인지 묻는 **(C)**가 정답이다. (A)는 '당신'과 이야기 나눌 수 있는지 물어봤는데 '그'에 관해 답하므로 오답이다. (B)는 상대방의 정보가 확실한지 묻는 표현이므로 오답이다.

2. W　Could we have a table for two, please?
   M　**(A) Sorry, all the tables are booked tonight.**
   　　(B) I didn't know that.
   　　(C) No, a window seat.

   해석 두 사람을 위한 테이블이 있을까요?
   (A) 죄송하지만 오늘 저녁에는 모든 테이블이 예약되었습니다.
   (B) 저는 그것을 몰랐습니다.
   (C) 아니요, 창가 쪽 자리요.

   해설 식당에서 두 사람을 위한 좌석을 안내해달라는 표현에 죄송하지만 모든 좌석이 예약되었다고 답한 **(A)**가 정답이다. (B)는 현재 상황을 물어보는 질문에 과거 시제로 답하였으므로 오답이다. (C)는 원하는 좌석을 말하기 위해 손님이 사용하는 표현이므로 오답이다.

PART 3

W　Hello, this is Grand Cosmo Hotel. How can I help you?
M　Hi, my name is Jason. **❶I wanted to ask if I can book a banquet room for a party next Friday.** I have around 50 people on my guest list.
W　Let me see. We have a perfect room for a gathering between 40 and 60 people but the room is not available on that day. I'm sorry.
M　Can you please try to arrange something? It's for my parents' 50th wedding anniversary.
W　**❷Well, our biggest banquet hall is available that day. Is that okay with you?**
M　**❷Yeah, sure. ❸I will invite more people.** Thank you for your suggestion.
W　You're welcome. Hope you enjoy it. Have a great day!

W　안녕하세요, 그랜드 코스모 호텔입니다. 무엇을 도와드릴까요?
M　안녕하세요, 제 이름은 제이슨입니다. 다음 금요일에 파티를 위한 연회실을 예약할 수 있을지 여쭤보고 싶었습니다. 손님 명단의 인원은 50명 정도입니다.
W　어디 볼까요. 저희에게 40명에서 60명 사이의 모임에 딱 맞는 방이 있는데 그 날은 이용하실 수 없네요. 죄송합니다.
M　무언가 마련해주실 수 있나요? 부모님의 50번째 결혼기념일이거든요.
W　음, 저희 가장 큰 연회실은 그날 이용 가능합니다. 괜찮으시겠어요?
M　네, 그럼요. 저는 더 많은 사람들을 초대하려고요. 제안 감사 드립니다.
W　천만에요. 즐겁게 보내시길 바랍니다. 좋은 하루 되세요.

/>

어휘　banquet 연회 gathering 모임 arrange 마련하다 anniversary 기념일 suggestion 제안

장소	수용 인원	가격
로즈룸	25~35	500달러
마블룸	40~60	650달러
크리스탈 대연회장	80~100	800달러
그랜드 연회장	120~150	1,100달러

1. 해석　남자가 전화한 이유는?
   (A) 상품권을 사기 위해
   (B) 감사를 표시하기 위해
   (C) 특별 할인가를 문의하기 위해
   (D) 파티를 위한 장소를 예약하기 위해

   해설　남자의 첫 번째 대사에서 다음 금요일에 파티를 위한 연회실을 예약할 수 있는지 알고 싶다고 밝혔으므로 **(D)**가 정답이다.

   어휘　express 표현하다 gratitude 감사 inquire 문의하다 rate 요금

2. 해석　시각 정보에 의하면, 남자는 방 가격으로 얼마를 지불할 것인가?
   (A) 500달러　(B) 650달러　(C) 800달러　**(D) 1,100달러**

   해설　그날 가장 큰 연회실이 이용 가능한데 괜찮은지 묻는 여자의 물음에 남자가 그렇다고 하였으므로, 남자가 예약할 방은 수용 인원이 가장 많은 그랜드 연회장이다. 따라서 **(D)**가 정답이다.

3. 해석　남자는 다음에 무엇을 할 것인가?
   (A) 더 많은 초대장 발송　(B) 다른 호텔에 연락
   (C) 행사 일자 이동　(D) 출장 음식 업체 고용

   해설　남자가 '더 많은 사람들을 초대하려고요'라고 하였으므로 **(A)**가 정답이다.

PART 5

1. 해석　저희 온라인 서버의 기술적인 문제로 인해 저희 매표소에서만 공연 티켓을 사실 수 있습니다.

   해설　조동사 뒤에는 항상 동사원형이 오므로 **(B)**가 정답이다.

   어휘　due to ~로 인하여 issue 문제 server 서버

2. 해석　파라다이스 베케이션의 골드 회원들은 추가 비용 없이 온라인 예약 취소나 변경을 간단하게 할 수 있습니다.

   해설　조동사 뒤에는 항상 동사원형이 오므로 **(A)**가 정답이다.

   어휘　simply 간단히, 단순하게 cancellation 취소 modification 변경 booking 예약 without ~ 없이 additional 추가적인

UNIT 21 May / Might

PRACTICE

A. 1. need 2. cause
B. 1. **바꿀지도 모른다** 2. **발표할지도 모른다**
C. 1. **(D)**

A. 1. 당신은 의료 기록 사본이 필요할 수도 있습니다. 2. 검정 받지 않은 배터리는 상품에 손상을 일으킬 수 있습니다. C. 1. 고객 부서는 상당한 변화를 겪을지도 모른다.

ACTUAL TEST

PART 5 1. (A) 2. (C) 3. (A) 4. (D)
PART 6 1. (D) 2. (D) 3. (B) 4. (A)

PART 5

1. 해석　보도 자료에 따르면 MGN Inc.는 이번에 다른 전략을 추구할지도 모른다.

   해설　조동사 뒤에는 항상 동사원형이 오므로 **(A)**가 정답이다.

   어휘　press release 보도 자료, 언론 발표 pursue 추구하다, 요구하다 strategy 전략

2. 해석　힘든 시장 조건에도 불구하고 매출 성장은 올해 7퍼센트를 초과할지도 모른다.

   해설　조동사 뒤에는 항상 동사원형이 오므로 **(C)**가 정답이다. excess는 명사이다.

   어휘　despite ~에도 불구하고 challenging 도전적인, 힘든 condition 조건 sales 매출, 판매 growth 성장

3. 해석　그들의 신제품 라인은 신규 고객을 얻고 수익을 증가시킬 수도 있다.

   해설　조동사 뒤에는 항상 동사원형이 오므로 **(A)**가 정답이다. increase도 등위접속사 and로 might에 연결된 동사원형이다.

   어휘　product 제품 customer 고객 increase 증가시키다 revenue 수익, 세입

4. 해석　직원들은 그들이 충분한 금전적 보상을 받고 있다고 생각하지 않을지도 모른다.
   (A) 완성하다　(B) 예방하다, 막다　(C) 조절하다　**(D) 생각하다**

   해설　보기가 모두 동사원형이므로 문장을 자연스럽게 해석할 수 있는 보기를 골라야 한다. 빈칸 이후의 내용을 목적어로 해석했을 때 자연스러운 **(D)**가 정답이다.

   어휘　employee 직원 sufficient 충분한 financial 금융의, 재정의 reward 보상

PART 6

클라크 씨에게
다가오는 ❶**방문**을 위해 사우스필드 호텔을 고려해주셔서 감사합니다. 귀하의 문의와 관련하여, 당신은 ❷**추가 요금 없이 일찍 체크인하실 수 있지만** 이용 가능성의 영향을 받게 됨을 부디 알아주시기 바랍니다.
지금 예약하기를 원하신다면 203-450-3791로 연락하십시오. ❸**또는 당신은 첨부된 양식을 작성하여 저희에게 보내주시면 됩니다.**
저희의 예약 및 고객 서비스 팀은 귀하께서 ❹**가지고 계실 수 있는** 모든 질문에 언제나 대답할 준비가 되어 있습니다.
피터 로메로
총지배인, 사우스필드 호텔

어휘　consider 고려하다 upcoming 다가오는, 곧 있을 regarding ~에 관한 kindly 친절하게, 호의적으로 inform 알리다 be subject to ~의 영향을 받다, ~을 조건으로 하다 availability 이용 가능성 reservation 예약

1. 해석　(A) 시험　(B) 사본　(C) 소음　**(D) 방문**

해설 이 글은 사우스필드 호텔에서 고객의 문의에 답변하기 위해 작성한 이메일이다. 호텔에 문의할 내용으로 적절한 **(D)**가 정답이다.

2. 해석 (A) 가득한 (B) 전체의, 총 (C) 일반적인 **(D) 추가의**

해설 보기는 모두 형용사이다. 추가 요금 없이 일찍 체크인할 수 있다는 의미가 되어야 자연스러우므로 **(D)**가 정답이다.

3. 해석 (A) 운전자들은 공항에 당신을 데리러 가는 것을 원치 않을지도 모릅니다.
(B) 또는 당신은 첨부된 양식을 작성하여 저희에게 보내주시면 됩니다.
(C) 호텔은 보수공사 중입니다.
(D) 저희는 광범위한 서비스를 여행객들에게 제공합니다.

해설 빈칸 앞에 예약을 할 수 있는 방법이 나와 있으므로, 또 다른 예약 방법을 언급한 **(B)**가 정답이다.

어휘 driver 운전자 pick up 줍다, 데리러 가다 airport 공항 fill out (양식을) 작성하다, 채우다 attached 첨부된 renovation 보수공사, 리노베이션 a range of ~ 범위의, 다양한 tourist 여행객

4. 해설 may는 조동사이다. 조동사 뒤에는 동사원형만 올 수 있으므로 **(A)**가 정답이다.

UNIT
22 Must

PRACTICE

A. 1. 진행하지 말아야 합니다 2. 걱정할 필요가 없습니다
   3. 완벽할 필요는 없습니다 4. 무시하지 않아야 합니다
B. 1. (B)
B. 1. 건물 관리자는 점검을 다음 주까지 연기해야 합니다.

ACTUAL TEST

PART 5 1. (A) 2. (A) 3. (C) 4. (D)
PART 6 1. (C) 2. (D) 3. (A) 4. (A)

PART 5

1. 해석 시공사는 모든 필요 서류를 이달 말까지 제출해야 한다.
(A) 제출하다 (B) 제출된; 제출했다 (C) 제출 (D) 순종적인

해설 조동사 뒤에는 항상 동사원형이 오므로 **(A)**가 정답이다.

어휘 constructor 건축업자, 시공사 necessary 필요한 document 서류 by ~까지

2. 해석 작업자들은 안전모를 바르게 착용하고 안전 지침을 따라야 한다.
(A) 입다, 착용하다 (B) 설치하다 (C) 훈련하다 (D) 허락하다

해설 보기가 모두 동사원형이므로 해석상 자연스러운 보기를 골라야 한다. 헬멧을 착용한다고 하는 것이 자연스러우므로 **(A)**가 정답이다.

어휘 safety 안전 properly 적절하게 follow 따르다 instruction 지침, 교육

3. 해석 위원회는 환경적 영향 평가를 매년 수행해야 한다.
(A) 전도, 유도 (B) 전도성의 **(C) 수행하다; 행동** (D) 수행하는

해설 조동사 뒤에는 항상 동사원형이 오므로 **(C)**가 정답이다.

어휘 committee 위원회 environmental 환경의 impact 충격, 영향 assessment 평가

4. 해석 투자 은행가로서 머레이 씨는 세계 경제의 이러한 변화들에 전문적으로 대응해야 한다.

해설 조동사 뒤에는 항상 동사원형이 오므로 **(D)**가 정답이다.

어휘 investment 투자 professionally 전문적으로

PART 6

공지
사무실 유지보수 작업은 다음 주에 진행될 것입니다. 일이 ❶**순조롭게** 진행되도록, 모든 직원들은 그들의 개인 소지품을 상자에 ❷**싸서** 책상 위에 놓아두셔야 합니다. 각각의 상자 윗면과 옆면에 이름을 표시하는 것을 잊지 마십시오. 사무실에 귀중품을 가지고 계신다면 그것들을 집에 ❸**가져가셔야** 합니다. 회사는 개인 물품의 분실에 책임을 질 수 없습니다. ❹**유지보수는 소음과 소란을 야기할 수 있습니다.** 유지보수는 일주일간 지속될 것이므로, 재택근무를 하셔야 합니다. 이메일과 음성메일을 자주 확인해 주세요.
협조에 미리 감사 드립니다.

어휘 notice 알림, 통지 renovation 유지보수, 리노베이션 take place 개최하다, 일어나다 run 운영하다 personal 개인의 belonging 소지품 leave 남기다, 떠나다 mark 표시하다 valuable 소중한; 귀중품 loss 손실, 분실 last 지속하다; 마지막의 work from home 재택근무하다 frequently 자주, 빈번하게

1. 해석 (A) 광범위하게 (B) 설득적으로
(C) 부드럽게, 순조롭게 (D) 독립적으로

해설 이 공지글은 사무실 유지보수와 관련하여 직원들에게 협조를 요청하는 글이다. 유지보수 작업을 순조롭게 운영하기 위한 것이므로 **(C)**가 정답이다.

2. 해석 (A) 초과하다 (B) 구성하다 (C) 무시하다 **(D) 싸다, 포장하다**

해설 소지품을 싼다고 하는 것이 자연스러우므로 **(D)**가 정답이다.

3. 해설 귀중품을 집에 가져가야 한다는 의미가 되어야 문맥상 적절하다. 의무를 나타내는 'have to+동사원형'이 되는 **(A)**가 정답이다.

4. 해석 **(A) 유지보수는 소음과 소란을 야기할 수 있습니다.**
(B) 저희는 이미 유지보수 작업을 완료하였습니다.
(C) 저희는 확장 계획을 발표하게 되어 기쁩니다.
(D) 회사는 유지보수에 7만 달러를 썼습니다.

해설 빈칸 다음에 재택근무를 해야 한다고 나와 있으므로, 재택근무를 해야 하는 이유인 **(A)**가 정답이다.

어휘 cause 야기하다 noise 소음 disturbance 소란, 방해 complete 완성하다 excited 흥분된 announce 알리다, 발표하다 expansion 확장, 확대 spend 사용하다

UNIT
23 Should

PRACTICE

A. 1. arrive 2. inform
B. 1. 연기하지 않는 것이 좋다 2. 이하여야 한다(이하가 되는 것이 좋다)
C. 1. (D)

A. 1. 당신의 주문은 당신이 주문하신 날로부터 5~12 영업일 이내에 도착할 것입니다. 2. 우리는 새로운 주소를 공급업체에 알려야 합니다. C. 1. 모티머 씨의 폭넓은 경험은 우리 팀에게 귀중한 자산이 될 것입니다.

ACTUAL TEST

PART 2 1. (C) 2. (A)
PART 3 1. (C) 2. (D)
PART 7 1. (A) 2. (C)

PART 2

1.
  M Should I take this package to the financial department?
  W (A) You should pack your suitcase.
  (B) Take your time.
  (C) No, it's for the IT department.

해석 이 소포를 재정 부서에 가져다 드리면 될까요?
(A) 당신의 가방을 싸야 합니다.
(B) 천천히 하세요.
(C) 아뇨, 그건 IT 부서 것입니다.

해설 Should로 시작하는 의문문은 상대방에게 의견을 묻기 위한 것이다. 재정 부서에 가져다 드리면 되냐는 질문에 아니라고 답한 후 IT 부서 것이라고 알려주는 (C)가 정답이다. (A)는 package의 동사형을 사용한 오답이며 (B)는 내용과 관계가 없으므로 오답이다.

어휘 package 소포, 패키지 suitcase 가방 take time 시간이 걸리다, 천천히 하다

2.
  W Should we take the offer?
  M **(A) Let me think about it.**
  (B) The offer is addressed to us.
  (C) I should leave now.

해석 제안을 받아들여야 할까요?
(A) 그것에 대해 생각해 볼게요.
(B) 그 제안은 우리에게 전달된 것입니다.
(C) 저는 지금 떠나야 해요.

해설 제안을 받아들여야 하냐고 묻는 여자의 말에 생각해보겠다고 답하는 (A)가 정답이다. (B)는 여자의 질문에 이미 전제되어 있는 내용이며, (C)는 should를 반복해서 사용했지만 여자가 묻는 말과 관계없는 내용이므로 오답이다.

어휘 offer 제안하다; 제안 address 말하다, 보내다, 지목하다 leave 떠나다

PART 3

  W I can't believe Alan is not here yet. He doesn't even answer my call. Should we call Ms. O'Neal and postpone the meeting?
  M No way. ❷We've already put off the meeting twice. She will be very upset if we do that again. ❶She said she was looking forward to seeing the blueprint for the new shopping center.
  W Right. Is there anyone who can fill in for him?
  M I don't think so. He drew the blueprint by himself. No one knows about it as much as he does. Don't worry. He should be here any minute.
  W I hope so. We only have 15 minutes. I should try his cell again.

W 나는 앨런이 아직도 여기에 없다는 걸 믿을 수 없어요. 그는 내 전화를 받지도 않아요. 오닐 씨에게 전화해서 회의를 연기해야 할까요?
M 말도 안 돼요. 우리는 벌써 두 번이나 회의를 미뤘어요. 우리가 다시 그렇게 하면 그녀는 정말 화가 날 거예요. 그녀는 새로운 쇼핑센터의 설계도를 보기를 기대하고 있다고 말했어요.
W 맞아요. 그를 대신할 사람이 있을까요?
M 그렇지 않은 것 같군요. 그는 혼자서 설계도를 그렸어요. 아무도 그 만큼 그것을 많이 알고 있지 않아요. 걱정 말아요. 그는 금방 여기에 올 거예요.
W 그랬으면 좋겠어요. 저희는 15분밖에 없어요. 핸드폰으로 다시 시도해봐야겠어요.

어휘 believe 믿다 yet 아직 answer 답하다, 전화를 받다 call 부르다; 전화 통화 postpone 연기하다 put off 미루다, 연기하다 twice 두 번 upset 냉정을 잃다, 화를 내다 look forward to -ing ~하기를 고대하다 blueprint 설계도, 청사진 fill in ~을 채우다 by oneself 혼자서 any minute 금방 cell 휴대전화(=cellphone)

1. 해석 화자들은 어디에서 근무할 것 같은가?
(A) 쇼핑몰 (B) 식당 **(C) 건축사무소** (D) 인쇄회사

해설 그들과 회의에 참석해야 하는 앨런이 쇼핑센터 설계도를 그렸다고 한 것으로 보아 그들은 건축회사에서 일하고 있다고 추측할 수 있다. 따라서 (C)가 정답이다

어휘 mall 대형 상점, 쇼핑몰 architecture 건축(학) firm 회사; 단단한

2. 해석 남자가 "말도 안 돼요"라고 말한 이유는 무엇인가?
(A) 해결책을 제시하려고 (B) 놀람을 표현하려고
(C) 유감을 나타내려고 **(D) 제안에 반대하려고**

해설 "말도 안 돼요"라고 말한 이후에 제안대로 해서는 안 되는 이유를 말했으므로 (D)가 정답이다.

어휘 emphasize 강조하다 opinion 의견 express 표출하다, 표현하다 regret 유감, 애석; 유감스럽게 생각하다 object 반대하다 suggestion 제안

PART 7

FAB 단체가 'FAB 특선 식품상'을 개발한다
일요일, 2월 3일

FAB 단체는 FAB 특선 식품상의 개발을 발표했다. ❶이것은 특선 식품 업계의 음식 생산업체 및 제조업체를 지원하기 위한 것이다. ❷이것은 생산업체가 시장의 요구에 걸맞은 고품질의 제품을 생산하고 최고의 관행을 따르도록 격려할 것이다. 수상자는 지역 및 국제 매매업체와 유통업체들에게 각인될 것이다.

상품 등록과 제출을 위한 비용은 없다. ❶모든 유럽 식품 생산업체가 참가할 수 있지만 3가지 요건을 충족해야 한다.

- 30명 미만의 정규직 근로자를 가져야 함
- 연 매출이 30만 유로 미만이어야 함
- 제출되는 제품은 반드시 1월 1일 기준으로 출시 12개월 미만이어야 함

어휘   organization 기관, 단체 specialty 전문, 특선 development 개발, 발달ㄹ support 지원하다, 지지하다 encourage 격려하다, 북돋우다 meet 만나다, 맞추다 demand 요구하다; 수요(-s) registration 등록 participate 참가하다 major 주요한 criteria 기준 full-time 정규 시간의 annual 연간의 as of ~의 시점에서

1. 해석   FAB 특선 식품상에 대해 명시된 것은?
   (A) 유럽 식품 업체를 지원하기 위한 것이다.
   (B) 1월 1일에 열릴 것이다.
   (C) 모든 세계적인 식품 생산업체들에게 열려 있다.
   (D) 식품 매매업체와 유통업체들을 위한 기금 마련 행사이다.

   해설   기사의 두 번째 문장에서 이것은 식품 생산업체를 지원하기 위한 것이라 했으며, 유럽 식품 업체가 참여할 수 있다고 했으므로 (A)가 정답이다.

   어휘   take place 열리다, 개최하다 fund-raiser 기금 마련 행사

2. 해석   [1], [2], [3], [4]로 표시된 곳 중에서 다음 문장이 가장 적합한 곳은?
   "수상자는 지역 및 국제 매매업체와 유통업체들에게 각인될 것이다."

   해설   주어진 문장은 수상자가 받게 될 혜택에 대한 설명이다. 따라서 수상이 가져올 긍정적인 영향 뒤에 위치하는 것이 적절하므로 (C)가 정답이다.

   어휘   highlight 각인하다 vendor 매매업체 distributor 유통업체

UNIT
24   Would

PRACTICE
A. 1. be 2. get
B. 1. 늘리고 싶습니다 2. 걸릴 것이다
C. 1. (D)
A. 1. 그의 사임은 우리 회사에 큰 손실이 될 것이다. 2. 저는 이 셔츠를 환불 받고 싶어요. C. 1. 참가자들은 화재 안전 예방책에 관한 교육을 받을 것이다.

ACTUAL TEST
PART 5 1. (A) 2. (C) 3. (B) 4. (D)
PART 7 1. (A) 2. (C)

PART 5

1. 해석   이삿짐 회사는 손상된 가구에 대해 사과하고 고객에게 보상할 것이다.
   (A) 사과하다   (B) 사과하는   (C) 사과했다; 사과 받은   (D) 사과

   해설   조동사 뒤에는 항상 동사원형이 오므로 (A)가 정답이다.

   어휘   moving company 이삿짐 회사 damaged 손상된 furniture 가구 compensate 보상하다 client 고객, 의뢰인

2. 해석   그 계획은 쇼핑몰이 연간 2백만 방문객을 끌어들일 것이라는 기대에 근거했다.
   (A) 팔다   (B) 발매하다, 방출하다   (C) 끌어들이다   (D) 나타내다

   해설   'would+동사원형'은 기대나 추측을 나타낸다. 해석상 방문객을 끌어들일 것이라는 기대에 근거했다고 해야 적절하므로 (C)가 정답이다.

   어휘   base 근거하다; 기초, 근거 expectation 기대 million 백만 per ~당

3. 해석   정보를 병합하는 새로운 방식은 조사 기관의 효율을 높일 것이다.

   해설   조동사 뒤에는 항상 동사원형이 오므로 (B)가 정답이다.

   어휘   method 방법 collate 수집하다, 병합하다 efficiency 효율 research 조사; 조사하다

4. 해석   파텔 씨는 연봉 수준 때문에 워터스톤 그룹으로부터의 일자리 제안을 수락하지 않을 것이다.
   (A) (~을) 수락하여   (B) 수락   (C) 수락할 수 있는   (D) 수락하다

   해설   조동사 뒤에는 항상 동사원형이 오므로 (D)가 정답이다. 조동사의 부정형은 조동사와 동사원형 사이에 not이 위치한다.

   어휘   offer 제안; 제안하다 due to ~ 때문에

PART 7

수신 info@goldplate.com
발신 olivia@duvall.com
제목 출장 음식 요청

담당자 귀하
❶회사 연례 만찬을 위한 견적을 요청하고자 연락 드립니다.
제 친구는 귀사가 저의 요구에 맞는 도움을 줄 것이라고 말하며 귀사를 추천했습니다. ❷우리 회사는 5월 12일에 10주년 기념일을 축하할 예정입니다. 우리는 모든 협력 업체에 초청장을 발송할 것이며, 연회 참석 인원은 대략 350명이 될 것입니다.
4월 28일 전에 당신의 답변을 저희에게 주신다면 감사하겠습니다.
올리비아 콜먼
듀발 로지스틱스

   어휘   request 요청하다; 요청 concern 관련되다 quote 인용, 가격 견적 recommend 추천하다 needs 요구 celebrate 축하하다 anniversary 기념일 send out 발송하다, 내보내다 invitation 초청장, 초대장 roughly 대략 banquet 연회 logistics 물류

1. 해석   이메일의 목적은 무엇인가?
   (A) 견적을 얻으려고
   (B) 계약을 마무리하려고
   (C) 행사에 초대하려고
   (D) 정보를 제공하려고

   해설   견적을 요청하고자 연락드린다고 하였으므로 quote를 estimate로 바꾸어 표현한 (A)가 정답이다.

   어휘   estimate 견적, 추정 close 닫다, 끝내다 invite 초대하다 event 행사, 사건

2. 해석   듀발 로지스틱스에 대해 암시된 것은?
   (A) 새로운 지점을 열 것이다.
   (B) 350명의 직원을 가지고 있다.
   (C) 10년간 영업을 해오고 있다.
   (D) 신속한 배송을 제공한다.

   해설   10주년 행사를 위한 가격 견적을 요청하는 이메일이다. 따라서 10년간 영업을 해오고 있다는 (C)가 정답이다.

   어휘   branch 지점 be in business 영업하다 expedited 신속한, 긴급한

UNIT 25 능동태와 수동태 (do, be done)

PRACTICE

A. 1. I am impressed by her ideas. 2. The mail was delivered by him. 3. The data was collected by us.

B. 1. 이메일로 보내졌다 2. 배달된다

C. 1. (B)

A. 1. 그녀의 생각은 나에게 감명을 준다. → 나는 그녀의 생각에 감명을 받는다. 2. 그는 이 우편을 배달했다. → 이 우편은 그에 의해 배달되었다. 3. 우리는 이 데이터를 모았다. → 이 데이터는 우리에 의해 모아졌다. C. 1. 회의는 5월 30일로 일정이 잡혀 있다.

ACTUAL TEST

PART 2 1. (B) 2. (C)
PART 5 1. (C) 2. (D)
PART 6 1. (A) 2. (B)

PART 2

1.
W	Should I report to Mr. Brown?
M	(A) Yes, he asked me to come.
	(B) No, he is not involved in this project.
	(C) You should return it now.

해석 브라운 씨에게 보고해야 할까요?
(A) 네, 그는 저에게 오라고 요청했습니다.
(B) 아니요, 그는 이 프로젝트에 관련되지 않았습니다.
(C) 당신은 그것을 지금 반환해야 합니다.

해설 브라운 씨에게 보고해야 할지 묻는 말에 그는 이 프로젝트에 관련되지 않았다고 답변하는 (B)가 정답이다. (A)는 질문 내용과 관계없는 답변이므로 오답이고, (C)는 질문의 should를 반복한 오답이다.

어휘 report 보고하다 involve 연루하다, 관련시키다 return 반환하다

2.
M	Who is invited to the sales meeting?
W	(A) He is in charge of sales.
	(B) The meeting is rescheduled to Tuesday.
	(C) Let's check the list.

해석 누가 판매 회의에 초청되었습니까?
(A) 그는 영업을 맡고 있습니다.
(B) 회의는 화요일로 다시 일정이 잡혔습니다.
(C) 명단을 확인해 봅시다.

해설 회의에 초청받는 사람들이 누구냐는 질문에 명단을 확인해보자고 답한 (C)가 정답이다. (A)와 (B)는 각각 질문의 sales와 meeting을 반복한 오답이다.

어휘 sales 판매, 영업 reschedule 다시 일정을 잡다 check 확인하다

PART 5

1. 해석 이 대규모 3D 프린터는 2020년에 출시가 계획되어 있다.

해설 프린터 출시가 동사 plan의 주체가 아니라 대상이므로 수동태가 사용되어야 한다. 따라서 (C)가 정답이다.

어휘 scale 규모 plan 계획하다 release 출시

2. 해석 지난주 직원회의 후에, 보도 자료가 회사에 의해 발표되었다.

해설 보도 자료가 동사 issue의 주체가 아니라 대상이므로 수동태가 사용되어야 한다. 또한 과거 시점을 나타내는 표현이 사용되었으므로 동사의 시제는 과거여야 한다. 따라서 (D)가 정답이다.

어휘 staff 직원 press release 보도 자료 issue 발표하다

PART 6

모든 장비는 직사광선, 극한 기온, 습기에 노출됩니다. 그러므로, 모든 저희 제품은 엄격한 품질 점검 대상이 됩니다. **①점검 중에 장비들은 무작위로 선택되어 결함 추적 과정을 거치게 됩니다.** 이 과정을 통해, 저희는 **②고객에게** 최상의 안전 기준을 보장합니다.
제품을 구매하고 더 많은 세부정보를 묻고자 하신다면, 서비스 팀을 350-04-5800으로 전화 주세요.

어휘 device 장비 direct 직접적인 extreme 극한의 temperature 기온 moisture 습기 through ~을 통해 process 과정 ensure 보장하다 standard 기준

1. 해석 **(A) 점검 중에 장비들은 무작위로 선택되어 결함 추적 과정을 거치게 됩니다.**
(B) 손상된 장비들은 우리 직원들 중 한 명에 의해 최근에 수리되었습니다.
(C) 우리는 공사 현장에서 안전 지침을 유지하기 어렵다는 것을 알았습니다.
(D) 당신은 직접 수동으로 기계를 점검하도록 권장됩니다.

해설 빈칸 앞 문장에서 모든 제품들이 엄격한 점검 대상이 된다고 하였으므로 빈칸에는 점검에 관한 내용이 이어지는 것이 자연스럽다. 따라서 (A)가 정답이다.

어휘 randomly 무작위로 put through 겪게 하다 damaged 손상된 associate 직원 maintain 유지하다 construction 건설 manually 수동으로 on one's own 혼자서, 스스로

2. 해석 (A) 공급자들 **(B) 고객들** (C) 기술자들 (D) 마케팅 담당자들

해설 제품 판매 업체에서 최상의 안전 기준을 보장할 대상으로 적절한 것은 고객들이므로 (B)가 정답이다.

UNIT 26 수동태의 진행 시제와 완료 시제

PRACTICE

A. 1. are 2. have been planted

B. 1. 놓여 있다 2. 놓여지고 있다

C. 1. (D)

C. 1. 몇몇 화분 식물들은 물이 주어지고 있다(몇몇 화분 식물들에 물을 주고 있다).

ACTUAL TEST

PART 1 1. (C) 2. (B) 3. (C) 4. (B)

1.
(A) The street is being cleaned.
(B) A man is working in the garage.
(C) Vehicles have been parked side by side.
(D) Some tools are being unloaded from a truck.

해석　(A) 거리가 청소되고 있다.
　　　(B) 남자가 차고에서 일하고 있다.
　　　(C) 차량들이 나란히 주차되어 있다.
　　　(D) 몇몇 도구들이 트럭에서 내려지고 있다.

해설　(A) [X] 청소하고 있는 사람이 없으므로 오답이다.
　　　(B) [X] 사진 속 배경은 차고가 아니라 주차장이므로 오답이다.
　　　(C) [O] 차들이 나란히 주차된 상태이므로 정답이다.
　　　(D) [X] 사진에 짐을 내리는 장면이 나와 있지 않으므로 오답이다.

어휘　garage 차고 vehicle 차량 side by side 나란히 unload 내리다

2.
(A) A man is holding a cup of water.
(B) Food is being cooked.
(C) People are looking at each other.
(D) Utensils are being placed on the cabinet.

해석　(A) 남자가 물 한 컵을 들고 있다.
　　　(B) 음식이 요리되고 있다.
　　　(C) 사람들이 마주보고 있다.
　　　(D) 도구들이 수납장에 놓여지고 있다.

해설　(A) [X] 사진 속 인물들 중 컵을 들고 있는 사람은 없으므로 오답이다.
　　　(B) [O] 부엌에서 사람들이 음식을 조리하는 장면이므로 정답이다.
　　　(C) [X] 여러 사람이 나와 있지만 마주 보고 있지 않으므로 오답이다.
　　　(D) [X] 주방 도구들을 진열장에 정리하는 장면이 아니므로 오답이다.

어휘　each other 서로 utensil 도구

3.
(A) A man is handing some papers.
(B) People are entering the room.
(C) A graph has been displayed on the screen.
(D) The table is being cleaned for the meeting.

해석　(A) 남자가 서류를 건네주고 있다.
　　　(B) 사람들이 방에 들어오고 있다.
　　　(C) 그래프가 화면에 나타나 있다.
　　　(D) 탁자가 회의를 위해 청소되고 있다.

해설　(A) [X] 서류를 건네는 동작을 하는 사람이 없으므로 오답이다.
　　　(B) [X] 사람들이 방에 들어오고 있는 것이 아니라 이미 들어온 상태이므로 오답이다.
　　　(C) [O] 발표자 뒤 화면에 그래프가 보이므로 정답이다.
　　　(D) [X] 사람들이 테이블을 치우고 있는 것이 아니라 발표를 듣고 있으므로 오답이다.

어휘　hand 건네주다 enter 들어오다 display 보여주다, 전시하다

4.
(A) The grass is being mowed.
(B) A house is being repaired.
(C) A ladder has been removed.
(D) Handrails are being painted.

해석　(A) 잔디가 깎이고 있다.
　　　(B) 집이 수리되고 있다.
　　　(C) 사다리가 치워져 있다.
　　　(D) 난간이 칠해지고 있다.

해설　(A) [X] 사진 속 인물 중 잔디를 깎고 있는 사람은 없으므로 오답이다.
　　　(B) [O] 사람들이 집 벽에서 작업을 하고 있으므로 정답이다.
　　　(C) [X] 사다리가 외벽에 기대 세워진 상태이므로 오답이다.
　　　(D) [X] 사진에는 난간이 나오지 않았으므로 오답이다.

어휘　grass 잔디 mow 깎다 ladder 사다리 handrail 난간

UNIT 27 조동사 + 수동태

PRACTICE

A. 1. 승인되어야 합니다 2. 개최되지 않을 것입니다
B. 1. will 2. should 3. be seen
C. 1. (D)
C. 1. 모든 여행 요청은 당신이 여행을 떠나기 전에 시스템에 등록되어야 한다.

ACTUAL TEST

PART 5 1. (B) 2. (C)
PART 6 1. (D) 2. (B) 3. (D) 4. (A)

PART 5

1.　해석　왕 씨와 만남은 반드시 내일 오후에 주선되어야 합니다, 그렇지 않으면 그는 다른 회사를 찾을 수도 있습니다.

　　해설　왕 씨와의 만남이 동사 arrange의 주체가 아니라 대상이므로 수동태가 사용되어야 한다. 또 빈칸 앞에 조동사 must가 왔으므로 수동태에서 be동사는 원형이 된다. 따라서 **(B)**가 정답이다.

어휘 arrange 주선하다 otherwise 그렇지 않으면 look for ~을 찾다
firm 회사

2. **해석** 올해의 골프 경기는 파인 힐즈 리조트 대신 로즈우드 밸리 클럽에서
열릴 것이다.

해설 보기 중 빈칸 앞 be동사와 어울릴 수 있는 것은 be동사와 진행형을
만드는 현재분사 holding이나 수동태를 만드는 과거분사 held이다.
문맥상 골프 경기가 동사 hold의 주체가 아니라 대상이므로 과거분
사 (C)가 정답이다.

어휘 tournament 경기 instead of ~ 대신에

PART 6

레보를 구매해주셔서 감사합니다!
레보를 사용하시기 전에 이것을 완전히 그리고 ❶**주의 깊게** 읽어 주십시오.
• 레보는 8세 이하 아동에게 권장되지 않습니다.
• 레보는 전기 장난감이므로, 레보를 다룰 때는 주의가 ❷**기울어져야** 합니
다.
• 액체나 음식물을 레보에 쏟지 마십시오. 모니터를 닦을 때는 전원 코드를
뽑고 부드러운 천으로 부드럽게 닦으십시오.
• 결함이나 고장은 레보 1년 보증서에 의해 보상됩니다. ❸**만약 장난감이 해
체된다면, 보증서는 무효가 되고, 서비스 비용이 청구됩니다.**
만약 서비스가 ❹**필요하다면**, cs@levocorp.com이나 공급 대리점에 연락 주
십시오.

어휘 purchase 구매하다 fully 완전히 electric 전기의 handle 다루
다 spill 쏟다 unplug 플러그를 뽑다 wipe 닦다 gently 부드럽게
warranty 보증서 supplying 공급; 공급하는

1. **해석** (A) 최근에   (B) 극도로   (C) 특히   **(D) 주의 깊게**

해설 제품 설명서를 '주의 깊게' 읽으라는 뜻이 되어야 자연스러우므로
(D)가 정답이다.

2. **해설** 보기 중 빈칸 앞 be동사와 어울릴 수 있는 것은 be동사와 진행형을
만드는 현재분사 taking이나 수동태를 만드는 과거분사 taken이다.
문맥상 care가 동사 take의 주체가 아니라 대상이므로 **(B)**가 정답이
다.

3. **해석** (A) 설치 과정의 결과는 모니터에 표시될 것입니다.
(B) 저희 상담 팀은 고도로 훈련되고 숙련된 사람들로 구성되어 있습
니다.
(C) 모든 중고 물품은 안전한 상태로 판매되어야 합니다.
**(D) 만약 장난감이 해체된다면, 보증서는 무효가 되고, 서비스 비용
이 청구됩니다.**

해설 빈칸 앞 문장에서 무상 수리에 관한 내용이 나왔다. 그다음에는 구체
적인 무상 수리 조건을 언급하는 것이 자연스러우므로 **(D)**가 정답이
다.

어휘 installation 설치 process 과정 consulting 자문; 상담 highly 매
우 condition 상태, 조건 dismantle 해체하다 void 무효의 charge
청구하다

4. **해석** **(A) 요구되다**   (B) 문의되다   (C) 수정되다   (D) 작동되다

해설 지문은 고객을 대상으로 하는 글이므로 빈칸을 포함하는 문장은 서
비스가 필요한 경우 연락을 달라는 의미가 되는 것이 자연스럽다. 따
라서 **(A)**가 정답이다.

---

28 Who, What, Which

PRACTICE

A. 1. 무엇입니까 2. 무엇을 3. 어느 것이
B. 1. What 2. Who
C. 1. (B)
B. 1. 당신의 마지막 직장에서 당신의 주된 책임은 무엇이었습니까? 2. 누가 영업
책임자가 될까요? C. 1. 수취인은 무엇을 해달라고 요청받나요? (A) 그녀는 변호
사예요. (B) 새로운 계정을 만들어 달라고요. (C) 그것 괜찮네요.

ACTUAL TEST

PART 2 1. (B) 2. (A) 3. (B) 4. (A) 5. (B) 6. (C)
PART 3 1. (B) 2. (B) 3. (D)

PART 2

1.
M What can we do to enhance the performance?
W (A) I'm not sure we can afford it.
   (B) Let's introduce a new evaluation system.
   (C) Yes, I'd like to work here.

해석 성과를 향상하기 위해 우리는 무엇을 할 수 있을까요?
(A) 우리가 그 비용을 댈 수 있을지 모르겠습니다.
(B) 새로운 평가 시스템을 도입합시다.
(C) 네, 저는 여기서 일하고 싶습니다.

해설 성과를 향상할 방안에 관한 질문에 새로운 평가 시스템을 도입하자
고 한 **(B)**가 정답이다. (A)는 비용에 관한 의견이므로 오답이고, (C)
는 performance에서 연상할 수 있는 어휘 work를 사용한 오답이다.

어휘 enhance 향상하다 performance 성과 afford 비용을 대다
introduce 도입하다

2.
M Which of them requested the accounting
document?
W **(A) Mr. James Wisely.**
   (B) I promise I will.
   (C) Yes, but it was rejected.

해석 그들 중 누가 회계 서류를 요청했습니까?
(A) 제임스 와이즐리 씨입니다.
(B) 그렇게 하겠다고 약속합니다.
(C) 네, 하지만 그것은 거절되었습니다.

해설 회계 서류를 요청한 사람이 누군지 묻는 말에 사람 이름으로 답변한
(A)가 정답이다. (B)와 (C)는 모두 인물과 관련없는 답변이므로 오답
이다.

어휘 accounting 회계 reject 거절하다

3.
W Who'll pick up Mr. Chan from the station?
M (A) It will arrive at around six.
   (B) Do you want me to go?
   (C) At the terminal 2.

해석 누가 역에 챈 씨를 마중 나갈 건가요?
(A) 그것은 6시 정도에 도착할 것입니다.
(B) 제가 가기를 바라시나요?
(C) 터미널 2번입니다.

해설 누가 역에 챈 씨를 마중 나갈지 묻는 말에 '내가' 가길 원하는지 묻는 **(B)**가 정답이다. (A)와 (C)는 각각 station과 연관된 어휘 arrive, terminal을 사용한 오답이다.

어휘 pick up 마중 나가다 around ~경에

4.
W1 Which was written by Dr. Collins?
W2 **(A) The one with the red cover.**
(B) He's my cousin.
(C) I've known him from high school.

해석 (그 중) 어느 것이 콜린스 박사에 의해 쓰였나요?
(A) 붉은색 표지로 된 것입니다.
(B) 그는 저의 사촌입니다.
(C) 저는 그를 고등학교 때부터 알았습니다.

해설 어느 것이 콜린스 박사가 쓴 책인지 묻는 말에 붉은색 표지로 된 것이라고 답한 **(A)**가 정답이다. (B), (C)는 물건에 관해 묻는 말에 사람에 관련된 정보로 답하여 오답이다.

어휘 cover 표지 cousin 사촌

5.
W What was Mr. Luxford's announcement about?
M (A) At the conference hall.
(B) The restructuring plan.
(C) For a week or two.

해석 럭스포드 씨의 공지는 무엇에 관한 것이었습니까?
(A) 회의실에서요.
(B) 구조조정 계획이요.
(C) 1~2주 정도요.

해설 공지 주제에 관한 질문에 구체적인 내용으로 답한 **(B)**가 정답이다. (A)와 (C)는 각각 장소, 기간에 관련된 내용이며 공지 주제와 관련이 없으므로 오답이다.

어휘 announcement 공지 restructuring 구조조정

6.
M Who assigned this work to you?
W (A) I can sign for you.
(B) Mr. Glenn thinks so, too.
(C) The chief engineer.

해석 누가 이 업무를 당신에게 할당했습니까?
(A) 제가 당신 대신 서명할 수 있습니다.
(B) 글렌 씨도 그렇게 생각합니다.
(C) 수석 기술자요.

해설 업무를 할당한 사람을 묻는 말에 수석 기술자라고 구체적인 사람으로 답한 **(C)**가 정답이다. (A)는 assign과 발음이 비슷한 sign을 사용한 오답이다. (B)는 사람 이름으로 시작하여 who 의문문에 적절한 응답처럼 보이지만 질문과 무관한 내용이므로 오답이다.

어휘 assign 할당하다 chief 수석의, 주된

PART 3

W Excuse me. **❶I can't log onto library computers.** What should I do?
M **❷Just enter your library card number here and you can use it.**
W I did it but still can't move to the next page.
M Oh, then can I take a look at your card? **❸Let me check the number is properly registered on the system.**

W 실례합니다. 저는 도서관 컴퓨터에 접속할 수 없어요. 제가 무엇을 해야 하나요?
M 여기에 도서관 카드 번호를 입력하세요, 그러면 사용하실 수 있습니다.
W 그렇게 했는데 여전히 다음 페이지로 넘어갈 수 없어요.
M 아, 그렇다면 제가 당신의 카드를 봐도 될까요? 번호가 시스템에 적절하게 등록되었는지 확인해보겠습니다.

어휘 enter 입력하다 still 여전히 properly 적절하게 register 등록하다

1. 해석 여자는 어떤 문제를 언급하는가?
(A) 그녀의 노트북이 작동하지 않는다.
(B) 도서관 컴퓨터를 사용할 수 없다.
(C) 비밀번호를 잊어버렸다.
(D) 배터리 충전기가 없어졌다.

해설 여자의 첫 번째 말에서 도서관 컴퓨터에 접속할 수 없다고 했으므로 **(B)**가 정답이다.

어휘 forget 잊어버리다 charger 충전기 missing 없어진, 분실된

2. 해석 남자는 누구일 것 같은가?
(A) 판매원 **(B) 사서** (C) 경찰 (D) 호텔 접수원

해설 남자는 도서관 컴퓨터 이용에 관한 여자의 질문에 답변해주고 있으므로 도서관에서 일하는 사람이라는 것을 알 수 있다. 따라서 **(B)**가 정답이다.

3. 해석 남자는 무엇을 해주겠다고 제안하는가?
(A) 신분증 갱신 (B) 등록 절차 설명
(C) 프로그램 참여 **(D) 등록 번호 확인**

해설 남자의 마지막 말에서 번호가 시스템에 적절하게 등록되었는지 확인해보겠다고 했으므로 **(D)**가 정답이다.

어휘 renew 재개하다, 갱신하다 registration 등록 explain 설명하다

UNIT
29 What + 명사, Which + 명사

PRACTICE

A. 1. **어느 과정** 2. **무슨 색깔이** 3. **무슨 종류의** 4. **어떤 정보가** 5. **몇 호선**
B. 1. (C)
B. 1. 화자는 어느 업종에 종사하는가? (A) 사업의 규모 (B) 보안 요원 (C) 진로 상담

ACTUAL TEST

PART 2 1. **(B)** 2. **(A)** 3. **(C)** 4. **(C)**
PART 4 1. **(C)** 2. **(A)** 3. **(D)**

PART 2

1.

M What type of company did Ms. Ward transfer to?
W (A) To promote a new menu.
   (B) She didn't tell me.
   (C) She's from a trading company.

해석   워드 씨는 무슨 종류의 회사로 이직했나요?
   (A) 새로운 메뉴를 홍보하기 위해서요.
   (B) 제게 이야기하지 않았어요.
   (C) 그녀는 무역회사에서 왔어요.

해설   워드 씨가 무슨 종류의 회사로 이직했는지 묻는 말에 모른다고 암시
   한 **(B)**가 정답이다. (A)는 목적에 관해 답하므로 질문과 어울리지 않
   아 오답이다. (C)는 어디로 이직했냐는 질문에 어디에서 이직해 오는
   지 답하였으므로 질문에 적합하지 않다. 질문의 의문사구 What type
   of company와 어울리는 단어 a trading company를 사용하여 혼동
   을 준 오답이다.

어휘   transfer 옮기다, 전근하다 promote 홍보하다 trade 무역하다

2.

M Which option is considered riskier?
W **(A) It depends on market conditions.**
   (B) It's already been processed.
   (C) I'm not a risk taker.

해석   어느 선택이 더 위험한 것으로 여겨집니까?
   (A) 시장 상황에 따라 다릅니다.
   (B) 그것은 이미 처리되었습니다.
   (C) 저는 위험을 무릅쓰는 사람이 아닙니다.

해설   어느 선택이 더 위험한 것으로 여겨지냐는 질문에 시장 상황에 따라
   다르다고 답한 **(A)**가 정답이다. (B)는 질문 내용과 무관하므로 오답
   이고, (C)는 riskier의 명사형 risk를 활용한 오답이다.

어휘   risky 위험한(→ riskier 더 위험한) depend on ~에 달려 있다

3.

W What issues does the client have with the design?
M (A) It's not my problem.
   (B) I designed with Mr. Hauser.
   (C) He wants more vivid colors.

해석   고객은 디자인에 무슨 문제를 가지고 있습니까?
   (A) 그것은 제 문제가 아닙니다.
   (B) 저는 하우저 씨와 디자인했습니다.
   (C) 그는 더 선명한 색상을 원합니다.

해설   고객이 디자인에 무슨 문제를 가지고 있느냐는 질문에 더 선명한 색
   상을 원한다며 고객이 원하는 바를 답한 **(C)**가 정답이다. (A)는 질
   문의 issue와 비슷한 뜻의 단어 problem을 사용한 오답이고, (B)는
   design을 반복하여 사용한 오답이다.

어휘   design 디자인; 디자인하다 vivid 선명한

4.

M What kind of show is scheduled for tomorrow?
W (A) He didn't show up.
   (B) I revised the schedule.
   (C) A classical ballet.

해석   무슨 종류의 공연이 내일 예정되어 있습니까?
   (A) 그는 나타나지 않았어요.
   (B) 저는 일정표를 수정했어요.
   (C) 고전 발레요.

해설   공연 종류가 무엇인지 묻는 질문에 고전 발레라고 답한 **(C)**가 정답
   이다. (A)와 (B)는 각각 질문의 show와 schedule을 반복한 오답이다.

어휘   show up 나타나다 revise 수정하다 classical 고전적인 ballet 발레

PART 4

M Are you looking for voice-controlled speakers with slick
design? Then the creative Reno Z20 is the one to buy.
Reno Z20 is a wireless, voice-controlled device with a
small built-in speaker. ❶It renders an amazing listening
experience while taking up very little space. It can
connect to your headphones over Bluetooth or through
an audio cable. ❷A 2,200 mAh replaceable battery
guarantees up to 12 hours playtime, so you can enjoy
music on the go without worrying about batteries.
❸Moreover, we provide a 3-year warranty on Reno
Speakers to ensure our customers' satisfaction.

M 매끄러운 디자인을 가진 음성 제어 스피커를 찾고 계십니까? 그렇다면
창의적인 레노Z20이 바로 당신이 살 것입니다. 레노Z20은 무선 음성 제
어 기기로 소형 스피커가 내장되어 있습니다. 이것은 멋진 청취 경험을
제공하는 동시에 아주 작은 공간을 차지합니다. 이것은 당신의 헤드폰에
블루투스나 오디오 케이블로 연결될 수 있습니다. 당신이 배터리 걱정
없이 계속 음악을 즐길 수 있도록, 교체 가능한 2,200밀리암페어 배터리
는 12시간까지 재생시간을 보장합니다. 게다가 고객의 만족을 보장하기
위해 3년간의 품질 보증을 레노 스피커에 제공합니다.

어휘   slick 매끄러운 built-in 내장된 render 제공하다 take up 차지
   하다 replaceable 교체 가능한 up to ~까지 on the go 끊임없이
   moreover 게다가 warranty 품질 보증(서)

레노 스피커		
	배터리	
모델 1	12시간	교체 가능
모델 2	12시간	교체 불가능
모델 3	6시간	교체 가능
모델 4	6시간	교체 불가능

1. 해석   레노Z20의 눈에 띄는 특징으로 무엇이 언급되었는가?
   (A) 가벼운 장치이다.   (B) 가격이 싸다.
   (C) 편리한 크기이다.   (D) 큰 소리를 낸다.

해설   화자는 스피커에 관해 아주 작은 공간을 차지한다고 하며 편리한 크
   기를 언급하였다. 따라서 **(C)**가 정답이다.

어휘   lightweight 가벼운 handy 편리한 loud 큰

2. 해석   시각 정보에 의하면, 어느 모델이 레노Z20인가?

31

해설 레노Z20의 배터리는 교체 가능하며, 12시간까지 재생시간을 보장할
수 있다고 하였으므로 **(A)**가 정답이다.

3. 해석 화자에 따르면 레노Z20과 함께 무엇이 제공되는가?
(A) 고품질 보조용품　　(B) 무료 설치
(C) 휴대용 충전기　　**(D) 제품 보증**

해설 고객 만족을 보장하기 위해 3년간의 품질 보증을 제공한다고 하였
으므로 **(D)**가 정답이다.

어휘 quality 품질 accessory 보조용품 installation 설치

UNIT 30 When, Where, Why

PRACTICE

A. 1. Why 2. When 3. Where
B. 1. Where 2. When
C. 1. (C)

B. 1. 어디서 이 소포를 보낼 수 있습니까? 아래층 로비에서요. 2. 우리는 언제 결
과를 듣게 됩니까? 한 시간 내에요. C. 1. 그녀는 어디에서 표를 샀습니까? (A) 오
전 10시에요. (B) 다음 페이지에요. (C) 공식 웹사이트에서요.

ACTUAL TEST

PART 7 1. (D) 2. (C) 3. (D) 4. (D) 5. (C)

PART 7

발신　company@acelandscape.com
수신　jcalvert@mailus.com
날짜　5월 30일
제목　추가 비용에 관한 예비 통지

제이슨 칼버트 씨께

저희가 계약을 맺은 조경 작업이 완료될 것임을 기쁘게 알려드립니다. 최근
잔디 깎는 기계가 부족했고, 우리는 직접 완료 일자를 맞추기 위해 **⁴잔디 깎
는 기계 10대를 추가로 배치**하는 것을 고려하고 있습니다. 만약 당신이 그것
들을 추가하기를 원하지 않으신다면 우리는 계약에 관해 외부 도급업자를
고용하겠습니다. 우리는 도급업자를 찾을 때까지 지연될 것이므로 7월 말까
지 작업을 완성하지 못할 수도 있습니다.

목록	가격	
⁴잔디 깎는 기계 배치	1,100달러	대별
도급업자 고용*	500달러	일별

* 계약서에 명시

**¹가격 목록을 확인하시고 가능한 한 빨리 당신의 결정을 알려주시기 바랍
니다.**
필립 앤더슨

어휘 landscape 조경 recent 최근의 shortage 부족 locate 배치하다
extra 추가의 contractor 도급업자 hold up 지연하다 at one's
earliest convenience 가능한 한 빨리

발신　jcalvert@mailus.com
수신　company@acelandscape.com
날짜　6월 2일
제목　답신 추가 비용에 관한 예비 통지

필립 앤더슨 씨께

이 프로젝트에 **⁴더 많은 장비를 추가하는 것에 동의**한다는 것을 확인하고
자 메일을 씁니다. 저번 회의에서 얘기했듯이, **²우리는 8월 1일 개장 전에
작업을 끝내야 합니다. ³⁵연회장을 포함한 우리 시설들 중 일부는 이미 그
날 예약이 되었습니다.**

제이슨 칼버트

어휘 equipment 장비 previous 이전의 grand opening 개장 facility
시설

1. 해석 앤더슨 씨는 왜 이메일을 보냈는가?
(A) 시간 연장을 요청하기 위해
(B) 계약에 관한 정보를 얻기 위해
(C) 조경 서비스를 홍보하기 위해
(D) 칼버트 씨의 확인을 요청하기 위해

해설 앤더슨 씨가 칼버트 씨에게 보낸 메일에서 가격 목록을 확인한 후 결
정을 알려달라고 요청하였으므로 **(D)**가 정답이다.

어휘 extension 연장 confirmation 확인

2. 해석 프로젝트는 언제 완성되어야 하는가?
(A) 5월 30일까지　　(B) 6월 30일까지
(C) 7월 31일까지　　(D) 8월 31일까지

해설 두 번째 이메일에서 8월 1일 개장 전에 작업을 끝내야 한다고 하였으
므로 8월 1일 전 날짜인 **(C)**가 정답이다.

3. 해석 칼버트 씨는 어디에서 일하겠는가?
(A) 놀이공원　(B) 식물원　(C) 배송 회사　**(D) 도시 호텔**

해설 두 번째 이메일에서 칼버트 씨는 연회장을 포함한 시설 중 일부가 이
미 예약되었다고 하였다. 보기 중 연회장이 속하기에 어울리는 곳은
호텔이므로 **(D)**가 정답이다.

4. 해석 칼버트 씨는 이 공사에 얼마를 추가로 지불하기로 동의했는가?
(A) 500달러　(B) 1,100달러　(C) 5,000달러　**(D) 11,000달러**

해설 첫 번째 이메일에서 앤더슨 씨는 칼버트 씨에게 잔디 깎는 기계 10
대를 추가하거나 외부 도급업자를 고용하는 것을 제안하였고, 두 번
째 이메일에서 칼버트 씨는 더 많은 장비를 추가하는 것에 동의한다
고 밝혔다. 앤더슨 씨의 메일에 포함된 가격표에 따르면 잔디 깎는
기계는 한 대당 1,100달러이므로 10대를 배치할 시 가격은 11,000달
러이다. 따라서 **(D)**가 정답이다.

5. 해석 두 번째 이메일에서 첫 번째 단락, 세 번째 줄의 "booked"와 의미상
가장 가까운 것은?
(A) 고정된　(B) 적용된　**(C) 예약된**　(D) 준비된

해설 해당 문장은 '연회장을 포함한 우리 시설들 중 일부는 이미 그날 예
약이 되었습니다'라고 해석해야 자연스럽다. 따라서 booked는 '예약
된'이라는 의미이므로 **(C)**가 정답이다.

UNIT 31 How

PRACTICE

A. 1. 어떻게 2. 얼마나 자주
B. 1. How long 2. How many
C. 1. (A)
C. 1. 당신의 다음 예술 전시회를 위해 얼마나 많은 예술품이 필요합니까? (A) 저는 단지 4개만 준비하고 있어요. (B) 고마워요, 제가 처리할게요. (C) 세 시간 걸립니다.

ACTUAL TEST

PART 3 1. (B) 2. (A) 3. (C)
PART 6 1. (A) 2. (B)

PART 3

> W Mifflin Electronics, how can I help you?
> M Hi, I'm using an XT 5 model and ❶**having trouble with the camera function.** Every time I open it, the screen is black and the buttons don't work.
> W I'm sorry to hear that. Can you bring your phone to a store so our technician can look at it?
> M Hmm... ❸**I'll bring it back tomorrow then.** How long will it take to repair the phone?
> W We don't know how long it would be, but ❷**we offer a replacement phone in the meantime.**
> M OK. ❸**What time do you open and close tomorrow?**
> W ❸**9 a.m. to 5 p.m.**
>
> W 미플린 전자입니다. 어떻게 도와드릴까요?
> M 안녕하세요, 저는 XT 5 모델을 사용하고 있는데 카메라 기능에 문제가 있습니다. 제가 그것을 열 때마다 화면은 검은색이고 버튼들이 작동하지 않아요.
> W 그러시다니 죄송합니다. 저희 기술자가 볼 수 있도록 전화기를 저희 점포로 가져올 수 있으신가요?
> M 음… 그렇다면 제가 내일 다시 가지고 가겠습니다. 전화기를 수리하는 데 얼마나 걸리지요?
> W 얼마나 걸릴지는 모르지만, 그동안 대체품을 제공해드립니다.
> M 좋습니다. 내일 몇 시에 열고 닫나요?
> W 오전 9시에서 오후 5시입니다.
>
> 어휘 trouble 문제 screen 화면 repair 고치다, 수리하다; 수리 replacement 교체품, 대체품 meantime 그동안

미플린 전자 영업시간		
	개점	폐점
월-금	오전 9:00	오후 6:00
토	오전 9:00	오후 5:00
일	오전 10:00	오후 3:00

1. 해석 남자에게 어떤 문제가 있는가?
    (A) 서비스 센터 위치를 찾을 수 없다.
    (B) 휴대폰으로 사진을 찍을 수 없다.
    (C) 수리점을 방문할 시간이 없다.
    (D) 배터리가 완전히 충전되지 않는다.
    해설 남자의 첫 번째 대사에서 카메라 기능에 문제가 있다고 하였으므로 **(B)**가 정답이다.
    어휘 locate 위치를 찾다, 위치시키다 fully 완전히 charge 충전하다, 청구하다

2. 해석 여자는 회사가 무엇을 할 것이라고 말하는가?
    (A) 대체품 제공 (B) 환불 (C) 수리공 파견 (D) 새 제품 배달
    해설 여자가 수리 기간 동안 대체품을 제공한다고 하였으므로 **(A)**가 정답이다.

3. 해석 시각 정보에 의하면, 남자는 어느 요일에 가게를 방문할 것인가?
    (A) 월요일 (B) 금요일 **(C) 토요일** (D) 일요일
    해설 남자가 내일 기기를 가져가겠다고 한 후, 내일 영업시간을 물어보았을 때 여자가 오전 9시에서 오후 5시라고 답하였다. 영업시간 표를 보면 오전 9시에 문을 열고 오후 5시에 문을 닫는 요일은 토요일이므로 **(C)**가 정답이다.

PART 6

> 당신은 커피숍을 여는 것을 고려하고 있습니까? 얼마나 ❶**빨리** 새 카페가 수익을 낼 수 있을까요? 한 달? 일 년? 당신은 저희와 함께 그 기간을 단축할 수 있습니다. 에스프레소 컨설팅으로 오세요! 저희 전문가들이 당신의 사업 계획을 분석하고 당신이 목표를 ❷**이루는** 것을 도울 것입니다. 지금 800-635-9788로 전화하세요.

1. 해석 **(A) 빨리** (B) 완전히 (C) 특히 (D) 적절하게
    해설 뒤에 한 달, 일 년이라는 기간이 나오므로 '수익을 빨리 내다'라는 의미가 되어야 자연스럽다. 따라서 **(A)**가 정답이다.

2. 해석 (A) 취소하다 **(B) 이루다** (C) 알다 (D) 머물다
    해설 '컨설팅 전문가들이 목표를 이루는 것을 돕다'라는 의미가 되어야 자연스러우므로 **(B)**가 정답이다.

UNIT 32 부정 의문문과 부가 의문문

PRACTICE

A. 1. Can't we open a store by this week?
   2. Aren't you using the current template?
B. 1. won't we 2. does she
C. 1. (B)
A. 1. 우리는 이번 주까지 점포를 열 수 있습니까(→ 열 수 있지 않습니까)? 2. 당신은 현 서식을 이용하고 있습니까(→ 이용하고 있지 않습니까)? C. 1. 로스 엔젤레스에서부터의 여행은 너무 오래 걸렸죠. 그렇죠? (A) 네, 그것은 아주 깨끗했습니다. (B) 네, 그리고 차량은 너무 작았습니다. (C) 네, 저는 여기 살았습니다.

ACTUAL TEST

PART 2 1. (C) 2. (A) 3. (A) 4. (C)

PART 2

1.
M Didn't you have a mechanic inspect your car?
W (A) He won't be late.
(B) Send the inspection result right now.
(C) I haven't had time to do it.

해석 당신은 정비사가 당신의 차를 점검하도록 하지 않았나요?
(A) 그는 늦지 않을 겁니다.
(B) 지금 바로 검사 결과를 보내세요.
(C) 그럴 시간이 없었습니다.

해설 자동차 점검을 맡기지 않았냐는 질문에 그럴 시간이 없었다고 답한 (C)가 정답이다. (A)는 점검 여부와 관련이 없는 답변이므로 오답이고, (B)는 질문에 나온 inspect의 명사형 inspection을 사용한 오답이다.

어휘 mechanic 정비공 inspect 점검하다

2.
W That hotel's still under construction, isn't it?
M **(A) Yes, it's expected to last through December.**
(B) Yes, it opens at 10 a.m.
(C) Don't you know the hotel's name?

해석 그 호텔은 여전히 공사 중이에요, 그렇죠?
(A) 네, 그것은 12월 내내 지속될 것으로 예상됩니다.
(B) 네, 그것은 오전 10시에 엽니다.
(C) 당신은 호텔 이름을 알지 않습니까?

해설 호텔이 계속 공사 중인지 확인하는 질문에 긍정적으로 답한 후, 예상 공사 기간을 덧붙인 (A)가 정답이다. (B)는 공사 후 다시 문을 여는 시간이 아니라 평소 영업시간을 알려주는 대답이므로 오답이고, (C)는 질문에 나온 어휘 hotel을 반복한 오답이다.

어휘 expect 예상하다 last 지속하다 through ~내내

3.
M Aren't you taking a bus to work?
W **(A) No, I will walk today.**
(B) An order has not arrived, has it?
(C) Thank you for your work.

해석 당신은 회사에 버스를 타고 가지 않나요?
(A) 아니요, 저는 오늘 걸어갈 것입니다.
(B) 주문이 아직 도착하지 않았어요, 그렇죠?
(C) 당신의 작업에 감사합니다.

해설 회사에 버스를 타고 가는지 묻는 말에 오늘은 걸어갈 것이라고 답한 (A)가 정답이다. (B)는 통근 수단에 관한 질문에 주문 도착 여부를 묻고 있으므로 오답이고, (C)는 질문의 work를 반복한 오답이다.

4.
W It is in a good location, isn't it?
M (A) The shop has been closed.
(B) I can't find the attached file.
(C) Yes, it is so close to the station.

해석 그것은 좋은 위치에 있어요, 그렇죠?
(A) 가게는 문을 닫았습니다.
(B) 저는 첨부파일을 찾을 수 없습니다.
(C) 네, 그것은 역에서 정말 가까워요.

해설 그것이 좋은 위치에 있지 않냐고 동의를 구하는 부가 의문문에 긍정적으로 답한 후, 역에서 정말 가깝다고 위치에 관한 설명을 추가한 (C)가 정답이다. (A)는 형용사로 쓰였을 때 '가깝다'라는 의미를 표현할 수 있는 어휘 close를 '문을 닫다'라는 뜻의 동사로 사용하여 혼동을 준 오답이다. (B)는 위치에 관한 질문에 첨부파일을 열 수 없다며 전혀 관련이 없는 내용으로 답하였으므로 오답이다.

어휘 location 위치 close 문을 닫다; 가까운 attached 첨부된

PART 7

료헤이 다나카 13:15
안녕하세요, 실리. 당신은 학회 일정표를 가지고 있죠, 그렇죠?
실리 린데만 13:20
네. 그것으로 무엇을 하기를 바라시나요?
료헤이 다나카 13:21
❷그것을 제 이메일 주소로 보내주실 수 있나요? ❶저는 고객 회의에 가는 중이에요. 제가 세션 순서를 변경해야 할 것 같아요.
실리 린데만 13:30
❷문제 없어요. 저는 15분 안에 사무실에 도착할 거예요.
료헤이 다나카 13:30
알겠어요, 고마워요.

어휘 on the way ~중인 session 시간 order 순서

1. 해석 다나카 씨가 하겠다고 명시한 것은?
(A) 고속 열차 탑승 (B) 이메일로 보고서 전송
(C) 고객 회의 (D) 화상 통화

해설 다나카 씨는 13시 21분에 고객 회의에 가는 중이라고 하였으므로 곧 고객과 회의를 할 것이다. 따라서 (C)가 정답이다.

어휘 express 고속의 via ~을 통해 conference call 화상 통화

2. 해석 13시 30분에 린데만 씨가 "저는 15분 안에 사무실에 도착할 거예요"라고 쓸 때 그 의도는 무엇이겠는가?
(A) 그녀는 다나카 씨에게 말하고 싶지 않다.
(B) 그녀는 곧 일정표를 보낼 수 있다.
(C) 그녀는 학회에 참석해야 한다.
(D) 그녀는 세션 일정을 다시 잡을 것이다.

해설 그녀는 일정표를 보내달라는 다나카 씨의 부탁에 문제 없다고 답한 후, 15분 안에 사무실에 도착한다고 덧붙였다. 이 말은 곧 사무실에 도착하여 이메일을 보낼 수 있다는 의미이므로 (B)가 정답이다.

UNIT
33 동명사

PRACTICE

A. 1. 준비했다 2. 준비하는 것
B. 1. takes 2. Hiring 3. extending
B. 1. 신뢰할 만한 명성을 쌓는 데는 많은 시간이 든다. 2. 지역 광고 회사를 고용한 것은 그의 아이디어였다. 3. 헤이든 씨는 평가 기한을 늘리는 것을 제안했다.

ACTUAL TEST

PART 5 1. (A) 2. (B) 3. (B) 4. (B)
PART 7 1. (D) 2. (B)

PART 5

1. **해석** 가넷 제조 회사는 품질 저하 없이 가격을 낮추었다.

   해설 without은 전치사로, 전치사 뒤에는 명사와 동명사가 올 수 있다. 이 문장에서는 product quality를 compromise의 목적어로 해석하는 것이 적절하므로 명사 역할을 하는 동시에 목적어를 가질 수 있는 동명사 **(A)**가 정답이다.

   어휘 reduce 감소하다, 줄이다 price 가격 without ~없이 compromise 위태롭게 하다, 절충하다 product quality 품질

2. **해석** 본사의 임원진은 지방에서의 수익성 개선 방안을 논의하고 있다.

   해설 전치사 뒤에는 명사와 동명사가 올 수 있으므로 **(B)**가 정답이다.

   어휘 executive 임원 head office 본사 discuss 논의 rural 시골의, 지방의

3. **해석** 귀하의 지원 없이 이르지 못했을 위업인 저희의 15주년을 축하하는 데에 저희와 함께해 주세요.

   해설 전치사 뒤에는 명사와 동명사가 올 수 있으므로 **(B)**가 정답이다.

   어휘 join 함께하다, 가입하다 celebrate 축하하다 milestone 이정표, 획기적인 사건 reach 이르다 support 지원; 지원하다

4. **해석** 불만족한 담당자들 중 일부가 다가오는 연수에 참여하지 않는 것을 고려하고 있다.

   해설 해석상 빈칸에는 considering의 목적어가 될 수 있는 말이 와야 한다. 따라서 명사 역할을 하는 동명사 **(B)**가 정답이다. 참고로 동명사의 부정형은 'not+동명사'이며 해석은 '~하지 않는 것'이 된다.

   어휘 some 몇몇의; 일부 unsatisfied 불만족한 consider 고려하다 participate in ~에 참여하다 upcoming 다가오는 retreat 연수, 워크숍

PART 7

> **센테니얼 시 공공사업부**
>
> 무단 투기되는 쓰레기 양이 증가하고 있습니다. 따라서 시의회는 쓰레기 투기에 관한 규정을 **①모든 주민들에게 상기해드리고자 합니다.**
> • 법령에서는 오후 9시 전에 주택 앞에 쓰레기 수거함이 놓이는 것을 금지하고 있습니다.
> • 우유갑이나 주스 상자 같은 음료수 용기는 깨끗이 헹궈져야 합니다. 철저한 세척은 필요하지 않습니다.
> • 개인적으로 쓰레기를 소각하는 것은 엄격하게 금지됩니다.
> • **②시에서는 대형 폐기물 수거 일정을 위해 전화 상담 시스템을 시행해오고 있습니다. 거리에 그것들을 방치하지 마시고 810-637-1205로 전화 주셔서 수거 일정을 잡아주세요.**
> 모든 폐기물이 효율적인 방식으로 수거되도록 여러분께서 협조해주시면 대단히 감사하겠습니다.
>
> **어휘** public work 공공사업 department 부서 amount 양 improper 부적절한 trash 쓰레기 disposal 처리 thus 따라서 remind A of B A에게 B를 상기시키다 resident 주민 rule 규칙, 규정 regarding ~에 관한 ordinance 법령, 조례 prohibit 금지하다 place 공간; 놓다, 두다 in front of ~ 앞에 prior to ~ 전에 such as ~와 같은 rinse 헹구다 thorough 철저한 require 요구하다 burn 태우다 privately 개인적으로 strictly 엄격하게 implement 시행하다 bulky 대형의, 부피가 큰 collect 수거하다, 수집하다 efficient 효율적인

1. **해석** 공지의 대상은 누구일 것 같은가?
   (A) 고령자　　　　(B) 환경 운동가
   (C) 시 공무원　　　**(D) 지역 주민**

해설 지문 초반부에서 쓰레기 투기에 관한 규정을 주민들에게 상기해드리고자 한다고 했으므로 **(D)**가 정답이다.

어휘 senior 고위의; 선임의 environmental 환경의 activist 운동가 official 공식의; 공무원, 직원

2. **해석** 공지에 따르면, 사람들은 왜 공공사업부에 연락해야 하는가?
   (A) 위반사항을 신고하기 위해
   (B) 대형 폐기물 처리를 위해
   (C) 재사용 가능한 제품을 기부하기 위해
   (D) 피드백을 주기 위해

해설 마지막 알림 사항에 pick-up for bulky waste(대형 폐기물 수거)라고 언급되어 있으며 수거 일정을 위해 전화해 달라고 했다. 따라서 **(B)**가 정답이다.

어휘 violation 위반, 위배 oversized 크기가 큰 donate 기부하다 reusable 재사용 가능한

UNIT 34 동명사 vs. 명사

PRACTICE

A. 1. invitation 2. inviting
B. 1. 협업 2. 협업하는 것
C. 1. (D)

A. 1. 초대는 감사합니다만 저는 시간을 낼 수 없어요. 2. 귀사의 고객 서비스 담당자 직무 면접에 저를 초청해 주신 것에 감사 드립니다. C 1. 에디슨 하드웨어는 다른 상황에 스스로를 적응시키는 것에 성공했다.

ACTUAL TEST

PART 5 1. (D) 2. (B) 3. (C) 4. (D)
PART 7 1. (A) 2. (C)

PART 5

1. **해석** 공장 관리자는 제조 공정의 결과를 향상시키는 것에 책임이 있다.

   해설 전치사 뒤에는 명사와 동명사가 올 수 있는데, 빈칸 뒤에 바로 명사구가 있으므로 이를 목적어로 가지는 동명사 **(D)**가 정답이다.

   어휘 plant 공장 be responsible for ~에 책임이 있다 outcome 결과

2. **해석** 글렌 시큐리티는 다양한 분야의 해외 고객에게 최고 품질의 서비스를 제공해 온 긴 역사를 가지고 있다.

   해설 전치사 뒤에는 명사와 동명사가 올 수 있는데, 빈칸 뒤에 바로 명사구가 있으므로 이를 목적어로 가지는 동명사 **(B)**가 정답이다.

   어휘 security 보안 history 역사 quality 품질; 고품질의 diverse 다양한

3. **해석** 에델만 기관은 잠비아 아이들의 더 나은 미래를 건설하는 데 전념한다.

   해설 be committed to (~에 전념하다) 구문의 to는 전치사임에 유의한다. 전치사 뒤에 올 수 있는 동명사 **(C)**가 정답이다.

   어휘 organization 단체, 기관 be committed to (-ing) ~하는 데 전념하다

4. 해석 모든 직원들은 안전장비를 착용함으로써 피부를 손상하지 말아야 한다.

해설 빈칸 뒤 명사구를 목적어로 가지면서, 동사 avoid의 목적어 역할을 할 수 있는 형태는 동명사이므로 **(D)**가 정답이다.

어휘 skin 피부 wear 입다, 착용하다 protective gear 안전 장비, 안전복

PART 7

> **보안 공지**
>
> CVA 은행은 저희 고객에게 최고 품질의 안전한 인터넷 뱅킹 서비스를 제공하려고 노력합니다. **❶안전한 온라인 뱅킹을 위해 다음 지시사항을 유념해 주시기 바랍니다.**
> • 타 인터넷 사이트에 접속하기 위해 같은 암호를 사용하는 것을 피하세요.
> • 공공 컴퓨터에서 온라인 뱅킹 계정에 접속하는 것을 피하세요.
> • 허가된 방화벽을 설치하고 그것을 일정 간격으로 업데이트하세요. 이것은 당신의 컴퓨터로 무단 접속하는 것을 예방할 것입니다.
> • **❷다른 사람과 암호를 공유하지 마세요. 타인에게 당신의 비밀번호를 주는 것은 당신의 재정을 위험하게 할 수 있습니다.**
> • 컴퓨터에서 자리를 비울 때 나가기 버튼을 클릭하세요.
> 또한, 저희는 당신의 계정을 정기적으로 점검할 것을 추천합니다. 계정에서의 비정상적인 상황을 감지하신 경우, 24시간 고객 서비스 센터로 전화주세요.

어휘 security 보안 notice 공지 be dedicated to ~에 헌신하다 keep in mind 유념하다 following 뒤따르는 avoid 피하다 log into ~에 접속하다 account 계좌, 계정 install 설치하다 licensed 허가된, 인증된 interval 간격 unauthorized 무단의, 승인되지 않은 recommend 추천하다, 권하다 abnormal 비정상적인

1. 해석 공지의 목적은 무엇인가?
(A) 보안 예방책 제공   (B) 은행 상품 정리
(C) 이사회 소집   (D) 이율 변경 공지

해설 이 글은 인터넷 뱅킹을 안전하게 사용하기 위한 보안 대책을 적어놓은 글이다. 따라서 **(A)**가 정답이다.

어휘 precaution 예방책 list 목록화하다, 정리하다 call 부르다, 소집하다 interest rate 이율, 금리

2. 해석 [1], [2], [3], [4]로 표시된 곳 중에서 다음 문장이 가장 적합한 곳은?
"타인에게 당신의 비밀번호를 주는 것은 당신의 재정을 위험하게 할 수 있습니다."

해설 주어진 문장은 다른 사람에게 암호를 제공할 때 초래되는 위험을 언급하고 있으므로 암호를 공유해서는 안 된다는 내용 뒤에 그 근거로 들어가야 한다. 따라서 **(C)**가 정답이다.

UNIT 35 to부정사 (1) 명사 역할

PRACTICE

A. 1. be trained **2.** to track
B. 1. 당신에게 서비스를 제공하기를
C. 1. (B)

A. 1. 점장들은 새로운 시스템을 사용하는 방법에 대해 훈련받을 필요가 있다. 2. 새로운 시스템은 우리가 현금 흐름을 쉽게 추적할 수 있게 해줄 것이다. C. 1. 우리는 우리의 경쟁력을 세계적으로 강화하기를 원한다.

PART 5

1. 해석 캐슬 그룹은 배터리 사업부를 2억 3천만 달러에 노비안 시스템즈에 파는 것을 계획한다.

해설 문장의 동사가 plans이므로 빈칸에는 plans의 목적어 역할을 할 수 있는 형태가 와야 한다. 따라서 **(C)**가 정답이다.

어휘 division 분할, 사업부, 부서

2. 해석 고객들은 격렬한 신체활동 프로그램을 시작하기 전에 전문 의료 서비스 제공자와 주의 깊게 정보를 검토할 것을 독려 받는다.
(A) 놓다   (B) 주문하다   **(C) 검토하다**   (D) 라벨을 붙이다

해설 'be encouraged + to부정사'는 '~하는 것을 독려 받다'라는 뜻이다. 정보를 검토할 것을 독려받는다는 의미가 되어야 하므로 **(C)**가 정답이다.

어휘 carefully 주의 깊게 professional 전문적인 initiate 시작하다 intense 격렬한, 집중적인 physical 신체적인

3. 해석 여행객들은 그랜드 포티지 주립 공원에 방문하기를 원했지만, 그들은 날씨 때문에 들어갈 수 없었다.

해설 'want + to부정사'는 '~하는 것을 원하다'라는 뜻이다. 빈칸 앞의 to와 함께 to부정사를 이루는 **(A)**가 정답이다.

어휘 traveler 여행객 because of ~ 때문에

4. 해석 낮은 유가가 계속해서 대체 연료 시장과 재활용 회사 양쪽에 피해를 주고 있다.

해설 'continue + to부정사'는 '~하기를 계속하다'라는 뜻이다. 뒤에 있는 명사구를 목적어로 취하는 동시에 continue의 목적어 역할을 할 수 있는 **(C)**가 정답이다.

어휘 take one's toll ~에게 피해를 주다 alternative 대체의, 선택적인 fuel 석유, 연료 recycling 재활용

5. 해석 로비디언 고객 서비스 부는 당신의 질문에 시기적절한 방법으로 답변하려고 할 것입니다.

해설 'attempt + to부정사'는 '~하려고 하다, ~하기를 시도하다'라는 뜻이다. 뒤에 있는 명사구를 목적어로 취하는 동시에 attempt의 목적어 역할을 할 수 있는 **(D)**가 정답이다.

어휘 attempt 시도하다 timely 시기적절한 manner 방법, 태도

6. 해석 브레디 스튜디오는 핫산 씨에게 사업 개발직을 제안하기로 했다.
(A) 제안하다   (B) 생각나게 하다   (C) 작업하다   (D) 알리다

해설 핫산 씨에게 해당 직위를 제안한다고 해야 내용이 자연스러우므로 **(A)**가 정답이다.

어휘 decide 결정하다 development 개발, 발달 position 직위, 위치

7. 해석 톨마 펀드 사장 사무엘 캐시디는 친화 박물관 축하 행사에서 연설을 하는 것에 동의했다.

해설 'agree + to부정사'는 '~하는 것에 동의하다'라는 뜻이다. 뒤에 있는 명사구를 목적어로 취하는 동시에 agree의 목적어 역할을 할 수 있는 **(B)**가 정답이다.

어휘 president 사장, 대통령 speech 연설 celebration 축하 event 행사, 사건 museum 박물관

8. 해석 베어드 사는 직원들이 금요일에 일찍 퇴근하고 월요일에 늦게 출근
하도록 해준다.

(A) 직원들 (B) 고객들 (C) 경쟁 업체들 (D) 참가자들

해석 'allow + 목적어 + to부정사'는 '(목적어)가 (to부정사)하게 하다'라는
뜻이다. 일찍 퇴근하고 늦게 출근하도록 회사가 허용할 대상은 직원
들이므로 **(A)**가 정답이다.

어휘 allow 허용하다 leave work 퇴근하다

9. 해석 가격 변동의 관점에서 이 모든 제안서들의 위험을 보는 것은 어렵다.

해석 주어인 to부정사구가 뒤로 이동한 문장이다. '~하는 것이 어렵다'라
고 해석되므로 명사 역할의 to부정사 **(A)**가 정답이다.

어휘 risk 위험, 위기 proposal 제안 in terms of ~의 관점에서
fluctuation 변동

10. 해석 기무라 씨는 담당자들이 상업적 기밀 문제에 매우 예민해져야 한다
고 생각한다.

(A) 예민한 (B) 어려운 (C) 극적인 (D) 부적합한

해석 'need + to부정사'는 '~하는 것이 필요하다, ~해야 한다'라는 뜻이다.
기밀 문제에 담당자들이 보여야 할 태도가 빈칸에 와야 하므로 **(A)**
가 정답이다.

어휘 acutely 몹시, 강렬하게 issue 문제, 사안

UNIT 36 to부정사 (2) 형용사와 부사 역할

PRACTICE

A. 1. to choose 2. to charge
B. 1. **출장을 준비하기 위해** 2. **이 폴더에 접근할**
C. 1. (D)

A. 1. 처음에는 거기서 고를 만한 많은 서비스 공급업체들이 없었습니다. 2. 호텔
은 늦은 취소와 현장에 나타나지 않는 것에 수수료를 부과할 권한이 있다. C. 1.
이네스 디자인은 채권자들에게 지불할 충분한 자금을 갖고 있지 않았던 것으로
밝혀졌다.

ACTUAL TEST

Part 2 1. (C) 2. (A)
Part 6 1. (C) 2. (A) 3. (A) 4. (B)

PART 2

1.
M Are you planning to visit the Vancouver office?
W (A) Yes, she arrived yesterday.
(B) No, it didn't go well.
(C) Yes, to talk to Mr. Kinley.

해석 밴쿠버 사무실에 방문할 계획인가요?
(A) 네, 그녀는 어제 도착했어요.
(B) 아뇨, 그건 잘 안 됐어요.
(C) 네, 킨리 씨와 이야기하기 위해서요.

해석 밴쿠버 사무실을 방문할 것인지 묻고 있다. 이에 긍정한 후 방문 목
적을 덧붙인 **(C)**가 정답이다. (A)는 문장의 주어가 서로 다르며, (B)는
it이 지칭하는 대상이 없으므로 오답이다.

어휘 plan 계획하다 visit 방문하다; 방문 talk to ~와 이야기하다

2.
W Why did you call Tess?
M **(A) To talk about her maternity leave.**
(B) In about 15 minutes.
(C) As far as I know.

해석 왜 테스에게 전화했나요?
(A) 그녀의 출산 휴가에 대해 이야기하려고요.
(B) 약 15분 안에요.
(C) 제가 아는 한에서요.

해석 Why로 시작하는 의문문으로 이유를 묻고 있다. to부정사는 부사로
사용되어 '~하기 위해'로 해석할 수 있으므로 출산 휴가에 대해 이야
기 하려고 했다는 **(A)**가 정답이다. (B)는 시간을 나타내는 표현이므
로 내용과 상관이 없으며 (C)는 자신의 경험을 묻는 질문에 부적절한
대답이다.

어휘 call 부르다, ~에게 전화하다 maternity 출산, 임신 about ~에 대해,
약 as far as ~하는 한

잉거솔 보험, 모리스 파이낸셜과 합병
시카고 (6월 8일) - 헤브론 그룹은 잉거솔 보험사를 모리스 파이낸셜에 매각
하는 데 동의했다. 모리스에게는 이번 인수가 미국 보험 시장 진입의 발판을
①얻는 기회일 수 있다. 헤브론은 핵심 사업에 **②집중하기 위해** 계열사 중 한
곳을 매각할 것이라고 1월에 발표했었다. **③모리스는 즉각 인수 제안서를 제
출했다.** 두 회사 간의 합병 영향은 예측하기 어렵다. 모리스의 직원들은 모
리스가 잉거솔 직원 3,700명을 유지할 것인지에 대해 **④언급하기를** 거부했
다. 그러나, 루머에 따르면 임원들이 약 10퍼센트를 감축하기로 했다고 한
다. 많은 업계 전문가들은 재정 상태를 고려하면 잉거솔 운영비를 줄이는 것
은 필수적일 것이라고 말한다. 모리스는 다음 주 수요일 합병의 세부 내용을
공개할 것으로 기대된다.

어휘 insurance 보험 acquisition 인수, 획득 opportunity 기회
foothold 발판, 디딤돌 announce 발표하다, 알리다 affiliate 제
휴 관계, 계열사 core 핵심; 핵심의 implication 영향, 암시 merger
합병 predict 예측하다 official 직원, 공무원; 공식적인 decline 거
절하다 whether ~인지 아닌지 rumor 루머, 소문 executive 임
원, 간부; 경영의, 운영상의 decide ~하기로 하다 expert 전문가
necessary 필수적인 reduce 감소하다, 줄이다 operating cost 운
영비 given ~을 고려해 볼 때 unveil 밝히다, 공개하다 details 세부
사항

1. 해석 동사 gain이 opportunity를 수식하여 '얻는 기회'라고 해석해야 문맥
이 자연스럽다. 따라서 형용사로 사용될 수 있는 to부정사 **(C)**가 정
답이다. opportunity가 gain의 주체는 아니므로 능동을 나타내는 현
재분사는 적합하지 않다.

2. 해석 핵심 사업에 '집중하기 위해' 매각한다고 해야 문맥이 자연스럽다. 따
라서 부사로 사용될 수 있는 to부정사 **(A)**가 정답이다.

3. 해석 **(A) 모리스는 즉각 인수 제안서를 제출했다.**
(B) 거래는 3백만 달러의 파기 수수료를 포함한다.
(C) 임원들은 계속해서 지원을 요청한다.
(D) 거래 발표는 서비스에 영향을 주지 않을 것이다.

해석 빈칸 앞에서는 헤브론이 매각할 의사를 밝혔다는 내용을, 빈칸 뒤에
서는 합병의 영향을 언급하고 있다. 따라서 합병의 중간 과정에 해당
하는 **(A)**가 정답이다.

어휘 submit 제출하다 right away 즉시 breakup 분해, 파기

4. 해석 (A) 끌어들이다 **(B) 언급하다** (C) 낮추다 (D) 무시하다

해설 모리스의 직원들이 세부사항에 대한 언급을 하지 않았기 때문에, 다음 문장에서 루머의 내용을 덧붙였다고 볼 수 있다. 따라서 **(B)**가 정답이다.

UNIT 37 원형부정사

PRACTICE

A. 1. organize 2. make
B. 1. 알게 2. 폐지하게
C. 1. (A)

A. 1. 산토스 씨는 우리가 라틴 아메리카 예술 전시회를 준비하도록 기꺼이 도울 것입니다. 2. 저는 그가 동일한 실수를 하게 하지 않을 거예요. C. 1. 이 변화는 결국 우리가 가능한 최상의 결과를 이루도록 할 것이다.

ACTUAL TEST

PART 3 1. (D) 2. (A) 3. (A)
PART 5 1. (A) 2. (C) 3. (B) 4. (C)

PART 3

> M ❶The photocopier isn't working again.
> W Maybe we're out of toner. We have toner cartridges in the cabinet.
> M No, I checked the toner indicator and it seems fine. ❷Would you call Jerome and have him look into it?
> W I would, but he took a day off today.
> M What should I do? ❸I need to distribute the agenda to attendees before the meeting begins.
> W ❸Why don't you email it?
>
> M 복사기가 다시 작동하지 않아요.
> W 우리가 토너를 다 썼나 봐요. 캐비닛에 토너 카트리지가 있어요.
> M 아니에요, 제가 토너 표시를 확인했는데 괜찮아 보여요. 제롬에게 전화해서 점검하게 해주실래요?
> W 그러고 싶지만 그는 오늘 휴가를 냈어요.
> M 저는 어떻게 해야 하죠? 회의가 시작하기 전에 참가자들에게 안건을 나눠줘야 해요.
> W 이메일로 보내지 그래요?
>
> 어휘 photocopier 복사기 look into ~을 살펴보다 distribute 배포하다, 분배하다 attendee 참가자

1. 해석 남자는 왜 염려하는가?
   (A) 그는 직무에 적합한 사람이 아니다.
   (B) 업무량이 증가했다.
   (C) 그의 상사는 그의 업무에 만족해하지 않는다.
   (D) 그는 서류를 복사할 수 없다.

   해설 남자의 첫 번째 말에서 복사기가 작동하지 않음을 알 수 있다. 따라서 **(D)**가 정답이다.

   어휘 right 올바른, 적합한 workload 업무량 happy 기쁜, 만족스러운 document 서류

2. 해석 여자가 "그러고 싶지만 그는 오늘 휴가를 냈어요"라고 말한 의도는 무엇인가?
   (A) 복사기가 오늘 수리될 수 없다.
   (B) 그녀는 작업을 미루기를 원한다.
   (C) 그녀는 추가 업무를 맡을 수 없다.
   (D) 그 남자는 그녀의 말을 이해하지 못하고 있다.

   해설 남자가 제롬에게 전화해서 복사기를 점검하게 하자고 했을 때 여자가 한 대답이다. 제롬이 오늘 휴가를 내서 복사기를 점검할 수 없을 것이므로 **(A)**가 정답이다.

   어휘 fix 고치다, 수리하다 postpone 연기하다 task 과제, 과업 extra 추가의, 여분의 word 단어, 말

3. 해석 여자는 무엇을 제안하는가?
   (A) 자료를 온라인으로 나눠주기
   (B) 가까운 인쇄소에 방문하기
   (C) 조수를 고용하기
   (D) 급여 인상 요청하기

   해설 어떻게 해야 할지 묻는 남자의 말에 여자가 '이메일로 보내지 그래요'라고 했으므로 **(A)**가 정답이다.

   어휘 material 재료, 자료 visit 방문하다 near 가까운 hire 고용하다 assistant 보조, 조수 ask for ~을 요청하다 pay 지불하다; 급여 raise 올리다; 인상

PART 5

1. 해석 상급 기술자들은 그에게 추가적인 R&D 투자의 중요성을 이해시키기 위해 넬슨 씨와 긴 이야기를 했다.

   해설 to make 이하는 해석상 목적을 나타내는 to부정사구이다. make를 사역동사로 보아 '그에게 이해시키기 위해서'라고 해석해야 자연스러우므로 사역동사의 목적격 보어로 올 수 있는 **(A)**가 정답이다.

   어휘 senior 상급의 engineer 기술자 have a talk 이야기하다 importance 중요성 further 추가적인; 더 멀리에 investment 투자

2. 해석 아무도 헤거드 씨가 약간 초과근무해야 하는 것에 대해 불평하는 것을 들은 적이 없다.

   해설 heard는 지각동사 hear의 과거형으로 'hear+목적어+목적격 보어' 구문이 사용되었다. 따라서 원형부정사 **(C)**가 정답이다.

   어휘 hear 듣다 complain 불평하다 overtime 초과시간

3. 해석 임원진은 더 나은 일과 개인 생활의 균형을 추구하기 위해 직원들이 스스로 업무 일정을 짜게 하기로 했다.
   (A) 촉발하다 **(B) 만들다** (C) 훈계하다 (D) 세다

   해설 '사역동사(let)+목적어+목적격보어' 구문이 사용되었다. '임원진은 직원들이 스스로 업무 일정을 짜게 하기로 했다'고 해야 자연스러우므로 **(B)**가 정답이다.

   어휘 executive 임원 decide 결정하다 own 자신의, 직접 promote 촉진하다, 추구하다 work-life balance 일과 개인 생활의 균형

4. 해석 조정자는 그룹장들이 잠재적인 위험을 확인하고 그들의 목표를 달성하도록 도울 책임이 있다.
   (A) 확인된 (B) (신원) 확인, 식별 **(C) 확인하다** (D) 식별할 수 있는

   해설 전치사 뒤에 helping으로 시작하는 동명사구는 'help+목적어+목적격 보어' 구문의 동명사 형태이다. help는 준사역동사로 원형부정사와 to부정사를 목적격 보어로 취할 수 있으므로 **(C)**가 정답이다.

   어휘 coordinator 조정자, 코디네이터 be responsible for ~에 책임이 있다 leader 지도자, 대표 potential 잠재적인 risk 위험 achieve 성취하다, 이루다 goal 목표(액)

UNIT 38 가산 명사와 불가산 명사

PRACTICE

A. 1. The document 2. her 3. belongings
B. 1. (D) 2. (D)
B. 1. 새로운 채용 절차가 지난 화요일에 발표되었다. 2. 자세한 정보가 화면에 표시되어 있습니다.

ACTUAL TEST

PART 1 1. (B) 2. (D)
PART 5 1. (D) 2. (A) 3. (B) 4. (D)

PART 1

1.
(A) A man is packing his belongings.
(B) A man is waiting for his luggage.
(C) Passengers are going aboard the plane.
(D) The floor is being carpeted.

해석 (A) 한 남자가 짐을 싸고 있다.
(B) 한 남자가 짐을 기다리고 있다.
(C) 승객들이 비행기에 탑승하고 있다.
(D) 바닥에 양탄자가 깔리고 있다.
해설 (A) [X] 사진에 짐이 나와 있지만 싸고 있는 것은 아니므로 오답이다.
(B) [O] 남자가 컨베이어 벨트 앞에서 짐이 나오기를 기다리는 모습이므로 정답이다.
(C) [X] 사진 배경은 수화물을 찾는 곳이지 탑승구가 아니므로 오답이다.
(D) [X] 바닥에 양탄자를 까는 모습이 보이지 않으므로 오답이다.
어휘 passenger 승객 carpet 양탄자를 깔다; 양탄자

2.
(A) The men are using stationary.
(B) A woman is driving a truck.
(C) The men are working in a furniture store.
(D) The men are moving furniture.

해석 (A) 남자들이 문구류를 이용하고 있다.
(B) 한 여자가 트럭을 운전하고 있다.
(C) 남자들이 가구점에서 일하고 있다.
(D) 남자들이 가구를 옮기고 있다.

해설 (A) [X] 사진에 문구류는 나와 있지 않으므로 오답이다.
(B) [X] 트럭은 정지해 있으므로 오답이다.
(C) [X] 가구점을 배경으로 하고 있지 않으므로 오답이다.
(D) [O] 남자들이 가구를 옮기고 있으므로 정답이다.

PART 5

1. 해석 모든 EPA 시스템즈의 직원들은 오후 9시까지 개인 소지품을 싸서 사무실을 떠나야 합니다.
(A) 고용하다 (B) 고용하는 (C) 고용 **(D) 직원**
해설 앞에 한정사 역할을 하는 소유격(All EPA Systems')이 왔으므로 빈칸에는 명사가 와야 한다. 보기 중 employment와 employees 둘 다 명사이지만, 동사 pack의 주어가 될 수 있는 것은 employees이다. 따라서 **(D)**가 정답이다.

2. 해석 누락된 물품들은 저희가 어제 보낸 주문서 사본에 표시되어 있습니다.
(A) 주문; 주문하다 (B) 주문하는 (C) 순서대로 (D) 주문자
해설 빈칸 앞에 관사 the가 왔으므로 명사 **(A)**가 정답이다.
어휘 missing 잃어버린, 빠진 order 주문, 주문서

3. 해석 모든 부서들은 예상했던 것보다 더 성공적이었고 큰 이익을 얻었다.
(A) 자금, 현금 **(B) 이익** (C) 적자 (D) 조언
해설 모든 부서들이 성공적이었다고 했으므로 큰 이익을 얻었다는 말이 이어져야 자연스럽다. cash와 profit 둘 다 문맥에 어울리지만, 빈칸 앞에 관사 a가 있으므로 불가산 명사 cash는 답이 될 수 없고, 가산명사 **(B)**가 정답이다.

4. 해석 오늘의 강의는 여러분의 사업 파트너들과 더 강한 관계를 맺을 수 있는 방법에 관한 것입니다.
(A) 접근 (B) 증거 (C) 주의 **(D) 관계**
해설 사업 파트너들과 맺는 것으로 어울리는 것은 관계이므로 **(D)**가 정답이다.

UNIT 39 혼동하기 쉬운 가산 명사와 불가산 명사

PRACTICE

A. 1. survey, research 2. estimation, estimate
　 3. approach, access 4. product, merchandise
B. 1. (B) 2. (B)
B. 1. 몇몇 도구들은 트레일러에 실려있다. 2. 나는 허락을 받기 위해 그리핀 씨에게 연락했다.

ACTUAL TEST

PART 1 1. (A)
PART 6 1. (D) 2. (D) 3. (C)

PART 1

1.

(A) He is examining an item.
(B) He is using a pay phone.
(C) He is filling the container with water.
(D) He is fixing a broken machine.

해석　**(A) 그는 상품을 살펴보고 있다.**
(B) 그는 공중전화를 이용하고 있다.
(C) 그는 용기를 물로 채우고 있다.
(D) 그는 고장 난 기계를 고치고 있다.

해설　**(A)** [O] 남자가 상품을 들고 살펴보는 모습이므로 정답이다.
(B) [X] 남자는 휴대전화를 사용하고 있으므로 오답이다.
(C) [X] 사진에 나오지 않은 동작이므로 오답이다.
(D) [X] 사진에 나오지 않은 물체이므로 오답이다.

어휘　examine 살펴보다 pay phone 공중 전화 container 용기 broken
고장 난

PART 6

스프링 상품에 오신 것을 환영합니다!

환영합니다! 저희는 미국에서 가장 큰 홍보용 상품 공급업체입니다. 저희는
❶**문구류**, 의류, 가방 등을 포함한 아주 다양한 각기 다른 홍보용 상품을 제공
합니다. 상표를 표시한 홍보용 ❷**제품들**이 저희의 전문입니다. ❸**프린트 티셔
츠부터 자수가 놓인 모자까지, 저희는 당신이 요구하는 어떤 홍보용 의류라
도 제공합니다.**
오늘 저희 웹사이트에 등록하고 저희의 가장 큰 할인 행사에 회원 전용 입장
권을 받으세요!
자세히 살펴보시고 질문이 있으시면 저희에게 알려주십시오. 당신이 찾으시
는 것을 발견하지 못하신다면 supply@springmd.com으로 이메일을 보내주
시기 바랍니다.

어휘　promotional 홍보의, 승진의 supplier 공급업체 a variety of 다양
한 ~ including ~을 포함한 specialty 전문, 특기

1. 해석　(A) 발전　(B) 조사　(C) 풍경　**(D) 문구류**

해설　홍보용 상품으로 업체에서 제공하기에 어울리는 **(D)**가 정답이다.

2. 해설　빈칸 뒤에 be동사 are가 왔으므로 빈칸에는 문장의 주어가 될 수 있
는 명사가 와야 한다. 또한 be동사가 3인칭 복수형이므로, 빈칸에 올
명사 역시 복수형이어야 한다. 따라서 **(D)**가 정답이다.

3. 해석　(A) 유리와 크리스털 상패는 멋진 기업용 선물이며 보람 있는 인센티
브 입니다.
(B) 더 많은 제품을 목록에 담으시려면 사이트에서 더 많은 제품을
찾아보시고 '목록에 더하기' 버튼을 누르십시오.
**(C) 프린트 티셔츠에서 자수가 놓인 모자까지, 저희는 당신이 요구
하는 어떤 홍보용 의류라도 제공합니다.**
(D) 저희 경영진은 시스템 관리 이사 한 명과 판매 이사 두 명으로 구
성되어 있습니다.

해설　빈칸 앞부분에서 이 회사가 홍보용 상품을 제공한다고 하였으므로,
어떤 홍보용 상품들을 제공하는지 이어지는 것이 자연스럽다. 따라
서 **(C)**가 정답이다.

어휘　corporate 기업의 rewarding 보람 있는 browse 둘러보다
embroidered 자수가 놓인 consist of ~로 구성되다

인칭 대명사와 재귀 대명사

PRACTICE

A. 1. hers 2. him
B. 1. (C) 2. (A)
B. 1. 제 것도 작동이 멈췄습니다. 2. 그 회사는 스스로를 영국의 선도적인 공급업
체로 브랜드를 쇄신하기 시작했습니다.

ACTUAL TEST

PART 5 1. (B) 2. (B) 3. (A) 4. (C) 5. (D) 6. (A) 7. (B) 8.
(D) 9. (A) 10. (B)

PART 5

1. 해석　페레스 씨와 그의 팀은 5백만 달러를 빌리기 위해 노력하며 3주를
보냈다.

해설　명사(구) 앞에는 소유격 인칭 대명사가 오므로 **(B)**가 정답이다.

2. 해석　우리는 제안서를 제출할 때 모든 사용자가 그들의 개인정보를 확인
하고 업데이트하기를 권장합니다.

해설　명사구(personal information) 앞에는 소유격 인칭 대명사가 오므로
(B)가 정답이다.

어휘　encourage 권장하다 submit 제출하다 proposal 제안서

3. 해석　TP 자전거사는 자신을 작은 회사로 보고 판매를 촉진하기 위한 광고
에 많은 돈을 쓴다.

해설　문맥상 동사 see의 목적어는 TP Bike Company이다. 주어와 목적어
가 같으므로 TP Bike Company 자신을 가리키기 위해 사용할 수 있
는 재귀 대명사 **(A)**가 정답이다.

4. 해석　당신의 기기가 매끄럽고 안전하게 작동하도록 유지하기 위해, 당신
은 정기적인 유지 보수와 시기적절한 수리를 해주어야 합니다.

해설　문장에 동사 take의 주어가 없으므로 빈칸에는 주격 인칭 대명사가
필요하다. 따라서 **(C)**가 정답이다.

어휘　appliance 기기 run 작동하다 smoothly 매끄럽게 regular 정기적
인 maintenance 유지 보수 timely 시기적절한

5. 해석　작년에 페이지 상업 은행은 대학생을 위한 새로운 대출 프로그램을
도입했다.

해설　새로운 대출 프로그램은 the Paige Commercial Bank의 프로그램이
므로, the Paige Commercial Bank의 소유격 인칭 대명사로 사용될
수 있는 **(D)**가 정답이다.

어휘　commercial 상업의 introduce 도입하다 loan 대출

6. 해석　스스로 이 문제를 해결하려고 노력했기 때문에, 황 씨와 나는 밤을
새워 일하며 모든 조항과 조건을 확인했다.

해설   문장의 주어인 Mr. Huang and I가 스스로 문제를 해결하기 위해 노력했다는 의미가 되어야 자연스럽다. 따라서 Mr. Huang and I를 가리키는 재귀 대명사 **(A)**가 정답이다.

어휘   term 조항, 조건 condition 조건

7. 해설   그 회사는 멀비 씨에게서 사무실 건물을 사는 것을 포기했으므로, 그것은 여전히 그녀의 것이다.

해설   그 건물이 그녀의 건물이라는 의미가 되어야 자연스러우므로, her building을 대신할 수 있는 소유 대명사 **(B)**가 정답이다.

8. 해설   회사 소유주들은 규정을 두는 그들의 주된 이유가 직원 생산성을 향상시키는 것이라고 했다.

해설   주어 The company owners는 3인칭 주격 인칭 대명사 they로 대신할 수 있으므로, 이에 해당하는 소유격 인칭 대명사 **(D)**가 정답이다.

어휘   owner 소유주 primary 주된 policy 정책 productivity 생산성

9. 해설   손님들 수백 명이 출시 행사에 초대되었고, 그들은 신제품의 무료 견본품을 받았다.

해설   be동사 were의 주어가 없으므로, 주격 인칭 대명사 **(A)**가 정답이다.

10. 해설   콜 박사는 DNA에 관한 그의 연구를 완료할 수 없었고, 55,000달러의 보조금을 반환하도록 강제되었다.

해설   빈칸 뒤에는 명사 research가 왔으므로 소유격 인칭 대명사 **(B)**가 정답이다.

어휘   complete 완료하다 force 강제하다 return 돌려주다 grant 보조금

UNIT 41 지시 대명사 that, those

PRACTICE

A. 1. This 2. those 3. These 4. those

ACTUAL TEST

PART 2 1. (B) 2. (C) 3. (A) 4. (B)
PART 5 1. (A) 2. (A) 3. (A) 4. (A) 5. (C) 6. (D)

PART 2

1.
M I'm not sure this entire floor is reserved.
W (A) From the domestic supplier.
   (B) I'll ask the manager about that.
   (C) Just the bill, please.

해석   저는 이 층 전체가 예약되었는지 모르겠어요.
   (A) 국내 공급자에게서요.
   (B) 매니저에게 그것에 관해 물어볼게요.
   (C) 그냥 청구서만 주세요.

해설   층 전체가 예약되었는지 모르겠다는 상대방의 말에 매니저에게 확인해보겠다고 한 **(B)**가 정답이다. (A)와 (C)는 대화 주제와 관련이 없으므로 오답이다.

어휘   entire 전체의 domestic 국내의 bill 영수증, 청구서

2.
W1 When are we going to order this model?
W2 (A) Yes, this would be great.
    (B) They went outside.
    (C) This Saturday.

해석   우리는 언제 이 모델을 주문할 건가요?
   (A) 네, 그것 참 멋지겠네요.
   (B) 그들은 밖으로 갔어요.
   (C) 이번 토요일이요.

해설   시기를 묻는 말에 특정 요일로 답한 **(C)**가 정답이다. (A)는 주관적인 의견을 제시하는 표현으로, 객관적인 시점을 요구하는 질문에 상응하지 않아 오답이고, (B)는 질문에 나온 동사 go의 과거형을 사용하여 혼동을 준 오답이다.

3.
W Are you comparing your output against that of mine?
M **(A) No, I'm still working on mine.**
   (B) Our medical officer.
   (C) Yes, five years ago.

해석   당신은 당신의 결과와 제 것을 비교하고 있나요?
   (A) 아니요, 저는 아직 제 것을 작업하고 있어요.
   (B) 우리 의료 담당자요.
   (C) 네, 5년 전에요.

해설   지금 결과를 비교하고 있는지 묻는 말에 아니라고 답한 후, 어떤 작업을 하고 있는지 덧붙인 **(A)**가 정답이다. (B)는 대화 주제와 무관하므로 오답이고, (C)는 현재 진행 중인 일을 묻는 말에 과거 시점으로 답하므로 오답이다.

어휘   compare 비교하다 output 결과 medical 의료의

4.
W Who are those people?
M (A) By subway usually.
   (B) Ms. Doyle's colleagues.
   (C) Just 70 dollars.

해석   저 사람들은 누구입니까?
   (A) 보통 지하철로요.
   (B) 도일 씨의 동료들이에요.
   (C) 단지 70달러요.

해설   저 사람들이 누군지 묻는 말에 특정 인물의 동료라고 답한 **(B)**가 정답이다. (A)와 (C)는 질문에 어울리지 않는 답변이므로 오답이다.

PART 5

1. 해설   공급 협의를 통해 얻은 이 계약들은 그들의 자회사인 EPI 시스템즈와 제너스 사 계약들과 비슷하다.
   (A) 그것들 (B) 이것   (C) 둘 다   (D) 그들, 그것들

해설   문맥상 '이 계약들'이 EPI 시스템즈와 제너스 사의 계약들과 비슷하다는 의미가 되어야 하므로 빈칸에는 앞에서 언급한 these contracts를 대신할 수 있는 표현이 필요하다. 따라서 **(A)**가 정답이다.

어휘   contract 계약(서) obtain 얻다 agreement 계약, 협의 resemble 비슷하다, 닮다 subsidiary 자회사

2. 해석 싱가포르에서 온 사람들은 경제 불안정으로 인해 그들의 자산을 해외로 옮기기를 원할 수도 있습니다.

(A) ~로부터 (B) 밖으로 (C) 옆의 (D) 아직

해설 '싱가포르에서 온 사람들'이라는 뜻이 되어야 자연스러운 문맥이 되므로 출신을 나타낼 수 있는 전치사 (A)가 정답이다.

어휘 transfer 옮기다 abroad 해외로 instability 불안정

3. 해석 로이스 사의 세계 시장 유통망은 국내 시장의 것과 다르다.

해설 세계 시장 유통망과 국내 시장 유통망이 다르다는 것을 표현하는 문장이므로, 앞에서 나온 distribution channels를 대신할 수 있는 (A)가 정답이다.

어휘 distribution 유통, 분배 channel 경로 differ 다르다

4. 해석 이 편지의 목적은 당신에게 직원 급여 정책에 관한 결정을 제공하는 것입니다.

해설 빈칸에는 뒤에 나온 가산 명사 letter를 한정하는 지시 형용사가 들어가야 한다. letter가 단수명사이므로 (A)가 정답이다.

어휘 purpose 목적 relating to ~에 관한 compensation 보상, 급여 policy 정책

5. 해석 이 그림들 대부분은 바로크 예술에 관심이 많았던 부유한 멕시코 사업가에 의해 사적으로 소유되었습니다.

해설 빈칸에는 뒤에 나온 명사 paintings를 한정하는 지시 형용사가 들어가야 한다. 보기에 지시 형용사 this, that, these가 있는데 paintings가 복수명사이므로 (C)가 정답이다.

6. 해석 이 운동 장비는 체육관에 갈 시간이 없는 사람들에게 추천된다.

해설 '체육관에 갈 시간이 없는 사람들'이라는 뜻이 되어야 자연스러우므로, 수식어구와 함께 '~하는 사람들'이라는 의미로 사용되는 지시 대명사 (D)가 정답이다.

어휘 equipment 장비 hit 이르다, 도착하다

UNIT 42 부정 대명사 (1)
one, another, other

PRACTICE

A. 1. one 2. another 3. Other 4. other

ACTUAL TEST

PART 5 1. (C) 2. (B) 3. (A) 4. (A)
PART 7 1. (C) 2. (A) 3. (D)

PART 5

1. 해석 EST 사와 PN 글로벌을 포함한 많은 다른 회사들이 그들의 생산성과 지위를 향상했다.

해설 빈칸에는 복수명사 companies를 수식할 수 있는 형용사가 필요하므로 (C)가 정답이다.

어휘 including ~을 포함한 improve 향상하다 productivity 생산성

2. 해석 한 계좌에서 다른 계좌로 10,000달러 이상을 이체하시려면, 이 양식을 작성해주셔야 합니다.

해설 한 계좌에서 '또 다른 계좌'로 이체한다는 의미가 되어야 자연스러우므로 (B)가 정답이다.

어휘 transfer 이체하다 account 계좌 fill out 작성하다

3. 해석 산체스 씨는 학기 중에 다른 사람들에게서 그의 강의에 관한 비평을 받았다.

해설 빈칸을 포함한 부분이 '다른 사람들로부터'라는 의미가 되어야 자연스럽다. 따라서 특정 집단의 일부 사람들을 가리킬 수 있는 (A)가 정답이다.

어휘 comment 논평, 비평 lecture 강의 semester 학기

4. 해석 수피 박물관은 휴관할 것이지만, 도시에 있는 다른 박물관들은 화요일 저녁까지 완전히 운영합니다.

해설 but 이하 절의 주어인 the others는 수피 박물관을 제외한 도시에 있는 다른 박물관들 전체를 의미한다. the others는 항상 복수로 취급하므로 복수동사 (A)가 정답이다.

PART 7

스완지 밀레니엄 센터 | 가격 및 좌석

스완지 밀레니엘 센터는 도시에서 가장 오래된 극장 중 하나이며, **[1]무대 앞 좌석 및 발코니 좌석 구역에 걸쳐 2,315석을 갖추고 있습니다.** 극장의 내·외부는 오즈에 나오는 유프 성 내부를 닮았습니다.

[3]당신은 아래 좌석 옵션 중 하나를 구매하여 강당에서 가장 좋아하는 자리를 고를 수 있습니다. 좌석을 고르지 않으시면, 입장권을 구매하실 때 저희가 좌석을 무작위로 배정해드릴 것입니다.

	프리미엄	A1-A3	B1-B3	기타 좌석
가격	62-85 달러	40-55 달러	30-35 달러	25 달러

[2]*가격에는 휴대품 보관소 이용이 포함되어 있습니다. 대형 물품은 개당 2달러에 맡기실 수 있습니다.

시즌 입장권 소지자는 좌석 이용 가능성에 따라 입장권을 같은 작품의 다른 회차 공연으로 무료로 교환할 수 있는 혜택을 누릴 수 있습니다. 더 많은 내용은 http://www.millenial.org/ticket을 참조해주십시오.

어휘 stall 무대 앞 좌석 resemble 닮다 below 아래의 assign 배정하다 randomly 무작위로 cloakroom 휴대품 보관소 check 보관하다, 맡기다 holder 소지자 benefit 혜택 performance 공연 show 공연

1. 해석 스완지 밀레니얼 센터에 대해 명시된 것은?

(A) 지하철역과 가까운 곳에 있다.
(B) 최근에 완공되었다.
(C) 2,000석 이상의 좌석 수를 가지고 있다.
(D) 스완지 주민에게만 사용이 제한되어 있다.

해설 무대 앞 좌석과 발코니 좌석을 합쳐 2,315석을 갖추고 있다고 하였으므로 (C)가 정답이다.

어휘 locate 위치시키다 near 가까운 capacity 용량, 수용력 resident 주민

2. 해석 좌석 가격에 포함된 것은?

(A) 보관 시설 (B) 상품 (C) 주차 (D) 음식

해설　가격에 휴대품 보관소 이용 요금이 포함되어 있다고 하였으므로 **(A)** 가 정답이다.

3. 해설　스완지 밀레니얼 센터 좌석에 대해 명시된 것은?
   (A) 가격은 30달러에서 85달러 사이이다.
   (B) 시즌 입장권 소지자에게는 20퍼센트 할인된다.
   (C) 온라인으로 예약되어야 한다.
   (D) 입장권 소지자에 의해 선택될 수 있다.

   해설　좌석 옵션을 구매하여 자리를 고를 수 있다는 것은 입장권 구매자가 좌석을 지정할 수 있다는 의미이므로 **(D)**가 정답이다.

   어휘　range from A to A A에서 B 사이이다 reserve 예약하다 select 선택하다

UNIT 43 부정 대명사 (2)
some, any, (n)either, none

PRACTICE

A. 1. Some 2. either 3. any
B. 1. 가지고 있지 않다 2. 어떤

ACTUAL TEST

PART 5 1. (A) 2. (A)
PART 7 1. (C) 2. (D) 3. (B) 4. (B)

PART 5

1. 해석　그 나라에서는, 가장 큰 자동차 보험회사 중 일부가 고객에게 상당히 큰 할인을 제공한다.
   해설　'some of 명사'에서 some의 단복수는 of 뒤에 오는 명사의 단복수에 따라 결정된다. the largest car insurance companies가 복수이므로, 이 문장의 주어 some 역시 복수이다. 주어와 동사는 수가 일치해야 하므로 복수명사에 적합한 복수동사 **(A)**가 정답이다.
   어휘　insurance 보험 a number of 많은 ~ incredible 믿을 수 없는

2. 해석　TR 항공은 2월 28일 출발하는 파리 행을 예약해놓은 승객들에게 연락할 것이다.
   해설　보기는 부정 대명사 또는 부정 형용사인데, 빈칸 뒤에 명사 passengers가 있으므로 명사를 한정해주는 부정 형용사가 빈칸에 와야 한다. 보기 중 부정 형용사이면서 해석상 자연스러운 **(A)**가 정답이다.
   어휘　airline 항공사 contact 연락하다 passenger 승객 book 예약하다 depart 출발하다

PART 7

메모
날짜: 10월 31일
이전에 공지했듯이, 회사는 필라델피아에 또 하나의 새로운 지점을 열었습니다. **❶우리는 그곳에 더 많은 사람을 고용하고 있으며 될 수 있으면 일부 직책은 내부적으로 충원하기 원합니다. ❷AMI 내의 판매 경력은 필수입니다.** 지원 마감일은 11월 15일입니다.
❸이력서 및 이 직책에 대한 관심을 설명하는 자기소개서와 함께 표준 지원서를 제출하여 주시기 바랍니다. 질문이 있으시면, 내선 번호 505-633-7844로 제인 힐에게 전화 주시기 바랍니다.
필라델피아 지점은 로지스테크, EKEA 엔지니어링, 그리고 다른 AMI의 주요 고객들을 포함하여 AMI가 서비스를 제공하는 여러 작업장에 **❹걸어갈 수 있는** 편리한 위치에 있습니다. 필라델피아 지점은 월요일에서 금요일까지 오전 8시 30분부터 오후 4시까지 엽니다.
리처드 토마스, 인사부, AMI 협회

어휘　previously 이전에 announce 공지하다 internally 내부적으로 possible 가능한 application 지원(서) standard 표준의 extension 연장, 내선 conveniently 편리하게 within ~이내의 workplace 작업장, 직장 major 중요한

1. 해석　토마스 씨는 왜 메모를 썼는가?
   (A) 직원들에게 라이센스 제품 이용을 요구하기 위해
   (B) 승진을 발표하기 위해
   (C) 직원들에게 공석을 통지하기 위해
   (D) 경고하기 위해

   해설　지문 첫 문단에서 새로운 지점을 위해 더 많은 사람을 고용하고 있고, 일부 직책은 내부적으로 충원하기 원한다고 하였으므로 직원들에게 내부 공석을 알리기 위해 쓰인 글임을 알 수 있다. 따라서 **(C)**가 정답이다.

   어휘　license 허가, 사용권 opening 공석 warning 경고

2. 해석　메모의 대상은 누구일 것 같은가?
   (A) 인사부　　　　　(B) EKEA 엔지니어링의 직원들
   (C) AMI 협회의 지사장들　**(D) AMI의 전현직 영업 사원**

   해설　필라델피아에서 일할 직원을 내부적으로 채용하고 싶다고 하였으며, 필수 자격으로 AMI에서의 판매 경력을 제시하였으므로 AMI 영업 사원으로 현재 일하고 있거나 과거에 일한 경험이 있는 사람이 이 메모의 대상임을 알 수 있다. 따라서 **(D)**가 정답이다.

3. 해석　메모에 따르면, 직위에 지원하기 위해 요구되는 것은?
   (A) 공인된 경력 증명서　**(B) 이력서와 자기소개서**
   (C) 신분 확인 경찰　　　　(D) 이전 판매 보고서

   해설　지원서와 함께 이력서 및 자기소개서를 보내달라고 하였으므로, **(B)**가 정답이다.

   어휘　approved 공인된 identification 신분 확인

4. 해석　세 번째 단락, 첫 번째 줄의 "walking"과 의미상 가장 가까운 것은?
   (A) 총　**(B) 짧은**　(C) 준비된　(D) 도움이 되는

   해설　각종 회사에 걸어갈 수 있는 위치라는 것은 가까운 거리, 짧은 거리에 있다는 것을 의미한다. 따라서 **(B)**가 정답이다.

UNIT 44 부정 대명사 (3)
all, each, few, little

PRACTICE

A. 1. are 2. a little 3. Every
B. 1. (A)

A. 1. 내가 만난 모든 사람은 아주 우호적이고 친절하다. 2. 여기 위원회에 관한 약간의 정보가 있습니다. 3. 우리가 사용했던 모든 기계는 정기적인 검사가 필요하다. B. 1. 팀 관계자에 따르면 작년에 모든 비행 중 28퍼센트 이상이 지연되었다.

ACTUAL TEST

PART 5 1. (B) 2. (A)
PART 6 1. (A) 2. (B) 3. (A) 4. (A)

PART 5

1. 해석 모든 직원은 근무 시간 내내 높은 수준의 개인적 청결을 유지해야 한다.

해설 빈칸 뒤의 복수명사 employees와 함께 사용될 수 있는 **(B)**가 정답이다.

어휘 maintain 유지하다 degree 정도, 수준 cleanliness 청결

2. 해석 ARP 제조는 각각 제품 계열에 연례 점검을 할 것이다.

해설 빈칸 뒤의 단수형 가산명사 product line과 함께 사용될 수 있는 **(A)**가 정답이다. all과 other가 가산명사와 함께 쓰일 때는 가산명사가 복수형이어야 한다.

어휘 annual 연례의 inspection 점검

PART 6

과학 건물 공사 중!
과학 건물에는 두 보수 공사가 진행 중입니다 - 새로운 엘리베이터 설치와 복도 보수. 작업 시간은 월요일부터 금요일까지 오전 8시부터 오후 4시 30분까지입니다. 약간의 주말 및 야간 작업이 예상됩니다.
새 엘리베이터 기계를 설치하는 동안 구멍 뚫는 작업이 일 층에서 들릴 수 있습니다. 큰 소음을 내는 **❶어떤 작업들**은 오전 10시까지 완료될 것입니다. 하나가 **❷운행이 정지된 동안** 다른 하나는 계속해서 운행하도록 엘리베이터는 한 번에 한 대씩 현대화될 것입니다.
복도 보수는 에너지 효율이 높은 새 전등 설치와 살수 장치 업그레이드를 포함할 것입니다. 이 작업이 진행되는 동안 임시 칸막이벽이 301호와 304호 바깥 복도에 설치되어 복도를 좁힐 것입니다. **❸때때로 복도는 폐쇄될 것입니다.**
❹이 프로젝트들이 끝날 때까지 다른 입구나 정문에 접근할 수 있는 측면 경사로를 이용해 주십시오. 질문은 스칼렛 캠벨(scampbell@ubccollege.com)에게 하시면 됩니다.

어휘 underway 진행 중 corridor 복도 drill 구멍을 뚫다 generate 만들다 modernize 현대화하다 operational 운행하는 hallway 복도 sprinkler 살수 장치 partition 칸막이, 분할 ramp 경사로

1. 해설 복수형 가산명사와 함께 사용될 수 있는 **(A)**가 정답이다.

2. 해설 빈칸 앞의 one과 the other는 앞에 나온 엘리베이터를 받는 부정 대명사이다. 엘리베이터가 운행을 정지하는 주체가 아니라 운행 정지의 대상이므로 수동태를 사용해야 한다. 따라서 **(B)**가 정답이다.

3. 해석 **(A) 때때로 복도는 폐쇄될 것입니다.**
(B) 당신은 건물 수리를 요청할 수 있습니다.
(C) 큰 프로젝트가 최근 완료되었습니다.
(D) 트럭들이 이 경로를 매주 월요일마다 사용하기로 예정되어 있습니다.

해설 빈칸 앞에 복도 보수에 관한 내용이 나오고 있으므로 빈칸에는 복도에 관련된 내용이 들어가는 것이 자연스럽다. 따라서 **(A)**가 정답이다.

어휘 occasionally 때때로 repair 수리 major 큰, 중대한 route 경로

4. 해설 빈칸 뒤의 프로젝트는 앞에서 언급된 엘리베이터 설치 프로젝트와 복도 보수 프로젝트를 가리키는 것이므로 지시 형용사 these를 사용하여 '이 프로젝트들'이라는 의미가 되도록 하는 것이 문맥상 자연스럽다. 따라서 **(A)**가 정답이다.

UNIT 45 형용사

PRACTICE

A. 1. decision 2. date 3. The offer 4. increase
B. 1. 믿을 수 있는
C. 1. (C)

A. 1. 생산자들은 많은 논의 후에 최종 결정을 내렸다. 2. 정확한 일자는 초대장으로 전달될 것입니다. 3. 제안은 8월 14일까지 열려 있을 것이다[유효할 것이다]. 4. 지난 분기 동안의 꾸준한 고용 증가에도 불구하고 실업률은 여전히 높은 수준이다. C. 1. VMC 바이오테크는 비서직에 적합한 후보자를 찾고 있다.

ACTUAL TEST

PART 7 1. (C) 2. (C) 3. (D)

PART 7

특집	방송	이벤트	광고

당신의 사업을 함께 성장시켜봐요!
NBM 라디오는 지역 사업체에게 **❸경쟁력 있는 가격으로** 그들의 상품과 서비스를 홍보할 수 있는 특별한 기회를 제공합니다.
NBM 라디오는 2003년부터 방송되어 온 우리 지역 1위 상업 라디오입니다. 저희는 국외 및 국내의 뉴스, 스포츠, 날씨, 교통 및 문화를 다룹니다. **❷저희 애청자들은 우리 방송국을 청취할 때 적극적으로 참여합니다.** 따라서 그들은 광고가 나올 때 채널을 돌리지 않을 것입니다.

<30일 캠페인용 라디오 캠페인 옵션>

	옵션 1	옵션 2	옵션 3	옵션 4
❶시간대	일반 시간대 (오후 10시-오전 5시)		인기 시간대 (오전 5시-오후 10시)	
재생 길이	30초	45초	30초	45초
일별 반복 수	20	40	20	35
가격	5,000 달러	7,500 달러	10,000 달러	15,000 달러

• 일시불 선결제시 10퍼센트 할인
• 더 많은 홍보 기회를 알아보려면 844-797-314로 전화 주세요.

어휘 feature 특징으로 다루다 on air 방송 중인 event 행사 advertisement 광고 grow 성장하다, 키우다 offer 제공하다 local 지역의, 국내의 distinctive 독특한, 특별한 opportunity 기회 promote 촉진하다, 홍보하다 competitive 경쟁력 있는 rate 요율, 요금 commercial 상업의; 광고 community 지역 사회 since ~이래로; ~하기 때문에 cover 다루다, 덮다 international 국제적인, 해외의 domestic 국내의, 가정의 loyal 충성스러운 actively 적극적으로, 활동적으로 be engaged in ~에 열중하다, ~하느라 바쁘다 station 역, 방송국 spot 지점, 부분, 점 duration 시간의 길이 rotation 회전, 반복 cost 가격, 비용 discount 할인 upfront 선행 find out ~을 발견하다

1. **해석** NBM 라디오에 대해 명시된 것은?
(A) 충성 고객들에게 특별 가격을 제공한다.
(B) 전국적인 라디오 방송국이다.
(C) 24시간 방송한다.
(D) 사업 뉴스에 특화되어 있다.

해설 표에 제시된 시간대를 보면 24시간 라디오가 방송됨을 알 수 있다. 따라서 (C)가 정답이다.

어휘 customer 고객, 손님 national 국가의, 전국적인 broadcast 방송; 방송하다 specialize in ~에 특화되다, ~을 전문으로 하다

2. **해석** [1], [2], [3], [4]로 표시된 곳 중에서 다음 문장이 가장 적합한 곳은?
"따라서 그들은 광고가 나올 때 채널을 돌리지 않을 것입니다."

해설 주어진 문장의 they는 라디오 청자들을 의미할 것이므로, 그들의 적극적인 참여 태도를 언급한 문장 다음인 (C)가 정답이다.

3. **해석** 웹페이지에서 첫 번째 단락, 두 번째 줄의 "competitive"와 의미상 가장 가까운 것은?
(A) 사나운, 격렬한   (B) 대립하는
(C) 논쟁을 초래하는   **(D) (가격이) 알맞은**

해설 competitive가 rate, cost, price 등 가격을 나타내는 말 앞에 오면 다른 제품에 비해 경쟁력 있는, 즉 '저렴하다'는 의미가 된다. 따라서 (D)가 정답이다.

UNIT 46 현재분사와 과거분사

PRACTICE

A. 1. 지정된, 제한된 2. 예상되는 3. 요청하는 4. 증가하는 [증가하고 있는] 5. 증가된

ACTUAL TEST

PART 5 1. (D) 2. (B) 3. (C) 4. (A) 5. (B) 6. (B) 7. (C) 8. (A) 9. (D) 10. (A)

PART 5

1. **해석** 신규 직원 고용을 포함한 비용 결정은 3월 26일로 예정된 다음 회의에서 이루어질 것입니다.

해설 신규 직원 고용을 포함한 각종 비용 결정이 다음 회의에서 이루어질 것이라는 내용이다. Expenditure decisions(비용 결정) the hiring of new staff(신규 직원 고용)를 포함하는 주체이므로 능동을 나타내는 현재분사 (D)가 적절하다. 참고로 이 문장에서는 현재분사구가 명사구를 뒤에서 수식하고 있다.

어휘 expenditure 지출, 비용

2. **해석** 이 캠페인을 통해서 모금된 기금은 아마존 열대우림에 있는 멸종위기 동물을 보호하는 데 바쳐질 것이다[쓰일 것이다].

해설 주어는 The funds, 동사는 will be devoted이므로 through this campaign은 빈칸과 함께 주어를 수식하는 분사구가 되어야 한다. 기금은 캠페인을 통해 모금되는 대상이므로 수동을 나타내는 과거분사 (B)가 정답이다.

어휘 fund 기금, 자금, 자산 be devoted to ~에 헌신하다[바쳐지다] endangered 위기에 처한, 멸종 위기의

3. **해석** 베어드 씨의 노력은 문화 다양성의 가치에 대한 강화된 이해를 발전시키는 데 기여해 왔습니다.

해설 베어드 씨의 노력을 통해 문화 다양성의 가치 이해가 더 증강되었다는 내용이다. understanding(이해)이 증강, 강화되는 대상이므로 수동을 나타내는 과거분사 (C)가 정답이다.

어휘 effort 노력, 시도 contribute to ~에 기여하다 develop 발전하다, 발달시키다 enhance 강화하다 diversity 다양성

4. **해석** 팽창하는 데이터 보안 솔루션 시장 속 회사의 미래를 논의하기 위해 임원진이 모였다.

해설 관사와 명사 사이에 있는 빈칸에는 명사를 수식하는 형용사, 분사 등이 들어간다. 해석상 market이 팽창하는 주체이므로 능동을 나타내는 현재분사 (A)가 정답이다.

어휘 executive 임원; 경영의 gather 모으다, 모이다 discuss 논의하다 expand 확장하다 security 보안

5. **해석** 전 세계의 4만이 넘는 회사, 기관, 개인이 저희의 만족스러운 사용자들이 되었습니다.
(A) 만족 **(B) 만족하는** (C) 만족시켜왔다 (D) 만족시키다

해설 한정사(소유격 대명사 our)와 명사 사이에 있는 빈칸에는 명사를 수식하는 형용사, 분사 등이 들어간다. satisfy는 '만족시키다'라는 뜻으로, 사용자들이 만족한다는 의미가 되려면 과거분사가 와야 한다. 따라서 (B)가 정답이다.

어휘 organization 단체, 기관 around the world 전 세계에서, 전 세계에 있는 satisfy 만족시키다, 만족하게 하다

6. **해석** 우리는 1997년에 설립되었으며, 주에서 가장 오래된 규제 기관입니다.

해설 authority는 '권한, 규제 당국'을 의미한다. 규제 당국은 규제를 하는 주체이므로 능동을 나타내는 현재분사 (B)가 정답이다.

어휘 found 설립하다 regulate 규제[통제]하다 state 나라, 주

7. **해석** 사항의 중대한 특성을 고려하면, 수정된 제안서는 가능한 한 빨리 검토되어야 합니다.

해설 관사와 명사 사이에 있는 빈칸에는 명사를 수식하는 형용사, 분사 등이 들어간다. proposal(제안서)은 수정되는 대상이므로 수동을 나타내는 과거분사 (C)가 정답이다.

어휘 given ~을 고려하면 crucial 주요한, 중대한 nature 본성, 특성 item 사항 revise 수정하다, 변경하다 review 검토하다

45

8. **해석** 반복되는 요청에도 불구하고, 서비스 공급업체로부터 지금까지 환불에 대한 어떠한 답변도 없었다.

해설 전치사 In spite of 다음에는 명사구가 온다. 따라서 requests와 복합 명사구를 이루거나 requests를 수식하는 말이 빈칸에 들어가야 한다. repetition은 requests와 복합명사를 이루는 단어가 아니므로 답이 될 수 없으며, '반복되는'이라는 뜻의 과거분사 (A)가 적절하다.

어휘 in spite of ~에도 불구하고 repeat 반복하다 request 요청; 요청하다 response 답변, 응답 provider 공급자, 공급업체 refund 환불

9. **해석** 당신은 시스템이 읽을 수 있는 적절하게 구성된 텍스트 파일을 제공해야 합니다.
(A) 멀리서, 떨어져서 (B) 충실히 (C) 약간 **(D) 적절하게**

해설 빈칸 뒤의 과거분사 formatted는 text file을 수식하는 형용사 역할을 한다. 따라서 빈칸에는 formatted(구성된)를 수식하기에 의미상 적절한 (D)가 정답이다.

어휘 need 필요하다, (+to부정사) ~해야 한다 provide 제공하다 formatted 구성된 readable 읽을 수 있는

10. **해석** 결정은 작성된 제출물이 수령된 날로부터 4주 안에 특별 위원회에 의해 처리될 것입니다.

해설 관사와 명사 사이에 있는 빈칸에는 명사를 수식하는 형용사, 분사 등이 들어간다. complete는 '완성하다, 작성하다'라는 뜻으로, submission은 작성되는 대상이므로 과거분사 (A)가 적절하다.

어휘 process 공정, 과정; 처리하다 select 선발하다; 고른, 가려낸, 특별한 committee 위원회 within ~ 내에 receive 받다, 수령하다 complete 완성하다, 작성하다 submission 제출(물), 항복

UNIT 47 부사

PRACTICE
A. 1. (be) repaired 2. agreed 3. I have another engagement tonight 4. priced
B. 1. 정기적으로
C. 1. (C)
A. 1. 기계는 즉시 수리되어야 합니다. 2. 계약서는 상호 간에 동의한 가격과 지불 조건을 명시합니다. 3. 유감스럽게도, 저는 오늘 밤 다른 약속이 있습니다. 4. 더건 씨는 적절하게 가격이 매겨진 호텔을 찾고 있습니다. C. 1. 콜드웰 엔지니어링은 포 픽스 엔터프라이즈에 의해 현재 점유되어 있는 건물을 구입했다.

ACTUAL TEST
PART 2 1. (A) 2. (C)
PART 4 1. (A) 2. (B) 3. (B)
PART 5 1. (D) 2. (D)

PART 2

1.
M Why did Emily suddenly quit the job?
W **(A) I have no idea.**
(B) I'm under a lot of stress.
(C) She seems okay.

해석 왜 에밀리가 갑자기 일을 그만두었나요?
(A) 저는 전혀 몰라요.
(B) 저는 큰 스트레스를 받고 있어요.
(C) 그녀는 괜찮아 보여요.

해설 에밀리가 일을 그만둔 이유를 묻는 남자의 말에 그것에 대해 전혀 모른다고 답한 (A)가 정답이다. (B), (C)는 질문과 상관없는 내용이므로 오답이다.

어휘 suddenly 갑자기 quit 그만두다, 끝내다 a lot of 많은 ~ seem 보이다, ~인 것 같다

2.
W Why didn't you immediately call me back?
M (A) She left a message for you.
(B) Try contacting him again.
(C) I was really busy that night.

해석 왜 즉시 저에게 다시 전화하지 않았나요?
(A) 그녀가 당신에게 메시지를 남겼어요.
(B) 그에게 다시 연락해 보세요.
(C) 저는 그날 밤에 정말 바빴어요.

해설 전화를 다시 하지 않은 이유를 묻는 말에, 그날 밤에 정말 바빴다고 이유를 설명한 (C)가 정답이다. (A), (B)도 의사소통과 관련된 내용이지만, 질문과 상관이 없으므로 오답이다.

어휘 immediately 즉시 leave a message (전화) 메시지를 남기다 contact 연락하다 really 정말, 매우 busy 바쁜

PART 4

M Attention, New York pizza lovers. ❶Piccolo Pizza has just opened on Foster Avenue in the premises previously occupied by Camden Style. We offer authentic Italian pizzas traditionally baked in a wood-fire oven. We are celebrating our opening with a specially organized event this Saturday. Visit our place with your kids! They will be able to make their own personalized pizza with our chef Paolo Canova from 2 p.m. to 4 p.m. An 11-inch Margherita pizza will be offered for $3. ❷The first 100 guests to arrive will get a fifty percent off coupon. Not only that, there will be a drawing to randomly select 30 guests to win free pizza for a year. ❸You definitely don't want to miss this!

M 뉴욕에 계신 피자를 사랑하는 여러분께 알려 드립니다. 피콜로 피자는 포스터 애비뉴에서 전에 캠던 스타일이 자리하고 있던 부지에 이제 막 개점하였습니다. 저희는 장작불 오븐에서 전통 방식으로 구워낸 정통 이탈리아 피자를 제공합니다. 저희는 이번 주 토요일 특별히 마련된 행사로 개점을 축하하려고 합니다. 아이들과 저희 매장에 방문해주세요! 아이들은 저희 주방장 파올로 카노바 씨와 오후 2시부터 4시까지 자신이 원하는 피자를 만들 수 있습니다. 11인치 마르게리타 피자가 3달러에 제공될 것입니다. 선착순 손님 100분은 50퍼센트 할인 쿠폰을 받을 것입니다. 그뿐만 아니라, 일 년간 무료 피자를 받을 손님 30분을 무작위로 뽑는 추첨이 있을 것입니다. 당신은 분명 이것을 놓치고 싶지 않을 겁니다!

어휘

attention 주의, 주목 lover 연인, 사랑하는 사람, 팬 open 열려 있는; 열다, 개점[개장]하다 premise 전제, 부지[장소] previously 전에 occupy 점유하다 authentic 진정한, 정통의 traditionally 전통적으로 bake 굽다 celebrate 축하하다 organize 구성하다, 짜다 visit 방문하다 be able to ~할 수 있다 personalized 자신이 원하는, 개인용의 arrive 도착하다 not only ~ 뿐만 아니라 drawing 그림 그리기, 추첨, 뽑기 randomly 무작위로 select 뽑다, 선출하다 win 이기다, 당첨되다, (상을) 받다 free 무료의, 자유로운 definitely 분명히, 틀림없이

1. 해석 어떤 종류의 사업체가 광고되고 있는가?

(A) 지역 음식점 (B) 양품점 (C) 식료품점 (D) 부동산 회사

해설 피자 매장이 새로 열려서 축하 행사를 한다는 내용이므로 **(A)**가 정답이다.

어휘 business 사업(체) boutique 부티크, 양품점 grocery 식료품

2. 해석 화자에 따르면, 청자들은 어떻게 할인 쿠폰을 받을 수 있는가?

(A) 후기를 올려서 (B) 일찍 도착해서
(C) 30달러 이상 써서 (D) 프로그램에 등록해서

해설 선착순 손님 100분은 50퍼센트 할인 쿠폰을 받을 것(The first 100 guests to arrive will get a fifty percent off coupon.)이라고 했으므로 **(B)**가 정답이다.

어휘 post 게재하다, 올리다 review 검토하다; 검토, 후기 enroll 등록하다

3. 해석 화자가 "당신은 분명 이것을 놓치고 싶지 않을 겁니다"라고 말한 이유는 무엇인가?

(A) 청자에게 경고하려고 (B) 참가를 격려하려고
(C) 개장일을 알리려고 (D) 마감일을 정하려고

해설 이유를 묻는 표현 앞에 무료 피자를 받을 손님을 무작위로 추첨하는 행사를 한다고 말했다. 이어서 '이것을 놓치고 싶지 않을 겁니다'라고 말했으므로 **(B)**가 정답이다.

어휘 warn 경고하다 inspire 영감을 주다, 고무하다 participation 참여, 참가

PART 5

1. 해석 훈련 활동은 프로그램의 마지막까지 불필요하게 미뤄졌다.

해설 be동사 were와 함께 쓰일 수 있으면서 부사 unnecessarily의 수식을 받을 수 있는 현재분사나 과거분사가 빈칸에 와야 한다. 훈련 활동은 미뤄지는 대상이므로 과거분사 **(D)**가 정답이다.

어휘 training 교육, 훈련 activity 활동 unnecessarily 불필요하게 until ~까지 delay 지연하다, 미루다; 지연

2. 해석 맥킨지 테크놀로지는 프로젝트가 받아들일 수 있을 정도로 높은 성과 수준에 달할 때 소프트웨어의 이른 출시를 고려할 수도 있다.

(A) 받아들인다 (B) 받아들이는
(C) 받아들일 수 있는 (D) 받아들일 수 있을 정도로

해설 빈칸 없이도 문장이 완전히 해석되므로 빈칸에 수식어구가 온다는 것을 알 수 있다. 빈칸 뒤에 형용사 high(높은)를 수식할 수 있는 부사 **(D)**가 정답이다.

어휘 consider 고려하다 early 이른; 빨리, 일찍 release 출시; 출시하다, 방출하다 reach 달하다, 이르다 performance 성과, 공연 level 수준, 수평; 수준[수평]을 맞추다

UNIT 48 혼동하기 쉬운 형용사와 부사

PRACTICE

A. 1. good 2. people
B. 1. 늦게 2. 최근에
C. 1. (C)

A. 1. 서비스는 충분히 좋지 않았다. 2. 주제에 관심을 가지고 있는 충분한 사람들이 없었기 때문에 수업은 취소되었다. C. 1. 사장이 직접 내린 결정은 비용이 많이 드는 실수로 드러났다[판명되었다].

ACTUAL TEST

PART 3 1. (D) 2. (C) 3. (C)
PART 6 1. (C) 2. (C) 3. (A)

PART 3

W1 Look at this data. The profit margins have significantly increased this month.

W2 Right, especially in China. The operating income is nearly double the amount generated in the previous month.

M Who is our regional director for China? Mr. Cottrell, right?

W1 Yes, but he is taking an extended leave since last month. Rebecca Shaffer, the deputy regional director is in charge currently.

M She must know what she's doing. ❷I don't think anyone could do better than this.

W2 ❶She also greatly contributed to winning the contract to renovate the Hyde Hotel in Shanghai. Our staff in the China branch speaks highly of her, too. ❸I think she's capable of taking on bigger responsibilities.

W1 ❸That sounds quite reasonable to me.

M Okay then. Let's put this on the agenda for the next meeting.

W1 이 데이터를 보세요. 이번 달에 이윤 폭이 상당히 증가했어요.

W2 맞아요, 특히 중국에서요. 운영 수입이 지난달 발생된 것의 거의 두 배 액수예요.

M 누가 중국 지사장이죠? 코트렐 씨 맞죠?

W1 네, 하지만 그는 지난달부터 장기 휴가를 갖고 있어요. 부지사장 레베카 샤퍼가 현재 책임지고 있어요.

M 그녀는 자신이 무엇을 하고 있는지 아는 것이 분명해요. 저는 누구도 이보다 더 잘할 수 있다고 생각하지 않아요.

W2 또한 그녀는 상하이에 있는 하이드 호텔 보수 계약을 따내는 데 기여했어요. 중국 지점에 있는 저희 직원들도 그녀를 매우 칭찬합니다. 저는 그녀가 더 큰 책임을 맡을 능력이 된다고 생각해요.

W1 그 말은 제게 꽤 합리적으로 들리는군요.

M 그렇다면 좋아요. 이것을 다음 회의 안건에 올립시다.

어휘 profit 이윤, 수익 margin 차이, 폭 significantly 상당히 increase 증가하다, 증가시키다 operating 운영, 경영 income 수입 nearly 거의 double 두 배의; 두 배로 만들다 double the amount 배액 generate 생성하다, 만들다 previous 이전의 regional 지역의 director 감독, 책임자 extended 늘어난, 연장된 leave 떠나다; 휴가 since ~이래로 deputy 부-, 대리인 be in charge 책임을 지다 currently 현재 must ~해야 한다, ~임에 틀림없다 greatly 대단히, 크게 contribute to ~에 기여하다 win 이기다, 따내다, (상을) 받다 renovate 개조[보수]하다 staff 직원(들) branch 가지, 지점, 지사 speak highly of ~을 칭찬하다 highly 매우 be capable of ~을 할 능력이 되다 responsibility 책임(감) quite 꽤, 매우 reasonable 합리적인, 타당한 agenda 안건

1. 해석 화자들은 어디에서 근무할 것 같은가?
(A) 고용 대행사 　　　　(B) 보안 업체
(C) 여행사 　　　　　　(D) **건설 회사**
해설 부지사장인 레베카 샤퍼가 하이드 호텔 보수 계약을 따내는 데 기여했다(contributed to winning the contract to renovate the Hyde Hotel)고 했으므로 **(D)**가 정답이다.
어휘 employment 고용 construction 건설, 건축

2. 해석 남자가 "그녀는 자신이 무엇을 하고 있는지 아는 것이 분명해요"라고 말한 의도는 무엇인가?
(A) 그는 샤퍼 씨가 미성숙하다고 생각한다.
(B) 그는 중국 지사를 걱정한다.
(C) **그는 샤퍼 씨의 성과에 감명받았다.**
(D) 그는 코트렐 씨의 능력을 의심하고 있다.
해설 의도를 묻는 문장 뒤에 누구도 이보다 더 잘할 수 없다고 생각하지 않는다고 했다. 따라서 **(C)**가 정답이다.
어휘 immature 미성숙한, 치기 어린 be worried about ~을 걱정하다 impressed 감명받은 doubt 의심하다

3. 해석 여자들은 무엇을 하고 싶어 하는가?
(A) 코트렐 씨에게 사임 요청 　(B) 중국 지사 방문
(C) **샤퍼 씨 승진** 　　　　　(D) 긴급회의 개최
해설 그녀(샤퍼 씨)가 더 큰 책임을 맡을 능력이 된다고 생각한다(I think she's capable of taking on bigger responsibilities.)는 여자2의 말에 여자1이 합리적으로 들린다며 동의를 표했으므로 **(C)**가 정답이다.
어휘 ask to ~할 것을 요청하다 promote 승진[진급]시키다 hold a meeting 회의를 열다

PART 6

알립니다
전체 건물 내 유무선 네트워크가 현재 작동되지 않습니다. **¹네트워크를 사용하는 운영 시스템들도 이용할 수 없습니다.** 기술자들이 지금 네트워크 연결성을 복구하기 위해 작업 중입니다. 인터넷 서비스는 **²곧** 재개될 예정입니다. 저희는 이 문제와 이로 인한 불편에 대해 깊이 사과 드립니다. 추후 변경사항을 다시 확인해주시기 바랍니다. 저희가 이 문제를 **³시간에 맞게** 해결하는 동안 기다려주시면 매우 감사하겠습니다.

어휘 attention 주의, 주목 wired 유선의, (선으로) 연결된 wireless 무선의, 선이 없는 down 고장 난, 작동되지 않는; 아래로, 아래에 technician 기술자 restore 복구하다, 회복하다 connectivity 연결성 resume 재개하다, 다시 시작하다; 요약, 개요 deeply 깊이 inconvenience 불편 cause 발생시키다, 야기하다 patience 인내 highly 매우 resolve 해결하다 timely 때맞춘 in a timely manner 시기적절하게

---

1. 해석 (A) 주간 시스템 유지보수는 오전 세시에 시작할 것입니다.
(B) 이 작업의 첫 번째 단계는 완전히 마무리되었습니다.
(C) **네트워크를 사용하는 운영 시스템들도 이용할 수 없습니다.**
(D) 일부 고객이 보안 업데이트 문제를 보고했습니다.
해설 빈칸 앞에서 네트워크가 현재 작동되지 않는다고 했고, 뒤에서는 아직 복구 작업 중이라고 했다. 네트워크 문제가 아직 해결되지 않은 상황이므로 **(C)**가 정답이다.
어휘 weekly 주간 maintenance 유지보수 phase 단계, 장 fully 완전히 complete 완성하다, 마무리하다 operating 운영, 영업, 작업 unavailable 이용할 수 없는 customer 고객, 손님 report 보고하다; 보고 security 보안

2. 해석 (A) 짧은 　(B) 줄이다 　(C) **곧** 　(D) 부족
해설 to부정사 뒤에 빈칸이 있으므로 절 전체 또는 resume을 수식하는 부사가 올 것이다. 해석상 '곧 재개된다'고 해야 적절하므로 **(C)**가 정답이다.

3. 해석 (A) **때맞춘** 　(B) 거의 　(C) 거의 ~않다 　(D) 점진적으로
해설 관사와 명사 사이에는 명사를 수식하는 형용사, 분사 등이 온다. 따라서 명사 manner를 수식할 수 있는 형용사 **(A)**가 정답이다.

UNIT
49 비교급과 최상급

PRACTICE

A. 1. the most successful 2. more successful
B. 1. much 2. far
C. 1. (C)

A. 1. 올해는 HMG 그룹의 역사상 가장 성공적인 해이다. 2. 새로운 시장 발굴에 있어 아코스타 인터네셔널이 다른 이들보다 더 성공적이다. B. 1. 헨슬리 자동차는 보다 더 높은 수준으로 서비스를 계속 향상해갈 것이다. 2. 여러 분석가들은 훨씬 더 긍정적인 관점을 가지고 있다. C. 1. 모리스 공원 역은 그랜드 중앙역보다 사무실에 더 가깝다.

ACTUAL TEST

PART 5 1. (B) 2. (B) 3. (C) 4. (D)
PART 7 1. (B) 2. (C)

PART 5

1. 해석 이제 소프트웨어가 업그레이드되었으므로, 잠재적인 이익과 위험에 대하여 훨씬 더 정확한 평가가 이루어질 수 있습니다.
(A) 아주, 매우 　　　　(B) **많은; 많이, 훨씬**
(C) 가장 　　　　　　(D) 그래서; 그렇게
해설 완전한 문장이므로 빈칸에는 형용사, 부사와 같은 수식어구가 올 것이다. 빈칸이 more accurate 앞에 있으므로 비교급 형용사를 강조하는 **(B)**가 정답이다.
어휘 upgrade 업그레이드; 업그레이드하다, 수준을 높이다 accurate 정확한 assessment 평가, 심사 potential 잠재적인 benefit 이익, 혜택 risk 위험

2. 해석 전 세계 보험사들은 과거에 그랬던 것보다 더 크게 타격을 입었다.

해설 비교급 표현 뒤에 등장하는 전치사 than(~보다)이 있으므로, 빈칸에는 비교급 형용사나 부사가 와야 한다. 문맥상 were hit를 수식하는 부사가 와야 하므로 비교급 부사인 **(B)**가 정답이다.

어휘 insurer 보험회사, 보험업자 throughout ~에 걸쳐, 내내 past 과거; 지나간

3. 해석 우리 시대의 가장 영향력 있는 작가 중 한 명인 이반 안토노비치가 특별 강연을 하기 위해 초청된다.
(A) 그러한   (B) ~처럼, ~만큼, ~로서
(C) 가장   (D) 먼; 멀리, 훨씬

해설 빈칸에는 형용사 influential을 수식하는 부사가 와야 한다. 해석상 최상급 표현을 만드는 **(C)**가 정답이다.

어휘 influential 영향력 있는 writer 작가 invite 초청하다, 초대하다 lecture 강의, 강연

4. 해석 램버트 씨는 장기적인 성장을 위해 더 자격 있는 직원을 유치하고 보유하는 것의 중요성을 강조했다.

해설 부사 more와 명사 employees 사이에 빈칸이 있으므로 more의 수식을 받으면서 employees를 수식할 수 있는 형용사 **(D)**가 정답이다.

어휘 stress 강조하다, 누르다; 압력, 스트레스 importance 중요성 attract 끌어들이다, 유인하다 retain 유지하다, 보유하다 long-term 장기; 장기적인 growth 성장

PART 7

> "11월 18일 자정"
> ❶피터 코먼의 새 영화 "11월 18일 자정"이 마침내 개봉되었다. ❷코먼의 이야기는 자주 전형적인 액션 영화로 간주되지만, 그의 영화는 매번 더 대담해지고 더 섬세해진다. "11월 18일 자정"은 보기보다 더 심오하다. 단순한 선악의 이야기가 아니다. 그의 이전 작품보다 더 복잡한 수수께끼를 던진다. 그럼에도 ❸매력적인 액션 장면으로 굉장히 흥미롭다. 150분의 상영시간이 한순간에 지나간다. 특히 영화의 첫 부분은 가장 풍성하며 가장 마음을 사로잡는다. ❹골든 스타 수상 여배우 에이미 바든이 주연을 맡고 있다.

어휘 film 영화, 필름 finally 마침내, 마지막으로 release 방출하다, 내보내다 frequently 자주, 빈번히 consider 간주하다, 고려하다 typical 전형적인 bold 굵은, 대담한 sophisticated 정교한, 세련된 deep 깊은 look 보다, 보이다 tale 이야기, 소설 evil 악; 악한 pose (질문을) 던지다, 제기하다 complex 복잡한; 복합 공간 puzzle 퍼즐, 수수께끼 previous 이전의 work 작품, 작업 still 그럼에도, 여전히 hugely 엄청나게, 크게 entertaining 흥미로운, 재미있는 fascinating 매력적인 scene 장면 running time 상영 시간, 진행 시간 pass 지나가다, 통과하다 flash 번쩍이다; 섬광 especially 특히 haunting 기억에 남는 actress 여배우 leading role 주연

1. 해석 이 기사는 무엇에 대한 것인가?
(A) 수상 후보자 목록   **(B) 새로 개봉된 영화**
(C) 지역 DVD 판매점   (D) 개봉 행사

해설 첫 문장에서 피터 코먼의 새 영화가 개봉되었다고 한 다음, 영화의 특징을 나열하고 있는 기사이다. 따라서 **(B)**가 정답이다.

어휘 list 목록 nominee 후보자, 지명자 newly 새롭게 local 지역의 premiere 초연; 개봉하다

2. 해석 "11월 18일 자정"에 대해 명시된 것은?
(A) 코먼 씨의 데뷔 영화이다.
(B) 영화제 상영작으로 선출되었다.
(C) 여성 주연의 액션 영화이다.
(D) 5억 달러를 벌어들였다.

해설 중반부에 매력적인 액션 장면에 대한 언급이 있었고, 마지막 문장에서 여배우 에이미 바든이 주연을 맡는다고 했으므로 **(C)**가 정답이다.

어휘 debut 데뷔, 첫 출연 select 선출하다, 뽑다 festival 축제 female 여성의 gross 수익을 올리다, 벌다

PRACTICE

A. 1. 화요일에 2. 트럭에서 3. 우리 계열의
B. 1. your 2. saving 3. the lobby 4. entering
B. 1. 이 제품은 귀하의 국가에서 이용 불가합니다. 2. 파일을 저장한 후에, 가르시아 씨에게 보낼 것입니다. 3. 리셉션 후에 로비에서 책 사인회가 있을 것입니다. 4. 대강당에 들어가기 전에 신청서를 제출해주십시오.

ACTUAL TEST

PART 5 1. (C) 2. (A) 3. (B) 4. (A)
PART 7 1. (D) 2. (C) 3. (C)

PART 5

1. 해석 귀하의 제안서를 제출하기 전에 다음 지침을 읽으십시오.

해설 전치사 뒤에 올 수 있는 동사의 유일한 형태는 동명사구이다. 빈칸 앞에 전치사 before가 왔으므로 **(C)**가 정답이다.

2. 해석 그것은 근로기준법 하의 근무 시간에 관한 정보를 제공한다.
(A) ~에 관한 (B) ~이라는 (C) ~인지 (D) ~ 후에

해설 빈칸에는 빈칸 앞 뒤에 있는 명사 information과 hours를 연결해줄 수 있는 전치사가 필요하다. 보기 중 전치사는 (A)와 (D)가 있지만 문맥상 '~에 관한 정보'가 되어야 하므로 **(A)**가 정답이다.

어휘 standard 기준, 표준 act 행동, 법률

3. 해석 그들은 어떤 프로그램이 그들의 훈련생들에게 적합한지 결정할 수 있는 도구가 필요하다.

해설 전치사 뒤에는 명사, 명사구, 명사절이 온다. 빈칸 앞에는 전치사 for, 뒤에는 명사 trainees가 나왔으므로 trainees와 함께 명사구를 만들기 적합한 **(B)**가 정답이다.

어휘 tool 도구 suitable 적합한 trainee 훈련생, 연수생

4. 해석 타나카 씨와 모건 씨는 최근 몇 년간 품질에 관한 다른 관점을 채택해왔다.

해설 빈칸에 들어갈 단어는 동사 have adopted의 목적어인 동시에 형용사 divergent와 전치사구 of product quality의 수식을 받는다. 따라서 명사 **(A)**가 정답이다.

어휘 adopt 채택하다 divergent 다른, 갈라지는

마르지가 새로운 브랜드 출시를 계획하다
나탈리 톰슨
12월 27일 - 마르지 식음료(MFB)는 ❶❷6개월 내로 마르지의 냉동 커스터드라는 이름의 아이스크림 가게 체인을 설립하는 것을 목표로 하고 있다. 올랜도에 본사를 둔 이 회사는 플로리다에 아이스크림 체인을 설립하기 위해 130만 달러를 투자하기로 계획하였다. 메뉴는 또한 갓 구운 빵, 케이크, 그리고 음료를 포함하며 안에서 먹거나 가져가는 옵션을 제공한다.
❸MFB는 또한 일 년 내로 편의점 점포 500개와 제과점 20개를 인수하는 계획을 발표했다. 회사는 인수 후에 그 자산 전부를 다시 리브랜딩하고 혁신할 계획을 하고 있다.
"MFB의 선별된 부지를 따라 세워질 우리의 포트폴리오에 또 다른 브랜드를 추가하게 되어 기쁩니다. 우리의 온라인 매장과 접대 개념(오프라인 매장)은 상호 보완적일 것입니다"라고 마르지 식음료의 상임 마케팅 및 영업 이사 가브리엘 디에나가 말했다.

> **어휘** aim 목표하다 parlor 객실, 영업점 frozen 냉동된 feature 특징으로 하다, 특별히 포함하다 acquire 취득하다, 인수하다 convenience store 편의점 within ~ 내에 alongside ~을 따라, ~와 함께 hospitality 환대, 접대 complementary 상호보완적인

1. **해석** 마르지의 냉동 커스터드에 대해 명시된 것은?
   (A) 2년 전에 처음 출시되었다.
   (B) 지역 유제품 공장이었다.
   (C) 세계적으로 유통된다.
   (D) 첫 번째 점포를 플로리다에 열 것이다.
   해설 첫 번째 문단에서 마르지의 냉동 커스터드라는 아이스크림 브랜드를 6개월 이내에 설립할 예정이며, 체인 설립 지역은 플로리다라고 하였으므로 (D)가 정답이다.
   어휘 market 내놓다 dairy 유제품 distribute 유통하다

2. **해석** MFB에 대해 보도된 것은?
   (A) 제과점 브랜드를 가지고 있다.
   (B) 온라인 매장 수익이 감소할 것이라고 예상한다.
   (C) 6개월 이내에 새로운 브랜드를 세울 계획이다.
   (D) 세계에서 가장 큰 음식점 브랜드이다.
   해설 첫 번째 문단에서 마르지의 냉동 커스터드라는 새로운 브랜드를 6개월 이내에 설립하는 것을 목표로 하고 있다고 했으므로 (C)가 정답이다. 제과점을 인수할 계획이라는 표현만 있고 현재 제과점 브랜드가 있는지는 언급되지 않았으므로 (A)는 오답이다. 온라인 매장과 접대 개념이 상호 보완할 것이라는 상임 이사의 말에서 오히려 온라인 매출이 증가할 것이라고 예상하고 있다는 것을 알 수 있으므로 (B)는 오답이다. (D)에 관한 내용은 언급되지 않았으므로 알 수 없어 오답이다.

3. **해석** [1], [2], [3], [4]로 표시된 곳 중에서 다음 문장이 가장 적합한 곳은?
   "회사는 인수 후에 그 자산 전부를 다시 리브랜딩하고 혁신할 계획을 하고 있다."
   해설 주어진 문장은 인수 후의 계획에 관한 것이다. 이 내용은 인수 계획에 관해 언급한 문장 뒤에 오는 것이 자연스러우므로 (C)가 정답이다.

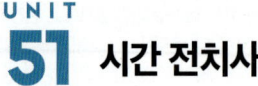

UNIT 51 시간 전치사

PRACTICE

A. 1. 위기 후에 2. 3달 내로 3. 3사분기 동안

ACTUAL TEST

PART 2 1. (A) 2. (B) 3. (A) 4. (A)
PART 5 1. (A) 2. (A) 3. (D) 4. (A) 5. (B) 6. (C) 7. (A) 8. (B)

PART 2

1. W Did Mr. Taylor come to the office today?
   M **(A) No, he will return on Friday.**
   (B) After fifteen minutes.
   (C) Three more people.

   해석 테일러 씨가 오늘 사무실에 왔나요?
   (A) 아니요, 그는 금요일에 돌아올 것입니다.
   (B) 15분 후에요.
   (C) 세 명 더요.
   해설 테일러 씨가 오늘 사무실에 왔는지 묻는 말에 아니라고 답한 후, 돌아오는 시점을 덧붙인 (A)가 정답이다. (B)와 (C)는 각각 사실 여부를 묻는 말에 시간과 수량으로 답하여 오답이다.

2. M How much data do you use each month?
   W (A) At half past four.
   (B) How can I check my monthly usage?
   (C) Usually at nine in the morning.

   해석 매달 얼마나 많은 데이터를 사용하십니까?
   (A) 4시 30분에요.
   (B) 어떻게 월간 사용량을 확인할 수 있습니까?
   (C) 보통 아침 9시요.
   해설 데이터 사용량을 묻는 말에 그것을 어떻게 확인할 수 있는지 묻는 말로 답한 (B)가 정답이다. (A)와 (C)는 수량을 묻는 말에 시각으로 답하였으므로 오답이다.
   어휘 past ~ 이래로 usage 사용량

3. M When will we know the result?
   W **(A) It will be published today.**
   (B) I've known him for years.
   (C) From Monday to Friday.

   해석 우리는 언제 결과를 알게 됩니까?
   (A) 오늘 발표될 것입니다.
   (B) 저는 그를 수년 동안 알았습니다.
   (C) 월요일부터 금요일까지입니다.
   해설 언제 결과를 알 수 있을지 시점을 묻는 말에 오늘이라고 답한 (A)가 정답이다. (B)는 질문의 동사 know를 사용한 오답이고, (C)는 시점을 묻는 말에 기간으로 답하였으므로 오답이다.
   어휘 result 결과 publish 출판하다, 발표하다

4.
   M Why didn't you open the entrance?
   W **(A) We can't open it until 9 a.m.**
       (B) No, I didn't.
       (C) Yes, I have a key.

해석 당신은 왜 입구를 열지 않았습니까?
     (A) 우리는 오전 9시까지 그것을 열 수 없습니다.
     (B) 아니요, 저는 하지 않았습니다.
     (C) 네, 저는 열쇠가 있습니다.

해설 입구를 열지 않은 이유를 묻는 말에 오전 9시에 열 수 없다고 말하는 **(A)**가 정답이다. **(B)**는 이유를 묻는 말에 사실 여부로 답하였으므로 오답이고, **(C)**는 질문의 entrance와 관련된 어휘 key를 이용한 오답이다.

PART 5

1. 해석 JS 제조는 두 달 이내로 대출 프로그램의 최종 승인을 받기 바란다.
     (A) ~ 내에   (B) ~ 동안   (C) ~인 가운데   (D) ~ 이래로
   해설 '두 달 내로 승인을 받다'라는 의미가 되어야 자연스러우므로 **(A)**가 정답이다.
   어휘 approval 승인 lending 대출

2. 해석 당신은 대략 공식 발표 여섯 주 전에 이메일을 받을 것입니다.
     (A) ~ 전에   (B) ~ 이래로   (C) 지금   (D) ~ 동안
   해설 '여섯 주 전에'라는 의미가 되어야 자연스러우므로 **(A)**가 정답이다.
   어휘 approximately 대략 announcement 발표

3. 해석 8월 1일부로 회사는 4백만 달러 장기 부채를 기록했다.
     (A) ~ 넘게   (B) ~에   (C) ~ 동안 죽   **(D) ~ 부로**
   해설 8월 1일을 기점으로 장기 부채를 기록했다는 의미가 되어야 자연스러우므로 **(D)**가 정답이다. 전치사 in은 날짜와 함께 쓰지 않는다.
   어휘 record 기록하다 term 기간 debt 부채

4. 해석 물류 관리 성과에서의 진보는 세계적인 불황 가운데 지난 2년간 늦춰졌다.
     (A) ~인 가운데   (B) ~에   (C) ~에   (D) ~ 내에
   해설 세계적인 불황이 지속되는 기간을 나타내기에 적합한 시간 전치사 **(A)**가 정답이다.
   어휘 logistics 물류 관리 recession 불황

5. 해석 네바다 시의 대중 교통은 휴가 동안 제한된다.
     (A) ~ 이래로   **(B) ~ 동안**   (C) ~부터   (D) ~ 아래에
   해설 휴가가 지속되는 기간을 나타내기에 적합한 전치사 **(B)**가 정답이다.
   어휘 transportation 운송, 교통 limit 제한하다

6. 해석 과정을 더 빠르게 만들려는 팀의 노력에도 불구하고 그들은 정오 이전에 프로젝트를 완료할 수 없었다.
     (A) ~에 걸쳐서   (B) ~ 후에   **(C) ~ 전에**   (D) ~ 내에
   해설 더 빠르게 하려고 노력하고 있었다고 했으므로 '정오 전에'라는 의미가 되어야 문맥상 자연스럽다. 따라서 **(C)**가 정답이다.
   어휘 attempt 노력, 시도 process 과정 noon 정오

7. 해석 원래 오전 11시에 예정되었던 시상식은 다음 주로 미뤄졌다.
     (A) ~에 (시간, 순간)   (B) ~에 (월, 년, 오전/오후)
     (C) ~을 지나서   (D) ~ 동안

해설 시각 표현 앞에 올 수 있는 전치사 **(A)**가 정답이다.
어휘 ceremony 의식 originally 원래 postpone 연기하다

8. 해석 기사는 주민 센터 재배치에 관한 결정은 이달 말까지 내려질 것이라고 한다.
     (A) ~ 동안   **(B) ~까지**   (C) ~에   (D) ~ 넘게
해설 결정이 완료되는 시점을 나타내는 전치사 **(B)**가 정답이다.

UNIT
52 장소 전치사

PRACTICE

A. 1. at 2. below 3. within 4. next to

ACTUAL TEST

PART 1 1. (A) 2. (A) 3. (B) 4. (D)

PART 1

1.
  (A) A man is loading laundry into a machine.
  (B) A woman is picking up her laundry at the counter.
  (C) Clothes are lying in a heap on the floor.
  (D) He is shaking hands with the woman.

해석 **(A) 한 남자는 세탁물을 기계에 싣고 있다.**
    (B) 한 여자가 세탁물을 카운터에서 찾아가고 있다.
    (C) 옷들이 바닥에 한 무더기로 놓여있다.
    (D) 그는 여자와 악수하고 있다.

해설 **(A)** [O] 남자가 세탁물을 세탁기에 넣는 장면을 바르게 묘사하였으므로 정답이다.
    (B) [X] 사진에 여자는 등장하지 않았으므로 오답이다.
    (C) [X] 세탁물이 바닥에 쌓여있지 않고 바구니에 있으므로 오답이다.
    (D) [X] 사진에 나오지 않은 동작이므로 오답이다.

어휘 load 싣다 laundry 세탁물 pick up 줍다, 찾다 heap 무더기 shake hands 악수하다

2.
  (A) A man is standing behind a podium.
  (B) People are sitting around a circular table.
  (C) A man is writing few notes on the board.
  (D) Some books are under the chairs.

해석 **(A) 한 남자가 강대상 뒤에 서 있다.**
(B) 사람들이 원형 탁자 주위에 앉아있다.
(C) 한 남자가 칠판에 필기하고 있다.
(D) 책 몇 권이 의자 아래에 있다.

해설 **(A)** [O] 남자가 강대상 뒤에 서 있는 모습을 바르게 묘사하였으므로
정답이다.
(B) [X] 사람들이 원형 탁자 주위에 앉아있는 것이 아니라 강연자를
향해 앉아있으므로 오답이다.
(C) [X] 남자가 칠판에 필기하는 중이 아니라 이미 칠판에 필기된 것
을 보며 말하고 있으므로 오답이다.
(D) [X] 책은 사진에 나와 있지 않은 사물이므로 오답이다.

어휘 podium 강대상, 연단 circular 원형의 board 칠판

3.
(A) Two people are sitting across from each other.
(B) Potted trees are in front of the store.
(C) The walkway is being paved with stones.
(D) Some umbrellas have been placed inside the cafe.

해석 (A) 두 사람이 서로 마주 보고 앉아있다.
(B) 화분에 심어진 나무들이 상점 앞에 있다.
(C) 보도가 돌로 포장되고 있다.
(D) 파라솔 몇 개가 카페 안에 설치되어 있다.

해설 (A) [X] 사진에는 사람이 등장하지 않았으므로 오답이다.
(B) [O] 상점 앞에 식물 화분들이 놓인 장면을 바르게 묘사하였으므
로 정답이다.
(C) [X] 보도 공사하는 장면이 사진에 보이지 않으므로 오답이다.
(D) [X] 사진에서 확인할 수 없는 가게 내부 모습에 관한 묘사이므로
오답이다.

어휘 each other 서로 pot 화분; 화분에 심다 walkway 보도 pave 포장
하다

4.
(A) The wire is set around the trees.
(B) A door has been left open.
(C) A car is going between the trees.
(D) A fence runs along the street.

해석 (A) 철조망이 나무 주위로 설치되어 있다.
(B) 문이 열린 채로 있다.
(C) 자동차가 나무들 사이로 가고 있다.
(D) 울타리가 길을 따라 이어져 있다.

해설 (A) [X] 사진에 등장하지 않은 철조망에 관한 묘사이므로 오답이다.
(B) [X] 사진에 등장하지 않은 문에 관한 묘사이므로 오답이다.
(C) [X] 사진에 등장하지 않은 차에 관한 묘사이므로 오답이다.
(D) [O] 울타리가 길을 따라 설치된 모습을 바르게 묘사하였으므로
정답이다.

어휘 wire 전선, 철사, 철조망 fence 울타리 run 이어지다, 계속되다

UNIT
53 기타 전치사

PRACTICE

A. 1. 중에서 2. 때문에 3. 에도 불구하고 4. 을 제외하면
5. 에 반하여

ACTUAL TEST

PART 5 1. (C) 2. (D) 3. (A) 4. (C) 5. (B) 6. (D) 7. (A) 8.
(A) 9. (C) 10. (D)

PART 5

1. 해석 ATC 서비스로의 기부는 저희 잭슨 사무실에 연락함으로써 언제든지
이루어질 수 있습니다.
(A) ~에 대하여 (B) ~ 보다, ~로 **(C) ~을 통해** (D) ~로부터
해설 빈칸 이하 부분은 기부가 이루어지는 수단을 나타내므로 **(C)**가 정답
이다.
어휘 at any time 언제든지 make a donation 기부하다

2. 해석 인력과 자원 변화로 인해 올해는 연례 와인 시음 행사를 개최할 수
없습니다.
(A) ~에 대하여 (B) ~와 같이 (C) ~에도 불구하고 **(D) ~ 때문에**
해설 빈칸을 포함한 부분은 연례 와인 시음 행사를 개최하지 못하는 이유
가 되어야 하므로 **(D)**가 정답이다.
어휘 personnel 인원, 직원들 tasting 시음

3. 해석 이 정책들은 이전 수준을 훨씬 넘어서 연방 부동산 가치를 높였다.
(A) ~을 넘어서 (B) ~을 통해 (C) ~ 때문에 (D) ~ 외에
해설 이전 수준과 비교하여 연방 부동산 가치 증가를 서술하는 문장이 되
어야 자연스러우므로, 비교를 나타내는 전치사 **(A)**가 정답이다.
어휘 policy 정책 federal 연방의 property 재산, 부동산 far 훨씬

4. 해석 구체적인 시작일이 정해져 있는 완전 초보자들을 제외하고 연수생
대부분은 다음 주 월요일에 시작할 수 있다.
(A) ~와 같이 (B) ~할 때 **(C) ~을 제외하면** (D) ~ 대신
해설 '구체적인 시작일이 정해져 있는 완전 초보자들을 제외하고 연수생
대부분'이라는 의미가 되어야 자연스러우므로, **(C)**가 정답이다.
어휘 apprentice 연수생 specific 구체적인

5. 해석 그들은 민간 분야를 포함한 모든 측면에서 차별 반대 운동을 위한 지
원을 요청하고 있다.
(A) 포함하는 **(B) ~을 포함하여** (C) 포함하다 (D) 포함
해설 모든 측면에서 지원을 요청하고 있다고 하였으므로, '민간 분야를 포
함한'이라는 의미가 되어야 한다. 따라서 전치사 **(B)**가 정답이다.
어휘 solicit 요청하다 anti 반대하는 discrimination 차별 sector 분야

6. 해석 저명한 언론인 에이미 해리스는 내셔널 데일리 포스트의 운영자를
상대로 새로운 혐의로 고발할 것이라고 금요일에 말했다.
(A) ~을 가지고 (B) ~ 외에 (C) ~에도 불구하고 **(D) ~에 반하여**
해설 기소, 고발은 상대방에 반하여 제기하는 것이므로 **(D)**가 정답이다.
어휘 journalist 언론인 operator 운영자 charge 기소, 고발

7. **해석** 게다가, 이-헬스 앱은 그것이 제공하는 유용한 건강 비법들로 인해 더 안전한 작업 환경을 달성하는 데 기여할 수 있다.

(A) ~ 덕분에   (B) ~처럼   (C) ~에 관하여   (D) ~보다

해설 빈칸 이하 부분은 '이-헬스 앱'이라는 프로그램이 더 안전한 작업 환경을 달성하는 데 기여할 수 있는 이유를 나타내는 부분이 되어야 자연스러우므로 **(A)**가 정답이다.

어휘 App (application의 약자) 응용 프로그램 contribute 기여하다 achieve 달성하다

8. **해석** 헨포드 씨와 빙리 씨는 새로운 요금 부과 체계에 관한 제안들에 대해 올해 후반기에 상의할 것이다.

(A) ~에 대하여   (B) ~까지   (C) ~을 통해   (D) ~보다

해설 빈칸 이하 부분은 상의하는 대상에 관한 내용이어야 하므로 **(A)**가 정답이다.

9. **해석** 학부모들의 강력한 반대에도 불구하고, 학교 이사회는 방과 후 프로그램 비용을 올리기로 했다.

(A) ~에 관하여   (B) ~을 제외하면
(C) ~에도 불구하고   (D) ~ 중에서

해설 '학부모들의 강력한 반대에도 불구하고'라는 의미가 되어야 자연스러우므로 **(C)**가 정답이다.

10. **해석** 대형 기술 회사들 사이의 증가하는 경쟁에도 불구하고 SH 그룹은 성공적인 한 해를 보냈다.

(A) ~을 넘어서   (B) ~와 같이   (C) ~을 포함하여   (D) ~ 중에서

해설 '회사들 사이의 경쟁'이라는 의미가 되어야 자연스러우므로 **(D)**가 정답이다.

UNIT 54 등위 접속사

PRACTICE

A. 1. not 2. Both 3. yet 4. Either 5. as well as

ACTUAL TEST

PART 4 1. (A) 2. (B) 3. (C)
PART 5 1. (C) 2. (A) 3. (B) 4. (D) 5. (A) 6. (B)

PART 4

M Hi, my name is Ian Matthews from HR department. Congratulations on your promotion to Vice President of Mizumi Bank! The reason I'm calling you today is to set an appointment so I can stop by and tell you about our new manager training programs. ❶I'm sure they can increase the productivity of your branch. ❷I also need to confirm your photo ID for your visa renewal. Please read the immigration information on the HR website and ❸prepare the necessary documents as well as your ID card. If you have any queries on the documentation, contact Jane Bennett, HR officer. Please call me back at your earliest convenience.

M 안녕하세요. 저는 인사부의 이안 매튜스입니다. 미즈미 은행의 부회장으로 승진하신 것을 축하드립니다. 제가 오늘 당신께 전화 드린 것은 제가 들러서 새로운 관리자 훈련 프로그램에 관해 말씀드릴 수 있도록 약속을 잡기 위해서입니다. 저는 그것들이 당신 지점의 생산성을 올릴 것이라고 확신합니다. 또한 저는 당신의 비자 갱신을 위해 사진이 부착된 신분증을 확인해야 합니다. 인사부 웹사이트에서 이민 정보를 읽어보시고 신분증과 함께 필요 서류들을 준비하시기 바랍니다. 서류에 관해 문의 사항이 있으시다면 인사부 직원 제인 베넷에게 연락하세요. 가능한 한 빨리 연락 주시기 바랍니다.

어휘 promotion 승진 appointment 약속 productivity 생산성 confirm 확인하다 renewal 갱신, 재개 immigration 이민 necessary 필요한 at one's earliest convenience 되도록 일찍

1. **해석** 훈련 프로그램의 목적은 무엇인가?

(A) 근무 실적 향상   (B) 회사에 직원 소개
(C) 직원에게 회사 규정 안내   (D) 안전하고 건강한 일터 유지

해설 화자는 새로운 관리자 훈련 프로그램에 관해 말할 약속을 잡기 위해 연락했다고 하며, 그것들이 생산성을 올릴 것이라고 확신한다고 하였다. 이를 통해 훈련 프로그램의 목적은 생산성을 늘리는 것임을 알 수 있으며 **(A)**가 정답이다.

어휘 performance 성과 workplace 작업장, 일터

2. **해석** 화자는 무엇을 확인해야 하는가?

(A) 비자 만료 일자   (B) 신분증
(C) 웹사이트 설문지   (D) 계좌 정보

해설 일정을 잡고 싶다고 말한 후, 비자 갱신을 위해 사진이 부착된 신분증을 확인해야 한다고 말했으므로 **(B)**가 정답이다.

3. **해석** 청자는 무엇을 해야 하는가?

(A) 훈련 프로그램 참가   (B) 항공사 좌석 예매
(C) 필수 서류 준비   (D) 예비 교육 영상 시청

해설 화자가 사진이 부착된 신분증과 함께 필요 서류를 준비해달라고 하였으므로 **(C)**가 정답이다.

PART 5

1. **해석** 벨빈 씨는 우리가 매년 연방과 주 둘 다의 소득 신고서를 제출해야 한다고 했다.

(A) 만약   (B) 어느 하나   (C) 둘 다   (D) 그래서

해설 Federal과 State가 등위 접속사 and로 연결되어 있으므로 and와 어울려 상관 접속사 both A and B를 이루는 **(C)**가 정답이다.

어휘 income 소득 federal 연방의 state 주의 tax return 소득 신고서

2. **해석** 지원자들은 학위 증명서 원본 또는 대학원의 공식 서신을 제출해야 합니다.

(A) 또는   (B) 그런데   (C) 그리고   (D) ~이기 때문에

해설 빈칸 앞뒤로 명사구 the original degree certificate과 an official letter가 나와 있으며 해석상 두 명사구 모두 동사 present의 목적어이다. 따라서 either과 함께 두 명사구를 대등하게 연결해 줄 수 있는 **(A)**가 정답이다.

어휘 degree 정도, 학위 certificate 증명서

3. **해석** 워크숍은 예외적인 상황에 대처할 수 있는 조언뿐만 아니라 몇몇 일반적인 규칙도 제공할 것입니다.

(A) 둘 다   (B) ~ 뿐만 아니라 …도
(C) 다소   (D) 어느 것도 ~아니다

해설 빈칸 앞뒤로 나와 있는 명사구 some general rules와 tips for dealing with common situations는 둘 다 동사 provide의 목적어이다. 따라서 두 명사구를 연결해 줄 수 있는 상관 접속사 (B)가 정답이다.

어휘 general 일반적인 deal with 대처하다 exceptional 예외적인

4. 해석 그들은 외부 전문가들의 조언을 따르기보다는 스스로 일을 해나가기로 선택했다.
   (A) ~인지 아닌지 (B) ~라는 것 (C) ~에도 불구하고 (D) ~보다는

   해설 빈칸 앞뒤로 to부정사구 to work things out과 to follow the advice가 나와 있으며 해석상 두 to부정사구 모두 동사 chose의 목적어이다. 따라서 두 명사구를 연결해 줄 수 있는 상관 접속사 (D)가 정답이다.

   어휘 work out 해결하다 for oneself 스스로 outside 외부의 specialist 전문가

5. 해석 로지 씨의 어린이를 위한 제빵 수업은 수업이라기보다는 재미있는 활동이어서 학생들과 학부모들 사이에서 인기가 높아지고 있다.
   (A) 그리고 (B) 그러나 (C) 그러나 (D) 그래서

   해설 빈칸 앞뒤로 나온 명사 students와 parents를 연결하기 위해 등위 접속사가 필요하다. '학생들과 학부모들'이라는 의미가 되어야 자연스러우므로 (A)가 정답이다.

   어휘 baking 빵 굽기 popular 인기있는 activity 활동

6. 해석 허리케인 시즌이 다가옴에 따라, 기상청에서는 비상 보급품을 저장하고 차량에 연료를 채울 것을 권고한다.

   해설 동사 recommends의 목적어로 사용된 동명사구 storing emergency supplies와 빈칸 이하가 등위 접속사 and로 연결되었다. 빈칸에도 storing과 대등한 성분이 필요하므로 동명사 (B)가 정답이다.

   어휘 approach 다가오다 recommend 권고하다 store 저장하다 emergency 비상 supply 보급품

UNIT
55 부사절 접속사

PRACTICE

A. 1. since 2. even though 3. Whether 4. before 5. unless

ACTUAL TEST

PART 4 1. (C) 2. (A) 3. (D)
PART 6 1. (A) 2. (B) 3. (A) 4. (A)

PART 4

W I'm Doctor Angie Verma, a chief dentist at VDM Dental Clinic Center. ❶We opened a specialized dental office in Milton to offer the highest level of dental care to customers. ❷Milton Center is comprised of two dental specialists that have extensive training and experience. Our dental specialty fields are orthodontic care for both children and adults. Our entire team of dental professionals and support staff are focused on providing a friendly, inviting atmosphere for our patients, especially children. ❸We are offering a free consultation for this month, so if you have any dental problems, just request an appointment at our website before you visit.

W 저는 앤지 버마이고, VDM 치과 병원의 수석 치과의사입니다. 우리는 고객들에게 가장 높은 수준의 치과 진료를 제공하기 위해 밀턴에 전문 치과 진료실을 열었습니다. 밀턴 센터는 폭넓은 훈련을 거쳤으며 경험이 있는 치과 전문의 두 명으로 이루어졌습니다. 저희의 전문 치과 분야는 아동과 성인 둘 다를 위한 치아 교정 치료입니다. 치과 전문가와 지원 인력으로 된 저희 팀 전체는 저희 환자, 특히 어린이들을 위해 친절하고 매력적인 분위기를 제공하는 데 집중합니다. 이번 달에는 무료 진찰을 제공하고 있으니, 치아 문제가 있으시다면 방문하시기 전에 저희 웹사이트에서 예약을 요청하세요.

어휘 dentist 치과의사 clinic 병원 specialized 전문화된 comprise 구성하다 extensive 폭넓은 orthodontic 치아 교정의 atmosphere 분위기 consultation 진찰, 상담

1. 해석 무엇이 광고되고 있는 것 같은가?
   (A) 동물 병원 (B) 편의점 (C) 치과 진료소 (D) 할인점

   해설 초반부에서 화자는 자신이 치과의사라고 소개했으며, 전문 치과 진료실을 열었다고 밝혔으므로 (C)가 정답이다.

   어휘 veterinary 수의과의 discount 할인

2. 해석 화자에 따르면, 청자들은 왜 이 업체를 선택해야 하는가?
   (A) 전문적인 직원을 갖추었다.
   (B) 많은 지점이 있다.
   (C) 편리한 위치에 있다.
   (D) 하루 24시간 영업한다.

   해설 화자는 밀튼 센터가 폭넓은 훈련을 거쳤으며 경험이 있는 치과 전문의 두 명으로 이루어졌다고 하며 직원들의 전문성을 강조했다. 따라서 (A)가 정답이다.

3. 해석 화자에 따르면, 이번 달에 무슨 일이 진행되는가?
   (A) 새로운 웹사이트가 출시된다.
   (B) 광고가 방송에 나올 것이다.
   (C) 채용 절차가 진행될 것이다.
   (D) 무료 의료 서비스가 제공되고 있다.

   해설 후반부에서 이번 달에 무료 진찰을 제공하고 있다고 하였으므로 (D)가 정답이다.

   어휘 appear 나타나다 broadcast 방송 recruitment 채용 underway 진행 중인

PART 6

브레튼 씨에게

SP 가구를 선택해주셔서 기쁩니다. 당신께서 새 침실 가구의 품질과 저렴한 가격을 즐기시기를 바랍니다.
SP 가구의 침실 가구는 많은 공간을 ❶차지하지 않도록 독립적으로 제거되고 쉽게 결합될 수 있습니다. 당신의 집에 ❷제한된 공간이 있을지라도, 다른 지역에서 오신 손님들에게 편안한 잠잘 곳을 제공할 수 있습니다.
당신의 구매는 2년 보증을 포함합니다. ❸저희는 당신께서 구매에 만족하실 것을 자신합니다.
❹문제가 발생할 경우 저희에게 주저하지 말고 연락해주십시오.

어휘　affordability 저렴한 가격 unit 단위, 기구, 장치 take up 차지하다
out-of-town 다른 곳에서 온, 도시 외곽의

1. 해석　(A) ~하기 위하여　(B) ~조차　(C) ~이긴 하지만　(D) ~할 때

　해설　빈칸 앞뒤로 절과 절이 나와 있으므로 빈칸에는 접속사가 필요하다. 'SP 주택의 침실 가구는 많은 공간을 차지하지 않는다'는 빈칸 뒤 문장을 SP 주택의 침실 가구가 '독립적으로 제거되고 쉽게 결합될' 수 있게 설계된 목적으로 해석하는 것이 자연스러우므로 목적의 의미를 나타내는 접속사 (A)가 정답이다.

2. 해석　(A) 전체의　(B) 제한된　(C) 호환되는　(D) 충분한

　해설　앞 문장에서 가구가 많은 공간을 차지하지 않는다고 했으므로, 좁은 공간에서 유용성을 제시하는 내용이 이어지는 것이 적절하다. 따라서 좁은 공간이라는 의미를 표현할 수 있는 (B)가 정답이다.

3. 해석　(A) 저희는 당신께서 구매에 만족하실 것을 자신합니다.
　　　　(B) 저희는 또한 엄선된 훌륭한 가구 관리 제품을 가지고 있습니다.
　　　　(C) 저희는 방대한 범위의 침실 브랜드와 제품을 갖췄습니다.
　　　　(D) 저희는 시설 관리과에 시간제 근무 공석이 있습니다.

　해설　빈칸 앞에는 제품 보증에 관한 내용이 왔다. 따라서 빈칸에는 품질에 대한 자신감을 나타내는 표현이 오는 것이 자연스러우므로 고객의 제품 만족을 확신한다는 (A)가 정답이다.

　어휘　confident 자신 있는 selection 선별, 선택 care 관리
housekeeping 살림, 시설 관리

4. 해석　(A) 만약 ~라면　(B) ~할 때까지　(C) ~이든지 간에　(D) ~라는 점에서

　해설　문제가 생기면 연락 달라고 해석하는 것이 자연스러우므로 (A)가 정답이다.

UNIT 56 부사절 접속사 vs. 전치사

PRACTICE

A. 1. During 2. while 3. Since 4. because of 5. Despite
6. Although
B. 1. (B)
A. 1. 조사 중에 우리는 고객 중 98퍼센트가 만족하고 있다고 결론 내렸다. 2. 당신이 사무실 밖에 있는 동안 샌들러가 당신에게 메시지를 보냈어요. 3. 그가 이해한 것으로 보이지 않기 때문에 알렌 씨가 나중에 그에게 설명할 거예요. 4. 그들은 그들의 재정적 상황 때문에 대출을 받을 수 없다. 5. 경력이 부족함에도 불구하고 그녀는 일자리를 구했어요. 6. 마틴 씨는 어떻게 할지 아직 결정하지 않았지

만, 분명한 선택을 보장한다고 약속했어요. B. 1. 대중들의 강한 관심 때문에, 매체는 이 문제에 상당한 관심을 기울인다.

ACTUAL TEST

PART 5 1. (A) 2. (B) 3. (D) 4. (B)
PART 7 1. (C) 2. (A) 3. (D)

PART 5

1. 해석　저희가 이러한 비중을 고심하고 바꾸지 않는다면, 세계 시장에서 경쟁력있게 남을 기회를 잃을 것입니다.
　　　　(A) ~하지 않는다면　　(B) ~하기 위해
　　　　(C) 어떻게　　　　　　(D) 마치 ~인 것처럼

　해설　빈칸 앞뒤에 모두 절이 왔으므로, 절과 절을 연결하는 접속사가 필요하다. '~하지 않는다면 ~할 것이다'라고 해석해야 자연스러우므로 if not의 의미를 지닌 (A)가 정답이다.

　어휘　lose 잃다 opportunity 기회 remain 남다 competitive 경쟁적인 address 말하다, 부르다, 다루다 change 변화; 바꾸다

2. 해석　다른 항공사들은 더 긴 거리에도 불구하고 유럽보다는 두바이에서 환승함으로써 일체의 요금을 피할 것이다.
　　　　(A) ~이기 때문에　　　(B) ~에도 불구하고
　　　　(C) 충분한　　　　　　(D) ~하다는 점에서

　해설　문장 요소를 모두 갖춘 완전한 절 뒤에 명사구 the extra expenses를 연결하려면 빈칸에 전치사가 와야 한다. '추가 비용에도 불구하고'라고 해석되는 (B)가 정답이다.

　어휘　airline 항공사 carrier 항공사, 운송회사 avoid 피하다 charge 요금; 청구하다 transit 수송하다, 환승하다 rather than ~라기보다는 extra 추가의, 여분의 expense 비용

3. 해석　그것은 특별 프로젝트나 위급 상황에 투자하는 자금활동에 제약 없이 접근할 수 있게 해준다.
　　　　(A) ~이긴 하지만　　　(B) ~의 경우에
　　　　(C) ~이기 때문에　　　(D) ~ 없이

　해설　빈칸 다음에 명사구가 왔으므로 접속사가 아닌 전치사가 들어가야 한다. 제약을 두지 않고 접근을 허용해준다고 하는 것이 자연스러우므로 (D)가 정답이다.

　어휘　give access 접근을 허용하다 finance 재원, 자금; 자금을 대다 fund 기금, 모금; 적립하다, 투자하다 emergency 위급 상황 limitation 제약, 한계, 한도

4. 해석　우리가 다른 업체를 통해 보증제도에 가입한다 해도, 제이슨 보험은 우리의 요청을 처리합니다.
　　　　(A) ~을 제외하고　　　(B) ~임에도 불구하고
　　　　(C) ~인지 아닌지　　　(D) ~에도 불구하고

　해설　문장에 두 개의 절이 있으므로 부사절을 연결하는 접속사 (B)가 정답이다. 빈칸 앞에 명사를 목적어나 보어로 취하는 동사가 없으므로 명사절 접속사 whether는 올 수 없다.

　어휘　warranty 보증 retailer 취급자, 업체 deal with 처리하다, 다루다 claim 불만, 청구

수신 contact@channelseven.com
발신 m.johnson@kmail.net
날짜 3월 31일
제목 BTW 뉴스에 대한 불평

채널 7 방송에 대한 저의 불쾌함을 표현하고자 글을 씁니다. 저는 항상 자녀들이 당신의 방송국을 시청하도록 허용해 왔는데, 그 이유는 가족 중심의 프로그램 편성 때문이었습니다. **❷하지만 오후 7시와 9시 사이 시간대에 시트콤을 보기 위해 앉았을 때, 저는 새로운 방송 "BTW 뉴스"를 보았습니다.** 프로그램의 언어 사용과 소재들이 어린이에게 굉장히 부적절했으며, 제가 신뢰했던 한 채널이 교육에 대한 사명감이 부족하다는 사실이 슬펐습니다.

❶공공 부문 방송사업자로서 당신들은 프로그램을 기획하고 준비할 때 더 신중해야 합니다. ❸저는 당신이 이 프로그램을 가능한 한 빨리 중단하여, 저희가 채널 7의 방송들을 또다시 즐길 수 있으면 좋겠습니다.

미셸 존슨

어휘　complain 불만; 불평하다 express 표현하다, 표출하다 displeasure 불쾌감, 불만 coverage 보도, 방송, 범위 allow 허용하다 watch 보다, 시청하다 station 역, 방송국 -centered ~ 중심의 sit down 앉다 sitcom 시트콤 use 사용; 사용하다 language 언어 material 소재, 물질 quite 꽤 inappropriate 부적절한 sadden 슬프게 하다 trust 믿다, 신뢰하다 lack 결여 commitment 약속, 전념, 헌신 education 교육 public 공공의, 대중의 sector 부문, 분야 broadcaster 방송사업자 careful 신중한, 주의 깊은 prepare 준비하다 discontinue 중단하다 as soon as possible 가능한 한 빨리 enjoy 즐기다

1.　해석　채널 7에 대해 명시된 것은?
(A) 황금 시간대 뉴스를 주관하려고 계획한다.
(B) 성인 대상 라디오 프로그램을 제공한다.
(C) 공공 방송 회사이다.
(D) 웹사이트에서 제품을 판매한다.
해설　두 번째 문단 첫 번째 문장에서 공공 부문 방송사업자(a public sector broad caster)라고 언급되었으므로 **(C)**가 정답이다.
어휘　host 주최하다, 주관하다 adult 성인 broadcasting 방송 sell 판매하다, 팔다

2.　해석　BTW 뉴스에 대해 암시된 것은?
(A) 저녁에 방송한다.
(B) 교육적인 내용을 포함한다.
(C) 인터넷에서만 이용 가능하다.
(D) 가족 시트콤이다.
해설　첫 번째 문단 세 번째 줄에 오후 7시에서 9시 사이 시간대에 BTW 뉴스를 보게 되었다고 나와 있으므로 **(A)**가 정답이다.
어휘　air 공기, 공중; 방송하다 include 포함하다 content 내용 available 이용 가능한

3.　해석　존슨 씨가 채널 7에 요청한 것은 무엇인가?
(A) 프로그램 이름 변경
(B) 더 많은 뉴스 프로그램 제공
(C) 방송 일정 올리기
(D) 특정 TV 프로그램 제공 중단
해설　I hope로 시작하는 마지막 문장에서 가능한 한 빨리 프로그램을 중단하길 바란다고 했으므로 **(D)**가 정답이다.
어휘　change 변경하다, 바꾸다 schedule 일정; 일정을 짜다 stop 멈추다

UNIT 57 명사절 접속사

PRACTICE
A. 1. how 2. that 3. what
B. 1. 적용되었는지 2. 어디에 위치되었는지
A. 1. 질문이 있는 경우 어떻게 당신에게 연락할 수 있는지 말해주세요. 2. 그의 환자들은 그 보충제가 그들의 건강을 유지할 수 있게 도와줄 것이라고 믿고 있다. 3. 우리는 김 씨가 받아들인 것이 무엇인지에 관심이 있어요.

ACTUAL TEST
PART 2 1. (C) 2. (A) 3. (B) 4. (A)
PART 5 1. (C) 2. (A) 3. (D) 4. (D) 5. (A) 6. (D)

PART 2

1.　M　I don't know which one is better.
　　W　(A) Because it was not mine.
　　　　(B) She told me last week.
　　　　(C) It is better to buy the desk.

해석　저는 어떤 것이 더 좋은지 모르겠어요.
(A) 그것은 제 것이 아니었거든요.
(B) 그녀가 지난주에 제게 말했어요.
(C) 책상을 사는 것이 더 좋아요.
해설　의문사 which가 이끄는 절은 '어느 것이 ~인지'라고 해석한다. 어느 것이 더 좋은지 모르겠다는 대답에 책상을 사는 것이 좋다고 조언하는 **(C)**가 정답이다. (A)와 (B)는 남자가 고민하는 내용과 상관이 없으므로 오답이다.
어휘　better 더 좋은[나은] mine 내 것

2.　W1　We need to hear if we can join the association.
　　W2　**(A) They will let us know soon.**
　　　　(B) One of our local customers.
　　　　(C) He is still an associate researcher.

해석　우리가 협회에 가입할 수 있는지 들어야 해요.
(A) 그들이 저희에게 곧 알려줄 거예요.
(B) 우리 지역 고객 중 한 명이에요.
(C) 그는 아직 보조 연구원이에요.
해설　if가 이끄는 명사절은 '~인지 아닌지'라고 해석한다. 가입할 수 있는지 없는지를 들어야 한다는 말에 그들이 곧 알려줄 것이라고 답한 **(A)**가 정답이다. (B)는 인물을 묻는 질문에 적합한 답변이므로 오답이고, (C)는 문제의 association의 형용사형 associate를 활용한 오답이다.
어휘　join 가입하다 association 협회, 제휴 local 지역의, 국내의 associate 연상하다, 연결짓다; 준, 보조의; 동료

3.　W　A full report was sent to Ms. Hooper, right?
　　M　(A) I don't know when she'll come.
　　　　(B) Yes, I sent it yesterday.
　　　　(C) Right on the first page.

해석 전체 보고서는 후퍼 씨에게 전송되었죠, 맞죠?
(A) 저는 그녀가 언제 올지 몰라요.
(B) 네, 제가 어제 그것을 보냈어요.
(C) 바로 첫 번째 페이지에 있어요.

해설 보고서가 전송되었는지 확인하는 여자의 질문에 긍정한 후 자신이 보냈다고 추가로 설명한 **(B)**가 정답이다. (A), (C)는 보고서 전송과 관련이 없는 내용이므로 오답이다.

어휘 full 가득 찬, 완전한 send 보내다, 전송하다 right 오른쪽의, 옳은; 바로

4.
W Can you provide me with the data?
M **(A) No, we're deciding whether this is available.**
(B) But I think that it will help.
(C) There's another tool you'll need.

해석 저에게 데이터를 제공해줄 수 있어요?
(A) 아뇨, 우리는 이것이 이용 가능한지 결정하고 있어요.
(B) 하지만 저는 그것이 도움될 것이라 생각해요.
(C) 당신이 필요로 할 다른 도구가 있어요.

해설 데이터를 줄 수 있냐고 묻는 남자의 말에, 줄 수 없다고 말한 후 줄 수 없는 이유를 설명한 **(A)**가 정답이다. (B)와 (C)는 가능한지 여부를 묻는 말에 부적절한 대답이므로 오답이다.

어휘 provide 제공하다 data 숫자, 데이터 tool 도구

PART 5

1. 해석 IT 및 시설 직원들은 정보가 일반 대중에게 쉽게 이해되도록 하기 위해 긴밀하게 협력해야 합니다.

해설 '~을 보장하기 위해서'라는 뜻의 to부정사 to ensure의 목적어가 될 수 있는 명사가 필요하다. 빈칸 이후에 절이 왔으므로 명사절을 이끄는 접속사 **(C)**가 정답이다.

어휘 facility 시설 personnel 직원(들), 인사과 closely 긴밀하게 ensure 보장하다, 반드시 ~하게 하다 easily 쉽게 understand 이해하다 general 일반적인, 보편적인

2. 해석 이 마감기한을 맞추기 위해 JCB는 언제 그들이 보고 직원으로부터 데이터를 받아야 하는지 결정해야 한다.

해설 decide의 목적어가 될 수 있는 명사가 필요하다. 빈칸 다음에 절이 왔으므로 명사절을 이끌 수 있는 의문사 **(A)**가 정답이다. 접속사 that도 문법적으로 가능하나 이 문장에서는 해석상 적절하지 않다.

어휘 meet 만나다, 맞추다 deadline 마감기한 decide 결정하다, 결심하다 receive 받다, 수령하다 report 보고; 보고하다 agent 직원, 대리인

3. 해석 어떤 보상 제도가 허가될지에 따라 보편적인 규칙을 수립하는 것이 필요하다.

해설 전치사구 according to에 연결되는 명사가 필요하며, 빈칸 뒤에 절이 왔으므로 명사절을 이끄는 접속사가 와야 한다. 가산명사 system의 관사가 없으므로 접속사와 한정사 역할을 동시에 할 수 있는 의문 형용사 **(D)**가 정답이다.

어휘 necessary 필수적인 establish 설립하다, 수립하다 according to ~에 따르면[따라] compensation 보상(금) permit 허용하다, 허가하다

4. 해석 평가에 기반을 두어 위원회 구성원들은 추가적인 위험 감소 방안이 필요한지 아닌지 결정할 것이다.

해설 determine의 목적어가 될 수 있는 명사가 필요하며, 빈칸 다음에 절이 왔으므로 명사절을 이끄는 접속사가 와야 한다. 절의 마지막에 or not이 있으므로 '~인지 아닌지'라고 해석되는 **(D)**가 정답이다.

어휘 assessment 평가 committee 위원회 determine 결정하다 further 더 멀리에; 추가적인 reduction 감소, 삭감 measure 수단, 방법, 조치 require 요구하다

5. 해석 웨드 씨는 지난달부터 회사를 떠나는 것에 대해 생각하고 있음을 내비쳤어요.

해설 indicated의 목적어인 명사가 필요하다. '~라는 것'으로 해석되는 명사절 접속사 **(A)**가 정답이다.

어휘 indicate 명시하다, 나타내다 leave 떠나다, 남기다

6. 해석 어떤 종류의 서비스가 구독 고객에게 제공될 수 있는지 알아보는 데 시간이 걸릴 것이다.

해설 find out의 목적어 역할을 하는 명사절을 이끌면서, 명사 type의 한정사 역할을 할 수 있는 의문 형용사 **(D)**가 적절하다.

어휘 find out 찾다, 생각해내다 a while 얼마 동안, 잠시 동안 offer 제공하다 subscription 구독 customer 고객, 손님

UNIT 58 관계대명사와 관계부사

PRACTICE

A. 1. of which **2.** that **3.** when **4.** why

A. 1. 무선 인터넷에 접속할 수 있는 구역을 가진 2층은 마케팅팀이 사용하고 있습니다. 2. 우리가 연구했던 모든 사례에서 금융 시장은 대단히 경쟁이 치열합니다. 3. 그것은 제가 이사회 일원이었던 시기를 떠오르게 합니다. 4. 이것이 이 계약이 문제가 되는 이유입니다.

ACTUAL TEST

PART 5 **1.** (A) **2.** (B)
PART 7 **1.** (C) **2.** (A) **3.** (B)

PART 5

1. 해석 해외에서 일하는 이 국가들의 국민들은 또한 그들의 고국으로 돈을 이체할 수 없다.

해설 관계대명사절 who work broad(해외에서 일하는)가 선행사 Nationals of these countries(이 국가들의 국민들)를 수식하는 구조이다. 문장의 동사가 없으므로 주어 Nationals의 수에 일치하는 복수 동사 **(A)**가 정답이다.

어휘 national 국민; 국가의 abroad 해외에서 be unable to ~할 수 없다 transfer 이체하다

2. 해석 파버 씨는 관리자가 멕시코에 설립된 한 회사의 지분을 보고한다고 추정한다.

해설 빈칸에 들어갈 관계대명사나 관계부사를 고르는 문제이다. 빈칸 뒤에 주어 없이 be동사 was가 바로 나오므로 빈칸에는 주격 관계대명사가 필요하다. 선행사 a corporation은 사물이므로 사물 선행사를 수식할 수 있는 주격 관계대명사 **(B)**가 정답이다.

어휘 assume 추정하다 share 몫, 주식, 지분 corporation 회사 found 설립하다

PART 7

트리스타 커머스가 최고 경영자를 임명하다

금요일, 12월 16일 – **①칼리브로 사의 자회사 트리스타 커머스 사**는 토비 페인 씨의 새 최고 경영자 임명을 발표했다. 그는 7년간 직책을 수행한 후 자리에서 물러난 슈오 리우 씨를 대신할 것이다.

페인 씨는 12월 20일부터 새 직책을 맡을 것이다. 그는 재임 동안 몇 가지 요직들을 맡았고, 조직 개발과 브랜드 확장 능력을 갖추고 있다. 그는 AZR의 전자 상거래 책임자로 임명됐었고, 또한 **②더 티나 사의 최고 영업 담당자**로 3년간 일했다. 그전에는 케리 제조사의 지사장으로 6년간 일했다.

①"저는 전자 상거래 시장에서 경쟁적인 지위를 강화한 트리스타 팀에 합류하게 되어 기쁩니다"라고 페인 씨는 말했다.

"트리스타가 계속해서 전국에 걸쳐 서비스를 확장하는 때에 그가 영향을 미칠 트리스타 팀에 토비 씨를 맞이하게 되어 기쁩니다. 저는 특히 토비의 강한 리더십 스타일에 감명을 받았고, 회사 운영을 성장시키는 그의 직접적인 실행 지원은 미래 성장을 위한 트리스타의 계획을 이끌기에 완벽하게 맞습니다"라고 칼리브로 사의 회장으로 일해온 로버트 헨리 씨가 말했다.

어휘 commerce 상업 subsidiary 자회사 step down 물러나다 resume 재개하다, 맡다 tenure 재임 기간 impact 영향 throughout ~에 걸쳐서, 도처에 hands-on 실천하는, 직접적인

1. **해석** 칼리브로 사에 대해 명시된 것은?
(A) 새 최고 경영자 임명을 고려 중이다.
(B) 환영 행사를 열 것이다.
(C) 전자 상거래 자회사가 있다.
(D) 전 세계에 운영한다.

해설 첫 번째 문단에서 트리스타 사가 칼리브로 사의 자회사라고 하였고, 페인 씨의 말을 인용한 세 번째 문단에서 트리스타 사가 전자 상거래 업체라고 하였다. 이 두 정보를 조합했을 때 칼리브로 사는 전자 상거래 자회사를 가진다는 것을 알 수 있으므로 **(C)**가 정답이다.

2. **해석** 페인 씨는 티나 사에서 몇 년간 일해왔는가?

해설 두 번째 문단에서 더 티나 사의 최고 영업 담당자로 3년간 일했다고 하였으므로 **(A)**가 정답이다.

3. **해석** [1], [2], [3], [4]로 표시된 곳 중에서 다음 문장이 가장 적합한 곳은?
"그전에는 케리 제조사의 지사장으로 6년간 일했다."

해설 주어진 문장은 페인 씨의 업무 경력에 관한 내용이므로, 이전에 어떤 곳에서 근무했는지 소개하는 두 번째 문단 마지막 부분에 들어가는 것이 가장 적합하다. 따라서 **(B)**가 정답이다.

UNIT 59 간접목적어와 직접목적어

PRACTICE

A. 1. me 2. consumers
B. 1. 더 적은 저장 공간을 2. 그의 동료에게
C. 1. (A)

A. 1. 관심 있는 사람들은 greylion@gomail.com으로 저에게 이메일을 보내주세요. 2. 빌 전자는 소비자들에게 제품이 어떻게 만들어지는지 보여주는 특별 공장 견학을 계획하고 있다. C. 1. 포드 호텔의 아름답게 설비된 객실은 당신에게 편안한 느낌을 선사할 것입니다.

ACTUAL TEST

PART 7 1. (B) 2. (D)

PART 7

9월 10일
탈리아 라돔스키
스프링필드 사
포츠머스 가 150
나일즈 미시간 주 49120

라돔스키 귀하

메이슨 사무용품은 당신이 저희와 맺어주신 거래에 감사 드립니다. 저희는 지난 동안 귀하의 사무실의 모든 사무용품 수요를 공급해 왔습니다. 저희는 귀사와 일하는 것이 진심으로 기뻤습니다. 귀하께서도 저희의 서비스에 만족하셨기를 바랍니다.

전화로 말씀해 주신대로 저희는 최상의 서비스를 적시에 제공합니다. **①하지만 저희 서비스 계약이 다음 달에 만료될 예정입니다. 저희는 기쁜 마음으로 이 계약을 갱신하고자 합니다.** 계약 기간을 연장해주시면, 저희는 동일한 품질의 서비스와 더 나은 서비스를 계속 제공해드릴 것을 약속 드립니다. 또한 귀하에게 저희의 감사를 표하기 위하여 추가 10퍼센트 할인을 제공하고자 합니다.

시간을 내어주시고 고려해주셔서 감사합니다. **②질문이 있으시면 410-358-6697로 제레미 최에게 연락 주십시오.**

가브리엘 롬바디
고객 서비스 담당자
메이슨 사무용품

어휘 appreciate 감사하다 business 사업, 거래 cater (음식을) 공급하다, (수요에) 맞추다 needs 요구, 수요 past 지난, 과거의 truly 정말로, 진심으로 enjoy 즐기다 hope 바라다, 희망하다 find 발견하다, 찾다 satisfy 만족시키다, 만족을 주다 mention 말하다, 언급하다 provide A with B A에게 B를 제공하다 on time 정시에 due 예정된 be pleased to ~해서 기쁘다 renew 갱신하다 contract 계약 extend 연장하다 period 기간 promise 약속하다 keep -ing 계속 ~하다 quality 품질, 질 even 심지어, ~조차 in order to ~하기 위해서 show 보여주다 gratitude 고마움, 감사 offer 제안하다, 제공하다 additional 추가의 a lot 많이 consideration 배려, 사려 in case of ~의 경우에 inquiry 질문, 조회[조사] kindly 친절하게 contact 연락하다; 연락

1. **해석** 편지의 목적은 무엇인가?
(A) 회의 주선   (B) 공급 계약 연장
(C) 가격 변경 고지   (D) 계약 취소

해설 두 번째 문단 However 이후에 다음 달에 서비스 계약이 만료되므로 이 계약을 갱신하고자 한다고 나와 있다. 이 편지는 사무용품을 공급하는 회사에서 고객에게 보내는 편지이므로 **(B)**가 정답이다.

어휘 arrange 조정하다 extend 연장하다, 늘이다 announce 알리다 cancel 취소하다

2. **해석** 최 씨에 대해 명시된 것은?
(A) 그는 라돔스키 씨의 사업을 롬바디 씨에게 추천했다.
(B) 그는 음식 공급자로 일한 경험이 있다.
(C) 그는 다른 부서로 전임되었다.
(D) 그는 메이슨 사무용품 직원이다.

해설 이 맨 마지막 문장에서 질문이 있는 경우에 최 씨에게 연락하라고 한 것으로 보아 최 씨는 고객 상담 업무를 맡은 메이슨 사무용품 직원일 것이다. 따라서 **(D)**가 정답이다.

어휘 recommend 추천하다 experience 경험 transfer to ~로 이동하다, 옮기다 department 부서

UNIT 60 명령문과 권유문(Do, Let's)

PRACTICE

A. 1. wait 2. do 3. Place
B. 1. (A)
C. 1. (B)

A. 1. 일이 어떻게 진행되는지 지켜봅시다. 2. 주저하지 마시고 저희에게 연락 주십시오. 3. 서류를 제 책상에 놓아두시면 제가 나중에 검토할게요. B. 1. 이 장소는 너무 붐벼요. (A) 다른 장소로 갑시다. (B) 저는 배고파졌어요. (C) 당신이 낫기를 바랍니다. C. 1. 지원서를 받으시면 서명하셔서 저희에게 다시 보내주십시오. (A) 서명 (B) 서명하다 (C) 신호 (D) 서명한다(현재형)

ACTUAL TEST

PART 7 1. (B) 2. (C)

PART 7

스노우 피크 스키 리조트
❶겨울 휴가철이 다가옵니다!
아이들을 어떻게 즐겁게 해줄지 걱정이신가요?
당신의 자녀들과 산의 신선한 공기 속에서 시간을 보내세요! ❷호화로운 온천부터 미술관까지 스노우 피크가 제공하는 모든 것을 경험해보세요. 콜로라도 최대 스키 리조트인 스노우 피크는 모든 유형의 가족과 어린이들, 어린아이부터 활동적인 십 대들을 위한 완벽한 선택입니다. 저희는 스키 강습 및 4~10세 아동을 위한 종합적인 탁아 서비스를 제공합니다.
• 무료 시내 셔틀버스
• 고속 인터넷 접속 (별도 비용 없음)
• 10세 이하 어린이 무료 장비 대여
• 10명 이상 단체 할인 가능

더 많은 정보를 원하시면 www.snowpeakski.com을 방문해 주세요.

어휘 resort 리조트, 휴양지 vacation 휴가, 방학 be worried about ~을 걱정하다 entertain 즐겁게 해주다, 접대하다 spend 쓰다, 소비하다 experience 경험하다; 경험 offer 제공하다 luxury 호화로운 spa 온천 perfect 완벽한 choice 선택 type 유형, 종류 tot 어린아이 energetic 활동적인, 혈기왕성한 teenager 십 대 provide 제공하다 lesson 강습, 교훈 comprehensive 종합적인, 포괄적인 childcare 보육, 탁아 complimentary 칭찬의, 무료의 in-town 시내의 shuttle 왕복 버스[항공기] access 접속[접근]; 접속하다 equipment 장비, 도구 discount 할인 available 이용 가능한

1. 해석 광고의 대상은 누구일 것 같은가?
   (A) 회사 연수를 준비하는 사람들
   (B) 겨울 휴가를 계획 중인 사람들
   (C) 실내에서 많은 시간을 보내는 사람들
   (D) 구직 중인 사람들

   해설 전반부에 겨울 휴가철이 다가온다고 말한 후 자녀들과 산의 신선한 공기 속에서 시간을 보내라고 하였으므로 **(B)**가 정답이다.

   어휘 organize 구성하다, 준비하다 retreat 수련회, 연수 indoors 실내에서, 실내로 look for ~을 찾다

2. 해석 스노우 피크에 대해 명시된 것은?
   (A) 24시간 탁아 서비스를 제공한다.
   (B) 슬로프와 먼 곳에 위치한다.
   (C) 스키를 타지 않는 손님을 위한 시설이 있다.
   (D) 지역에서 가장 높은 슬로프를 보유하고 있다.

   해설 첫 번째 문단 두 번째 문장에서 호화로운 온천과 미술관을 경험해보라고 언급되어 있으므로 **(C)**가 정답이다. 탁아 서비스를 제공하나 24시간 운영한다는 내용은 없으므로 (A)는 오답이다. (B), (D)에 관한 내용은 광고에 나오지 않았다.

   어휘 locate 위치시키다 remote 멀리; 먼 slope 경사면, (스키장) 슬로프 facility 시설 area 지역, 영역

UNIT 61 가정법

PRACTICE

A. 1. 그는 데이아나 씨를 볼 수 있을 거예요
   2. 오전 9시에 오시면
B. 1. may 2. have gotten

ACTUAL TEST

PART 4 1. (C) 2. (B) 3. (D)
PART 5 1. (D) 2. (B) 3. (A) 4. (C) 5. (C) 6. (D)

PART 4

W ❶If you are learning to drive, take driving lessons with DriveSafe.com! At DriveSafe.com, we've been teaching people to drive for 10 years and have taught over thousands of people how to drive. ❷Our school is the only one in the country that is both approved by the Road Safety Association and accredited by the Driving School Association. Our professional, experienced instructors offer lessons for teens, adults, and mature drivers. Our drivers training covers everything you need to know to pass the driving test and become a safe, confident driver. ❸If you enroll in any courses in January, you can receive the official driver's handbook for free.

W 운전을 배우실 거라면, 드라이브세이프닷컴에서 운전 교습을 받으세요! 드라이브세이프닷컴에서 저희는 10년째 사람들에게 운전을 가르치고 있으며, 수천 명이 넘는 사람들에게 운전 방법을 가르쳐 왔습니다. 저희 학원은 도로안전협회 인증 및 운전학원연합 승인을 둘 다 받은 국내 유일의 학원입니다. 우리의 전문적이고 경험 있는 강사들이 십 대, 성인, 숙련된 운전자들에게 강습을 제공합니다. 저희의 운전자 교육과정은 운전 시험을 통과하기 위해, 그리고 안전하고 자신감 있는 운전자가 되기 위해 알아야 할 모든 것을 다룹니다. 1월에 강좌를 등록하시면, 공식 운전자용 소책자를 무료로 받으실 수 있습니다.

어휘 drive 운전하다 lesson 교습, 강습 teach 가르치다, 알려주다 country 나라 approve 증명하다, 인증하다 association 협회, 연합 accredit 승인하다 instructor 강사 mature 성숙한, 다 자란 cover 덮다, 포함하다; 덮개 pass 통과하다, 지나가다 confident 자신 있는 enroll in ~에 등록하다 course 강의, 강좌 official 공식적인 handbook 소책자

1. **해석** 무엇이 광고되고 있는 것 같은가?
(A) 자동차 임대 회사　(B) 보험 대리점
(C) 운전 학원　(D) 쇼핑센터
해설 첫 문장에서 운전 교습을 받으라고(take driving lessons with ~) 했으므로 (C)가 정답이다.
어휘 rental 대여(료), 임대(료) insurance 보험 agency 대리점, 대행사

2. **해석** 화자는 드라이브세이프닷컴에 관해 무엇을 강조하는가?
(A) 유연한 일정관리　**(B) 자격 있는 교육제도**
(C) 합리적인 가격　(D) 지불 방법
해설 중반부에 도로안전협회 인증 및 운전학원연합 승인을 받은 국내 유일의 학원이라고 했으며, 교육과정에서 무엇을 다루는지 설명했으므로 (B)가 정답이다.
어휘 flexible 유연한 schedule 일정; 일정을 짜다 qualified 자격이 있는, 자격증을 갖춘 reasonable 합리적인 rate 비율, 요율, 가격 payment 지불, 결제

3. **해석** 1월 등록에 대해 제공될 것은 무엇인가?
(A) 안전 점검　(B) 건강관리 서비스
(C) 무료 모의고사　**(D) 운전자 지침서**
해설 마지막 문장에서 1월에 강좌를 등록하면 공식 운전자용 소책자를 받을 수 있다고 했으므로 (D)가 정답이다.
어휘 inspection 검사, 점검 manual 손으로 하는; 설명서, 지침서

PART 5

1. **해석** 리베라 씨가 말한 대로, 중요한 결과가 신속하게 보고되었더라면, 아마 우리는 LJ 사에 투자하지 않았을 거예요.
해설 if절의 시제가 과거완료(had been)이며 과거의 반대 사실을 가정하고 있으므로 가정법 과거완료 문장임을 알 수 있다. 그러므로 주절의 동사는 would have invested가 되어야 한다. 따라서 (D)가 정답이다.
어휘 critical 중요한, 비판적인 report 보고서; 보고하다 promptly 신속하게 probably 아마도

2. **해석** 얼마 동안은 그룹이 지난 3년간 최고의 수익을 기록한 것처럼 보였다.
해설 빈칸 앞뒤에 모두 주어+동사가 있으므로, 절과 절을 연결하는 접속사가 필요하다. '마치 ~인 것처럼 보였다'라고 해석하는 것이 자연스러우므로 (B)가 정답이다.
어휘 for a while 한동안, 잠시 동안 look 보다, 보이다 record 기록하다, 녹음[녹화]하다 earning 수익, 이익 past 지난, 과거의

3. **해석** 만약 그것이 규제기관으로부터 신뢰할 수 있는 정보를 받는다면 감사위원회는 기밀 서류를 공개할 수도 있다.
해설 if절의 동사가 없으므로 빈칸에는 동사가 와야 한다. 주절의 동사가 could open이므로 가정하는 if절의 동사는 이보다 미래 시제일 수 없고 과거나 과거완료 시제여야 한다. 따라서 (A)가 정답이다.
어휘 audit 감사; 감사하다 committee 위원회 confidential 기밀의 receive 받다, 수령하다 reliable 신뢰할 수 있는 regulator 규제기관

4. **해석** 그들이 실제로 다부문 안전 정책을 개발하기 위한 노력을 했더라면 훨씬 더 좋았을 것이다.
해설 주절의 동사가 would have been이므로 if절은 had+과거분사 형태가 되어야 한다. 해석상 they는 노력하는 주체이므로 능동태를 만드는 (C)가 정답이다.
어휘 actually 실제로 effort 노력 develop 개발하다, 만들다 multi-sector 다부문, 다방면 policy 정책

5. **해석** 다음 회의가 일련의 경영 목표와 목적을 정의하는 기회가 되기를 그들은 바란다.
해설 wish (that) 가정법은 아직 실현되지 않은 소망을 나타낸다. 절을 이끄는 접속사 that 이후에 이미 주어, 동사, 보어가 있으므로 빈칸 이후 부분은 수식어구이다. 해석상 opportunity를 수식할 수 있는 to부정사 (C)가 정답이다.
어휘 conference 회의, 학회 opportunity 기회 management 관리, 경영 define 정의하다, 분명히 하다 goal 목표(액) objective 목적, 목표

6. **해석** 이 도구는 마치 조정의 한 방법인 것처럼 자주 사용되어 왔다.
해설 빈칸 앞뒤에 모두 절이 왔으므로 접속사를 고르는 문제이다. 주절의 시제는 현재완료, 접속사로 연결된 절의 시제는 과거이므로 가정법 과거 문장이며, 해석상 (D)가 정답이다.
어휘 tool 도구 measure 수단, 측정; 측정하다 coordination 조직, 조정

U N I T
62 도치

PRACTICE

A. 1. **Seldom** 2. **been** 3. **Never**
B. 1. **(C)**

A. 1. 그는 내가 하는 말을 주의 깊게 듣는 일이 거의 없어요. 2. 오작동이 매우 신속하게 보고되었다면, 필수적인 지원이 제공되었을 거예요. 3. 보호 구역은 대중의 접근에 절대 개방되지 않습니다. B. 1. 이점과 위험을 평가한 후에야 스턴 씨는 임상 시험에 참가하기로 했다.

ACTUAL TEST

PART 5 1. (C) 2. (B) 3. (A) 4. (A) 5. (D) 6. (A) 7. (A) 8. (B) 9. (B) 10. (C)

PART 5

1. **해석** 고객들이 숨겨진 결함을 인지했더라면, 그들은 그 냉장고를 구입하지 않았을 것이다.
해설 '~했더라면 ~했을 것이다'라고 해석되는 가정법 과거완료 문장이다. 접속사 if가 생략되면 if절의 (조)동사가 앞으로 이동하므로 이 문장에서는 had been의 had가 도치된 것으로 보는 것이 적절하다. 따라서 (C)가 정답이다.
어휘 customer 고객, 손님 be aware of ~을 인지하다 hide 숨다, 숨기다 defect 손상, 결함 refrigerator 냉장고

2. **해석** 서류를 제출한 후에야 헬링거 씨는 이름의 철자를 잘못 적은 것을 알아챘다.

해설 only 부사구가 강조를 위해 문장의 앞에 놓였으므로 주어와 동사가
도치된다. do동사의 과거형 did가 도치되었으므로 원래 자리에는 동
사원형이 남는다. 따라서 **(B)**가 정답이다.

어휘 submit 제출하다 document 서류, 문서 misspell 철자를 잘못 쓰다

3. 해석 개발자가 피드백을 충분히 빨리 받았더라면, 그는 허락된 시간 안에
훨씬 더 의미 있는 진전을 만들 수 있었을 것이다.

해설 접속사 if가 생략되어 had received의 had가 도치된 가정법 과거완
료 문장이다. 따라서 주절의 동사는 could have made가 되어야 하
므로 **(A)**가 정답이다.

어휘 developer 개발자 receive 받다, 수령하다 significant 상당한, 중대
한 within ~안에 allow 허용하다

4. 해석 계약을 일 년 더 연장하는 데 동의하시면, 감사의 표시로 다음 달 서
비스 이용료는 없을 것입니다.

해설 '~하면 ~할 것이다'로 해석되는 가정법 미래 문장이다. if가 생략되면
서 조동사 should가 주어 앞으로 도치된 것이므로 **(A)**가 정답이다.

어휘 agree 동의하다 contract 계약 charge (요금) 청구; 청구하다 as a
token of ~의 표시로 gratitude 감사

5. 해석 엘프먼 씨의 최신 영화는 대중의 관심을 끌어들였을 뿐만 아니라 평
단으로부터 우수한 평가를 받았다.
(A) ~ 없이 (B) ~에 반해서
(C) ~에도 불구하고 **(D) ~뿐만 아니라**

해설 not only ~ but also …(~뿐만 아니라 …도) 구문으로 해석하는 것이
자연스럽다. 부정어구 not only가 문장 맨 앞에 놓여 did가 도치된 것
으로 볼 수 있으므로 **(D)**가 정답이다.

어휘 attract 끌어들이다 public 공공의, 대중의 attention 주의, 관심
excellent 훌륭한, 우수한 review 검토하다; 검토, 평가 critic 비평가

6. 해석 절대로 그 벤처 회사는 직전 회계연도에 발생된 부채로부터 스스로
벗어날 수 없을 것이다.
(A) 풀어주다, 벗어나다 (B) 자유롭게
(C) 자유 (D) 풀어주는

해설 부정의 의미를 지닌 부사구 In no way가 문장의 맨 앞에 왔으므로,
조동사 can이 주어 앞으로 도치되었다. 따라서 원래의 동사 자리에
는 동사원형만 남으므로 **(A)**가 정답이다.

어휘 in no way 결코 ~이지 않다 debt 빚, 부채 incur 초래하다, 발생하다
previous 이전의 financial 재정의, 자산의

7. 해석 어떠한 상황에서도 직원들은 개인적인 선물이나 현금을 거래처로부
터 요청할 수 없다.
(A) 직원들 (B) 고용하다 (C) 고용된 (D) 고용하는

해설 부정의 의미를 지닌 부사구 Under no circumstances가 문장 맨 앞
에 놓여 should가 주어 앞으로 도치되었고 뒤에는 동사원형 solicit만
남은 상황이므로 빈칸은 주어 자리이다. 따라서 **(A)**가 정답이다.

어휘 under no circumstances 어떠한 상황에서도 ~않다 solicit 요청하
다, 간청하다 personal 개인적인, 사적인 business contact 거래처

8. 해석 상황이 안정화되기 시작하자마자 더 큰 문제가 발생했다.
(A) ~하는 경우에만 **(B) ~하자마자**
(C) ~하는 동안, 반면에 (D) ~할 경우에

해설 비교 대상을 연결하는 전치사 than이 있으므로 **(B)**가 정답이다. 부
정어를 포함하는 부사구 No sooner가 도치되어 had begun에서 had
가 주어 앞으로 도치된 문장이다.

어휘 no sooner ~ than … ~하자마자 …하다 situation 상황 stabilize
안정화하다 occur 발생하다, 일어나다

9. 해석 회사가 해외 시장 거래에 주로 신경 쓰는 것을 그는 거의 알지 못했
다.

해설 부정의 의미를 지닌 Little(조금 밖에)이 문장 앞에 와서 주어와 did가
도치되고 동사원형 realize만 주어 뒤에 남은 문장이다. that 이하는
realize의 목적어 역할을 하는 명사절이며, 명사절의 주어는 단수명
사 the company이므로 **(B)**가 정답이다.

어휘 realize 알게 되다, 깨닫다 mainly 주로 trade 거래하다

10. 해석 생산성을 시험하는 것을 통해서만 우리는 그 주문의 공급지점을 실
제로 결정할 수 있을 것이다.

해설 Only by testing the productivity는 only로 시작하는 부사구로, 문
장 앞에 놓이면 주어와 동사가 도치된다. 조동사 can과 동사원형
determine 사이에 주어가 필요하므로 주격 대명사 **(C)**가 정답이다.

어휘 test 시험; 시험하다 productivity 생산성 actually 정말로, 실제로
determine 결정하다 supply 공급; 공급하다 point 점, 지점

실전 모의고사
정답과 해설

ANSWER KEYS

실전 모의고사 정답과 해설

PART 1

1. (B) 2. (C) 3. (D) 4. (A) 5. (B) 6. (D)

PART 2

7. (A) 8. (B) 9. (C) 10. (A) 11. (B) 12. (C)
13. (B) 14. (B) 15. (B) 16. (B) 17. (A) 18. (A)
19. (B) 20. (C) 21. (B) 22. (A) 23. (B) 24. (A)
25. (A) 26. (C) 27. (B) 28. (C) 29. (A) 30. (A)
31. (C)

PART 3

32. (A) 33. (C) 34. (D) 35. (B) 36. (A) 37. (C)
38. (D) 39. (A) 40. (B) 41. (A) 42. (D) 43. (B)
44. (C) 45. (B) 46. (A) 47. (A) 48. (D) 49. (B)
50. (A) 51. (D) 52. (A) 53. (B) 54. (C) 55. (C)
56. (A) 57. (C) 58. (B) 59. (C) 60. (A) 61. (B)
62. (C) 63. (B) 64. (D) 65. (C) 66. (B) 67. (D)
68. (B) 69. (C) 70. (A)

PART 4

71. (C) 72. (B) 73. (A) 74. (C) 75. (D) 76. (A)
77. (A) 78. (B) 79. (B) 80. (B) 81. (D) 82. (A)
83. (B) 84. (C) 85. (A) 86. (A) 87. (D) 88. (C)
89. (B) 90. (A) 91. (B) 92. (A) 93. (D) 94. (B)
95. (A) 96. (D) 97. (D) 98. (B) 99. (A) 100. (C)

PART 5

101. (D) 102. (D) 103. (B) 104. (A) 105. (D) 106. (C)
107. (A) 108. (D) 109. (A) 110. (A) 111. (D) 112. (D)
113. (B) 114. (A) 115. (B) 116. (D) 117. (A) 118. (A)
119. (C) 120. (C) 121. (D) 122. (D) 123. (C) 124. (B)
125. (C) 126. (B) 127. (A) 128. (A) 129. (C) 130. (B)

PART 6

131. (C) 132. (A) 133. (A) 134. (A) 135. (C) 136. (D)
137. (A) 138. (D) 139. (A) 140. (C) 141. (A) 142. (D)
143. (C) 144. (A) 145. (B) 146. (B)

PART 7

147. (B) 148. (D) 149. (C) 150. (A) 151. (B) 152. (C)
153. (D) 154. (C) 155. (C) 156. (D) 157. (C) 158. (D)
159. (C) 160. (B) 161. (B) 162. (C) 163. (A) 164. (D)
165. (A) 166. (C) 167. (A) 168. (C) 169. (B) 170. (A)
171. (A) 172. (C) 173. (C) 174. (A) 175. (B) 176. (D)
177. (B) 178. (C) 179. (A) 180. (C) 181. (D) 182. (D)
183. (A) 184. (C) 185. (A) 186. (B) 187. (D) 188. (D)
189. (C) 190. (A) 191. (D) 192. (C) 193. (B) 194. (C)
195. (C) 196. (B) 197. (B) 198. (B) 199. (B) 200. (A)

PART 1

1.

(A) They're exchanging business cards.
(B) They're standing at a counter.
(C) They're hanging some clothes on a rack.
(D) They're watching a performance.

해석 (A) 그들은 명함을 교환하고 있다.
　　 (B) 그들은 계산대에 서 있다.
　　 (C) 그들은 옷걸이에 옷을 걸고 있다.
　　 (D) 그들은 공연을 보고 있다.

해설 **[현재진행 시제]**
　　 (A) [X] 사진에 명함을 교환하는 동작이 나오지 않았으므로 오답이다.
　　 (B) [O] 점원과 손님들이 계산대에 서 있는 모습을 바르게 묘사하였으므로 정답이다.
　　 (C) [X] 사진에 옷걸이는 나와있지만 옷을 거는 동작은 나오지 않았으므로 오답이다.
　　 (D) [X] 사진에 공연 장면이 나오지 않았으므로 오답이다.

어휘 business card 명함 counter 계산대 hang 걸다 rack 옷걸이 performance 공연

2.

(A) A woman is trying on shoes.
(B) A woman is packing shoes in the box.
(C) A woman is picking up a shoe.
(D) A woman is paying with a credit card.

해석 (A) 한 여자가 신발을 신어보고 있다.
　　 (B) 한 여자가 상자에 신발을 싸고 있다.
　　 (C) 한 여자가 신발을 집어 들고 있다.
　　 (D) 한 여자가 신용카드로 계산하고 있다.

해설 **[현재진행 시제]**
　　 (A) [X] 사진에 신발을 신어보는 동작이 나오지 않았으므로 오답이다.
　　 (B) [X] 사진에 신발을 싸는 동작이 나오지 않았으므로 오답이다.
　　 (C) [O] 여자가 진열대에서 신발을 집어 들고 있는 모습을 바르게 묘사하였으므로 정답이다.
　　 (D) [X] 사진에 계산하는 장면이 나오지 않았으므로 오답이다.

어휘 try on (시험삼아) 착용해보다 pack 싸다, 포장하다 pick up 집어 들다 credit card 신용카드

3.

(A) Some cars are stopped at the traffic light.
(B) Some people are crossing the street.
(C) A building is being cleaned.
(D) A worker is holding a broom.

해석 (A) 차 몇 대가 신호등에 정지해있다.
　　 (B) 사람들 몇 명이 신호등을 건너고 있다.
　　 (C) 건물이 청소되고 있다.
　　 (D) 한 작업자가 빗자루를 쥐고 있다.

해설 **[현재진행 시제, 수동태의 진행 시제]**
　　 (A) [X] 사진에는 자동차와 신호등이 나오지 않았으므로 오답이다.
　　 (B) [X] 사진에는 길을 건너는 사람들이 나오지 않았으므로 오답이다.
　　 (C) [X] 건물이 아니라 길이 청소되고 있으므로 오답이다.
　　 (D) [O] 작업자가 빗자루를 쥐고 있는 모습을 바르게 묘사했으므로 정답
　　　　 이다.

어휘 traffic light 신호등 cross 건너다 hold 쥐다 broom 빗자루

4.

(A) A doctor is checking a man's blood pressure.
(B) A doctor is writing information on the chart.
(C) Medical equipment is being installed.
(D) A man is pointing to a sheet of paper.

해석 **(A) 의사가 남자의 혈압을 확인하고 있다.**
　　 (B) 의사가 차트에 정보를 적고 있다.
　　 (C) 의료기기가 설치되고 있다.
　　 (D) 한 남자가 종이 한 장을 가리키고 있다.

해설 **[현재진행 시제, 수동태의 진행 시제]**
　　 (A) [O] 의사가 남자를 진찰하는 장면을 바르게 묘사했으므로 정답이다.
　　 (B) [X] 사진에 무언가를 쓰는 동작이 나오지 않았으므로 오답이다.
　　 (C) [X] 의료기기가 설치되는 장면이 나오지 않았으므로 오답이다.
　　 (D) [X] 남자의 손이 종이를 가리키고 있지 않으므로 오답이다.

어휘 blood 피 pressure 압력 medical 의료의 equipment 장비 sheet 장

5.

(A) A drawer has been locked.
(B) A woman is searching through a drawer.
(C) A woman is reaching for a cup.
(D) A woman is talking on the phone.

해석 (A) 서랍이 잠겨있다.
　　 (B) 한 여자가 서랍을 뒤지고 있다.
　　 (C) 한 여자가 컵을 향해 손을 뻗고 있다.
　　 (D) 한 여자가 통화 중이다.

해설 (A) [X] 사진 속 서랍이 열려있으므로 오답이다.
　　 (B) [O] 여자가 서랍 안에 손을 넣고 무엇인가 찾는 모습을 바르게 묘사
　　　　 하였으므로 정답이다.
　　 (C) [X] 여자가 컵이 아니라 사무용품에 손을 뻗고 있으므로 오답이다.
　　 (D) [X] 사진에 통화하는 모습이 나오지 않았으므로 오답이다.

어휘 lock 잠그다 search through ~을 뒤지다, ~을 철저하게 조사하다

6.

(A) The lawn is being mowed.
(B) Leaves have been raked into a pile.
(C) The front door has been left open.
(D) Some bushes have been planted.

해석 (A) 잔디가 깎이고 있다.
　　 (B) 낙엽들이 한 더미로 모아져 있다.
　　 (C) 정문이 열린 채로 있다.
　　 (D) 몇몇 관목들이 심겨져 있다.

해설 **[수동태의 진행 시제, 수동태의 완료 시제]**
　　 (A) [X] 잔디가 잘 정리되어 있지만 깎이고 있는 중은 아니므로 오답이다.
　　 (B) [X] 사진에 낙엽 더미가 나오지 않았으므로 오답이다.
　　 (C) [X] 정문은 닫힌 상태이므로 오답이다.
　　 (D) [O] 집 주변에 관목들이 있는 모습을 바르게 묘사했으므로 정답이다.

어휘 mow 깎다 rake 갈퀴; 갈퀴로 모으다 bush 관목, 덤불 plant 심다

PART 2

7.

W Where is the nearest grocery store?
M **(A) It's more than 10 minutes away.**
　 (B) What kind of groceries can I buy?
　 (C) Can I take the subway there?

해석 가장 가까운 식료품점은 어디에 있습니까?
　　 (A) 10분 이상 걸리는 거리에 있습니다.
　　 (B) 어떤 종류의 식료품을 살 수 있습니까?
　　 (C) 제가 그곳에 지하철을 타고 갈 수 있나요?

해설 **[Where 의문문]**
　　 가장 가까운 식료품점의 위치를 묻는 말에 10분 이상 걸린다고 답한 **(A)**
　　 가 정답이다. (B)는 질문의 grocery를 반복하여 혼동을 일으키는 오답이
　　 다. (C)는 위치 안내를 부탁하는 말에 오히려 교통수단 안내를 부탁하는
　　 말로 답하는 것이 어색하므로 오답이다.

어휘 near 가까운 grocery 식료품 kind 종류

8.

M Can you tell me how I can get to the train station?
W (A) You need to pay in cash for your tickets.
　 (B) Sure, just take the right turn at the end of the
　　 block.
　 (C) The train station has been newly renovated.

해석 기차역에 어떻게 갈 수 있는지 말씀해주실 수 있나요?
　　　(A) 표 요금은 현금으로 내야 합니다.
　　　(B) 그럼요, 이 블록 끝에서 오른쪽으로 도세요.
　　　(C) 기차역은 새로 보수되었습니다.

해설 **[Can 의문문, 의문사 how]**
　　　기차역에 가는 방법을 묻는 말에 블록 끝에서 오른쪽으로 돌라고 안내한 **(B)**가 정답이다. (A)는 기차역의 매표소에서 할 수 있는 대화이므로 오답이고, (C)는 질문의 train station을 반복하여 혼동을 일으키는 오답이다.

9.

W　Do you have a table for two?
M　(A) I'm so hungry.
　　(B) Who did you have lunch with?
　　(C) Sorry, not at the moment.

해석 두 명 자리 있나요?
　　　(A) 저는 몹시 배가 고픕니다.
　　　(B) 누구와 점심을 먹으셨습니까?
　　　(C) 죄송하지만, 지금은 없습니다.

해설 **[일반동사 현재 시제 의문문]**
　　　식당에서 두 명 좌석이 있는지 묻는 말에 죄송하지만 지금은 없다고 답한 **(C)**가 정답이다. (A)는 좌석을 묻는 손님에게 하기 적합하지 않은 답변이므로 오답이고, (B)는 a table for two라는 표현과 관련된 어휘 lunch를 이용하였지만 질문 내용과 무관한 내용을 되묻는 말이므로 오답이다.

어휘 have a lunch 점심을 먹다 at the moment 지금

10.

M　How much does it cost to send these to Korea?
W　**(A) I'll have to weigh them first.**
　　(B) Why do you want to send these?
　　(C) I don't know how to pack it better.

해석 이것들을 한국으로 보내는 데 얼마나 듭니까?
　　　(A) 먼저 이것들을 저울에 달아봐야 해요.
　　　(B) 왜 이것들을 보내고 싶어 하시나요?
　　　(C) 어떻게 이것을 더 잘 포장할 수 있을지 모르겠어요.

해설 **[How 의문문]**
　　　소포 발송 비용을 묻는 말에 질문에 무게를 먼저 달아봐야 한다고 답한 **(A)**가 정답이다. (B)는 비용을 묻는 손님에게 이유를 되묻는 것이 어색하므로 오답이다. (C)는 질문에 나온 send와 관련된 어휘 pack을 이용하였지만 질문 내용과 무관한 답변이므로 오답이다.

어휘 cost 비용이 들다 weigh 저울에 달다, 무게를 재다 pack 포장하다, 싸다

11.

W　Where is the meeting room for today's board meeting?
M　(A) I am not here to attend the meeting.
　　(B) It's the main conference room on the second floor.
　　(C) It's the first annual board meeting with the new CEO.

해석 오늘 이사회를 위한 회의실은 어디에 있습니까?
　　　(A) 저는 이곳에 회의에 참석하러 오지 않았습니다.
　　　(B) 2층에 있는 주 회의실입니다.
　　　(C) 이것은 새 CEO와 함께 하는 첫 번째 연례 이사회입니다.

해설 **[Where 의문문]**
　　　회의실 위치를 묻는 말에 2층에 있는 주 회의실이라고 답한 **(B)**가 정답이다. (A)와 (C)는 질문의 meeting을 반복하여 혼동을 일으키는 오답이다.

어휘 board 이사회 attend 참석하다 main 주 conference 회의 annual 연례의

12.

W　The elevator is currently out of order.
M　(A) How long do I have to wait in line?
　　(B) There is an out of order sign on the door.
　　(C) Is there another elevator I can use?

해석 현재 엘리베이터가 고장입니다.
　　　(A) 얼마나 오래 줄을 서서 기다려야 합니까?
　　　(B) 문에 고장 표지판이 있습니다.
　　　(C) 제가 이용할 수 있는 다른 엘리베이터가 있나요?

해설 **[Be동사 평서문]**
　　　엘리베이터가 고장이라고 안내하는 말에 이용할 수 있는 다른 엘리베이터가 있는지 질문한 **(C)**가 정답이다. (A)는 예상 대기 시간을 묻는 표현으로 대화 흐름에 적절하지 않아 오답이고, (B)는 질문의 out of order라는 표현을 반복하여 혼동을 일으키는 오답이다.

어휘 currently 현재 out of order 고장 난 sign 표지판

13.

M　Where have you been all weekend?
W　(A) I'm going on a trip with my wife.
　　(B) I had to pay a visit to my grandmother.
　　(C) We're still deciding on the venue.

해석 당신은 주말 내내 어디에 있었습니까?
　　　(A) 저는 아내와 함께 여행 갈 것입니다.
　　　(B) 저는 할머니를 방문해야 했습니다.
　　　(C) 우리는 아직 장소를 정하고 있습니다.

해설 **[Where 의문문, 현재완료 시제]**
　　　현재완료 시제를 사용하여 지난 주말에 있었던 일을 묻고 있으므로 과거 시제를 사용하여 답한 **(B)**가 정답이다. (A)와 (C)는 현재진행 시제를 사용한 문장이므로 오답이다.

어휘 weekend 주말 pay a visit 방문하다 venue 장소

14.

W　How would you like your steak done?
M　(A) It tastes pretty good.
　　(B) Medium rare is fine.
　　(C) What's on special for tonight?

해석 스테이크를 어떻게 해드릴까요?
　　　(A) 맛이 좋네요.
　　　(B) 미디엄 레어가 좋습니다.
　　　(C) 오늘 밤의 특선 메뉴는 무엇입니까?

해설 **[How 의문문, 조동사 would]**
　　　원하는 스테이크 굽기를 묻는 말에 미디엄 레어라고 답한 **(B)**가 정답이다. (A)는 맛을 평가하는 표현이고, (C)는 특선 메뉴를 묻는 표현이므로 대화 흐름에 적절하지 않아 오답이다.

어휘 taste 맛보다, 맛이 나다 special 특별한; 특별한 것

15.

M Did you like the house you saw today?

W (A) I'd be happy to do so.

(B) Yes, I'd like to submit our bid.

(C) Why wasn't the house available for viewing today?

해석 오늘 봤던 집이 마음에 드나요?

(A) 그렇게 하고 싶어요.

(B) 네, 우리 입찰가를 제시하고 싶어요.

(C) 왜 그 집을 오늘 볼 수 없었나요?

해설 [일반동사 과거 시제 의문문]

오늘 봤던 집이 마음에 드는지 묻는 말에 그렇다고 답한 후 입찰가를 제시하고 싶다고 덧붙인 **(B)**가 정답이다. (A)는 어떤 행동을 하자고 제안하는 말에 어울리는 답변이고, (C)는 질문과 상반되는 내용이므로 오답이다.

어휘 submit 제출하다 bid 경매, 입찰가 available 이용 가능한 view 보다

16.

W Are you ready to leave for the airport?

M (A) I'm waiting to board a flight.

(B) Hold on, I'm looking for my passport.

(C) Where is the nearest airport?

해석 공항으로 출발할 준비 됐나요?

(A) 저는 비행기에 탑승하기를 기다리고 있습니다.

(B) 잠시만요, 저는 여권을 찾고 있어요.

(C) 가장 가까운 공항이 어디입니까?

해설 [Be동사 의문문]

공항으로 출발할 준비가 됐는지 묻는 말에 기다리라고 말한 후 여권을 찾고 있다고 덧붙인 **(B)**가 정답이다. (A)는 질문의 airport와 관련된 표현 board a flight을 이용한 오답이고 (C)는 airport를 반복한 오답이다.

어휘 leave 떠나다 board 탑승하다 passport 여권

17.

M Did you get any messages for me?

W **(A) The boss wants to talk to you in his office.**

(B) You don't need to send a message to me.

(C) Thank you so much for your message.

해석 저에게 온 메시지 받으신 것 있나요?

(A) 상관이 그의 사무실에서 당신과 얘기하기 원합니다.

(B) 제게 메시지 보내실 필요 없습니다.

(C) 메시지 남겨주셔서 감사합니다.

해설 [일반동사 과거 시제 의문문, 부정 형용사 any]

질문자에게 온 메시지가 있느냐는 질문에 상관이 그의 사무실에서 얘기하기 원한다고 메시지 내용을 전한 **(A)**가 정답이다. (B)는 메시지를 보내겠다는 말에 적합한 답변이고, (C)는 메시지를 남긴 사람에게 할 수 있는 말이므로 오답이다.

어휘 get 받다 boss 상관

18.

M I'm here to meet with the marketing director at 1 p.m.

W **(A) You can find him straight through those doors.**

(B) That's not the person I'm looking for right now.

(C) I'm surprised to see you here.

해석 저는 1시에 마케팅 이사를 만나기 위해 왔습니다.

(A) 저 문들을 지나서 곧바로 그를 찾으실 수 있습니다.

(B) 그는 제가 지금 찾고 있는 사람이 아닙니다.

(C) 당신을 여기서 보다니 놀랍네요.

해설 [to부정사의 부사 역할]

마케팅 이사와 사전 약속 시각에 맞춰 왔다며 방문 목적을 설명하는 말에 마케팅 이사가 있는 위치를 안내하는 **(A)**가 정답이다. (B)는 the marketing director와 어울리는 어휘 person, look for를 이용하였지만 대화 흐름이 어색하므로 오답이다. (C)는 의외의 장소에서 어떤 사람과 마주쳤을 때 쓰는 표현이므로 사전 약속을 하고 방문한 손님에게 답변할 말로 적절하지 않아 오답이다.

어휘 director 이사 straight 곧바로 look for ~을 찾다

19.

W Can I get you something to drink while you're waiting for your table?

M (A) Thanks, but I'm full.

(B) Sparkling water with lemon, please.

(C) Can I get the check, please?

해석 자리가 나기 기다리시는 동안 마실 것을 가져다 드릴까요?

(A) 고맙지만, 배부릅니다.

(B) 레몬을 곁들인 탄산수요.

(C) 영수증을 받을 수 있을까요?

해설 [Can 의문문, 부사절 접속사 while]

식당에서 자리가 나기를 기다리는 손님에게 음료를 권하는 말에 특정한 음료 종류로 답한 **(B)**가 정답이다. (A)와 (C)는 식사를 마친 후에 할 수 있는 표현이므로 대화 흐름에 적절하지 않아 오답이다.

어휘 while ~하는 동안 sparkling water 탄산수 check 영수증

20.

W I would like to set up a savings account here.

M (A) What is the interest rate for a savings account?

(B) I've lost my credit card.

(C) Please take a seat and I'll help you set up.

해석 여기서 저축 계좌를 만들고 싶습니다.

(A) 저축 계좌의 이자율이 얼마입니까?

(B) 신용카드를 잃어버렸습니다.

(C) 자리에 앉으세요, 제가 개설을 도와드리겠습니다.

해설 [조동사 would]

계좌를 만들기 위해 왔다는 고객에게 자리에 앉을 것을 권하며 도와드리겠다고 답한 **(C)**가 정답이다. (A)와 (B)는 은행을 방문한 고객 입장에서 할 수 있는 말이므로 오답이다.

어휘 set up 세우다, 만들다 savings 저금, 예금 account 계좌 interest rate 이자율 lose 잃어버리다 take a seat 앉다

21.

M   Where can I take the train bound for London?
W   (A) You cannot buy the ticket here.
     (B) Take that escalator down to platform 24.
     (C) The train is approaching now.

해석   어디서 런던행 기차를 탈 수 있습니까?
     (A) 이곳에서는 표를 사실 수 없습니다.
     (B) 저 에스컬레이터를 타시고 24번 승강장으로 내려가세요.
     (C) 지금 열차가 들어오고 있습니다.

해설   **[Where 의문문, 조동사 can]**
     열차 탑승 장소를 묻는 말에 에스컬레이터를 타고 내려가서 24번 승강장
     으로 가라고 안내한 **(B)**가 정답이다. (A)는 의문사 Where와 어울리는 어
     휘 here를 사용한 오답이고, (C)는 train을 반복한 오답이다.

어휘   bound for ~행의 escalator 에스컬레이터 platform 승강장 approach
     다가오다

22.

W1   Don't you need help with the progress report?
W2   **(A) I can handle it, thanks.**
     (B) No, I haven't heard of it.
     (C) It's for my colleague.

해석   경과 보고서에 도움이 필요하지 않나요?
     (A) 제가 처리할 수 있어요, 감사합니다.
     (B) 아니요, 저는 그것에 대해 들어보지 못했습니다.
     (C) 이것은 제 동료를 위한 것입니다.

해설   **[부정 의문문]**
     보고서 업무에 도움이 필요한지 묻는 말에 자기가 할 수 있다며 간접적
     으로 거절한 **(A)**가 정답이다. (B)와 (C)는 도움을 제안하는 말에 답하기
     어색한 표현이므로 오답이다.

어휘   progress 발달, 진행; 진행하다 colleague 동료

23.

M   How much do I owe you for dinner?
W   (A) It's an amazing dinner.
     (B) Dinner's on me.
     (C) I paid you back for dinner last night.

해석   저녁값으로 얼마를 드려야 하나요?
     (A) 이것은 멋진 저녁입니다.
     (B) 저녁은 제가 사는 거예요.
     (C) 저는 어젯밤에 당신에게 저녁값을 돌려드렸습니다.

해설   **[How 의문문]**
     내야 할 저녁 식사비가 얼마인지 묻는 말에 자신이 사는 것이라며 식사
     비를 낼 필요 없다고 전달하는 **(B)**가 정답이다. (A)는 저녁에 대해 평가하
     는 말이므로 대화 흐름에 적절하지 않고, (C)는 저녁 값을 돌려주었다는
     말로 식사비를 낸 사람이 말하기에 어색하므로 오답이다.

어휘   owe 빚지고 있다, 지불할 의무가 있다 be on (돈을) ~가 지불하다 pay
     back 돌려주다

24.

M   Would you like to apply for a new credit card?
W   **(A) I already have too many.**
     (B) It's not mine.
     (C) Please take a seat.

해석   새 신용카드를 신청하고 싶으신가요?
     (A) 저는 이미 너무 많이 가지고 있어요.
     (B) 그것은 제 것이 아니에요.
     (C) 자리에 앉아주세요.

해설   **[조동사 would]**
     신용카드를 신청하고 싶은지 의향을 묻는 말에 이미 너무 많이 가지고
     있다고 간접적으로 거부 의사를 표현한 **(A)**가 정답이다. (B)는 질문과 관
     련 없는 문장이므로 오답이고, (C)는 직원 입장에서 카드를 신청하러 온
     고객에게 할 수 있는 말이므로 오답이다.

어휘   apply 신청하다 take a seat 자리에 앉다

25.

W   The Mexican restaurant is closed for now, isn't it?
M   **(A) It reopened last Friday after renovation.**
     (B) It's on the South Park Road.
     (C) That's not a good idea.

해석   그 멕시코 식당은 지금 휴업 중이지요, 그렇죠?
     (A) 보수 후에 지난 금요일에 재개장했어요.
     (B) 사우스 파크 로드에 있습니다.
     (C) 그것은 좋은 생각이 아니에요.

해설   **[부가 의문문]**
     식당이 휴업 중인지 묻는 말에 지난 금요일에 다시 열었다고 답한 **(A)**가
     정답이다. (B)는 식당 위치에 관한 질문에 적합한 답변이고, (C)는 사실 여
     부를 묻는 말에 의견으로 답하였으므로 오답이다.

어휘   for now 현재로는, 우선은 reopen 재개장하다

26.

M   What time do you want me to pick you up?
W   (A) I took the subway.
     (B) I'm late for the movie.
     (C) Around five o'clock.

해석   제가 몇 시에 데리러 가길 원하세요?
     (A) 저는 지하철을 탔어요.
     (B) 저는 영화에 늦었어요.
     (C) 5시경이에요.

해설   **[What 의문문]**
     몇 시에 데리러 가기 원하냐는 질문에 구체적인 시간으로 답한 **(C)**가 정
     답이다. (A)는 시간을 묻는 말에 교통수단으로 답하였으므로 오답이고,
     (B)는 time에서 연상할 수 있는 어휘 late을 이용하였지만 답변 내용이 질
     문과 관계가 없으므로 오답이다.

어휘   pick up 데리러 가다 subway 지하철 late 늦은 around 약

27.

W Could you please tell Mr. Young to come over now?

M (A) I couldn't agree more.

(B) He's not in the office.

(C) No, that's enough.

해석 영 씨에게 지금 오라고 말해줄 수 있나요?

(A) 전적으로 동감합니다.

(B) 그는 사무실에 없습니다.

(C) 아니요, 그것으로 충분합니다.

해설 **[조동사 could]**

영 씨를 불러오라는 부탁에 그가 지금 사무실에 없다는 말로 불러올 수 없다고 간접적으로 답한 **(B)**가 정답이다. (A)는 상대방의 의견에 동의하기 위해 사용하는 표현, (C)는 상대방이 무엇인가를 더 권하거나 제공할 때 정중하게 거절하는 표현으로 주어진 질문에 대한 답변으로 적절하지 않아 오답이다.

어휘 come over 들르다, 오다 agree 동의하다 enough 충분한

28.

M Why don't you come over here to discuss details?

W (A) This way, please.

(B) Would you mind waiting here for a few minutes?

(C) How does tomorrow at three sound?

해석 세부 사항을 의논하기 위해 여기로 오시는 게 어때요?

(A) 이쪽입니다.

(B) 여기서 몇 분 기다려주시겠습니까?

(C) 내일 세 시 어떠세요?

해설 **[Why 의문문, to부정사의 부사 역할]**

세부 사항을 의논하기 위해 와달라고 제안하는 말에 내일 세 시가 어떠냐고 말하며 방문 일정을 잡는 **(C)**가 정답이다. (A)와 (B)는 모두 방문객에게 사용할 수 있는 표현으로 자기 쪽으로 와달라고 제안하는 표현에 대한 답변으로 적절하지 않아 오답이다.

어휘 come over 들르다, 오다 discuss 토론하다 mind 꺼리다

29.

W Are you finished preparing for the company picnic?

M **(A) Actually, Heather is responsible for that.**

(B) Haven't you chosen a caterer?

(C) Okay, I'll take a look.

해석 당신은 회사 야유회 준비하는 것을 끝냈나요?

(A) 사실, 헤더가 그것을 맡고 있습니다.

(B) 당신은 출장 요리 업체를 고르지 않았습니까?

(C) 좋아요, 제가 살펴보죠.

해설 **[Be동사 의문문, 동명사]**

야유회 준비를 끝냈는지 묻는 말에 그것은 다른 사람의 업무라고 답한 **(A)**가 정답이다. (B)는 picnic과 관련된 어휘 caterer을 이용하였지만 질문 내용과 관련이 없으므로 오답이고, (C)는 어떤 부탁을 수락하는 표현으로 준비 완료 여부를 묻는 말에 적합한 답변이 아니라 오답이다.

어휘 finish 끝내다 actually 사실 responsible 책임지고 있는, 맡은 choose 고르다 take a look 살펴보다

30.

W1 Have you heard anything about the new senior marketing director?

W2 **(A) Nothing except that she's worked for a major hotel chain.**

(B) I can't believe that this is your last day.

(C) I don't think you're one hundred percent right.

해석 새 선임 마케팅 이사에 관해 들은 것 있나요?

(A) 그녀가 대형 호텔 체인에서 일했다는 것 말고는 아무것도요.

(B) 오늘이 당신의 마지막 날이라니 믿을 수가 없네요.

(C) 저는 당신이 100퍼센트 옳다고 생각하지 않아요.

해설 **[현재완료 시제 의문문]**

새 선임 마케팅 이사에 관해 들은 것 있는지 묻는 말에 그녀가 대형 호텔 체인에서 일했다는 것 외에는 아무것도 모른다고 답한 **(A)**가 정답이다. (B)는 동료의 마지막 근무일에 할 수 있는 말, (C)는 상대방의 주장이나 추측에 대한 의견을 제시하는 표현으로 주어진 질문에 적합하지 않아 오답이다.

어휘 senior 상급의, 선임의 except ~을 제외하고 chain 체인

31.

M Which assignment is Sofia working on at the moment?

W (A) That sounds promising.

(B) Unfortunately, I can't.

(C) She's developing a new dish with Emily.

해석 소피아는 지금 어떤 임무를 맡고 있습니까?

(A) 그것은 유망하게 들리네요.

(B) 유감스럽지만, 저는 할 수 없어요.

(C) 그녀는 에밀리와 함께 신메뉴를 개발하고 있습니다.

해설 **[Which 의문문]**

소피아가 맡은 임무를 묻는 말에 신메뉴를 개발하고 있다고 구체적인 임무를 답한 **(C)**가 정답이다. (A)는 유망하다는 의견을 표현하는 말이므로 질문 내용과 관련이 없어 오답이다. (B)는 소피아에 관한 질문에 '나'에 관한 답변을 하였으므로 오답이다.

어휘 assignment 임무 at the moment 지금 promising 유망한 unfortunately 불행하게도, 유감스럽게도

PART 3

32-34 신유형 **5회 이상 주고받는 대화**

M [32]Front desk. How can I help you?

W [33]Hi, I'm in 603 and the air conditioning doesn't seem to be working. It's too hot in here.

M [34]I'll have someone up to take a look at it in a few minutes.

W One more thing. Do the rooms come equipped with irons? I checked the closet but I couldn't find any.

M It's available upon request. I'll send it up with our staff.

M 프론트 데스크입니다. 무엇을 도와드릴까요?

W 안녕하세요, 저는 603호에 있는데, 에어컨이 작동하는 것 같지 않아요. 여기 너무 덥네요.

M 몇 분 안에 살펴볼 사람을 보내겠습니다.

W 한 가지 더요. 방에 다리미가 갖춰져 있나요? 옷장을 확인해봤는데 하나도 찾을 수가 없었어요.

M 그건 요청하시면 이용하실 수 있습니다. 저희 직원과 함께 올려 보내겠습니다.

어휘 air conditioning 에어컨 work 작동하다 take a look 살펴보다 equip with ~을 갖추다 upon request 요청 시에

▶ **Grammar Point**

[부정 대명사 - any]

부정 대명사 any는 주로 부정문, 의문문과 함께 사용된다.

I **couldn't** find **any**.

32.

해석 남자는 누구인가?

(A) 호텔 접수원　　　(B) 청소부

(C) 유지보수 직원　　(D) 버스 운전사

해설 **[전체 내용 관련 문제 - 남자의 직업]**

남자가 프론트 데스크라고 하며 전화를 받았고, 바로 이어서 무엇을 도와드릴지 물었으므로 남자가 호텔 프론트 데스크에서 일하는 직원이라는 것을 알 수 있다. 따라서 **(A)**가 정답이다.

33.

해석 여자는 왜 전화를 하고 있는가?

(A) 룸서비스를 주문하기 위해

(B) 식당 위치를 알기 위해

(C) 방에 관해 불평하기 위해

(D) 지연에 관해 문의하기 위해

해설 **[전체 내용 관련 문제 - 목적]**

여자의 첫 번째 대사에서 에어컨이 작동하지 않는 것 같고 방이 너무 덥다며 방 상태에 문제를 제기하고 있다. 따라서 **(C)**가 정답이다.

어휘 direction 방향, 위치 complain 불평하다 inquire 문의하다 delay 지연

34.

해석 남자는 무엇을 하겠다고 말하는가?

(A) 예약한다.

(B) 회의 시간을 확인한다.

(C) 배달을 더 신속히 처리한다.

(D) 수리공을 보낸다.

해설 **[세부사항 관련 문제 - 다음에 할 일]**

방이 너무 덥다는 여자의 말에 몇 분 안에 살펴볼 사람을 보내겠다고 하였으므로 **(D)**가 정답이다.

어휘 expedite 더 신속히 처리하다 repair 수리; 수리하다

35-37 신유형 **3인 대화**

M1 If we are all here, let's get started. How are the launch preparations going?

M2 Well, I've been meaning to discuss them with you. [35]I've been told LX Electronics is releasing a new line around the same time as our projected launch. It's from a reliable source.

M1 Really? How do we deal with this problem?

W [35] [36]Why don't we move up the deadline? I want our product to be put on the market first. [37]Our department has completed most of the design work.

M2 [35] [36]I think we can advance the launch by about a month. We're a bit ahead of schedule at the moment. So the deadline would be in about four months' time.

M1 모두 모였으면 시작합시다. 출시 준비는 어떻게 되어가고 있습니까?

M2 음, 저는 그것을 당신과 의논하려고 했습니다. LX 전자에서 우리 예상 출시와 거의 동시에 새 제품 계열을 출시한다고 들었어요. 믿을만한 출처에서 나온 것입니다.

M1 정말입니까? 어떻게 우리가 이 문제에 대처할까요?

W 마감시한을 앞당기는 것이 어때요? 저는 우리 제품이 먼저 시장에 나갔으면 좋겠어요. 우리 부서는 디자인 작업 대부분을 완료했습니다.

M2 저는 우리가 출시를 한달 가량 앞당길 수 있다고 생각합니다. 우리는 지금 일정에 약간 앞서 있습니다. 그러면 마감시한은 대략 넉 달 정도 남았네요.

어휘 launch 출시 mean 의미하다, ~할 작정이다. release 출시하다, 공개하다 projected 예상된 reliable 믿을 수 있는 source 출처 move up 앞당기다 complete 완료하다 advance 앞당기다 a bit 약간 ahead of ~앞에, ~보다 빨리

▶ **Grammar Point**

[수동태의 완료시제]

1. 수동태 현재시제 be + 과거분사

I **am** told LX Electronics is releasing a new line.

듣는다

2. 수동태 현재완료 시제 have been + 과거분사

I**'ve been** told LX Electronics is releasing a new line.

들었다

35.

해석 화자들은 주로 무엇에 대해 논의하고 있는가?

(A) 마케팅 계획　　　(B) 완료 일자

(C) 공석　　　　　　(D) 급여 인상

해설 **[전체 내용 관련 문제 - 주제]**

경쟁사가 같은 시기에 제품을 출시할 것이라는 상황에 대처하기 위해 마감시한을 앞당기는 것이 어떨지 의논하고 있다. 따라서 **(B)**가 정답이다.

36.

해석　화자들은 무엇을 하기로 동의하는가?
　　(A) 더 이른 제품 출시　　(B) 회의 연기
　　(C) 제품 시연 관람　　(D) 파티 개최

해설　**[세부사항 관련 문제 - 동의 사항]**
　　여자가 마감 시한을 앞당기는 것이 어떠냐고 하자 두 번째 남자가 한 달가량 앞당길 수 있다고 하며 여자의 제안에 동의하였다. 따라서 **(A)** 가 정답이다.

어휘　put off 연기하다 demonstration 시연 throw 열다

37.

해석　여자는 어느 부서에서 일하는가?
　　(A) 고객 서비스　(B) 영업　(C) 디자인　(D) 마케팅

해설　**[세부사항 관련 문제 - 근무 부서]**
　　'우리 부서는 디자인 작업 대부분을 완료했습니다'라는 여자의 말을 통해 여자가 디자인 부서에서 일하고 있음을 알 수 있다. 따라서 **(C)** 가 정답이다.

38-40

M　Hi, my name is Ethan Lindemann. [38]I'm calling because I think I left my credit card in your restaurant. I had dinner at your restaurant last Friday. Did you find it by any chance?

W　Yes, Mr. Lindemann. One of our staff members found a credit card with your name on it.

M　That's a relief. [39]Can I pick it up around 8 o'clock?

W　[39]That's fine. I'll keep it safe until you come. [40]Please make sure that you bring a photo ID with you.

M　안녕하세요, 제 이름은 에단 린데만입니다. 당신 식당에 제 신용카드를 놓고 온 것 같아서 전화 드립니다. 저는 지난 금요일에 당신 식당에서 저녁 식사를 했습니다. 혹시 그것을 발견하셨나요?

W　네, 린데만 씨. 저희 직원 중 한 명이 당신 이름이 있는 신용카드를 발견했습니다.

M　그것 다행이네요. 8시 정도에 찾아갈 수 있을까요?

W　괜찮습니다. 당신이 오실 때까지 안전하게 보관해두겠습니다. 반드시 사진이 부착된 신분증을 가져와주세요.

어휘　leave 남겨두다 last 지난 by any chance 혹시 relief 안도, 안심 pick up 찾아가다 bring 가져오다 ID(=identification) 신분증

▶ **Grammar Point**
[명사절 접속사 - that]
명사절은 문장에서 주어, 목적어, 보어 역할을 한다.
I think (that) I left my credit card in your restaurant.
　　　　　　　동사 think의 목적어

38.

해석　남자는 왜 전화를 하고 있는가?
　　(A) 서비스에 관해 불평하기 위해
　　(B) 환불을 요청하기 위해
　　(C) 주문하기 위해
　　(D) 분실물에 관해 질문하기 위해

해설　**[전체 내용 관련 문제 - 목적]**
　　남자의 첫 번째 대사에서 신용카드를 놓고 온 것 같아서 전화한다고 하였으므로 **(D)** 가 정답이다.

어휘　complain 불평하다 request 요청하다 refund 환불 lost 잃어버린 item 물품

39.

해석　남자는 아마도 다음에 무엇을 하겠는가?
　　(A) 식당에 간다.　　(B) 전화를 한다.
　　(C) 서류 작업을 완료한다.　(D) 절차를 설명한다.

해설　**[세부사항 관련 문제 - 다음에 할 일]**
　　남자가 식당에 전화하여 8시 정도에 신용카드를 찾으러 가도 될지 묻자 여자가 괜찮다고 하였다. 따라서 **(A)** 가 정답이다.

어휘　complete 완료하다 paper 서류 explain 설명하다 procedure 절차

40.

해석　여자가 남자에게 요청하는 것은 무엇인가?
　　(A) 매니저와 대화　　(B) 신분증 지참
　　(C) 물건 반품　　(D) 적절한 의상 착용

해설　**[세부사항 관련 문제 - 요청]**
　　여자는 마지막 대사에서 반드시 사진이 부착된 신분증을 가지고 오라고 했으므로 **(B)** 가 정답이다.

어휘　identification 신분증 returen 돌려주다, 돌아오다 dress 옷을 입다 appropriately 적절하게

41-43

W　Excuse me, sir. [42]Could you show me where I am on the map? [41]I'd like to visit the Botanic Garden but I think I'm heading the wrong direction.

M　Um... You are here on West 13th Street and the Botanic Garden is on Prescott Avenue.

W　Oh, I see. Can I get there by bus? I have a three-day visitor pass.

M　You can take bus 15 or 23 here first, but you should get off at the City Hall and transfer to bus 42. [43]It's convenient for you to take a taxi.

W　실례합니다. 제가 이 지도에서 어디에 있는지 알려줄 수 있으신가요? 저는 보타닉 가든에 방문하고 싶은데 잘못된 방향을 향해 가는 것 같아요.

M　음… 당신은 여기 웨스트 13번가에 있고 보타닉 가든은 프레스콧 거리에 있어요.

W　아, 알겠습니다. 거기에 버스로 갈 수 있나요? 저는 3일 치 여행자 탑승권을 가지고 있어요.

M　먼저 여기서 15번이나 23번 버스를 타실 수 있는데, 시청에서 내려서 42번 버스로 갈아타셔야 해요. 당신에겐 택시를 타는 것이 편할 거예요.

어휘　show 보여주다, 알려주다 visit 방문하다 head 향하다 wrong 잘못된 direction 방향 pass 탑승권, 통행권 get off 내리다 transfer 갈아타다 convenient 편리한

▶ **Grammar Point**
[명사절 접속사 - 의문사 where]
where는 의문부사로 완전한 명사절을 이끌 수 있다.
Could you show me **where** I am on the map?
　　　　　　where + 완전한 절
　　　　　동사 show의 직접목적어

41.

해석　여자는 무엇을 하기를 원하는가?
(A) 관광지 방문　　　(B) 여행 일정 변경
(C) 버스 일정표 확인　(D) 몇 가지 도구 찾기

해설　**[세부사항 관련 문제 - 여자가 원하는 것]**
여자는 보타닉 가든에 가고 싶은데 잘못된 방향을 향해 가는 것 같다고 하였으므로 **(A)**가 정답이다.

어휘　itinerary 여행 일정 locate 찾다, 위치시키다

42.

해석　여자는 남자에게 무엇을 보여주는가?
(A) 버스표　(B) 여권　(C) 기차 일정표　**(D) 지도**

해설　**[세부사항 관련 문제 - 여자가 보여주는 것]**
여자가 남자에게 지도에서 자기가 어디에 있는지 알려줄 수 있냐고 물었으므로 남자에게 지도를 보여주며 대화하고 있다는 것을 알 수 있다. 따라서 **(D)**가 정답이다.

43.

해석　남자는 무엇을 추천하는가?
(A) 식당에서 식사　　　**(B) 택시 탑승**
(C) 호텔로 복귀　　　　(D) 웹사이트 검색

해설　**[세부사항 관련 문제 - 추천 사항]**
보타닉 가든까지 버스를 타고 갈 수 있는지 질문하는 여자에게 버스 노선을 알려준 후, 택시를 타는 것이 더 편할 것이라고 했으므로 **(B)**가 정답이다.

어휘　cab 택시 return 반환하다, 돌아가다 search 검색하다

44-46

W　That was amazing! ⁴⁴In fact, I think it might be the best movie I've seen in this entire year!

M　You enjoyed it that much, huh? I'm glad you had such a good time. ⁴⁵I didn't know you like Philip Piccoli.

W　Well, he is not my favorite but ⁴⁵I can't think of anyone who better fits the role. Did you enjoy the movie? I heard you snoring several times. How could you sleep in the middle of screaming and fighting?

M　I couldn't read the subtitles because I forgot my glasses. I still don't know what the story is about. ⁴⁶Maybe I should find some reviews in the magazines.

W　정말 멋졌어요! 사실, 올해 통틀어서 제가 봤던 최고의 영화인 것 같아요.
M　당신 정말 즐거웠나 보네요, 그렇죠? 당신이 그토록 즐거운 시간을 보냈다니 기쁘네요. 당신이 필립 피콜리를 좋아하는지 몰랐어요.
W　음, 그는 제가 제일 좋아하는 사람은 아니지만 그 배역에 더 잘 맞는 사람을 생각할 수 없어요. 당신은 영화를 재미있게 보셨나요? 저는 몇 번 당신이 코 고는 소리를 들었어요. 어떻게 소리 지르고 싸우는 도중에 잠들 수가 있어요?
M　저는 안경을 깜빡해서 자막을 읽을 수가 없었어요. 저는 아직도 무엇에 관한 이야기인지 모르겠어요. 잡지에서 논평이라도 몇 개 찾아봐야겠어요.

어휘　entire 전체의 fit 맞다 role 역할 snore 코를 골다 scream 소리 지르다 fight 싸우다 subtitle 자막 review 논평

44.

해석　대화의 주요 내용은 무엇인가?
(A) 예술 전시회　(B) 록 음악 축제　**(C) 영화**　(D) 소설

해설　**[전체 내용 관련 문제 - 주제]**
여자가 첫 번째 대사에서 올해 본 최고의 영화같다고 말한 후, 계속해서 영화에 관련된 이야기가 이어지므로 **(C)**가 정답이다.

45.

해석　필립 피콜리는 누구인가?
(A) 비평가　**(B) 배우**　(C) 디자이너　(D) 사진사

해설　**[세부사항 관련 문제 - 대화 속 인물의 신분]**
영화에 관련된 대화를 나누고 있으므로 여자가 필립 피콜리를 좋아하는지 몰랐다는 남자의 말에서 필립 피콜리가 영화와 관련된 인물이라는 것을 추측할 수 있다. 이어지는 대사에서 여자는 그보다 그 배역에 더 잘 어울리는 사람을 생각할 수 없다고 했으므로 이를 통해 필립 피콜리가 배우라는 것을 더 구체적으로 알 수 있다. 따라서 **(B)**가 정답이다.

46.

해석　남자는 아마도 다음에 무엇을 하겠는가?
(A) 기사 읽기　(B) 비디오 시청　(C) 환불 요청　(D) 수정

해설　**[세부사항 관련 문제 - 다음에 할 일]**
남자는 마지막 말에서 잡지에서 논평을 찾아보겠다고 하였으므로 **(A)**가 정답이다.

어휘　article 기사 refund 환불 revision 수정

47-49

W　Welcome to Seaside Star. My name is Lynsey. ⁴⁷I'll be your server this evening. Are you ready to order, sir?

M　Um, actually, this is my first time visiting here. Do you have any recommendations?

W　Then I'd like to tell you about our today's menu. It includes a Caesar salad, an onion soup, a lobster with lemon and herbs, and a dessert. ⁴⁹Our lobster dish won the Dish Master Award for the South East Region last month.

M　⁴⁸It sounds delicious. I think I'll go with that. Can you check that the salad doesn't have any mushrooms? I'm severely allergic to mushrooms.

W　시사이드 스타에 오신 것을 환영합니다. 제 이름은 린지입니다. 제가 오늘 저녁 당신 테이블을 맡았습니다. 주문하실 준비가 되셨습니까?
M　음, 사실 저는 여기 처음 왔어요. 추천해주실 것 있나요?

W 그럼 오늘의 메뉴를 말씀 드리겠습니다. 그것은 시저 샐러드, 양파 수프, 레몬과 허브를 곁들인 바닷가재, 그리고 디저트를 포함합니다. 저희의 바닷가재 요리는 지난달 남동부 지역의 요리 대가 상을 받았습니다.

M 맛있게 들리는군요. 그걸로 하죠. 샐러드에 버섯이 없는지 확인해주실래요? 저는 버섯에 심각한 알레르기가 있습니다.

어휘 server 식당 종업원 recommendation 추천 include 포함하다 lobster 바닷가재 dessert 후식 win 받다 award 상 region 지역 go with 받아들이다, 어울리다 mushroom 버섯 severely 심각하게 allergic 알레르기가 있는

▶ **Grammar Point**

[부사]
부사는 동사, 형용사, 부사를 수식할 수 있다.
I'm **severely** allergic to mushrooms.

형용사 allergic 수식

47.

해석 화자들은 어디에 있겠는가?
　(A) 식당　(B) 식료품점　(C) 안내대　(D) 호텔

해설 [전체 내용 관련 문제 - 장소]
여자가 자신을 server(식당 종업원)라고 소개한 후, 남자에게 주문 준비가 되었는지 물었으므로 (A)가 정답이다.

48.

해석 남자는 "그걸로 하죠"라고 말할 때 무엇을 의미하는가?
　(A) 그는 빨리 먹기를 원한다.
　(B) 그는 결정할 시간이 더 필요하다.
　(C) 그는 서비스가 불만족스럽다.
　(D) 그는 제안을 받아들인다.

해설 신유형 [화자의 의도 파악]
여자가 제안하는 오늘의 메뉴를 듣고 남자가 맛있게 들린다고 한 후, 그걸로 하겠다고 했다. 이는 여자의 제안을 받아들인다는 의미이므로 (D)가 정답이다.

어휘 quickly 빨리 decide 결정하다 be satisfied with ~에 만족하다 accept 받아들이다 suggestion 제안

49.

해석 여자는 지난달에 무슨 일이 일어났다고 말하는가?
　(A) 그들은 다른 종업원을 고용했다.
　(B) 그들은 지역 상을 받았다.
　(C) 그들은 새 가구를 샀다.
　(D) 그들은 그 곳을 개조했다.

해설 [세부사항 관련 문제 - 지난달에 일어난 일]
여자는 식당의 바닷가재 요리가 지난달 남동부 지역의 요리 대가 상을 받았다고 했으므로 (B)가 정답이다.

어휘 hire 고용하다 furniture 가구 renovate 개조하다, 보수하다 place 장소, 곳

50-52

M Hello, Ms. Robinson. Did you call me yesterday? I was out of town due to a conference.

W Yes, Daniel. [50]**How is the launch party preparation going?** Did you tell the caterer that we're expecting 300 people, instead of 250?

M Yes, I just called the catering company. They say everything is ready. [51]**They also said that they can add some vegetarian options** but we have to pay extra.

W Good. [52]**I'll talk to Max and check if we can increase the budget.**

M 안녕하세요, 로빈슨 씨. 어제 저에게 전화하셨나요? 저는 학회 때문에 멀리 있었습니다.

W 네, 다니엘. 출시 기념식 준비는 어떻게 되어가고 있나요? 출장 음식 업체에 우리가 250명 대신 300명의 사람들을 예상하고 있다고 말했나요?

M 네, 저는 막 출장 음식 회사에 전화했습니다. 그들은 모든 것이 준비되었다고 말했습니다. 그들은 또한 몇 가지 채식 식단을 추가할 수 있지만 우리는 추가 요금을 지불해야 한다고 했습니다.

W 좋습니다. 제가 맥스와 이야기하고 예산을 늘릴 수 있는지 알아보겠습니다.

어휘 out of town 도시를 떠나서, 멀리 due to ~ 때문에 launch 출시 preparation 준비 catering 출장 음식, 음식 공급 instead of ~대신 vegetarian 채식의 extra 여분, 추가 요금 increase 증가하다 budget 예산

▶ **Grammar Point**

[등위 접속사 - but]
등위 접속사는 단어와 구, 절을 대등하게 연결한다.
[They can add some vegetarian options] **but** [we have to pay extra].

50.

해석 화자들은 어떤 행사에 관해 논의하고 있는가?
　(A) 출시 기념식　(B) 음악 축제　(C) 자선 연회　(D) 은퇴 기념식

해설 [세부사항 관련 문제 - 행사 종류]
여자가 첫 번째 대사에서 남자에게 출시 기념식 준비에 관해 물었으므로 (A)가 정답이다.

어휘 festival 축제 charity 자선 reception 연회 retirement 은퇴

51.

해석 남자는 주문에 대해 무슨 말을 하는가?
　(A) 비용은 10퍼센트 인하될 것이다.
　(B) 배달은 지연될 것이다.
　(C) 사전 완불이 요구된다.
　(D) 몇몇 특별 메뉴가 추가될 수 있다.

해설 [세부사항 관련 문제 - 주문에 관한 언급]
남자가 출장 음식 업체와 통화한 내용을 전달하면서 몇 가지 채식 식단을 추가할 수 있다고 하였다. 따라서 (D)가 정답이다.

어휘 reduce 감소하다 delay 지연; 연기하다 in advance 미리 add 추가하다

52.

해석 여자는 아마도 다음에 무엇을 하겠는가?
　(A) 동료와 의논　　　(B) 행사 장소 확정
　(C) 소책자 검토　　　(D) 컴퓨터로 주문 확인

해설 [세부사항 관련 문제 - 다음에 할 일]
여자가 마지막 말에서 맥스와 이야기하고 예산을 늘릴 수 있는지 알아보겠다고 했으므로 (A)가 정답이다.

어휘 consult 상의하다 venue 장소 confirm 확인하다, 확정하다 go over 검토하다

53-55

M Welcome to Prime Communications. My name is Graham Bragman, and [53] [54]I've been assigned as your album publicist.

W It's great to see you in person, Mr. Bragman. I'm looking forward to collaborating with you.

M Obviously, [53]our purpose is to make your songs get great reviews and sell well. [54]I've also set up interviews with some major magazines. We'll follow up with signing events.

W I like your idea, especially the signing event part. I've always wanted to have more chances to meet with my audience. [55]I'll give you my manager's business card so that you can speak with him about my schedule.

M 프라임 커뮤니케이션즈에 오신 것을 환영합니다. 저는 그레이엄 브래그먼이고, 당신의 앨범 홍보 담당자로 배정되었습니다.

W 직접 만나니 좋네요, 브래그먼 씨. 저는 당신과 협력할 것을 기대합니다.

M 물론, 우리 목적은 당신의 노래들이 훌륭한 평가를 받고 잘 팔리게 하는 것입니다. 저는 또한 몇몇 대형 잡지들과 인터뷰를 마련했습니다. 우리는 이어서 사인회를 할 것입니다.

W 당신의 의견이 마음에 드네요, 특히 사인회 부분이요. 저는 늘 청중들을 만날 더 많은 기회를 갖고 싶었어요. 그와 제 일정에 관해 이야기 할 수 있도록 제 매니저의 명함을 드릴게요.

어휘 assign 임명하다, 배정하다 publicist 홍보 담당자 in person 직접 look forward to ~을 기대하다 set up 준비하다, 마련하다 major 중요한, 큰 follow up with ~을 덧붙이다

▶ **Grammar Point**

[부사절 접속사 - so that]

so that(~하기 위하여)은 목적을 나타내는 부사절을 이끌어 주절과 종속절을 연결한다.

I'll give you my manager's business card so that you can speak with him about my schedule.
　　　　　　　　　　　　　　　　　　　　　종속절

53.

해석 여자는 누구인가?　(A) 신문 기자　(B) 음악가　(C) 상점 관리인　(D) 회계사

해설 **[전체 내용 관련 문제 - 여자의 직업]**

남자 대사 중 '당신의 앨범 홍보 담당자', '당신 곡' 등의 표현을 통해 여자의 직업이 음악가임을 알 수 있다. 따라서 **(B)**가 정답이다.

54.

해석 남자는 여자에게 무엇에 대해 말하는가?
(A) 행사 일정　(B) 새 웹사이트　(C) 통계 보고서　(D) 홍보 전략

해설 **[전체 내용 관련 문제]**

남자는 자신이 홍보 담당자라고 하였고, 여자의 앨범을 홍보하기 위한 구체적인 방안들로 인터뷰, 사인회를 제시하였다. 따라서 **(D)**가 정답이다.

어휘 schedule 일정 publicity 홍보 strategy 전략

55.

해석 여자는 무엇을 하겠다고 제안하는가?
(A) 일정을 다시 확인하겠다.
(B) 프로젝트에 더 많은 사람들을 배정하겠다.
(C) 연락처를 주겠다.
(D) 남자에게 링크를 보내주겠다.

해설 **[세부사항 관련 문제 - 제안]**

여자는 마지막 대사에서 일정을 상의할 수 있도록 매니저 명함을 주겠다고 하였다. 따라서 **(C)**가 정답이다.

56-58

W Hello, [56]I'd like to know the status of my order. I ordered a bedside table from your store. It was supposed to arrive last week but I haven't received it. The order number is TR-310-556.

M Hello, Ms. Campbell. I apologize for the delay. [57]Due to a lack of hardwood, the manufacturing process took a bit longer than expected. Now we switched suppliers and everything is under control.

W [58]But I placed the order a month ago. How much longer can it be?

M We expect to ship your order tomorrow. As an apology for the delay, we will not charge you a shipping fee.

W 안녕하세요, 제 주문 상태를 알고 싶습니다. 당신의 가게에서 침대 옆 탁자를 주문했습니다. 그것은 지난주에 도착하기로 되어 있었는데 아직 받지 못했습니다. 주문번호는 TR-310-556입니다.

M 안녕하세요 캠벨 씨. 지연에 사과 드립니다. 원목 부족 때문에, 제조 과정이 예상보다 약간 더 오래 걸렸습니다. 우리는 이제 공급업체를 바꾸었고 모든 것이 잘 관리되고 있습니다.

W 하지만 저는 주문을 한달 전에 했습니다. 얼마나 더 걸리나요?

M 내일 귀하의 주문을 배송할 것으로 예상합니다. 지연에 대한 사과로, 배송비는 청구하지 않겠습니다.

어휘 status 상태 bedside 침대 옆 be supposed to ~하기로 되어 있다 apologize 사과하다 lack 부족 hardwood 원목 manufacturing 제조 a bit 약간 supplier 공급업체 place an order 주문하다 ship 배송하다 charge 청구하다

▶ **Grammar Point**

[간접목적어와 직접목적어]

We will not charge [you] [a shipping fee].
　　　　　　　　　　 간접목적어　 직접목적어
　　　　　　　　　　 당신에게　　 배송비를

56.

해석 여자의 전화 목적은 무엇인가?
(A) 주문을 확인하기 위해서
(B) 추가 주문을 하기 위해서
(C) 배송 주소를 변경하기 위해서
(D) 가격을 협상하기 위해서

해설 **[전체 내용 관련 문제 - 목적]**

여자가 첫 번째 말에서 주문 상태를 확인하고 싶다고 했으므로 **(A)**가 정답이다.

어휘 extra 추가의 shipping 배송 address 주소 negotiate 협상하다

57.

해석   남자에 따르면, 무엇이 지연을 유발했는가?
      (A) 파업   (B) 많은 주문량   (C) 원자재 부족   (D) 기계 오작동

해설   **[세부사항 관련 문제 - 주문 지연의 이유]**
      남자가 원목 부족 때문에 제조 과정이 예상보다 더 오래 걸렸다고 했
      으므로 **(C)**가 정답이다.

어휘   stoppage 중단 volume 양 shortage 부족 raw material 원자재
      mechanical 기계적인 malfunction 고장, 오작동

58.

해석   여자는 "얼마나 더 걸리나요?"라고 말할 때 무엇을 암시하는가?
      (A) 주문을 취소하고 싶다.
      (B) 주문이 너무 많은 시간이 걸렸다.
      (C) 도움이 필요하다.
      (D) 제품이 잘못된 주소로 배송되었다.

해설   신유형 **[화자의 의도 파악]**
      여자는 주문 지연 이유를 해명하는 남자의 말을 듣고 주문을 한 달 전
      에 했다고 말한 후, 얼마나 더 걸리냐고 물었다. 이는 주문이 너무 오
      래 걸리고 있다는 사실을 강조하기 위해 한 말이다. 따라서 **(B)**가 정
      답이다.

어휘   cancel 취소하다 take (시간이) 걸리다 deliver 배달하다 wrong 잘
      못된

59-61 신유형 **3인 대화**

> W   As you know, our new product isn't doing well on the market. [59]**As a result, we've experienced a significant decline in sales last quarter.**
>
> M1   I think the prime reason for the sales decline is Hudson Automobile's aggressive marketing. Customers can get interest-free financing for one year on all vehicles. They've also doubled the sales team. [60]**We should spend more on advertising and marketing.**
>
> M2   [60]**Kyle has a point.** While Hudson augmented the advertising budget, we cut ours to save on costs. I think it was a totally wrong decision.
>
> W   Okay, I'll bring this up at the next board meeting. Thank you for your suggestions and [61]**please keep coming up with fresh ideas for increasing sales.**

W   여러분도 아시다시피, 우리 신제품이 시장에서 잘 나가지 않습니다. 그
      결과, 우리는 지난 분기에 상당한 매출 감소를 경험했습니다.

M1   저는 매출 감소의 주된 원인이 허드슨 자동차의 공격적인 마케팅 때문
      이라고 생각합니다. 고객들은 모든 차량에 대해 일 년간 무이자 할부 구
      매를 할 수 있습니다. 그들은 또한 영업팀을 두 배로 늘렸습니다. 우리는
      광고와 마케팅에 더 많은 비용을 써야 합니다.

M2   카일 말이 일리 있습니다. 허드슨이 광고 예산을 늘렸던 반면, 우리는
      비용을 절감하기 위해 우리 광고 예산을 삭감했습니다. 저는 그것이 완
      전히 잘못된 결정이었다고 생각합니다.

W   알겠습니다, 저는 이것을 다음 이사회에서 이야기하겠습니다. 여러분들
      의 제안에 감사 드리고, 계속해서 매출 상승을 위한 신선한 아이디어를
      생각해주십시오.

어휘   result 결과 experience 경험하다 significant 상당한 decline 감소
      quarter 분기 prime 주된 aggressive 공격적인 interest 이자 free
      무료의 financing 자금 조달 double 두 배로 만들다 advertising 광
      고 have a point 일리 있다 while 반면 augment 늘리다 save 절감
      하다 cut 삭감하다 bring up ~을 꺼내다 come up with ~을 제시하
      다, 찾아내다

▶ **Grammar Point**

[인칭 대명사 - 소유 대명사]
소유 대명사는 '소유격+명사'를 대신한다.
While Hudson augmented *the advertising budget*, we cut **ours** to save on costs.
                         = our advertising budget

59.

해석   여자는 무엇에 대해 염려하는가?
      (A) 마케팅 비용   (B) 인력 부족   (C) 매출 하락   (D) 건물 상태

해설   **[세부사항 관련 문제- 문제점]**
      여자는 첫 번째 대사에서 지난 분기에 상당한 매출 감소를 경험했다
      고 말했다. 따라서 **(C)**가 정답이다.

어휘   cost 비용 shortage 부족 personnel 인력, 직원 drop 하락
      condition 상태

60.

해석   남자들은 무엇을 하기로 동의하는가?
      (A) 마케팅 비용 확대   (B) 조사 시행
      (C) 기술 지원 받기   (D) 고객 불만 검토

해설   **[세부사항 관련 문제 - 동의 사항]**
      첫 번째 남자가 광고와 마케팅에 더 많은 비용을 써야 한다고 말하자
      두 번째 남자가 그의 말이 일리 있다고 말하였다. 따라서 **(A)**가 정답
      이다.

61.

해석   여자는 남자들에게 무엇을 하라고 요구하는가?
      (A) 회의 참석   (B) 전략 고안
      (C) 결정 연기   (D) 화상 전화 걸기

해설   **[세부사항 관련 문제 - 요청]**
      여자는 마지막 말에서 매출 상승을 위한 아이디어를 계속 생각해달라
      고 부탁하였으므로 **(B)**가 정답이다.

어휘   attend 참석하다 devise 고안하다 strategy 전략 postpone 연기하
      다 conference call 화상 전화

62-64

> M   Thank you for taking some time off for me. First of all, congratulations! You've won the Continent Auto Award for developing a new technology. [62]**Our readers regard your invention as a solution to the problems which the current cruise control system is faced with.**
>
> W   That's right. [63]**The whole R&D department has worked day and night for the last two years.** I'm glad I can contribute to providing a safer driving experience for our consumers.
>
> M   I can't imagine how much effort went into it. [62][64]**Will Satra Motors be implementing the new technology immediately?**
>
> W   That would be nice. [64]**It won't happen until at least next year, though.** We've still got a lot to do to commercialize the technology.

M   저를 위해 시간을 내주셔서 감사합니다. 먼저, 축하드립니다! 신기술을
      개발하셔서 컨티넨트 자동차 상을 받으셨습니다. 우리 독자들은 당신의
      발명이 현 주행 제어 시스템이 마주하는 문제들에 대한 해결책이라고 여
      깁니다.

W 맞습니다. 연구 개발 부서 전체가 지난 2년간 밤낮으로 일했습니다. 우리 소비자들을 위해 더 안전한 운전 경험을 제공하는 데 기여할 수 있어서 기쁩니다.

M 얼마나 많은 노력이 들었는지 상상할 수 없네요. 사트라 모터스가 신기술을 바로 적용할까요?

W 그러면 좋겠습니다. 하지만 최소한 내년까지는 그 일이 일어나지 않을 것 같습니다. 우리는 그 기술을 상업화하기 위해 할 일이 아직 많이 있습니다.

어휘 take time off 시간을 내다 develop 개발하다 regard 여기다 invention 발명 solution 해결책 current 현재의 cruise 순항 whole 전체의 contribute 기여하다

▶ Grammar Point

[현재완료 시제]
과거에 시작한 일이 현재까지 계속 지속된 상황이므로 현재완료 시제를 사용한다.
The whole R&D department **has worked** day and night <u>for the last two years</u>.
지난 2년 동안

62.

해석 남자의 방문 목적은 무엇인가?
(A) 일자리 지원하기　　(B) 수상하기
(C) 인터뷰하기　　(D) 차 사기

해설 [전체 내용 관련 문제 - 목적]
남자의 대사 중 our readers(우리 독자들)라는 표현을 통해 남자가 출판 업계에서 일한다는 것을 추측할 수 있다. 또한 여자에게 새로 개발한 기술에 관한 질문을 던지고 있으므로 남자가 여자를 방문한 목적은 여자가 개발한 신기술에 관한 인터뷰를 하기 위해서임을 알 수 있다. 따라서 (C)가 정답이다.

어휘 apply 지원하다 accept 받다 conduct 수행하다 vehicle 차량

63.

해석 여자는 지난 2년간 무슨 일을 했다고 말하는가?
(A) 회사를 시작했다.
(B) 프로젝트를 관리했다.
(C) 신제품을 출시했다.
(D) 프로그램을 평가했다.

해설 [세부사항 관련 문제 - 여자가 한 일]
여자는 신기술 개발로 자동차 상을 받은 것을 축하하는 남자의 말에 고맙다고 답한 후, 연구 개발 부서 전체가 지난 2년간 밤낮으로 일했다고 말하였다. 이를 통해 여자는 지난 2년 동안 신기술 개발 프로젝트를 관리했다는 것을 알 수 있으므로 (B)가 정답이다.

어휘 launch 출시하다 evaluate 평가하다

64.

해석 여자는 왜 "그러면 좋겠습니다"라고 말하는가?
(A) 조언을 제공하기 위해
(B) 계획을 승인하기 위해
(C) 휴식하기 위해
(D) 회의를 나타내기 위해

해설 [신유형] [화자의 의도 파악]
신기술을 바로 적용하느냐는 남자의 질문에 여자는 여자의 대사 '그러면 좋겠습니다(That would be nice)'라고 답한 후, 그러기 위해서는 아직 할 일이 많이 남아있다고 덧붙였다. 따라서 여자의 말은 신기술 즉시 적용에 대한 회의를 나타내기 위한 것이므로 (D)가 정답이다.

어휘 approve 승인하다 doubt 의심

65-67 [신유형] 5회 이상 주고받는 대화

W Excuse me. I'm here to meet Mr. Reed. The receptionist told me that his office is on this floor but I can't seem to find it.

M Richard Reed's office is the last one down this corridor. [65]But if you're looking for Joshua Reed in the public relations department, it's located one floor up.

W Oh, I think I'm on the wrong floor! I should find the elevator again.

M Come on. [66]Let me show you to his office. Are you here for a job interview?

W No, [67]I'm with the Square Design Company. I brought some sample designs and product brochures for your company.

W 실례합니다. 저는 리드 씨를 만나기 위해 왔습니다. 안내원이 그의 사무실이 이 층에 있다고 했는데 못 찾을 것 같네요.

M 리처드 리드 씨의 사무실은 이 복도 마지막 사무실입니다. 하지만 홍보부의 조슈아 리드 씨를 찾으시는 거라면 한 층 위에 있습니다.

W 아, 제가 잘못된 층에 있는 것 같군요! 다시 엘리베이터를 찾아야겠네요.

M 자. 제가 그의 사무실로 안내해 드릴게요. 면접 보러 오신 건가요?

W 아니요, 저는 스퀘어 디자인 회사에서 왔습니다. 저는 당신 회사를 위해 몇 가지 견본 디자인과 제품 안내 책자를 가지고 왔어요.

어휘 receptionist 접수원, 안내원 floor 층 corridor 복도 public relation 홍보 locate 위치시키다 show 보여주다, 안내하다 bring 가져오다 brochure 소책자

윈터 기업	
1층	총무부
2층	인사부
3층	고객 서비스부
4층	홍보부

▶ Grammar Point

[등위 접속사 - and]
등위 접속사는 단어, 구, 절을 대등하게 연결한다.
I brought [some sample designs] and [product brochures] for your company.
※ brought의 목적어인 명사구 some sample designs와 명사구 product brochures가 등위 접속사 and로 대등하게 연결되었다.

65.

해석 시각 정보에 의하면, 화자들은 현재 어디에 있는가?
(A) 1층　(B) 2층　(C) 3층　(D) 4층

해설 [신유형] [시각 정보 연계]
남자가 홍보부의 조슈아 리드 사무실은 한 층 위에 있다고 하였다. 시각 정보에 따르면 홍보부는 4층에 있으므로 화자들이 있는 곳은 3층이다. 따라서 (C)가 정답이다.

66.

해석 남자는 무엇을 하겠다고 제안하고 있는가?
(A) 관리자에게 확인을 받는다.
(B) 여자를 리드 씨의 사무실로 데려다주겠다.
(C) 여자를 동료에게 소개해 주겠다.
(D) 여자의 명함을 디자인하겠다.

해설 **[세부사항 관련 문제 - 제안]**
남자가 여자에게 그의 사무실로 안내해 주겠다고 하였으므로 **(B)**가 정답이다.

어휘 obtain 얻다, 획득하다 introduce 소개하다 colleague 동료 business card 명함

67.

해석 여자는 리드 씨와 무엇을 할 계획인가?
(A) 발표 준비　　　　(B) 회사 규정 수정
(C) 훈련 과정 수강　　**(D) 사업 거래 논의**

해설 **[세부사항 관련 문제 - 계획]**
여자는 마지막 대사에서 자신이 디자인 회사에서 왔으며, 남자의 회사를 위한 견본 디자인과 제품 안내 책자를 가지고 왔다고 하였다. 이를 통해 여자는 리드 씨와 디자인 관련 사업을 논의하기 위해 왔다는 것을 알 수 있다. 따라서 **(D)**가 정답이다.

어휘 prepare 준비하다 revise 수정하다 policy 규정 course 과정 deal 거래; 다루다

68-70

> M Mr. Cohen just called. [69]He said he has a matter that requires your immediate attention and wants to visit you this afternoon. I know it's short notice but he's our biggest client.
> W [69]I have a full schedule already. I can't miss the staff meeting since I didn't attend the last one due to the business trip.
> M Wait, how about your 2 o'clock appointment? [68]Isn't Kyle on Mr. Hempel's case too? He might be able to fill in for you.
> W No way, [68]I'm the lead attorney of the case. Mr. Hempel would be disappointed if I'm not there. [70]I'm gonna call Mr. Morgan and ask for his understanding.

> M 코헨 씨가 방금 전화했어요. 그는 당신의 즉각적인 주의를 필요로 하는 문제가 있고 오늘 오후에 당신을 방문하기 원한다고 했어요. 갑작스러운 통지라는 것은 알지만 그는 우리의 가장 큰 고객이에요.
> W 저는 이미 일정이 다 차 있어요. 출장으로 인해 지난번 직원회의에 참석하지 않아서 직원회의를 빠질 수는 없어요.
> M 잠시만요, 그럼 두 시 예약은 어때요? 카일도 헴펠 씨 소송을 맡고 있지 않아요? 그가 당신을 대신하는 게 가능할 수도 있어요.
> W 안 돼요, 제가 그 소송의 주 변호인이에요. 제가 거기 있지 않으면 헴펠 씨가 실망할 거예요. 모건 씨에게 전화에서 양해를 구해야겠어요.

어휘 matter 문제 immediate 즉각적인 attention 주의 short (시간이) 짧은 notice 공고, 통지 client 고객 already 이미 miss 빠지다 attend 참석하다 due to ~ 때문에 appointment 약속, 예약 case 사건, 소송 fill in ~을 대신하다 lead 선두의 attorney 변호사 disappointed 실망한 ask for ~을 구하다, 요청하다

일정	
1:00~1:50	존 모건
2:00~2:50	켄 헴펠
3:00~3:50	아담 카르바지오
4:00~5:30	월례 회의

▶ **Grammar Point**

[부정 대명사 - one]
부정 대명사 one은 앞에서 언급된 명사를 받는다.
I can't miss *the staff meeting* since I didn't attend the last **one** due to the business trip.　　= staff meeting

68.

해석 화자들은 어디에서 일하겠는가?
(A) 보험 대리점　**(B) 법률 사무소**　(C) 회계 사무소　(D) 광고 회사

해설 **[전체 내용 관련 문제 - 근무지]**
두 사람의 대화 중 소송(case), 변호사(attorney)라는 표현을 통해 두 사람이 법률 사무소에서 일하고 있다는 것을 알 수 있다. 따라서 **(B)**가 정답이다.

69.

해석 여자는 무슨 문제를 갖고 있는가?
(A) 회의에 늦었다.
(B) 주문 확인하는 것을 잊었다.
(C) 일정 충돌이 있다.
(D) 이메일을 받지 못했다.

해설 **[세부사항 관련 문제 - 문제점]**
중요한 고객이 급하게 방문하겠다고 연락했는데, 여자의 일정이 이미 꽉 차 있다고 했으므로 **(C)**가 정답이다.

어휘 late 늦은 forget 잊다 conflict 충돌, 갈등 receive 받다

70.

해석 시각 정보에 의하면, 코헨 씨는 언제 여자를 방문하겠는가?
(A) 1시　(B) 2시　(C) 3시　(D) 4시

해설 **신유형 [시각 정보 연계]**
여자의 마지막 말에서 모건 씨에게 양해를 구하겠다고 했다. 이는 모건 씨와의 약속을 미루고 그 시간에 코헨 씨를 만나겠다는 의미이므로 **(A)**가 정답이다.

PART 4

71-73 전화 메시지

M Hello, [71]this is Dr. Miller's office calling to remind you of the appointment we have reserved for you on August 8th at 10:00 A.M. Our records show you are a new patient. [72]Please get here 10 minutes early since you'll have some paperwork to fill out first. We would also like to remind you to take your updated insurance cards and photo ID. [73]You can check our location on our Web site. If you need to change or cancel your appointment, please call our office at 810-458-367. We look forward to serving you.

M 안녕하세요, 밀러 의사 사무실에서 당신의 8월 8일 오전 10시 예약을 상기시켜드리기 위해 전화 드립니다. 저희 기록에 의하면 당신은 신규 환자입니다. 우선 작성하셔야 할 서류가 있으므로 이곳에 10분 일찍 도착해 주십시오. 저희는 또한 당신의 최신 보험증과 사진이 부착된 신분증을 가지고 오시라고 알려드립니다. 저희 위치는 웹사이트에서 확인하실 수 있습니다. 예약을 변경하거나 취소하시려면 810-458-367로 저희 사무실에 전화 주시기 바랍니다. 당신에게 서비스를 제공하는 것을 기대합니다.

어휘 remind 상기하다, 알려주다 reserve 예약하다 record 기록 patient 환자 paperwork 서류, 서류 작업 updated 최신의 insurance 보험 location 장소 look forward to ~을 기대하다 serve 서비스를 제공하다

▶ Grammar Point

[명령문]

명령문은 동사원형으로 시작하며, 명령문에 공손한 의미를 더하기 위해 please를 덧붙일 수 있다.

Please **get** here 10 minutes early.

71.

해석 화자는 어디에서 일하겠는가?
(A) 청소 업체   (B) 식당   (C) 진료소   (D) 도서관

해설 [전체 내용 관련 문제 - 근무지]
화자는 초반부에 밀러 의사 사무실에서 전화를 건다고 밝혔으므로 **(C)**가 정답이다.

72.

해석 청자는 무엇을 하라고 요청받는가?
(A) 보험 정보 보내기
(B) 예약시간 이전에 도착하기
(C) 이메일 주소 제공하기
(D) 장비 돌려주기

해설 [세부사항 관련 문제 - 요청]
청자가 신규 환자이기 때문에 작성해야 할 서류들이 있으니 10분 일찍 와달라고 하였다. 따라서 **(B)**가 정답이다.

어휘 prior to ~ 이전에 provide 제공하다 return 돌려주다 device 장비

73.

해석 화자는 웹사이트에서 무엇이 이용 가능하다고 말하는가?
(A) 사무실 주소   (B) 새 영업시간
(C) 서비스 목록   (D) 영양학적 조언

해설 [세부사항 관련 문제 - 웹사이트에 관한 언급]
웹사이트에서 위치를 확인할 수 있다고 했으므로 **(A)**가 정답이다.

74-76 광고

W [74]Do you have something special to say? Let flowers say it for you. For over 20 years, Little Rosebud has helped our customers express their feelings of love, friendship, gratitude, and congratulations with flowers. [75]We offer the most abundant selection of flowers in the area. Same day delivery is available if your order is placed before 3 p.m. [76]To look at the pictures of our work or to read comments from our customers, go to our Web site at www.littlerosebud.com.

W 특별한 할 말이 있으신가요? 꽃이 당신을 위해 말하게 하세요. 20년 이상, 리틀 로즈버드는 우리 고객들이 그들의 사랑, 우정, 감사, 그리고 축하의 감정을 꽃으로 표현하는 것을 도왔습니다. 우리는 이 지역에서 가장 풍부한 엄선된 꽃을 제공합니다. 오후 3시 이전에 들어온 주문은 당일 배송이 가능합니다. 저희 작업물 사진을 보시거나 고객 의견을 읽기 위해서는 저희 웹사이트 www.littlerosebud.com을 방문하세요.

어휘 special 특별한 over ~ 이상 express 표현하다 feeling 감정 gratitude 감사 abundant 풍부한 place an order 주문하다 comment 의견

▶ Grammar Point

[최상급]

the + 형용사 최상급: 가장 ~한

We offer **the most abundant** selection of flowers in the area.

※ 최상급 표현 뒤에 in(~에서), of(~중에서)를 사용하여 비교 집단을 나타낼 수 있다.

74.

해석 어떤 종류의 업체가 광고되고 있는가?
(A) 전자기기 판매점   (B) 조경 회사
(C) 꽃 가게   (D) 사진 스튜디오

해설 [전체 내용 관련 문제 - 광고 내용]
지문 초반부에 꽃으로 특별한 메시지를 전달하라고 했으므로 **(C)**가 정답이다.

어휘 electronic 전자기기 landscape 조경

75.

해석 화자에 따르면, 리틀 로즈버드를 경쟁자들과 구분하는 것은 무엇인가?
(A) 하루 24시간 운영한다.
(B) 가격이 합리적이다.
(C) 시 중심부에 있다.
(D) 아주 다양한 제품을 제공한다.

해설 [세부사항 관련 문제 - 특징]
화자는 업체가 지역에서 가장 풍부한 엄선된 꽃을 제공한다고 말함으로써 제품의 다양성을 강조하였다. 따라서 **(D)**가 정답이다.

어휘 reasonable 합리적인, 저렴한 center 중심 offer 제공하다 a range of 다양한 ~

76.

해석   청자들은 왜 웹사이트를 방문해야 하는가?

    (A) 견본을 보기 위해
    (B) 할인 코드를 받기 위해
    (C) 주문 상태를 확인하기 위해
    (D) 후기를 적기 위해

해설   [세부사항 관련 문제 - 웹사이트 방문 이유]
     지문 후반부에서 작업물 사진을 보거나 고객 의견을 읽으려면 사이트에 방문하라고 했으므로 (A)가 정답이다.

어휘   sample 견본 promotion 판촉 status 상태

77-79 회의 발췌록

W   [77]I've called this shareholders' meeting to share some great news. Most of our branches around the country have exceeded our sales projection. So, a group of outside consultants recommended us to expand our business throughout the world. [78]Our finance department is confident that it will bring much bigger profits. We can't afford to miss this opportunity. [79]Now, I'd like you to look over the brochure in front of you. It contains some figures that demonstrate why I believe our company would do well in overseas market.

W   좋은 소식을 알리기 위해 이 주주 회의를 소집했습니다. 국내 지사 중 대부분이 우리 예상 매출을 초과했습니다. 그래서 외부 자문가 집단은 우리에게 세계로 사업을 확장할 것을 권했습니다. 우리 재무부는 그것이 훨씬 더 큰 이익을 가져다줄 것이라고 자신합니다. 우리는 이 기회를 놓칠 수 없습니다. 이제, 여러분 앞에 있는 소책자를 살펴보시기 바랍니다. 그것은 왜 제가 우리 회사가 해외시장에서 잘할 것이라고 믿는지 보여주는 수치를 담고 있습니다.

어휘   call a meeting 회의를 소집하다 shareholder 주주 exceed 초과하다 projection 예측 throughout 도처에 confident 자신 있는 profit 이익 afford 여유가 되다, ~할 수 있다 look over 살펴보다 figure 수치

> ▶ **Grammar Point**
> **[명사절 접속사 - 의문사 why]**
> why는 의문부사로 완전한 명사절을 이끌 수 있다.
> The figures demonstrate <u>why</u> I believe our company would do well in overseas market.
>   why + 완전한 절
>   동사 demonstrate의 목적어

77.

해석   청자는 누구인가?

    (A) 회사 주주들   (B) 소프트웨어 개발자들
    (C) 투자 은행가들   (D) 재무 분석가들

해설   [전체 내용 관련 문제 - 청자의 신분]
     화자가 초반부에서 주주 회의를 소집한 목적을 밝혔으므로 청자는 주주임을 알 수 있다. 따라서 (A)가 정답이다.

어휘   developer 개발자 investment 투자 analyst 분석가

78.

해석   화자는 왜 "우리는 이 기회를 놓칠 수 없습니다"라고 말하는가?

    (A) 염려를 표현하기 위해   (B) 지지를 얻기 위해
    (C) 위험을 설명하기 위해   (D) 청중에게 경고하기 위해

해설   **신유형** **[화자의 의도 파악]**
     화자는 주주들에게 해외 사업 확장이 더 많은 이익을 가져다줄 것이라고 말한 후 이 기회를 놓칠 수 없다고 했다. 이는 해외 사업 확장 계획에 주주들의 지지를 요청하는 표현이므로 (B)가 정답이다.

어휘   concern 염려 risk 위험 warn 경고하다 audience 청중

79.

해석   화자에 따르면, 소책자에서 무엇을 발견할 수 있는가?

    (A) 유효 일자   (B) 통계 자료
    (C) 훈련 자료   (D) 보도 자료

해설   [세부사항 관련 문제 - 소책자에 포함된 정보]
     화자는 앞에 있는 소책자를 봐달라고 말한 후, 해외 사업이 성공적일 것임을 보여주는 수치들이 그것에 포함되어 있다고 덧붙였다. 따라서 (B)가 정답이다.

어휘   statistical 통계의 material 자료 press 언론

80-82 전화 메시지

M   Omar, this is Mike. I'm on my way to work but [80]I'm stuck in a horrible traffic jam now. It seems there was a traffic accident. I won't get there on time since the meeting is in 10 minutes. [81]Could you gather the team together and lead the meeting? I prepared the agenda. You can find it on my desk. [82]Please make copies of it before the meeting. Give me a call if there's any problems. I'll go to the meeting room as soon as I get in.

M   오마르, 저 마이크입니다. 회사로 가는 중인데 끔찍한 교통체증에 갇혔어요. 교통사고가 있었던 것 같아요. 회의가 10분 내로 있어서 제가 거기 제시간에 도착할 수 없을 거예요. 팀을 모아서 회의를 이끌어 줄 수 있나요? 제가 안건은 준비해두었어요. 제 책상에서 그것들을 찾을 수 있을 거예요. 회의 전에 그것을 복사해 주세요. 문제 있으면 저에게 연락해주세요. 도착하는 대로 회의실로 가겠습니다.

어휘   on one's way to ~로 가는 중에 stuck 꼼짝 못하는, 갇힌 agenda 안건, 의제 make a copy 복사하다 get in 도착하다

> ▶ **Grammar Point**
> **[전치사]**
> 전치사는 명사, 명사구, 명사절과 함께 전치사구를 이루고, 전치사구는 형용사 또는 부사 역할을 한다.
> Please make copies of it <u>before</u> the meeting.
>   전치사 before + 명사구 the meeting
>   → 부사 역할

80.

해석   화자는 어디에 있는가?

    (A) 지하철   (B) 차   (C) 버스 정류장   (D) 비행기

해설   [전체 내용 관련 문제 - 장소]
     화자는 끔찍한 교통체증에 갇혔고, 교통사고가 있었던 것 같다고 했다. 보기 중 교통체증에 걸린 사람이 있을 만한 장소는 차밖에 없으므로 (B)가 정답이다.

81.

해석   화자가 메시지를 남기는 이유는 무엇인가?

    (A) 회의 일정을 다시 잡기 위해   (B) 좋은 소식을 나누기 위해
    (C) 제안을 수락하기 위해   (D) 부탁하기 위해

해설 **[세부사항 관련 문제 - 전화 메시지를 남긴 이유]**
화자는 자신이 늦을 것 같으니 팀을 모아서 회의를 이끌어달라고 부탁하였다. 따라서 **(D)**가 정답이다.

어휘 reschedule 다시 일정을 잡다 share 나누다 accept 수락하다 offer 제안

82.

해석 청자는 다음에 무엇을 하겠는가?
　　(A) 서류를 복사한다.　　(B) 보고서를 수정한다.
　　(C) 거래를 승인한다.　　(D) 집에서 일한다.

해설 **[세부사항 관련 문제 - 다음에 할 일]**
화자는 청자에게 회의를 대신 이끌어 줄 것을 부탁하면서 회의 전에 화자가 준비해둔 안건을 복사해달라고 하였으므로 **(A)**가 정답이다.

어휘 revise 수정하다 authorize 승인하다 transaction 거래

83-85 회의 발췌록

W　Before we end today's meeting, I'd like to mention one more thing. [83]As you are well aware, the whole annex building will be undergoing renovation next month. Thus, [84]the sales department will move to main building temporarily. They will occupy the vacant space on the fourth floor next to the technical department. The annex is 5 minutes away, so you might be disturbed by noise from construction. [85]If you wish to work from home, please let your department head know.

W　오늘의 회의를 끝내기 전에, 한 가지 더 언급하고 싶습니다. 여러분이 잘 알다시피, 다음 달에 별관 건물 전체가 보수를 겪을 것입니다. 그러므로, 영업부는 일시적으로 본관으로 옮길 것입니다. 그들은 4층의 기술부 옆 빈 곳을 차지할 것입니다. 별관이 5분 거리이므로, 여러분은 건설 소음에 방해받을 수도 있습니다. 만약 집에서 일하기 원하신다면, 부서장들에게 알려주십시오.

어휘 mention 언급하다 aware 알고 있는 annex 별관 undergo 겪다 temporarily 일시적으로 occupy 점거하다, 차지하다 vacant 빈 away 떨어진 disturb 방해하다 noise 소음 construction 건설 head 우두머리, 장

▶ **Grammar Point**

[원형부정사]
원형부정사는 to부정사에서 to가 생략된 것으로 동사원형과 형태가 동일하며, 사역동사와 지각동사의 목적격 보어로 사용된다.

Please let your department head **know**.
　　　사역동사　　목적어　　목적격 보어
　　　　　　　　　　　　　　원형부정사

83.

해석 다음 달에 무슨 일이 예정되어 있는가?
　　(A) 회사 야유회　(B) 보수 작업　(C) 성과 평가　(D) 안전 검사

해설 **[세부사항 관련 문제 - 미래에 일어날 일]**
화자가 다음 달에 별관 건물이 보수를 겪을 것이라고 하였으므로 **(B)**가 정답이다.

어휘 retreat 야유회 performance 성과 evaluation 평가 safety 안전 inspection 검사, 조사

84.

해석 어떤 부서가 별관에서 일하고 있는가?
　　(A) 인사부　(B) 기술부　(C) 영업부　(D) 관리부

해설 **[세부사항 관련 문제 - 별관 근무 부서]**
화자는 별관 건물이 보수를 겪음에 따라 영업부가 일시적으로 본관으로 옮긴다고 하였으므로 **(C)**가 정답이다.

85.

해석 직원들은 어떻게 재택 근무할 허가를 받을 수 있는가?
　　(A) 상사에게 이야기함으로써
　　(B) 의사에게 진료를 받음으로써
　　(C) 직원 조사를 수행함으로써
　　(D) 교육을 받음으로써

해설 **[세부사항 관련 문제 - 방법]**
화자는 후반부에서 소음으로 인해 방해받을 수 있으니 집에서 일하기 원하는 사람들은 부서장에게 알려달라고 하였으므로 **(A)**가 정답이다.

어휘 supervisor 상사 consult 진료받다, 상담하다 physician 의사 survey 조사 education 교육, 지도

86-88 라디오 방송

M　This is FND Radio, and now for the local news. [86]The Hartford Foundation will be hosting a golf tournament on May 23rd at the Millennium Golf Resort. This year's event will feature some big names. Edward Mann, a member of the World Golf Hall of Fame, is returning for the second consecutive year. Anyone looking to participate should contact Kenneth Keil at 830-306-6143. Hurry up. There's no time to waste. [87]It is the most popular event in our community. [88]Money raised from the tournament will be used to renovate the Crawford Children's Medical Center.

M　FND 라디오의 지역 뉴스 시간입니다. 하트포드 재단이 5월 23일 밀레니엄 골프 리조트에서 골프 경기를 엽니다. 올해의 행사는 유명인들을 포함할 것입니다. 세계 골프 명예의 전당 회원 에드워드 만이 2년 연속 돌아옵니다. 참여하기 원하는 사람은 830-306-6143으로 케네스 케일에게 연락하십시오. 서두르세요. 허비할 시간이 없습니다. 이것은 우리 지역 사회에서 가장 인기 있는 행사입니다. 경기에서 모금된 돈은 크로포드 어린이 병원을 보수하기 위해 사용될 것입니다.

어휘 foundation 재단 host 주최하다, 열다 tournament 경기 feature 포함하다, 특징으로 삼다 big name 유명인 waste 허비하다 raise the money 돈을 마련하다, 모금하다

▶ **Grammar Point**

[조동사 + 수동태]
1. 수동태 현재 시제
Money **is** used to renovate the Crawford Children's Medical Center.
　　　사용된다

2. 조동사 will + 수동태
Money **will be** used to renovate the Crawford Children's Medical Center.
　　　사용될 것이다

86.

해석 어떤 종류의 행사가 발표되고 있는가?
　(A) 운동 경기　　　　(B) 창고 정리 세일
　(C) 시상식　　　　　(D) 자선 만찬

해설 [전체 내용 관련 문제 - 발표 내용]
　화자는 지문 전체에서 하트포드 재단에서 개최하는 골프 경기에 관해 안내하고 있으므로 (A)가 정답이다.

어휘 sporting 운동의 clearance 없애기, 정리 charity 자선

87.

해석 화자는 왜 "허비할 시간이 없습니다"라고 말하는가?
　(A) 마감기한이 빠르게 다가오고 있다.
　(B) 행사가 취소될 수도 있다.
　(C) 청자들은 반드시 행사에 참여해야 한다.
　(D) 자리가 빨리 찬다.

해설 신유형 [화자의 의도 파악]
　화자는 허비할 시간이 없다고 말한 후, 지역 사회에서 가장 인기 있는 행사라고 하였다. 이는 행사 정원이 빨리 찬다는 것을 강조하는 말이므로 (D)가 정답이다.

어휘 deadline 마감기한 approach 다가오다 spot 자리, 장소 fill up 가득 차다

88.

해석 화자에 따르면, 왜 돈이 모금되는가?
　(A) 지역사회 센터를 수리하기 위해
　(B) 공립 공원을 만들기 위해
　(C) 병원 시설을 개선하기 위해
　(D) 멸종 위기 동물을 보호하기 위해

해설 [세부사항 관련 문제 - 모금 이유]
　마지막 부분에서 모금된 돈은 어린이 병원을 보수하는 데 사용된다고 하였으므로 (C)가 정답이다.

어휘 public 공공의 upgrade 개선하다 facility 시설 endangered 위험에 처한, 멸종 위기의

89-91 공지

M Good evening, ladies and gentlemen. [89][90]**Thank you for coming to the 4th Annual Conference of International Affairs and Security Studies.** If you haven't done so, please sign in at the registration desk and pick up your name tag. The keynote speaker for this year's conference is Dr. Jeffrey Adams from Werrington Research Institute for Policies. [90]**He's an internationally known expert on US energy policy.** [91]**I'd like to invite Dr. Jeffrey to the stage now.** Please give him a big hand.

M 안녕하십니까, 여러분. 제4차 연례 국제 문제 및 안보학 학회에 와주셔서 감사합니다. 아직 하지 않으셨다면, 접수처에서 등록하시고 이름표를 받으십시오. 올해 학회의 기조연설자는 웨링턴 정책 연구 기관의 제프리 애덤스 박사님입니다. 그는 국제적으로 알려진 미국 에너지 정책 전문가입니다. 이제 제프리 박사님을 강단으로 모시겠습니다. 큰 박수 부탁드립니다.

어휘 annual 연례의 international 국제적인 affair 사건, 문제 sign in 등록하다 registration 등록, 접수 keynote speaker 기조연설자 institute 기관, 협회 policy 정책 expert 전문가 give ~ a big hand ~에게 큰 박수를 보내다

▶ **Grammar Point**

[전치사 + 동명사]
동명사는 명사 역할을 할 수 있도록 동사를 변형한 것이며, 전치사 뒤에 올 수 있는 유일한 동사 형태이다.

Thank you <u>for **coming**</u> to the conference. (O)
　전치사 for + 동명사 coming

Thank you <u>for **come**</u> to the conference. (X)
Thank you <u>for **to come**</u> to the conference. (X)

89.

해석 어디에서 공지되고 있는가?
　(A) 공항　　(B) 회의실　　(C) 영화관　　(D) 백화점

해설 [전체 내용 관련 문제 - 장소]
　학회에 와주셔서 감사하다고 했으므로, 보기 중 학회가 열리기 가장 적합한 장소인 (B)가 정답이다.

90.

해석 청자들은 누구이겠는가?
　(A) 정책 연구원들　　　(B) 상점 소유주들
　(C) 마케팅 담당자들　　(D) 의료 서비스 제공자들

해설 [전체 내용 관련 문제 - 청자의 신분]
　초반에 국제 문제 및 안보학 학회라고 소개하였고, 기조연설자는 에너지 정책 전문가라고 하였다. 이를 통해 국제 정책 분야에 종사하는 사람들이 학회에 참가하여 공지를 듣고 있다는 것을 알 수 있다. 따라서 (A)가 정답이다.

어휘 owner 소유주 health 건강 care 돌봄, 치료; 돌보다

91.

해석 청자들은 다음에 무엇을 하겠는가?
　(A) 짧은 휴식을 취한다.　　(B) 연설을 듣는다.
　(C) 팀 지도자들과 만난다.　(D) 표를 산다.

해설 [세부사항 관련 문제 - 다음에 할 일]
　지문 후반부에 학회 기조연설자를 소개한 후, 그를 무대로 모시겠다고 하였으므로 기조연설이 다음에 이어질 것을 알 수 있다. 따라서 (B)가 정답이다.

어휘 take a break 쉬다 speech 연설 leader 지도자

92-94 담화와 목록

W Hello, this is Laura Bruni from Adventures & Leisure. [91]**You asked me to plan your visit to Fairyland.** We have four options for your trip to Fairyland. [92]**They all include accommodation and admission.** Since you said you want to avoid waiting in long lines, [93]**I advise you to choose the packages with Fast Pass. Only two of our packages have Fast Pass and one is out of your price range. So I think the other one is the best option for you.** If you book the package within 24 hours, you can get a free dinner at Hungry Skeleton Restaurant.

W 안녕하세요, 저는 어드벤스 앤 레저의 로라 브루니입니다. 당신의 페어리랜드 방문을 계획해달라고 요청하셨지요. 저희는 당신의 페어리랜드 여행을 위한 네 가지 옵션을 갖고 있습니다. 그것들은 모두 숙박과 입장권을 포함합니다. 긴 줄에서 기다리는 것을 피하고 싶다고 하셨으므로, 패스트 패스가 있는 패키지를 선택하시길 권장합니다. 저희 패키지 중 두 개만이 패스트 패스를 갖고 있고, 하나는 당신의 가격 범위에서 벗어납니다. 그러므로 다른 하나가 당신에게 최고의 옵션이라고 생각합니다. 만약 24시간 이내로 패키지를 예약하신다면 헝그리 스켈레톤 식당에서 무료 석식을 받으실 수 있습니다.

어휘 plan 계획; 계획하다 trip 여행 include 포함하다 accommodation 숙박 admission 입장 avoid 피하다 advise 권하다 range 범위 within ~이내에

▶ **Grammar Point**

[부정 형용사 other]

부정 형용사는 명사 앞에서 명사의 범위를 한정한다.

So I think the **other** one is the best option for you.
(앞에서 언급된 가격 범위에서 벗어난 패키지 외에) 나머지 하나

	패키지 1	패키지 2	패키지 3	패키지 4
가격	800달러	600달러	700달러	500달러
패스트 패스	네	네	아니오	아니오

92.

해석 화자는 누구일 것 같은가?
(A) 여행사 직원 (B) 호텔 접수원
(C) 식당 매니저 (D) 회의 조직자

해설 [전체 내용 관련 문제 - 화자의 직업]
초반부에 청자가 화자에게 여행을 계획해달라고 요청했다는 사실을 언급하였으므로 **(A)**가 정답이다.

어휘 agent 대리인 receptionist 접수원 organizer 조직자

93.

해석 화자에 따르면, 패키지에는 무엇이 포함되어 있는가?
(A) 식사권 (B) 렌터카
(C) 가이드 동반 여행 (D) 입장권

해설 [세부사항 관련 문제 - 패키지 포함 사항]
화자는 모든 패키지에 숙박과 입장권이 포함되었다고 했으므로 **(D)**가 정답이다.

어휘 voucher 쿠폰 guided 가이드가 인솔하는 entrance 입장, 입구

94.

해석 시각 정보에 의하면, 화자는 어느 패키지를 추천하는가?
(A) 패키지 1 **(B) 패키지 2** (C) 패키지 3 (D) 패키지 4

해설 신유형 [시각 정보 연계]
화자는 청자에게 패스트 트랙이 있는 패키지를 추천한다고 하였는데 그중 하나는 청자의 가격 범위를 넘기 때문에 나머지 하나가 청자를 위한 가장 좋은 옵션이라고 말했다. 목록에서 패스트 트랙이 있는 것은 패키지 1과 2이고, 이중 가격이 더 저렴한 것은 패키지 2이다. 따라서 **(B)**가 정답이다.

95-97 광고와 지도

W [95]Nature Market has just opened its second store! We're celebrating this special event with a special sale next week. Nature Market has never had a sale like this. You won't want to miss it. Don't forget to check out our new organic dairy, egg, and meat lines! [96]Our new store is located at the corner of Main Street and Valley Road. [97]Thank you for being loyal customers over the last decade. We take great pride in giving you the service you deserve.

W 네이처 마켓은 이제 막 두 번째 가게를 열었습니다! 우리는 이 특별한 사건을 다음 주에 특별한 세일로 축하합니다. 네이처 마켓은 이런 세일을 했던 적이 없습니다. 당신은 이것을 놓치고 싶지 않으실 겁니다. 잊지 말고 저희 유기농 유제품, 달걀, 그리고 육류 제품들을 확인하세요! 저희 새 상점은 메인 스트리트와 밸리 로드 모퉁이에 있습니다. 지난 10년간 충실한 고객이 되어주셔서 감사합니다. 여러분이 받기에 합당한 서비스를 제공하는 것을 대단히 자랑스럽게 여깁니다.

어휘 celebrate 축하하다 special 특별한 organic 유기농의 dairy 유제품 corner 모퉁이 loyal 충실한 decade 10년 take pride in ~을 자랑스러워 하다 deserve ~을 받을 만하다

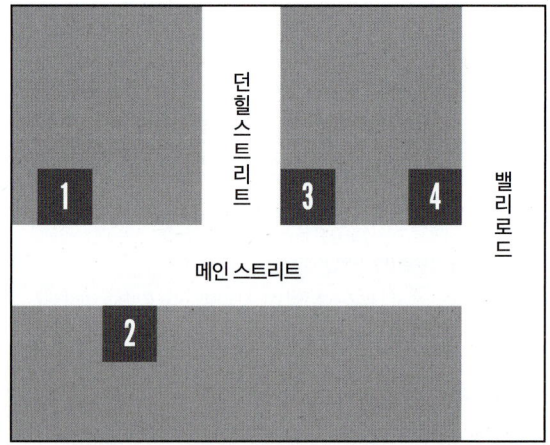

▶ **Grammar Point**

[현재진행 시제]

현재진행 시제는 현재 일어나는 일이나 가까운 미래의 일을 표현할 수 있다.

We're celebrating this special event with a special sale next week.
현재진행 시제 / 다음 주에 / 가까운 미래

95.

해석 가게가 세일을 하는 이유는 무엇인가?
(A) 개점을 홍보하기 위해
(B) 재고를 정리하기 위해
(C) 기념일을 축하하기 위해
(D) 폐점하기 위해

해설 [전체 내용 관련 문제 - 세일을 하는 이유]
초반부에서 두 번째 가게를 열었고, 그것을 축하하기 위해 세일을 한다고 했으므로 **(A)**가 정답이다.

어휘 promote 홍보하다 inventory 재고 celebrate 축하하다 anniversary 기념일 close down 문을 닫다, 폐점하다

96.

해석 시각 정보에 의하면, 어느 번호가 새 네이처 마켓의 위치를 나타내는가?

(A) 1　(B) 2　(C) 3　**(D) 4**

해설 신유형 **[시각 정보 연계]**
새 가게가 메인 스트리트와 밸리 로드의 모퉁이에 있다고 했다. 따라서 지도에서 두 거리가 교차하는 **(D)**가 정답이다.

97.

해석 네이처 마켓에 대해 언급된 것은 무엇인가?

(A) 새 가게 세 개를 열었다.

(B) 지역 농부들과 연대 관계를 맺고 있다.

(C) 지역에서 가장 크다.

(D) 10년 전에 첫 번째 가게를 열었다.

해설 **[세부사항 관련 문제 - 상점에 관한 언급]**
후반부에서 지난 10년간 충실한 고객이 되어주셔서 감사하다고 했으므로 가게가 운영된 지 10년이 지났음을 알 수 있다. 따라서 **(D)**가 정답이다.

어휘 partnership 동반자 관계 local 지역의 area 지역, 구역 ago ~전에

98-100 회의 발췌록과 차트

M **[98]** All right. Now turn the page over and look at the chart. **[99]** We are still retaining the number one position in the market thanks to the success of SC-7. Our competitor continues to expand the market share despite the recent recall. The management believes it is time to start more aggressive marketing. **[100]** They want us to devote all our energy into developing more creative marketing plans and 13% more budget will be allocated to our department next year. So feel free to stop by my office when you want to make a suggestion.

M 좋습니다. 이제 페이지를 넘겨서 도표를 보십시오. 우리는 SC-7의 성공 덕택에 여전히 시장에서 1위 자리를 유지하고 있습니다. 우리 경쟁자는 최근 회수 사태에도 불구하고 계속해서 시장 점유율을 확대하고 있습니다. 경영진은 더 공격적인 마케팅을 시작할 때라고 생각합니다. 그들은 우리의 모든 에너지를 더 창의적인 마케팅 계획을 개발하는 데 기울이기를 바라고, 내년에는 우리 부서에 13퍼센트 더 많은 예산이 할당될 것입니다. 그러므로 제안하고 싶으실 때 자유롭게 제 사무실에 들러주시기 바랍니다.

어휘 turn over 뒤집다 retain 유지하다, 보유하다 thanks to ~ 덕택에 expand 확장하다 share 지분 despite ~에도 불구하고 recent 최근의 recall 회수 management 경영진 aggressive 공격적인 devote 바치다, 기울이다 creative 창의적인 allocate 할당하다 stop by 들르다

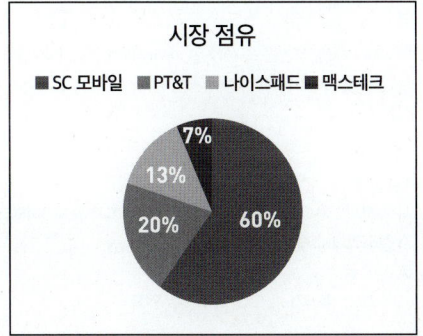

▶ **Grammar Point**

[전치사와 접속사]

1. 전치사 + 명사(구)

Our competitor continues to expanding market share **despite** the recent recall.
전치사 + 명사구

2. 접속사 + 절

Our competitor continues to expanding market share **although** it recently recalled its products.
접속사 + 절

98.

해석 연설은 어디에서 하고 있는가?

(A) 회의실　(B) 제조 시설　(C) 공사 현장　(D) 소매점

해설 **[전체 내용 관련 문제 - 장소]**
여러 사람을 모아두고 페이지를 넘겨 도표를 보면서 회의를 하는 상황이다. 이와 같은 담화가 이루어지기 가장 적합한 **(A)**가 정답이다.

어휘 manufacture 제조하다 facility 시설 construction 공사 site 위치, 현장 retail 소매

99.

해석 시각 정보에 의하면, 화자는 어느 회사에서 근무하겠는가?

(A) SC 모바일　(B) PT&T　(C) 나이스패드　(D) 맥스테크

해설 신유형 **[시각 정보 연계]**
화자는 회사가 시장에서 1위 자리를 유지하고 있다고 했다. 도표를 봤을 때 가장 높은 시장 점유율을 가진 회사는 SC 모바일이므로 **(A)**가 정답이다.

100.

해석 화자에 따르면, 회사는 내년에 무엇을 할 계획인가?

(A) 많은 수의 투자자를 끌어모은다.

(B) 인수 대상을 찾는다.

(C) 마케팅과 홍보에 투자한다.

(D) 신제품을 출시한다.

해설 **[세부사항 관련 문제 - 다음에 할 일]**
경영진이 화자의 부서에 더 창의적인 마케팅 계획을 개발하라고 요청하였으므로 화자의 부서는 마케팅 부서임을 알 수 있다. 계속 이어지는 표현에서는 내년에 화자의 부서에 13퍼센트 더 많은 예산이 할당된다고 하였다. 회사는 내년에 마케팅 부서에 더 많은 예산을 할당할 예정이므로 **(C)**가 정답이다.

어휘 attract 끌어당기다, 매혹하다 look for ~을 찾다 acquisition 인수 invest 투자하다 launch 출시하다; 출시

PART 5

101.

해석 특별 대표단의 임명은 복잡한 상황에서 이루어졌다.

해설 **[어법 - 명사]**
빈칸은 문장의 주어 자리이며 관사 The가 빈칸 앞에 나와있으므로 주어가 될 수 있는 명사 (D)가 정답이다.

어휘 appointment 임명 special 특별한 representative 대표 complex 복잡한 situation 상황

102.

해석 로슨 씨는 그림에 전념하기 위해 직장을 그만두고 모스크바로 이사하기로 했다.

해설 **[어법 - 인칭 대명사]**
빈칸은 to부정사 to devote의 목적어 자리이다. 보기 중 목적어로 사용될 수 있는 대명사는 him과 himself 두 개가 있다. 빈칸에 him을 넣으면 주어 Mr. Lawson이 그 외의 다른 남성을 바친다는 의미가 되고 himself를 넣으면 Mr. Lawson이 전념한다는 의미가 된다. 문맥상 재귀 대명사 himself가 빈칸에 들어가는 것이 더 자연스러우므로 (D)가 정답이다.

어휘 quit 그만두다 in order to ~하기 위해 devote oneself to ~에 자신을 바치다, 전념하다 drawing 그림

103.

해석 파인 은행과 오레곤 재정은 심각한 경제 불황으로 계속 고통받고 있다.
(A) ~의 안에   **(B) ~에서, ~부터**   (C) ~ 중에서   (D) ~ 없이

해설 **[어휘 - 전치사]**
경제 불황이 고통받는 원인이라는 뜻이 되어야 하므로 (B)가 정답이다.

어휘 suffer 고통받다 severe 심각한 recession 침체, 불황

104.

해석 MST 서비스 사는 당신의 개인 정보를 안전하게 보관하기 위해 타당한 예방책을 취한다.
(A) 안전한   (B) 도움이 되는   (C) 필수적인   (D) 총명한

해설 **[어휘 - 형용사]**
기업이 개인 정보를 안전하게 보관하기 위해 노력한다는 의미가 되어야 하므로 (A)가 정답이다.

어휘 reasonable 합리적인, 타당한 precaution 예방책 keep 보관하다, 유지하다 personal 개인의

105.

해석 분실된 여권에 대한 경찰 보고서를 제출하고자 할 경우, 가장 가까운 경찰서로 가주시기 바랍니다.

해설 **[어법 - 형용사]**
관사와 명사 사이의 빈칸에 올 수 있는 말은 복합명사를 만들 수 있는 명사 또는 명사를 수식하는 형용사[분사]이다. 보기의 현재분사 missing(분실된)과 과거분사 missed(놓친, 손실된) 중 missing이 오는 것이 문맥상 자연스럽다. 따라서 (D)가 정답이다.

어휘 police 경찰 report 보고(서); 보고하다 passport 여권 near 가까운 police station 경찰서

106.

해석 기밀 보장을 위해 당신을 식별하는 모든 정보는 당신의 허가가 있을 때만 공개될 것입니다.
(A) 진실성   (B) 평등   **(C) 기밀**   (D) 독창성

해설 **[어휘 - 명사]**
To ensure는 허가가 있을 때만 정보가 공개되는 이유를 나타내는 to부정사구가 되어야 한다. '기밀 보장을 위해'라는 의미가 적절하므로 (C)가 정답이다.

어휘 ensure 보장하다 identify 확인하다, 식별하다 disclose 공개하다 permission 허가

107.

해석 급여 내역은 어코르 회계 시스템즈에서 직접 이메일로 전송되며, 암호로 보호된 서식으로 제공됩니다.

해설 **[어법 - 부사]**
문장 성분을 모두 갖춘 완전한 문장이므로 수식어구인 형용사·부사가 적절하다. 문맥상 동사 are emailed를 수식할 수 있는 부사 (A)가 정답이다.

어휘 pay slip 급여 내역(서) email 이메일로 전송하다 password 암호 protect 보호하다 form 양식, 서식

108.

해석 작업이 일정에 따라 진행된다면, 새 사무용 건물은 금요일까지 준비될 것이다.
(A) ~ 안에   (B) ~의   (C) ~에게   **(D) ~까지**

해설 **[어휘 - 전치사]**
문맥상 '금요일까지'라는 의미가 되는 것이 자연스러우므로 기한을 나타내는 전치사 (D)가 정답이다.

어휘 procced 진행하다 according to ~에 따라 schedule 일정

109.

해석 브리스톨 홀딩스는 일반적으로 부동산 판매 가격의 4퍼센트에서 7퍼센트의 수수료를 부과한다.
(A) 수수료   (B) 허가   (C) 입학   (D) 혼동

해설 **[어휘 - 명사]**
동사 charge(부과하다)의 목적어로 어울리는 것은 금액과 관련된 명사이므로 (A)가 정답이다.

어휘 typically 일반적으로 charge 부과하다, 청구하다 property 부동산

110.

해석 이 새로운 제품 품질 검사 과정은 하이텍의 브랜드 가치를 보호하고 비용이 많이 드는 시험을 막을 수 있게 도와줄 것입니다.

해설 **[어법 - 형용사]**
명사 testing(시험)을 수식해야 하므로 형용사 또는 분사가 적합하다. 보기의 형용사 costly(비용이 많이 드는)와 과거분사 costed(값이 매겨진) 중 costly가 오는 것이 문맥상 자연스럽다. 따라서 (A)가 정답이다.

어휘 product 제품, 생산물 quality 질 inspection 점검, 검사 process 과정, 절차 protect 보호하다 value 가치 avoid 막다, 방지하다 testing 시험

111.

해석 사진 전시회가 다음 주 수요일에 열릴 예정이며 오후 5시부터 7시까지 갤러리에서 개장 연회가 있습니다.
(A) 영수증   (B) 미수금
(C) 수화기, 수신기   **(D) 접수, 연회**

해설 **[어휘 - 명사]**
개장을 기념하여 갤러리에서 열기에 어울리는 **(D)**가 정답이다.

어휘 photography 사진 exhibition 전시(회) open 열다

112.

해석 비록 그녀가 수술에서 완전히 회복되지 않았지만 글로윈스키 씨는 회사에 복귀하겠다고 고집을 부린다.
(A) 부인하다 (B) 허용하다 (C) 포함하다 **(D) 고집하다**

해설 **[어휘 - 동사]**
주절의 내용이 회사에 복귀하겠다고 고집을 부린다는 의미가 되어야 even though가 이끄는 부사절의 의미와 자연스럽게 연결되므로 **(D)**가 정답이다.

어휘 even though ~에도 불구하고 fully 완전히 recover 회복하다 surgery 수술

113.

해석 타이슨 모터스는 접수처를 도울 시간제 근로자와 해외 사업을 담당할 영업 전문가를 더 채용할 것이다.
(A) 하지만 **(B) ~와, 그리고** (C) ~처럼; ~하므로 (D) ~도 아니다

해설 **[어휘 - 접속사]**
part-time workers와 sales professionals는 둘 다 동사 hire의 목적어이므로 등위 접속사로 연결해야 한다. '시간제 근로자와 영업 전문가'라는 의미가 되어야 하므로 **(B)**가 정답이다.

어휘 hire 채용하다 front office 접수처 professional 전문가 overseas 해외

114.

해석 라이트하우스 파이낸싱 플러스는 세계의 난민들을 돕기 위해 정장을 입고 참여하는 기금 마련 행사를 주최할 것이다.

해설 **[어법 - 동사]**
빈칸은 문장의 동사 자리이므로 '조동사+동사원형' 구조의 **(A)**가 정답이다. 나머지 보기들은 to부정사 또는 분사이므로 문장의 동사 자리에는 올 수 없다.

어휘 black-tie 정장을 요하는 fundraiser 기금 마련 행사 refugee 난민 host 주최하다

115.

해석 소프트웨어 산업에 종사하는 직원들 대부분이 계약된 근로시간보다 훨씬 더 오래 일한다는 것은 놀랍지 않다.

해설 **[어법 - 비교급]**
빈칸 앞뒤에 비교급 형용사를 수식하는 부사 much와 비교 대상을 수반하는 전치사 than이 나왔으므로 비교급 형용사 **(B)**가 정답이다.

어휘 surprising 놀라운 industry 산업 contractual 계약의

116.

해석 연간 예산안이 책정될 때, 급여, 채무상환 등은 단기적으로 안정된 것으로 간주된다.
(A) 사교적인 (B) 편안한 (C) 휴대할 수 있는 **(D) 안정적인**

해설 **[어휘 - 형용사]**
연간 예산을 책정하는 상황에서 salaries, debt payments 등 자금 항목을 수식하기에 가장 적합한 **(D)**가 정답이다.

어휘 annual 연간의 budget 예산 formulate 형성하다, 만들다 salary 급여 debt 채무 payment 지불, 납입 regard 간주하다 short-term 단기

117.

해석 물가 상승 우려로 인해 지난 몇 달 동안 이자율은 급격하게 올랐다.
(A) ~ 동안 (B) ~ 이후로 (C) 약, ~에 관한 (D) ~ 전에

해설 **[어휘 - 전치사]**
'지난 몇 달 동안'이라는 의미가 되어야 하므로 기간을 나타내는 전치사 **(A)**가 정답이다.

어휘 interest 이자 sharply 급격하게 due to ~로 인해 inflation 물가 상승 fear 두려움, 우려

118.

해석 배트첼더 전자가 의도적으로 제품의 결함을 숨겼다는 널리 퍼진 의혹이 있다.
(A) 의도적으로   (B) 심사숙고함
(C) 고의의; 숙고하다   (D) 숙고하는

해설 **[어법 - 부사]**
빈칸에는 동사 concealed를 수식할 수 있는 부사 **(A)**가 정답이다.

어휘 widespread 널리 퍼진 suspicion 의혹 conceal 숨기다 defect 결함 goods 제품

119.

해석 엔시티 서비스는 2년 정도 새로운 모델을 출시하지 않고 있지만, 지난 몇 개월에 걸쳐 급격한 판매량 성장이 있었다.
(A) 방법 (B) 직업, 경력 **(C) 양, 규모** (D) 배경, 환경

해설 **[어휘 - 명사]**
'급격한 판매량 성장'이라는 의미가 적절하므로 **(C)**가 정답이다.

어휘 release 발매하다, 출시하다 a couple of 두세 개의 rapid 급격한 sales 판매

120.

해석 당신이 자신의 사업을 시작하기를 원한다면, 더 경험이 많은 사람들에게서 조언을 듣는 것이 도움이 된다는 것을 발견할 수도 있다.
(A) 돕다 (B) 조력자 **(C) 도움이 되는** (D) 도움이 되게

해설 **[어법 - 형용사]**
빈칸에 올 단어는 find의 목적어를 보충해야 한다. 명사 역할의 to부정사구(가목적어 it)를 보충할 수 있는 것은 형용사이므로 **(C)**가 정답이다.

어휘 business 사업 advice 조언, 충고 experienced 경험이 있는

121.

해석 만약 서류를 처리할 때 그런 오류가 빈번하게 발생한다면, 손실을 방지하기 위해 그것들은 지속적으로 확인되어야 한다.
(A) 밀접하게 (B) 거의 ~않다 (C) 긴급하게 **(D) 빈번하게**

해설 **[어휘 - 부사]**
손실을 방지하기 위해 지속적으로 확인되어야 한다는 주절의 의미를 고려하면, 빈칸을 포함한 부분이 오류가 빈번하게 발생할 때를 가정하는 것이 자연스럽다. 따라서 **(D)**가 정답이다.

어휘 error 오류 occur 발생하다 process 처리하다 check 확인하다 continuously 지속적으로 prevent 방지하다

122.

해석 응접실 남쪽에는 커다란 창문들이 있는데 이것은 더 많은 일광이 방으로 들어오게 하고 허드슨 강의 장대한 경관을 제공한다.

해설 **[어법 - 관계대명사]**
동사 allow의 주어가 될 수 있으며 사물 선행사 large windows를 받을 수 있는 주격 관계대명사 **(D)**가 정답이다.

어휘 reception room 응접실 daylight 일광 magnificent 장대한

123.

해석 대규모 정전으로 야기된 장비 오작동 때문에, 유지 보수에 사용된 금액이 지난달 치솟았다.
(A) 연합   (B) 만기, 만료   **(C) 유지, 보수**   (D) 사임

해설 **[어휘 - 명사]**
장비 오작동과 관련된 비용은 수리 비용이므로 expenses와 복합명사를 이루는 **(C)**가 정답이다.

어휘 equipment 장비 failure 고장 cause 야기하다; 원인
power outage 정전 expense 비용 soar 치솟다, 급증하다

124.

해석 주 정부는 또한 재활용 제품의 사용을 촉진하기 위해 새로운 캠페인을 시작하는 것을 고려하고 있다.

해설 **[어법 - to부정사]**
빈칸의 to 앞에 이미 문장 필수 성분들(주어, 동사, 목적어)이 갖추어져 있으므로 to 이하는 부사구이다. 그러므로 빈칸에는 to와 함께 to부정사를 형성할 수 있는 동사원형이 들어가야 한다. 따라서 **(B)**가 정답이다.

어휘 government 정부 consider 고려하다 launch 시작하다 recycled 재활용된

125.

해석 다양한 조직적 업무들이 제한된 기간 내에 수행되어야 한다는 것을 명심하는 것이 중요하다.
(A) 연관시키다   (B) 참여하다   **(C) 유지하다**   (D) 제공하다

해설 **[어휘 - 동사]**
that 이하의 내용을 마음에 간직한다는 의미가 되는 것이 자연스럽다. 그러므로 in mind와 함께 관용 표현 keep in mind(명심하다)를 형성하는 **(C)**가 정답이다.

어휘 keep in mind 명심하다 various 다양한 organizational 조직적인
task 업무 perform 수행하다 limited 제한된 period 기간

126.

해석 모든 콘퍼런스 참가자들은 화요일 오후부터 금요일 오전까지의 4일 중에서 최소한 3개의 편성 (프로그램)을 예약해야 합니다.
(A) 참가하다   (B) 참가한   (C) 참가, 출석   **(D) 참가자들**

해설 **[어법 - 명사]**
동사 reserve(예약하다)의 주체가 될 수 있는 명사가 주어 자리에 와야 하므로 **(D)**가 정답이다.

어휘 conference 회의, 연회 reserve 예약하다 track 경로, 궤도

127.

해석 시장이 이미 아래로 움직이기 시작했을 때조차도 그들은 그들의 미래가 밝다고 믿었다.
(A) 심지어, ~조차도   (B) 대략   (C) ~인지   (D) 잘

해설 **[어휘 - 부사]**
시장이 하락할 때 미래가 밝다고 믿는 것은 일반적이지 않은 상황이므로 예외적인 상황을 강조하는 부사 **(A)**가 정답이다.

어휘 future 미래 bright 밝은 begin 시작하다 downwards 아래로

128.

해석 펠라보한 터널은 6개월 전에 준공되었으며 현재 상업용, 다인승 차량을 위해 이용이 제한되어 있다.
(A) ~을 위한   (B) ~에 대한   (C) ~의   (D) ~으로

해설 **[어휘 - 전치사]**
commercial and high-occupancy vehicles는 터널을 이용할 수 있는 차량에 해당하므로 대상을 나타내는 전치사 **(A)**가 정답이다.

어휘 tunnel 굴, 터널 complete 완성하다, 준공하다 limited 제한된
commercial 상업적인 occupancy 사용, 점유, 착석 vehicle 차량

129.

해석 맥스 생명 그룹의 이사들은 시 의회가 그 계획을 승인하기 거부했다는 소식을 들은 후 좌절했다.
(A) 초기의   (B) 착수하다   **(C) 계획**   (D) 초기에

해설 **[어법 - 명사]**
to부정사 to approve의 목적어가 될 수 있는 명사 **(C)**가 정답이다.

어휘 director 이사 frustrate 좌절감을 주다 council 협의회, 의회 refuse
거부하다 initiative 계획, 법안

130.

해석 주문이 발송되면, 추적 정보가 담긴 배송 확인서가 귀하가 제공하신 이메일 주소로 발송될 것입니다.
(A) 심지어   **(B) 일단 ~하면**   (C) ~에 따라   (D) ~를 넘어

해설 **[어법 - 접속사]**
빈칸 뒤에는 주어와 동사를 갖춘 절이 이어지므로 절과 절을 이어주는 접속사 **(B)**가 정답이다.

어휘 shipping 배송 confirmation 확인(서) track 추적하다 provide 제공하다 dispatch 보내다

PART 6

131-134 광고

피아체 슈즈에서 판매 사원을 구합니다.

직책: 판매 사원

직무 형태: 정규직

오클랜드 남쪽으로 20분 거리에 위치한 피아체 슈즈에서 ¹³¹**현재** 판매 사원을 모집하고 있습니다. 우리의 판매 사원들은 고객 서비스의 최고 수준에 ¹³²**맞추면서** 고객들을 응대해야 하며, 월별 영업 목표를 달성해야 합니다. 또한 판매 사원은 필요한 경우 시간제 직원들을 교육할 책임이 있습니다.

주요 업무는 고객의 질문에 예의 바르게 대답하고, 선반의 재고를 확인하여 재고 ¹³³**계산**을 지원하는 것입니다.

¹³⁴**근무 시간에 저녁과 주말이 포함될 수 있음을 알아두십시오.** 저희 웹사이트 www.piacelady.net에서 더 많은 정보를 찾으실 수 있습니다. 이력서는 매장 관리자 린 파디에게 fadi@piacelady.net으로 이메일 보내주시기 바랍니다.

어휘   look for ~을 찾다 assistant 보조원, 사원 locate 두다, 자리를 정하다 serve 모시다, 대접하다 ensure 보장하다, 확실히 하다 achieve 달성하다 target 목표(물) responsible for ~에 대한 책임이 있는 train 훈련시키다 primary 주요한, 제1의 duty 역할, 임무 courteously 공손하게, 예의 바르게 monitor 감시하다, 관찰하다 stock 재고 shelf 선반 resume 이력서

131.

해석   (A) 곧   (B) 절대 ~ 않다   (C) 현재   (D) 더 이상 ~ 않다

해설   **[어휘 - 부사]**
빈칸은 부사 자리로, 동사구 is looking for를 수식한다. 보기에서 현재진행 시제와 함께 쓰일 수 있는 부사는 soon과 currently인데, 모집이 이미 진행되고 있는 상황이므로 currently(현재)가 적절하다. soon(곧)은 의미상 현재진행 시제가 '가까운 미래'를 나타낼 때 쓸 수 있다. 따라서 **(C)**가 정답이다.

132.

해설   **[어법 - 수동태]**
ensuring의 목적어로 쓰인 명사절(that 이하)에 동사가 없으므로 빈칸은 동사 자리이다. meet은 여기서 '(조건 등에) 맞추다'라는 의미이며, 주어 the highest standards가 맞추는 주체가 아니라 대상이므로 수동태여야 한다. 따라서 **(A)**가 정답이다.

133.

해석   (A) 계산, 수치   (B) 셀 수 없는   (C) 계산된   (D) 셀 수 있게

해설   **[어법 및 어휘 - 명사]**
전치사 다음에는 명사(구)가 온다. 따라서 sales와 함께 복합명사를 이룰 수 있는 **(A)**가 정답이다.

134.

해석   **(A) 근무 시간에 저녁과 주말이 포함될 수 있음을 알아두십시오.**
(B) 다른 모든 적절한 업무가 매장 관리자 직무를 수행하는 데 요구됩니다.
(C) 피팅룸은 중요한 사생활을 제공하도록 디자인되었습니다.
(D) 저희는 실업 문제에 대해 관리자에게 보고할 것입니다.

해설   **[문맥에 맞는 문장 고르기]**
직무 내용을 설명한 후 마지막 문단에서 추가 정보를 언급하고 있다. 따라서 판매직 지원자가 별도로 알아두어야 할 사항인 **(A)**가 정답이다.

어휘   note 유념하다, 주의하다 include 포함하다 weekend 주말 appropriate 적절한 duty 업무 perform 수행하다 fitting room 피팅룸 privacy 사생활 issue 문제 unemployment 실업

135-138 공지

12월 15일자로 현재 파라곤 드라이브 2325가에 있는 트윈 시티 데이터의 본사가 애틀랜틱 로드 1996으로 ¹³⁵**이전될 것입니다.** 회사 ¹³⁶**성장으로 인해** 이전이 불가피합니다. 대중 교통과 가까이 자리해서, 저희 새로운 사무실 위치는 방문객들에게 더 나은 ¹³⁷**접근**을 제공할 것입니다.

저희 연락처는 변하지 않습니다. ¹³⁸**그렇지만 12월 15일에 저희의 전화 시스템은 중단될 것입니다.** 이것이 유발할 불편에 대해 미리 사과드립니다.

가까운 미래에 새로운 사무실에서 여러분을 환영할 수 있는 기회를 가지길 바랍니다.

지속적인 성원에 감사 드립니다.

어휘   as of ~일자로 head office 본사 relocate 재배치하다 relocation 이전 inevitable 불가피한 growth 성장 visitor 방문객 public transportation 대중 교통 remain 남아있다 in advance 미리 inconvenience 불편 access 접근

135.

해설   **[어법 - 수동태]**
문장의 주어 the head office of Twin City Data는 동사 relocate의 대상이므로 수동태가 쓰여야 한다. 따라서 be동사와 함께 수동태를 이루는 과거분사 **(C)**가 정답이다.

136.

해석   (A) ~에 따라   (B) 그러나   (C) ~을 제외하고   **(D) ~으로 인해**

해설   **[어휘 - 전치사]**
빈칸 뒤에는 명사구가 왔으므로 절과 절을 연결해주는 접속사 however는 적절하지 않다. 빈칸 이하가 이전이 불가피한 이유를 설명하는 것이 자연스러우므로 **(D)**가 정답이다.

137.

해석   **(A) 접근**   (B) 구매자   (C) 지점   (D) 진척

해설   **[어휘 - 명사]**
대중 교통과 가까워서 방문객들에게 더 나은 접근을 제공할 것이므로 **(A)**가 정답이다.

138.

해석   (A) 당신의 계정에 관해 상세하게 논의하기 위해 현재 사무실을 방문해주시기 바랍니다.
(B) 또한 우리는 이전된 사무실 공간이 기대됩니다.
(C) 새로운 사무실은 고객의 성공에 대한 우리의 헌신을 반영합니다.
(D) 그렇지만 12월 15일에 저희의 전화 시스템은 중단될 것입니다.

해설   **[문맥에 맞는 문장 고르기]**
빈칸 뒤 문장에서 이것이 유발할 불편에 대해 사과한다고 하였다. 빈칸에는 불편을 유발하는 구체적인 사항이 언급되어야 하므로 **(D)**가 정답이다.

어휘   current 현재의 account 계정 be excited about ~에 대해 기대하다 reflect 반영하다 commitment 헌신 be down 작동하지 않다, 중단되다

수신: nmarcello@gomail.com
발신: csdept@greencleaning.com
제목: 고객 만족도 설문 초청

노아 마르셀로께,
귀하의 청소 필요를 위해 우리 서비스를 선택해주신 것에 대하여 ¹³⁹진심 어린 감사를 표하고 싶습니다. 우리의 우선 사항은 가능한 가장 높은 ¹⁴⁰수준의 서비스를 제공하는 것입니다. 당신에게 더 나은 서비스를 제공하기 위한 우리의 지속적인 노력의 일환으로, 당신이 우리의 서비스에 얼마나 만족하는지 알고 싶습니다. 우리는 당신의 솔직한 의견을 소중하게 생각합니다. 그것은 우리 서비스를 개선하기 위해 ¹⁴¹적극적으로 사용될 것입니다.
조사를 시작하기 위해 웹 주소를 클릭하세요. ¹⁴²이것은 5분 미만으로 소요될 것입니다. 조사 완료 시, 당신은 이메일로 할인 쿠폰을 받을 것입니다. 당신의 시간을 내주신 것에 미리 감사드립니다.

고객 지원부
그린 클리닝 서비스

어휘 priority 우선 사항 constant 지속적인 value 가치있게 여기다 candid 솔직한 improve 개선하다 completion 완료 voucher 상품권, 쿠폰 in advance 미리

139.
해석 (A) 진실된 (B) 훌륭한, 멋진 (C) 사적인 (D) 밝은

해설 **[어휘 - 형용사]**
서비스를 이용한 고객에게 고객 만족도 설문을 부탁하기 전에 하는 인사말이다. 우리 업체를 선택해주셔서 진심 어린 감사를 표한다는 의미가 되어야 자연스러우므로 **(A)**가 정답이다.

140.
해석 (A) 요금 (B) 고도 (C) 수준 (D) 고객

해설 **[어휘 - 명사]**
빈칸을 포함한 명사구가 '가능한 가장 높은 수준의 서비스'라는 의미가 되어야 하므로 **(C)**가 정답이다.

141.
해석 (A) 적극적으로 (B) 활성화하다 (C) 활동적인 (D) 활동

해설 **[어법 - 부사]**
빈칸에는 수동태 동사 be used를 수식하는 표현이 들어가야 한다. 동사를 수식할 수 있는 부사 **(A)**가 정답이다.

142.
해석 (A) 당신이 행운의 당첨자가 될 수 있습니다.
(B) 우리는 우리의 실수에서 배웁니다.
(C) 우리는 지체에 대해 죄송합니다.
(D) 이것은 5분 미만으로 소요될 것입니다.

해설 **[문맥에 맞는 문장 고르기]**
설문 조사를 시작하는 방법을 말한 다음 그 설문 조사에 관한 부가적인 설명이 오는 것이 자연스럽다. 따라서 **(D)**가 정답이다.

어휘 lucky 운이 좋은 winner 승자, 당첨자 mistake 실수 delay 지연 less 덜

후라노 테라스에 오신 것을 환영합니다! 저희와의 숙박을 선택해주셔서 기쁩니다. 후라노 테라스 관리 및 서비스 직원들은 당신을 도와드리고 기대를 충족시키려고 노력할 준비가 언제나 되어 있습니다. 객실, 물품 및 시설, 서비스 ¹⁴³전반에 관한 무엇이든 언제라도 저희에게 물어보십시오.
4층에 위치한 스포츠 시설을 ¹⁴⁴이용하고자 할 경우에는, 예약 번호를 가져오시기 바랍니다. 시설 ¹⁴⁵입구에 비치된 안전 수칙을 읽어주시길 요청 드립니다.
프런트 데스크는 당신을 지원하기 위해 24시간 열려 있습니다! 저희는 또한 www.furano-guests.com이라는 체크인 고객 전용 웹사이트를 가지고 있습니다. ¹⁴⁶이 웹사이트에서 룸 서비스를 바로 주문할 수 있습니다.
당신을 알게 되기를 기대합니다.

후라노 테라스 관리 및 서비스 팀

어휘 pleased 기쁜, 즐거운 choose 고르다, 선택하다 stay 머무르다, 숙박하다; 숙박 staff 직원들 meet one's expectation ~의 기대에 부응하다 related to ~와 관련된 property 자산, 소유물 facility 시설 locate 위치하다 regulation 규정, 수칙 place 위치하다, 놓다 assist 협조하다, 돕다 get to know 알게 되다

143.
해석 (A) 사이가 좋지 않은 (B) 요청에 따라
(C) 전반적으로 (D) 미리

해설 **[어휘 - 관용 표현]**
숙박 업소에서 고객들에게 시설 안내를 하고 있으므로 전반적인 사항에 관해 문의를 달라는 의미가 되어야 자연스럽다. 따라서 **(C)**가 정답이다.

144.
해석 (A) 이용하다 (B) 관리하다 (C) 얻다 (D) 연결하다

해설 **[어휘 - 동사]**
스포츠 시설과 관련하여 예약 번호를 가져오라는 조건을 붙이고 있다. 예약 번호는 특정 장소를 이용하기 위해 필요한 것이므로 **(A)**가 정답이다.

145.
해석 (A) 들어가다 (B) 입구 (C) 입장 (D) 들어갈 수 있는

해설 **[어법 및 어휘 - 명사]**
전치사 at 다음에는 명사구가 와야 하므로 명사 entry 또는 entrance 중에서 선택해야 한다. 이 문장에서 at을 장소 전치사로 보는 것이 의미상 자연스러우므로 **(B)**가 정답이다.

146.
해석 (A) 무료 아침 뷔페가 포함되어 있습니다.
(B) 이 웹사이트에서 룸 서비스를 바로 주문할 수 있습니다.
(C) 개인 정보를 공유하실 필요 없습니다.
(D) 최소 24시간 전의 취소 통지를 필요로 합니다.

해설 **[문맥에 맞는 문장 고르기]**
빈칸 앞 문장에서 웹사이트 주소를 안내하였으므로 웹사이트에 관한 내용이 이어지는 것이 자연스럽다. 따라서 **(B)**가 정답이다.

어휘 complimentary 무료의, 칭찬의 directly 직접 order 주문하다 personal 개인적인 share 공유하다 at least 최소한 notice 통지 cancellation 취소

147-148 쿠폰

맥코맥 학습소
탁아 프로그램

신규 가족 특전:
무료 등록 및 100달러 수업료 적립금!

[148]제안은 종일반에 등록하는 신규 가족에게만 적용됩니다.
[147]100달러 수업료 적립금이 가족의 각각의 아동에게 지원됩니다.
다른 할인 쿠폰과 중복 사용 불가.

이 쿠폰을 안내처 상담사에게 보여주세요.
온라인 등록 시, 쿠폰 코드 MCC-2050을 입력해주세요.
특전은 7월 31일까지 유효.

맥코맥 학습소
매일이 즐거운 곳!
0505-333-1207

어휘　day care 주간 보호, 탁아 special 특별한; 특전, 특가 registration 등록 tuition 수업료, 등록금 credit 융자(금); 신용 offer 제안; 제공[제안]하다 full-time 전일제; 정규의, 상근의 award 수여하다; 상 combine 결합하다 discount 할인 present 발표하다, 보여주다 advisor 상담사 valid 유효한

▶ **Grammar Point**

[부정 형용사 each]
부정 형용사 each는 단수명사와 함께 사용된다.
$100 tuition credit will be awarded to **each** child in family.
each + 단수명사

147.
해석　맥코맥 학습소에 대해 암시된 내용은 무엇인가?
(A) 가족 휴양지이다.
(B) 어린이용 프로그램을 운영한다.
(C) 언어 학습 강좌를 제공한다.
(D) 하루 24시간 운영된다.

해설　**[추론]**
이 쿠폰은 탁아 프로그램 홍보를 위한 쿠폰으로, 중반부에 적립금 100달러가 각각의 아동에게 지원된다는 내용이 있다. 따라서 **(B)**가 정답이다.

어휘　vacation 휴가, 방학 resort 휴양지, 리조트 language 언어 operate 작동하다, 운영하다

148.
해석　쿠폰에 대해 사실인 것은 무엇인가?
(A) 현장에서 사용될 수 없다.
(B) 기존 회원에게 적용된다.
(C) 연말에 만료된다.
(D) 종일반 등록 시에만 유효하다.

해설　**[Not/True]**
첫 번째 문장에서 종일반에 등록하는 신규 가족에게 적용된다고 했으므로 **(D)**가 정답이다.

어휘　offline 컴퓨터가 아닌, 현장의 current 현재의, 통용되는 membership 회원(권) expire 기한이 다 되다, 만료되다

149-150 신유형 문자 메시지

파멜라 영　오후 3:04
안녕하세요, 헨리. 지금 고객과의 회의에서 막 돌아왔어요. [150]그녀는 당신의 사무실 디자인을 좋아했지만 거기에 몇 가지 수정을 요청했어요.

헨리 코리건　오후 3:06
좋은 소식이네요! 언제까지 그것들이 필요하시죠?

파멜라 영　오후 3:07
[149]다음 회의가 수요일 열한시 반에 예정되어 있어요.

헨리 코리건　오후 3:09
문제 없어요. 제가 새로운 디자인 파일을 당신의 클라우드에 업로드할게요.

파멜라 영　오후 3:12
고마워요! 그것이 잘 되면, [150]우리가 지금까지 해온 것 중 가장 큰 인테리어 프로젝트가 될 거예요.

어휘　modification 수정 by (기한) ~까지 be scheduled for ~로 예정되다 upload 업로드하다, 싣다 work out 잘 풀리다, 효과가 있다 ever 언제나, 지금까지

▶ **Grammar Point**

[가정법 현재]
가정법 현재 시제는 현재와 미래 사실을 가정하기 위해 사용할 수 있다.
If it works out, it will be the biggest interior project.
if + 주어 + 현재 시제
→ 미래에 일이 잘 풀리는 상황을 가정

149.
해석　오후 3시 9분에 코리건 씨가 "문제 없어요"라고 말한 의도는 무엇인가?
(A) 그는 영 씨가 계약을 따낼 것이라고 믿는다.
(B) 그는 모든 것이 잘 되기를 바란다.
(C) 그는 제시간에 디자인을 준비할 수 있다.
(D) 그는 영 씨의 성공으로 기쁘다.

해설　신유형 **[의도 파악 문제]**
코리건 씨는 오후 3시 6분에 먼저 수정이 언제까지 필요한지(When do you need ~)를 영 씨에게 물었고, 영 씨가 다음 회의 일정을 말하여 그 기한을 암시하였다. 이 말에 대해 "문제 없어요"라고 답한 것이므로 **(C)**가 정답이다.

어휘　secure 얻다, 획득하다 go well 잘 되다, 잘 풀리다

150.
해석　영 씨는 어떤 회사에서 근무할 것 같은가?
(A) 인테리어 디자인 회사
(B) 사무용품 매장
(C) 위험 관리 회사
(D) 컴퓨터 수리점

해설　**[추론]**
영 씨의 첫 번째 메시지에서 고객이 코리건 씨의 디자인을 좋아했다고 했으며, 영 씨의 마지막 메시지에서 이들이 지금까지 여러 개의 인테리어 프로젝트를 해왔음을 알 수 있다. 따라서 **(A)**가 정답이다.

어휘　office supplies 사무용품 agency 대행사, 대리점 repair 수리하다; 수리

151-152 이메일

발신: schreiner@sunwebsolutions.com
수신: m.lerman@noamclinic.com
제목: [151]비용 요약
날짜: 11월 10일

러만 씨 귀하

저희와 일하는 것에 대한 관심에 감사드립니다. [151]우리 팀은 당신의 사업 요구를 검토하여 다음 비용 견적을 준비하였습니다.

웹사이트 디자인	6,500 달러
HTML 코딩	8,000 달러
[152]웹 호스팅 (선택사항)	1,180 달러
검색 엔진 최적화	3,000 달러
휴대기기용 웹사이트	3,600 달러

이것은 최종 가격이 아닙니다. 보다 철저한 정보 수집 과정 후에 정확한 가격을 당신에게 제공할 것입니다. 또한, [152]귀하께서 추가 서비스를 계약하실 경우 처음 1년간 무료 도메인 이름을 제공하오니 참고해주십시오.

로건 슈라이너
선 웹 솔루션

어휘 interest 흥미, 관심 review 검토하다 business 사업(체), 거래 requirement 요건, 요구 prepare 준비하다 estimate 예상하다, 추정하다; 추정치 cost 가격, 비용 search 찾다, 탐색하다; 검색 optimization 최적화 mobile 휴대용의 final 최종의, 마지막의 quote 가격; 가격을 매기다 provide A with B A에게 B를 제공하다 precise 정확한 thorough 철저한 gathering 수집, 모음 process 처리하다; 공정, 과정 note 주목하다, 주의하다 sign up 등록하다 extra 추가의, 여분의

▶ Grammar Point

[미래 시제]

'조동사 will + 동사원형'은 미래에 관한 일을 말할 때 사용한다.

We **will provide** you with a precise quote after a more thorough
<u>will + 동사원형</u>   information gathering process.
→ 제공 시점이 미래

151.

해석 이메일의 목적은 무엇인가?
(A) 웹사이트 광고　　(B) 가격 견적 제공
(C) 개인 서비스 제공　　(D) 할인 요청

해설 **[주제·목적]**
이메일의 제목은 Summary of the Cost(비용 요약)이며, 본문 두 번째 문장에 사업 요구를 검토하여 비용 견적을 준비하였다고 나와 있다. 따라서 **(B)**가 정답이다.

어휘 advertise 광고하다 personal 개인적인, 사적인 ask for 요청하다

152.

해석 무료 도메인 이름을 얻기를 원한다면 러먼 씨는 무엇을 해야 하는가?
(A) 총 비용의 50퍼센트 선결제
(B) 슈라이너 씨와의 회의 일정 잡기
(C) 웹 호스팅 서비스 가입
(D) 휴대기기용 웹사이트 제작

해설 **[세부사항]**
마지막 문장 if절에 무료 도메인 이름을 얻을 수 있는 조건으로 sign up for the extra service(추가 서비스에 가입하기)가 나와 있다. 여기서 말하는 추가 서비스는 표에 선택사항으로 표시된 웹 호스팅 서비스를 의미하므로 **(C)**가 정답이다.

어휘 total 전체의, 총 in advance 미리 schedule 일정; 일정을 잡다 subscribe 가입하다, 구독하다 create 만들다, 생성하다

153-154 채용 공고

우리는 채용 중입니다!

텍사스 오스틴에 위치한 종합 마케팅 서비스 회사 제니스 광고 그룹이 창의적인 계약직 웹디자이너를 찾고 있습니다. 해당 디자이너는 웹사이트 및 마케팅 캠페인을 지원하는 디지털 콘텐츠 디자인을 책임지게 됩니다. 이상적인 후보자는 상급 디자인 능력과, [153(B)]세부사항을 보는 안목, 그리고 고객 및 창작 팀과 [153(C)]효율적으로 의사소통 할 수 있는 능력을 보유하여야 합니다. 고객의 대부분이 주요 언어로 스페인어를 구사하기 때문에, [153(A)]영어 및 스페인어 모두 유창한 수준으로 쓰고 말할 수 있는 의사소통 능력이 필요합니다. 최소 2년의 관련 경력과 학사 학위 또한 필수입니다. [154]직무는 11월에 시작하며 4월에 종료될 것입니다.

어휘 hire 채용하다 firm 상사, 회사 locate 위치시키다 seek 찾다, 구하다 creative 창의적인 contract 계약; 계약하다 basis 근거, 기준 be responsible for ~에 책임을 지다 support 지지하다, 지원하다 ideal 이상적인 candidate 후보자 superior 상급의, 월등한 skill 능력, 기술 detail 세부사항 A as well as B B뿐만 아니라 A도 effectively 효율적으로 client 고객, 의뢰인 since ~이기 때문에, ~ 이래로 portion 비중, 부분 primary 주요의, 제1의 fluent 유창한 written 서면의, 글로 쓴 verbal 구두의, 말로 하는 at least 최소한 relevant 관련 있는 work experience 경력 bachelor's degree 학사 학위 necessary 필수적인 position 직위, 위치

▶ Grammar Point

[should]

조동사 should는 '~해야 한다'는 의미로 자격 요건을 표현하기 위해서도 사용할 수 있다.

The ideal candidate **should** have an eye for detail.
<u>should + 동사원형</u>
→ 갖춰야 하는 요건

153.

해석 직무에 필요한 조건으로 언급되지 않은 것은?
(A) 유창한 외국어 실력
(B) 세부사항에 대한 주의력
(C) 뛰어난 의사소통 능력
(D) 해외 시장에 대한 지식

해설 **[Not/True]**
제니스 광고 그룹이 찾는 이상적인 디자이너의 조건으로, 상급 디자인 능력, 세부사항을 보는 안목, 의사소통 능력이 언급되었고 영어와 스페인어의 유창한 쓰기 말하기 능력이 필수라고 했다. 따라서 내용에 언급되지 않은 **(D)**가 정답이다.

어휘 fluency 유창성 attention 주의, 관심

154.

해석 고용 기간은 얼마 동안인가?
(A) 4주　(B) 1년　**(C) 6개월**　(D) 2년

해설 **[세부사항]**
근무 기간은 맨 마지막 문장에 나와 있다. 11월부터 4월까지는 6개월이므로 **(C)**가 정답이다.

155-157 양식

페탈스 꽃집

페탈스 꽃집을 이용해주셔서 감사합니다. 저희를 도와 조금만 시간을 내시어 귀하께서 받으신 서비스에 대해 말씀해 주십시오. 설문은 팩스 250-48-84 또는 이메일 service@petals.corp로 제출하시면 됩니다. [157]저희가 설문을 받게 되면, 귀하께 Petals.Com 상품권을 보내드립니다.

고객 이름: 츠구미 아키모토	**이메일:** takimoto@geemail.com
플로리스트 이름: 바네사 로페즈	**주문일:** 7월 20일

다음에 대해 1에서 5의 범위 안에서 평가해주시기 바랍니다.
(1) 불만족 (2) 보통 (3) 좋음 (4) 아주 좋음 (5) 훌륭함

서비스
귀하의 꽃에 얼마나 만족하십니까? 1 2 3 4 **5**
귀하의 꽃 배달 서비스에 만족하셨습니까? 1 2 3 **4** 5

웹사이트
꽃 종류 1 2 3 4 **5**
[155]예약 편의성 **1** 2 3 4 5
제공 정보 1 2 3 **4** 5

서비스를 다시 이용하시겠습니까? 그렇다 / 아니다 / **확실하지 않다**
서비스를 다른 사람들에게 추천하시겠습니까? **그렇다** / 아니다 / 확실하지 않다

의견: 사이트는 방대한 종류의 사랑스러운 꽃꽂이 제품과 꽃이 아닌 선물용품을 제공하네요. [156]하지만 배달 옵션이 다른 온라인 꽃 서비스만큼 폭넓지 않습니다. 저는 제 주문에 인사 카드를 추가할 수 없었습니다. 또한, [155]시간이 많이 드는 예약 과정 때문에 3일 전에 미리 주문을 해야 했습니다.

어휘 submit 제출하다 survey 설문(지); 조사하다 certificate 증명서 customer 고객, 손님 florist 플로리스트 rate 점수, 비율; 평가하다, 점수를 매기다 following 뒤따르는, 다음의 scale 범위, 척도 delivery 배달 selection 선정, 선택 ease 쉬움, 용이함 information 정보 recommend 추천하다 comment 논평, 언급 vast 방대한 flower arrangement 꽃꽂이 gift 선물 delivery 배달 extensive 넓은, 광범위한 add 더하다 greeting 인사 in advance 미리 because of ~때문에 time-consuming 시간이 많이 드는 process 과정, 공정; 처리하다

▶ **Grammar Point**

[how]
의문사 how는 형용사와 함께 쓰여 '얼마나 ~한'이라는 의미로 정도를 묻기 위해 사용될 수 있다.

How happy are you with your flowers?
how + 형용사
→ 얼마나 만족한

155.

해석 페탈스 꽃집에 대해 암시된 내용은 무엇인가?
(A) 무료 배달 서비스를 제공한다.
(B) 제한된 종류의 꽃을 보유한다.
(C) 상품을 주문하기 불편하다.
(D) 꽃 종류만 취급한다.

해설 **[세부사항]**
아키모토 씨가 웹사이트 부문에 평가한 점수와 의견란에 적은 내용을 참고해야 한다. 예약 편의성에 낮은 점수를 주었고, 꽃을 예약할 때 시간이 많이 들었다고 적었으므로 **(C)**가 정답이다.

어휘 limited 제한된 inconvenient 불편한 deal 취급하다, 다루다

156.

해석 아키모토 씨가 주문한 꽃에 대해 명시한 내용은 무엇인가?
(A) 꽃들이 형편없는 상태로 도착했다.
(B) 가격이 제품에 비해 과했다.
(C) 고객 서비스가 훌륭했다.
(D) 이용 가능한 배달 옵션이 몇 개 없었다.

해설 **[Not/True]**
아키모토 씨는 의견란 두 번째 문장에 배달 옵션이 폭넓지 않다고 적었으므로 **(D)**가 정답이다.

어휘 condition 상태, 조건 product 제품, 상품 excellent 훌륭한 few 적은, 거의 없는 available 이용 가능한

157.

해석 양식에 따르면 설문 전송자에게 제공되는 것은 무엇인가?
(A) 할인 쿠폰   (B) 꽃이 아닌 선물   **(C) 상품권**   (D) 꽃 카탈로그

해설 **[세부사항]**
양식 상단에 설문 제출처를 명시한 후, 설문을 받으면 상품권을 보내준다고 했으므로 **(C)**가 정답이다.

어휘 voucher 상품권, 할인권, 쿠폰 catalog 카탈로그

158-160 공지

주민 여러분 귀하

[158]이것은 중앙 복도 구역에 보관되어 있는 자전거와 관련하여 B-105 및 B-110에 계신 모든 주민분들께 드리는 저희의 마지막 공지입니다.

개인 물건과 자전거를 중앙 복도에 아직도 보관하고 계신 모든 주민 여러분께서는 그것들을 즉시 치워주셔야 합니다. 이 물건들은 보기에 좋지 않고 주민들에게 잠재적인 위험이 됩니다.

점점 증가하는 지역 구성원들의 자전거 탑승 숫자를 감당하기 위해 우리 지역의 자전거 거치대는 모든 전철역 근처에 마련되어 있습니다. 그것들은 자전거를 이용하는 누구에게나 무료이며, 지면에 안전하게 부착되어 있습니다.

[160]자전거가 5월 13일 수요일까지 치워지지 않는다면, 우리는 자물쇠와 사슬을 절단하여 자전거를 임의로 치우기 시작할 것입니다.

[159]질문이 있으시면 안전 사무소에 연락주시기 바랍니다.
책임 담당자: 아론 램파드와 조 마우어(860-562-888, B-101 3층)

이 문제에 대한 즉각적인 관심에 감사 드립니다.

조 마우어, 안전 사무소

어휘 resident 주민, 거주자 in regards to ~에 관한 store 저장하다, 보관하다 main 주요한, 중심의 hallway 복도 personal 개인적인, 사적인 remove 제거하다, 치우다 immediately 즉시 eyesore 보기 흉한 것; 흉물 represent 나타내다, 대표하다, 해당하다 potential 잠재적인 hazard 위험 parking rack 주차대, 거치대 county 자치주, 자치 지역 be in place 설치되다, 준비되다 support 받치다, 지지하다 ride 타다 community 지역사회, 단체 securely 안전하게, 튼튼하게 attach 붙이다 safety 안전 responsible 책임이 있는 prompt 신속한 attention 주의, 관심 matter 문제

▶ Grammar Point

[도치]

가정법에서 if가 생략되면 if절 내의 조동사가 주어 앞으로 이동한다.

If you **should** have any questions, please contact our Safety Office.
주어 + 조동사

(If 생략) **Should** you have any questions, please contact our Safety Office.
조동사 + 주어

158.

해석 공지는 어디에 게시되었겠는가?
(A) 학교 도서관
(B) 사무실 건물
(C) 호텔 로비
(D) 아파트에

해설 **[추론]**
공지의 대상이 주민들이므로 **(D)**가 정답이다.

어휘 library 도서관 apartment 아파트

159.

해석 안전 사무소에 대해 암시된 내용은 무엇인가?
(A) 전철역 근처에 위치하고 있다.
(B) IT 유지보수를 담당한다.
(C) 주민들의 질의를 받는다.
(D) 잠금 장치를 교체하고 있다.

해설 **[Not/True]**
질문이 있을 경우 안전 사무소로 연락하라고 했으므로 **(C)**가 정답이다.

어휘 near 가까운; 가까이에 in charge of ~을 담당하는 maintenance 유지보수 inquiry 문의, 질의

160.

해석 마우어 씨가 5월 13일 이후에 할 것이라고 명시한 내용은 무엇인가?
(A) 고속도로 포장 **(B) 자전거 제거**
(C) 네트워크 설치 (D) 보안 점검

해설 **[세부사항]**
네 번째 문단에 5월 13일까지 자전거가 치워지지 않으면 안전 사무소에서 임의로 자전거를 치우겠다고 했으므로 **(B)**가 정답이다.

어휘 pave 포장하다 highway 고속도로 install 설치하다 security 보안, 안전 inspection 점검

161-163 웹페이지

기타에 대한 모든 것 - 호주 최대 규모의 기타 보유량

[162]호주 최대의 악기 온라인 상점 '기타에 대한 모든 것'에 오신 것을 환영합니다. 저희는 계속해서 새로운 상품과 유행을 연구하여, 여러분에게 가장 합리적인 가격으로 전 세계로부터 최고의 상품을 제공해 드립니다. 저희는 기타, 베이스, 기타 앰프, 키보드, 마이크, 보조용품 등을 포함한 온라인상 가장 큰 규모의 보유 악기 및 장비들로부터 (거의 모든 상품에) 무료 배송을 제공합니다.

익일 배송
[163]월금 오후 2시 전에 주문을 하세요. 그러면 저희가 귀하의 주문을 익일 배송으로 보내드립니다. 당신은 다음 영업일 오후 6시까지 주문상품을 받으실 수 있습니다. 무료 배송은 50 달러 이상의 본토 주문 건에 적용.

실시간 재고 수준
주문하고 싶은 상품이 재고가 있는지 확인하면서 안전하게 쇼핑하세요. 다른 많은 상점과 달리, 저희의 모든 재고 수준은 실시간으로 표시됩니다.

헌신적인 고객 서비스 팀
저희는 당신에게 딱 맞는 악기를 선택하실 수 있도록 돕는 헌신적인 팀을 고용하고 있습니다. [161]여러분이 다음 기타를 찾으시거나 조언이 필요하시면, 온라인 채팅 또는 556-7811-036으로 전화하셔서 저희 직원들에게 연락 주시기 바랍니다.

스트레스 없는 반송
어떤 이유로 주문상품에 완전히 만족하지 않으신다면, 그것을 반송하시고 배송료를 제외한 구매 금액의 전액을 환불 받으실 수 있습니다.

어휘 selection 선별, 선택 musical instrument 악기 continually 지속적으로 research 연구, 조사; 조사하다 globe 지구, 세계 affordable 지불할 수 있는, 감당할 수 있는 equipment 장비, 도구 including ~을 포함하여 amplifier 증폭기, 앰프 accessory 부대용품, 보조용품 place an order 주문하다 dispatch 보내다 mainland 본토, 주 영토 real time 실시간 stock 재고 level 수준, 척도; 수평을 맞추다 safely 안전하게 in stock 재고가 있는 unlike ~와 달리 show 보여주다 dedicated 헌신적인, 몰두하는 employ 고용하다 choose 고르다, 선택하다 advice 충고, 조언 access 접근하다, 연락하다 return 돌아오다, 돌려보내다 completely 완전하게 satisfied 만족한 refund 환불; 환불하다 purchase 구매; 구매하다 excluding ~을 제외하고 charge 요금

▶ Grammar Point

[등위 접속사 or]
등위 접속사는 단어, 구, 절을 대등하게 연결한다.
Access our staff [by chatting online], **or** [by calling 556-7811-036].

161.

해석 웹페이지에 대해 사실인 것은 무엇인가?
(A) 웹페이지의 일부 서비스가 중단될 것이다.
(B) 고객들이 웹페이지에서 온라인 상담을 받을 수 있다.
(C) 음악 행사 정보에 관한 뉴스레터를 발행한다.
(D) 고객간 의사소통을 위해 실시간 포럼을 제공한다.

해설 **[Not/True]**
네 번째 문단 '헌신적인 고객 서비스 팀' 부분에 온라인 채팅 또는 전화로 직원들에게 문의할 수 있다고 하였다. 따라서 **(B)**가 정답이다.

어휘 several 몇몇의 discontinue 중단하다 consult 상담하다 event 행사, 사건 forum 포럼, (토론)장

162.

해석 '기타에 대한 모든 것'에 대해 명시된 내용은 무엇인가?
(A) 모든 제품에 무료 배송을 제공한다.
(B) 오래된 악기를 판매한다.
(C) 호주 기반 온라인 소매업체이다.
(D) 현재 유지보수를 위해 연결되어 있지 않다.

해설 **[Not/True]**
호주 최대의 악기 온라인 상점이라고 했으므로 **(C)**가 정답이다.

어휘 shipping 배송 antique 골동품의, 오래된 based 기반의, 근거한 retailer 소매상 maintenance 유지보수

163.

해석 [1], [2], [3], [4]로 표시된 곳 중에서 다음 문장이 가장 적합한 곳은?
"당신은 다음 영업일 오후 6시까지 주문상품을 받으실 수 있습니다."

해설 신유형 **[문장 삽입]**
주어진 문장은 주문상품을 받아볼 수 있는 기한에 대해 언급하고 있다. 익일 배송에 대한 추가 설명에 해당하므로 [1]에 들어가는 것이 적절하다. 따라서 **(A)**가 정답이다.

164-167 메모

> **메모**
>
> 수신: 바이먼 힐스 교수진
> 날짜: 9월 21일
> 제목: 온라인 강의 승인 지침
>
> 교수진 귀하
>
> 바이먼 힐스 강의 기획 위원회는 최근 온라인 강의 승인 지침을 정하기 위해 모였습니다. [164]**저희의 새로운 지침을 기쁜 마음으로 교수님들께 공유해 드리오니**, 부디 온라인 강의가 편리하고 도전적이라는 사실을 알게 되시길 바랍니다.
>
> 다가오는 학기를 기점으로, 강사들은 온라인 강의에 대한 졸업 학점 승인을 요청할 수 있습니다. 해당 강의는 반드시 [166]**학과장**에게 인정되어야 합니다. [165]**추가로, 강의는 강사의 교과 범위에 있거나 현재 교무에 부합하는 것이어야 합니다.**
>
> [167]**첨부된 강의 승인 정보를 보시면, 거기에 온라인 강의 승인 및 급여 체계 변경을 위한 신청서가 포함되어 있습니다.** 신청서에 실린 개정된 급여 체계 선택사항을 확인하시기 바랍니다.
>
> 저희는 이번 봄에 시작되는 온라인 강의 진행 기회로부터 교수진이 혜택을 볼 것이라 자신합니다. 여러분께서 이 새로운 도전을 즐기시길 바라며, 가르쳐야 할 교과 수준에 맞는 강의 연관성을 강사님들에서 연구해 주실 것을 믿습니다.

어휘 memorandum 메모, 각서 faculty 교수진 approval 허가, 승인 committee 위원회 determine 결정하다 guideline 지침, 기준 be pleased to 기쁜 마음으로 ~하다 share 공유하다 convenient 편리한 challenging 도전적인 as of ~일자로, ~ 기준으로 upcoming 다가오는 semester 학기 teacher 선생님, 교사 request 요청하다 credit 학점 accept 받아들이다 chair 장, 대표 applicable 적용 가능한 current 현재의 role 임무, 역할 attach 붙이다, 첨부하다 include 포함하다 application 신청(서), 응용 salary 급여 note 주의하다 revised 개정된 toward ~를 향하여 confident 자신하는, 확신하는 benefit 혜택을 받다, 이익을 가지다 opportunity 기회 pursue 추구하다, 나아가다 challenge 도전; 도전하다 trust 신뢰하다 research 연구; 연구하다, 조사하다 relevance 타당성, 적절성 subject 주제, 과목

▶ **Grammar Point**

[접속사 that]
접속사 that은 문장의 주어, 목적어, 보어 역할을 하는 명사절을 이끈다.
접속사 that 뒤에는 완전한 절이 온다.
We hope **that** you will find online courses convenient and challenging.
접속사 that + 완전한 절
→ 동사 hope의 목적어

164.

해석 메모는 왜 쓰였는가?
(A) 연구 제안서를 요청하려고
(B) 승인을 공지하려고
(C) 면접 결과를 보고하려고
(D) 교사들에게 정보를 제공하려고

해설 **[주제·목적]**
첫 번째 문단 두 번째 문장에서 교수진에게 새로운 지침을 공유한다고 했으므로 **(D)**가 정답이다.

어휘 ask for ~을 요청하다 proposal 제안(서) interview 면접, 인터뷰

165.

해석 온라인 강의 승인을 요청하기 전에 강사들은 무엇을 해야 하는가?
(A) 강의가 자신의 전문 분야에 속하는지 확인
(B) 직원 웹페이지에서 정보 수정
(C) 학기 시작 전에 연구 성과 보고서 제출
(D) 최근에 등록된 학생들에게 세부사항 제공

해설 **[세부사항]**
두 번째 문단에서 강의 승인을 요청하려면 학과장의 승인을 받아야 하며, 강의가 강사의 교과 및 교무에 맞아야 한다고 했다. 따라서 **(A)**가 정답이다.

어휘 make sure 확실히 하다 expertise 전문 지식 revise 개정하다, 수정하다 staff 직원(들) submit 제출하다 performance 성과, 공연 detail 세부사항 register 등록하다

166.

해석 두 번째 단락, 두 번째 줄의 "chair"와 의미상 가장 가까운 것은?
(A) 머리, 책임자　(B) 규칙, 규정　(C) 수준, 정도　(D) 업무, 작업

해설 **[동의어]**
chair는 '의자'라는 의미이지만 사람에게 쓰일 경우 '의장, 학과장'을 의미한다. 이 글에서는 온라인 강의를 인정해주는 사람이므로 '학과장'으로 해석하며, 따라서 **(A)**가 정답이다.

167.

해석 강의 승인 정보에 대해 암시된 내용은 무엇인가?
(A) 급여 체계 변경 신청서를 포함한다.
(B) 대학원 웹페이지에서 확인할 수 있다.
(C) 접근하려면 암호가 필요하다.
(D) 매 학기마다 수정될 것이다.

해설 **[세부사항]**
강의 승인 정보에 관한 내용은 세 번째 문단에 나온다. which includes 이후 부분을 통해 온라인 강의 승인 및 급여 체계 변경 신청서가 강의 승인 정보에 포함된 내용임을 알 수 있다. 따라서 **(A)**가 정답이다.

어휘 postgraduate 대학원생 require 필요로 하다 passcode 암호 amend 수정하다, 고치다

93

티모시 크루즈 오전 9:10
좋은 아침이에요, 여러분. 본사로부터 이메일을 받았는데, 우리 지점을 도울 두 명의 인턴을 보낼 수 있다고 해요.

우슐라 고드윈 오전 9:12
잘 됐네요! 저희는 1월 말에 새로운 가입자를 위한 겨울 환영 주말을 준비하는 중이잖아요. 그들이 가입 절차를 도울 수 있을 것 같아요.

크리스틴 킴 오전 9:15
글쎄요, 그들에게 고객 서비스 경험이 없다면, 온라인 광고에 그들을 배치하는 것이 더 나아요. 조디 씨가 [168]우리 회사는 새로운 온라인 잡지를 발행할 계획이라고 했어요.

우슐라 고드윈 오전 9:16
하지만 다음 몇 달 간, 고객 서비스 팀은 신규 회원을 환영하는 수십 통의 전화를 하느라 바쁠 거예요.

티모시 크루즈 오전 9:16
맞아요. 일 년 중 가장 바쁠 때죠. [169]전화 업무를 도와줄 최소 1명의 사람이 필요해요. 제가 조디 씨에게 최종 결정을 위해 이야기 해볼게요.

크리스틴 킴 오전 9:17
알았어요. 그런데, 출장은 어땠어요, 팀? [168][171]그린 제지는 아직도 계약서 사인을 미루고 있나요?

티모시 크루즈 오전 9:19
논의가 진행 중이에요. [170][171]그들은 우리가 작년에 동의했던 양보다 더 많이 구입할 수 있는지 물었어요. 대신 그들은 10% 할인해줄거예요.

크리스틴 킴 오전 9:22
계약 기간을 1년에서 6개월로 바꾸는 건 어때요? 매출액은 다음 몇 달에 걸쳐 오를 것으로 예상되잖아요.

티모시 크루즈 오전 9:22
제가 그들에게 물어볼게요.

어휘   receive 받다, 수령하다 headquarters 본사 intern 인턴, 수련의사 branch 지점, 지사 in the midst of ~가 한창일 때 prepare for ~를 위해 준비하다 subscriber 구독자, 가입자 processing 처리, 절차 experience 경험 allocate 할당하다 launch 개시하다, 시작하다 be busy -ing ~하느라 바쁘다 dozens of 수십의 final 최종의, 마지막의 decision 결정, 결심 delay 지연하다, 미루다 sign 서명하다, 사인하다 contract 계약(서); 계약하다 discussion 토론, 논의 underway 진행 중인 agree upon ~에 동의하다 amend 고치다, 수정하다 period 기간 sales 매출(액) expect 예측하다, 예상하다

▶ **Grammar Point**

[to부정사]
to부정사는 명사 역할을 하여 동사의 목적어가 될 수 있다.
Our company is planning **to launch** a new online magazine.
동사 is planning의 목적어

168.

해석   대화를 하고 있는 사람들은 어떤 회사에서 근무할 것 같은가?
(A) 제지 회사   (B) 배달 업체   **(C) 스포츠 잡지사**   (D) 스키 리조트

해설   **[추론]**
크리스틴 킴은 오전 9시 15분에 온라인 잡지 발행에 대해 언급했고, 9시 17분에 티모시에게 그린 제지와의 계약에 관하여 물어봤다. 온라인 잡지를 발행하고, 제지 회사와 계약을 진행할만한 업종은 잡지사이므로 **(C)**가 정답이다.

어휘   business 사업, 업체 resort 휴양지, 리조트

169.

해석   크루즈 씨는 조디 씨에게 무엇을 말할 것 같은가?
(A) 더 큰 주문에 대한 추가 요금이 발생할 것이라고
(B) 그의 팀은 새 인턴 중에 도와줄 한 사람이 필요하다고
(C) 그린 제지와 곧 만날 것이라고
(D) 그녀가 다른 팀으로 이동할 수 있다고

해설   **[추론]**
오전 9시 16분에 티모시 크루즈는 일년 중 가장 바쁜 때이므로 전화 업무를 도와줄 최소 한 사람이 필요하다고 한 후 조디 씨에게 이야기 해보겠다고 적었다. 따라서 **(B)**가 정답이다.

어휘   extra 추가의, 여분의 charge 요금; 부과하다 transfer to ~로 이동하다

170.

해석   그린 제지에 대해 언급된 내용은 무엇인가?
(A) 판매량을 늘리기를 원한다.
(B) 가격 조정에 대한 자문을 구한다.
(C) 새로운 잡지 종류를 구매해줄 것을 요청한다.
(D) 요구를 수용할 수 없다.

해설   **[세부사항]**
오전 9시 19분에 티모시 크루즈는 작년에 동의한 양보다 더 많은 양을 구입할 수 있는지 그들이 물었다고 했다. 여기서 그들은 그린 제지를 지칭하므로 **(A)**가 정답이다.

어휘   increase 증가하다, 늘리다 line 선, 종류, purchase 구매하다 accommodate 수용하다 demand 수요, 요구

171.

해석   오전 9시 19분에 크루즈 씨가 "논의가 진행 중이에요"라고 말한 의도는 무엇인가?
(A) 그는 아직 계약을 종결 짓지 않았다.
(B) 그는 다른 회사와 논의해볼 것이다.
(C) 그는 주문 취소를 고려하고 있다.
(D) 그는 그 프로젝트를 담당하고 있지 않다.

해설   신유형 **[의도 파악]**
오전 9시 17분에 크리스틴 킴은 그린 제지가 계약서 사인을 미루고 있나고 물었고, 이에 대해 티모시 크루즈는 9시 19분에 논의가 진행 중이라고 말한 후, 그린 제지 측의 요구가 무엇인지 적고 있다. 이를 통해 티모시 크루즈와 그린 제지는 계약서에 아직 사인을 하지 않았음을 알 수 있으므로 **(A)**가 정답이다.

어휘   finalize 종결하다 consider 고려하다 cancel 취소하다 in charge of ~을 담당하는

172-175 기사

GR 호텔 그룹이 로즈힐 호텔의 새 주인이 되다
안드레아 D. 시어

45년된 타이페이의 상징적인 랜드마크 로즈힐 호텔은 새로운 단계에 접어든다. 세계 최대 호텔 체인 중 하나인 GR 호텔 그룹이 이 호텔의 지분을 매입하고 있으며, 다음달부터 보수공사를 재개할 계획을 갖고 있다. 17년간 로즈힐을 소유해온 아이작 페리는 [172]이것이 2005년 이후 두 번째 대규모 보수공사가 될 것이라고 말했다. "우리는 GR 호텔 그룹이 로즈힐에 엄청난 규모의 투자를 하고 있다는 점에 감동하였습니다. 그들은 타이페이 중심부에 위치한 훌륭한 역사적인 건물인 이곳에 다시 활기를 불어넣을 것입니다."라고 그는 말했다.
[174]로즈힐의 재개발 및 운영을 담당하고 있는 총지배인 에드 델라노에 따르면, 건물은 보수공사가 끝나기까지 2년 정도의 시간이 필요할 것이다. 호텔은 이 공사 기간에 부분적으로 닫을 것이다.

호텔의 230개 객실은 125개의 좀더 넓은 숙박시설로 재구성될 것이며, 건물 외관은 GR 브랜드 특유의 최신식 디자인으로 장식될 것이다. ¹⁷³그는 새로운 연회장, 레스토랑, 바를 들여놓을 계획 또한 가지고 있다. 호텔 공간 중 일부는 거의 그대로 남게 될 것이다.

"우리의 주된 목표는 손님들에게 지역의 특징과 분위기가 있는 고유한 경험을 선사하는 것입니다."라고 델라노는 말했다. "우리는 이곳의 독특한 특징을 ¹⁷⁴유지하면서 이곳에 활기를 되찾아올 것입니다."

어휘 owner 소유자, 주인 iconic 상징적인 phase 단계 chain 사슬, (상점, 호텔 등) 체인; 묶다 stake 지분, 이해관계 renovation 보수공사 revitalize 재활하다 historic 역사적인, 유서 깊은 property 자산, 부동산 heart 심장, 중심부 redevelop 재개발하다 operate 작동하다, 운영하다 reconfigure 재구성하다 spacious 널찍한 accommodation 숙박시설, 편의, 조정 appearance 외형, 나타남 decorate 장식하다, 꾸미다 be known for ~로 알려지다 introduce 도입하다, 소개하다 unique 독특한 characteristic 특징 atmosphere 분위기, 대기 preserve 보존하다, 유지하다 feature 특징; 다루다

▶ **Grammar Point**

[to부정사]

to부정사는 명사 역할을 하여 보어가 될 수 있다.

Our main goal is **to give** our guests a unique experience.
　　　　　　　　　주어 Our main goal을 보충하는 말

172.

해석 로즈힐 호텔에 대해 암시된 내용은 무엇인가?
(A) 타이페이에서 가장 큰 호텔들 중 하나이다.
(B) 투자금액 부족을 겪고 있다.
(C) 몇 번의 보수공사를 한 적이 있다.
(D) 건물 디자인을 담당할 건축가를 채용했다.

해설 **[세부사항]**
2005년 이후 두 번째 대규모 보수공사라는 내용(the second major renovation since 2005)에서 로즈힐 호텔은 이미 이전에도 보수공사를 진행한 적이 있음을 알 수 있으므로 **(C)**가 정답이다.

어휘 shortage 부족 investment 투자(금) undergo 겪다 hire 고용하다, 채용하다 architect 건축가

173.

해석 보수공사에 대해 언급된 내용은 무엇인가?
(A) 페리 씨가 보수공사를 책임진다.
(B) 100여개의 추가 객실이 본 건물에 추가된다.
(C) 보수공사는 식사 시설의 확장을 포함한다.
(D) 외부 디자인은 이전과 똑같이 유지될 것이다.

해설 **[Not/True]**
연회장, 레스토랑, 바를 들여놓을 계획이 있다(plans to introduce some new banquet halls, restaurants, and bars)고 했으므로 **(C)**가 정답이다.

어휘 be responsible for ~을 책임지다 extra 추가의, 여분의 add 추가하다 expansion 확장 facility 시설 exterior 외부의

174.

해석 네 번째 단락, 두 번째 줄의 "preserving"과 의미상 가장 가까운 것은?
(A) 유지하다 (B) 보호하다 (C) 새롭게 하다 (D) 승인하다

해설 **[동의어]**
앞 내용에서 손님들에게 고유한 경험을 선사하는 것이 보수공사의 주요 목표라고 했으므로, 여기서의 preserve는 호텔의 독특한 장점을 유지한다는 의미가 되어야 한다. 따라서 **(A)**가 정답이다.

175.

해석 [1], [2], [3], [4]로 표시된 곳 중에서 다음 문장이 가장 적합한 곳은?
"호텔은 이 공사 기간에 부분적으로 닫을 것이다."

해설 **신유형** **[문장 삽입]**
주어진 문장은 보수공사가 끝나기까지 2년 정도의 시간이 필요할 것(should take about two years)이라는 내용 다음에 부가설명으로 오는 것이 적절하다. 따라서 **(B)**가 정답이다.

176-180 일정표 + 이메일

프라임 사업 연구소, A회의실 4월 일정표

월요일	화요일	수요일	목요일	금요일
	1 10:00-12:00 직원 회의	2 ¹⁷⁶13:00-15:00 집단 조사	3 13:00-16:00 이사회의	4
7 종일 주주 회의	8	9 13:00-15:00 집단 조사	10 16:00-18:00 기획부 회의	11 ¹⁷⁹14:00-16:00 머크 산업 고객 프레젠테이션
14	15	16 13:00-15:00 집단 조사	17	18
21 종일 신입직원 교육 시간	22	23 13:00-15:00 집단 조사	24	25 15:00-17:30 월간 계획 검토 회의
28	29	30 13:00-15:00 집단 조사		

회의실을 예약하려면 회의실 관리자 메건 피셔에게 m.fischer@pbri.com으로 예약 신청서를 보내주세요. 신청서는 인트라넷에서 이용할 수 있습니다. ¹⁷⁷회의실 사용 후에는, 유지보수부에 800-555-1385로 연락하셔서 회의실이 제대로 청소되도록 해주세요.

어휘 business 사업, 업무 conference 회의 schedule 일정(표) board 이사진 director 임원 shareholder 주주 monthly 월간, 매월의 reserve 예약하다 form 양식, 서식 available 이용 가능한 maintenance 유지보수 clean 청소하다 properly 올바르게

발신: 메건 피셔 <m.fischer@pbri.com>
수신: 마크 조엘 <markjoel@pbri.com>
제목: 회의실 일정

안녕하세요, 마크 씨.
^{178 179}머크 산업에서 회의를 4월 18일로 연기하여, 당신이 원래 문의했던 시간에 A회의실이 이용 가능해졌음을 알려드립니다. 예약을 옮기고 싶으시면 가능한 한 빠른 시간에 제게 연락주십시오.

어휘 assign 맡기다, 배정하다 invite 초대하다

180또한, 제가 5월 5일부터 19일까지 휴가임을 알아두시기 바랍니다. 따라서 이 기간에 회의실이 필요하시면 드미트리 소콜로프 씨에게 sokolov@pbri.com으로 연락하셔야 합니다. 필요하신 경우를 위해 A회의실 5월 일정표를 첨부하였습니다.

메건 피셔

어휘 inform 알리다 postpone 연기하다 become 미루다 originally 원래, 원래대로 ask 묻다 convenience 편의 move 이동하다, 옮기다 note 주의하다 vacation 휴가 attach 첨부하다 in case ~인 경우에

▶ Grammar Point

[미래 시제]
'be going to + 동사원형'은 미래에 관한 일을 말할 때 사용한다.
I'm going to take a vacation from May 5 to 19.
　be going to + 동사원형
　→ 휴가 시점이 미래

176.

해석 프라임 사업 연구소에 대해 명시된 내용은 무엇인가?
(A) 머크 산업과의 계약이 곧 종료된다.
(B) 직원 회의를 매주 갖는다.
(C) 고용 동결을 시작했다.
(D) 정기적으로 집단 조사를 수행한다.

해설 [Not/True]
매주 수요일에 Group Survey(집단 조사)가 적혀 있으므로, 프라임 사업 연구소는 정기적으로 집단 조사를 수행한다는 것을 알 수 있다. 따라서 **(D)**가 정답이다.

어휘 contract 계약; 계약하다 end 종료되다 hold 잡다 introduce 도입하다, 시작하다 hiring freeze 고용 동결 conduct 수행하다 regular 정기적인 basis 기준, 근거

177.

해석 직원들이 회의실을 사용한 후에 무엇을 하도록 요청을 받는가?
(A) 문 잠그기
(B) 전화하기
(C) 보증금 내기
(D) 피셔 씨에게 이메일 보내기

해설 [세부사항]
일정표 하단에 적힌 세 번째 문장에 회의실 사용 후 유지보수부에 연락하라고 전화번호를 명시했으므로 **(B)**가 정답이다.

어휘 lock 잠그다 put down 두다, 걸다

178.

해석 왜 이메일이 보내졌는가?
(A) 업무를 배정하려고
(B) 일정표 변경 사항을 알리려고
(C) 회의실을 예약하려고
(D) 집단 조사에 초대하려고

해설 [주제·목적]
메일의 첫 문장에 머크 산업이 회의를 연기하여, 문의했던 시간에 회의실 이용 가능해졌음을 알린다고 했다. 따라서 **(B)**가 정답이다.

179.

해석 조엘 씨에 대해 암시된 내용은 무엇인가?
(A) 4월 11일에 회의 일정을 잡고자 했다.
(B) 마케팅부의 부서장이다.
(C) 지난주에 출장을 갔다.
(D) 4월 21일 교육에 참석해야 한다.

해설 [연계]
메일의 첫 문장을 통해 조엘 씨가 원래 원했던 날짜는 머크 산업의 기존 회의 날짜임을 알 수 있다. 일정표를 보면 머크 산업은 원래 4월 11일에 회의를 하기로 되어 있으므로 **(A)**가 정답이다.

어휘 schedule 일정; 일정을 잡다 head 머리, 책임자 business trip 출장 attend 참석하다

180.

해석 메건 피셔는 5월에 무엇을 할 계획인가?
(A) 방음벽 설치　　　　(B) 워크숍 준비
(C) 휴가 가기　　　　(D) 프로젝터 교체

해설 [세부사항]
메건 피셔의 이메일 두 번째 문단 첫 번째 문장에 5월 5일부터 19일까지 휴가라고 했으므로 **(C)**가 정답이다.

어휘 install 설치하다 soundproof 방음의 workshop 연수회, 워크숍 replace 교체하다 projector 영사기, 프로젝터

181-185 정보 + 이메일

제7회 제약 마케팅 콘퍼런스

저희는 제약 마케팅 콘퍼런스가 돌아왔음을 자랑스럽게 알려드립니다.

이것은 업계 전문가, 선도적인 제약 회사, 매체 전문가를 한자리에 불러모아 181최신 매체 및 마케팅 트렌드를 논의하게 할 것입니다. 당신은 우리 업계 전 부문에 영향을 주는 변화하는 마케팅 환경 대비에 필요한 도구와 전략에 대한 통찰력을 183얻어갈 수 있습니다.

시간 및 장소
8월 30일-31일, 런던 켄싱턴 플라자 (양일간 동일한 프로그램)

프로그램
9:30 182의장 환영사 및 개회사
　　　수잔 윌슨, 수석 부사장, 티바 제약
10:00 185헬스 케어의 미래를 예측하기 위한 매체 사용
　　　에드워드 피셔, 시장 연구 분석가, 산업 화학자 협회
12:20 인적 네트워크 형성 점심
14:40 184제약업의 사회적 의견 수렴을 위한 기준점
　　　제키 진, 디지털 전략가, 언변가
16:50 제약 시장 장기 투자의 불확실성
　　　브라이언 맥밀란, 강사, 콘웰 대학교 공중보건대학

어휘 pharmaceutical 제약의 proud 자랑스러운 present 보여주다, 발표하다 return 돌아오다; 귀환 industry 업계, 산업 expert 전문가 professional 전문가 discuss 논의하다 gain 얻다, 획득하다 insight 통찰력, 식견 tool 도구 strategy 전략 prepare for ~을 준비하다 environment 환경 impact 충격, 영향; 영향을 주다 element 구성 요소 chairman 의장 remark 발언 senior 고위의, 상급의, 노년의 networking 인적 네트워크 형성 benchmark 기준점; 기준으로 삼다 long-term 장기간의 lecturer 강사 population 인구, 주민

수신: 세레나 그란데 <sgrande@qmail.com>
발신: 웨이 창 <wei@pmca.com>
날짜: 8월 14일
제목: 제출 확인

제7회 제약 마케팅 콘퍼런스 신청서를 제출해주셔서 감사합니다.
귀하께서는 다음 프로그램에 지원하셨습니다.

세션: 헬스 케어의 미래를 예측하기 위한 매체 사용 및 [184]**제약업의 사회적 의견 수렴을 위한 기준점**
날짜: 8월 30일, 수요일
장소: 14층, 켄싱턴 플라자, 그린우드가 56, 런던

장소에 도착하시면, 입구에서 등록을 진행한 다음 배지를 받으시기 바라며, 이 배지는 귀하께서 항상 착용하셔야 합니다. [185]**오전 시간 참석자는 행사 전일 온라인으로 등록하셔야 합니다.** 질문이 있으면 help@pmca.com으로 저희에게 연락주십시오.

웨이 창, 책임자, 제약 마케팅 협회

어휘 confirmation 확인 submit 제출하다 application 지원(서), 신청(서) apply for ~에 지원하다 session 시간, 학기, 교시 arrival 도착 proceed 진행하다, 처리하다 entrance 입구 pick up 가지다, 데려가다 badge 배지 participant 참여자, 참석자 register 등록하다

▶ **Grammar Point**

[관계대명사 which]
관계대명사 which는 주격, 목적격 사물 선행사를 수식하는 형용사 절을 이끈다. 관계대명사 뒤에는 불완전한 절이 온다.
Please pick up *your badge*, **which** you need to wear at all times.
관계대명사 which + wear의 목적어가 없는 불완전한 절
→ 선행사 your badge 수식

181.
해석 정보의 대상은 누구일 것 같은가?
(A) IT 개발자 (B) 방송 감독
(C) 의대생 **(D) 헬스케어 산업 마케팅 담당자**

해설 **[추론]**
이 정보는 제약 마케팅 콘퍼런스를 소개하고 있다. 두 번째 문단에 최신 매체 및 마케팅 트렌드를 논의한다(to discuss the latest media and marketing trends)라고 했으므로 (D)가 정답이다.

어휘 developer 개발자 broadcasting 방송 director 책임자, 임원 marketer 마케팅 담당자

182.
해석 정보에 따르면, 콘퍼런스에 대해 사실인 것은 무엇인가?
(A) 3일간 지속된다.
(B) 8월 31일에 시작할 것이다.
(C) 온라인 등록은 이용할 수 없다.
(D) 의장 연설이 있을 것이다.

해설 **[Not/True]**
프로그램의 9시 30분 일정을 보면 의장 환영사 및 개회사가 있다고 적혀 있다. 따라서 (D)가 정답이다.

어휘 last 지속하다 commence 시작하다 speech 연설, 발언

183.
해석 정보에서, 두 번째 단락, 두 번째 줄의 "gain"과 의미상 가장 가까운 것은?
(A) 얻다 (B) 주최하다 (C) 공유하다 (D) 이끌다

해설 **[동의어]**
gain은 '얻다, 회복하다'라는 뜻으로 gain insights는 '통찰력을 얻다'라고 해석된다. 따라서 (A)가 정답이다.

184.
해석 그란데 씨에 대해 암시된 내용은 무엇인가?
(A) 산업 화학자 협회의 직원이다.
(B) 둘째 날에 콘퍼런스에 참석할 것이다.
(C) 제키 진 세션에 관심이 있다.
(D) 브라이언 맥밀란과 일한다.

해설 **[Not/True]**
이메일에서 그란데 씨가 참석할 날짜와 세션을 확인할 수 있다. 그녀가 참석하는 세션 중 하나는 제키 진의 제약업의 사회적 의견 수렴을 위한 기준점(Benchmark For Pharma Social Listening)이므로 (C)가 정답이다.

어휘 employee 직원 second 두 번째의 be interested in ~에 관심이 있다

185.
해석 사전등록이 필요한 세션은 무엇인가?
(A) 헬스 케어의 미래를 예측하기 위한 매체 사용
(B) 인적 네트워크 형성 점심
(C) 제약업의 사회적 의견 수렴을 위한 기준점
(D) 제약 시장 장기 투자의 불확실성

해설 **[연계]**
이메일의 마지막 문단 두 번째 문장에 오전 시간 참석자는 행사 전일 온라인으로 등록하라고 했다. 보기 중 오전 시간인 것은 '헬스 케어의 미래를 예측하기 위한 매체 사용'이므로 (A)가 정답이다.

186-190 신유형 송장 + 이메일 + 이메일

데카 가구 시스템
(888) 471 6300, www.dekafurniture.com

송장 번호: HPC-281056   날짜: 1월 13일
고객: 블레이클리 인테리어
주소: 포스터가 540, 하우드 하이츠, 일리노이 60706

상품 번호	내용	수량	단가	합계
NC305	2인석 가죽 소파, 검정색	2	800 달러	1,600 달러
[186]**PC216**	**패브릭 팔걸이 의자, 회색**	**3**	**150 달러**	**450 달러**
PC230	발받침, 밝은 갈색	2	80 달러	160 달러
BR408	러그, 200 cm x 200 cm, 합성섬유, 빨간색	1	200 달러	200 달러
			합계	2,410 달러

송장 날짜로부터 2주 내에 완납되어야 합니다. 문의가 있으시면, 스캇 크룩스에게 crooks_deka@dekafurniture.com으로 연락주시기 바랍니다.

어휘 furniture 가구 invoice 송장 description 설명 quantity 양 unit 단위 leather 가죽 fabric 직물, 섬유 stool 의자 payment 지불

수신: 스캇 크룩스 <crooks_deka@dekafurniture.com>
발신: 리사 프레이저 <lisafraser@blakely.com>
제목: 송장에 관한 질문
날짜: 1월 15일

크룩스 씨에게.
저희는 1월 13일 주문을 어제 받았습니다. 신속한 배송에 감사 드립니다. 당신의 제품 덕분에 저희는 의뢰인의 거실을 성공적으로 장식하였습니다. 그러나 저는 총 금액이 제가 예상했던 것과 다르다는 것을 알았습니다.
186 189제가 1월 5일 앨리슨 파머와 이야기 했을 때, 그녀는 우리가 단골 구매자이기 때문에 패브릭 팔걸이 의자 두 개를 주문하면 하나를 무료로 얻을 수 있다고 말했습니다. 이 187문제를 그녀에게 이야기해주셔서 수정된 송장을 보내주시겠습니까?
추가로, 저는 접수처에 놓을 커피 탁자를 주문하고 싶습니다. 저는 JM305가 짙은 파란색으로 나오는지 궁금합니다. 188가구가 벽과 반드시 어울리게 하고자 함이며, 노란색과 더 잘 어울리는 다른 색깔을 떠올릴 수 없네요.

감사합니다.
리사 프레이저
블레이클리 인테리어

어휘   prompt 신속한, 빠른 shipment 배송 thanks to ~ 덕분에 product 제품 decorate 장식하다 client 고객 successfully 성공적으로 notice 알아채다 amount 양, 금액 expect 예상하다, 예측하다 frequent 빈번한 buyer 구매자 matter 문제, 일 update 갱신하다, 수정하다 in addition 추가로 reception 접수 make sure 확실히 하다 coordinate 조정하다, 편성하다 come up with ~을 생각해내다

수신: 리사 프레이저 <lisafraser@blakely.com>
발신: 스캇 크룩스 <crooks_deka@dekafurniture.com>
회신: 송장에 관한 질문
날짜: 1월 16일

프레이저 씨에게
송장에 있는 오류에 사과 드립니다. 189하급 사원이 그녀가 제안한 할인을 언급하는 것을 깜빡한 것으로 밝혀졌습니다. 수정된 송장은 내일 귀하의 이메일로 보내질 것입니다.
190JM305에 관하여, 그것은 상아색, 검정색, 짙은 파란색의 선택사항이 있습니다만, 저희는 더 이상 그것을 생산하지 않습니다. 짙은 청색 커피 탁자 목록을 첨부 드립니다.
다시 한번, 저희의 진심 어린 사과를 받아주시기 바랍니다. 이러한 실수가 다시 발생하지 않도록 확실히 하겠습니다.

스캇 크룩스
수석 영업 담당자
데카 가구 시스템

어휘   error 오류, 실수 turn out 드러나다, 밝혀지다 junior 하급의, 부하의 associate 직장 동료, 직원 mention 말하다, 언급하다 correct 수정하다 attach 첨부하다, 붙이다 apology 사과

▶ Grammar Point

[전치사]
전치사는 명사, 명사구, 명사절과 함께 전치사구를 이루어 형용사, 또는 부사 역할을 한다.
Payment must be made in full within two weeks of the invoice date.
전치사 in + 명사 full
동사구 must be made를 수식하는 부사
= fully

186.
해석   송장에서 감소될 금액은 얼마인가?
(A) 800달러   (B) 150달러   (C) 80달러   (D) 200달러
해설   [연계]
첫 번째 이메일의 첫 번째 단락에 패브릭 팔걸이 의자 두 개를 주문하면 하나를 무료로 얻을 수 있다고 앨리슨 파머가 말했다는 내용이 나온다. 송장을 보면, 패브릭 팔걸이 의자를 3개 주문하였으므로 이중의 하나는 무료가 되어야 한다. 따라서 패브릭 팔걸이 의자 하나 가격인 (B)가 정답이다.

187.
해석   첫 번째 이메일에서, 첫 번째 단락, 다섯 번째 줄의 "matter"와 의미상 가장 가까운 것은?
(A) 해결책   (B) 상황   (C) 물질   (D) 본질
해설   [동의어]
matter가 명사로 쓰이면 '문제, 사안'이라는 의미를 가진다. 이와 가장 가까운 의미인 (B)가 정답이다.

188.
해석   블레이클리 인테리어 접수처의 벽은 무슨 색깔일 것 같은가?
(A) 검정색   (B) 회색   (C) 밝은 갈색   (D) 노란색
해설   [추론]
첫 번째 이메일 두 번째 단락에서 JM305 제품이 짙은 파란색으로 나오는지 문의하였다. 가구가 벽과 반드시 어울려야 하며, 노란색과 더 잘 어울리는 색깔을 떠올릴 수 없다고 했으므로 (D)가 정답이다.

189.
해석   앨리슨 파머에 대해 암시된 내용은 무엇인가?
(A) 그녀는 본사로 전임되었다.
(B) 그녀는 출산 휴가 중이다.
(C) 그녀는 크룩스 씨 밑에서 일한다.
(D) 그녀는 프레이저 씨를 방문할 계획이다.
해설   [연계]
앨리슨 파머가 프레이저 씨에게 할인을 제안했음을 첫 번째 이메일 첫 번째 단락에서 알 수 있다. 두 번째 이메일 첫 번째 단락에서 프레이저 씨는 할인을 제안한 사람을 자신의 하급 사원으로 칭하고 있으므로 (C)가 정답이다.
어휘   transfer 이동하다, 옮기다 maternity 출산, 임신, 출산 전후의 상태

190.
해석   JM305에 대해 명시된 내용은 무엇인가?
(A) 생산 중단되었다.
(B) 가격이 인상되었다.
(C) 매우 인기 있는 제품이다.
(D) 해외로부터 수입된다.
해설   [Not/True]
두 번째 이메일의 두 번째 단락에 JM305를 더 이상 생산하지 않는다고 했으므로 (A)가 정답이다.
어휘   discontinue (생산을) 중단하다

콘래드 미술관
워커 가 27, 알렉산드리아, 버지니아 22314

그랜드 홀 특별 강연

191 (B) **월요일 7월 6일** 오후 7시-8시30분	191 (A) **사진사에서 도시계획자로 가는 여정**	개리 딜런
월요일 7월 13일 오후 7시-8시30분	개인의 미의식은 어떻게 형성되는가	루이스 크루거
193 **수요일 7월 15일** 오후 8시-10시	**당신이 알기 원하는 르네상스의 모든 것**	**브루스 카르**
목요일 7월 23일 오후 7시30분-9시	과거와 미래 사이: 램브란트와 유대인	캐슬린 그랜트

예약과 선지불이 필요합니다.
입장료는 인당 10달러, 194 회원은 8달러입니다.
191 (C) 현금 및 직불/신용카드로 지불 가능합니다.

어휘 journey 여정 urban 도시의 aesthetic 심미의; 미의식, 미학 Jew 유대인 reservation 예약 advance 사전의 admission 입장(료)

수신: 브루스 카르 <brucecarr@wvu.edu>
발신: 로렌 코베트 <l.corbett@icoa.com>
날짜: 7월 2일
제목: 제8회 국제 예술 콘퍼런스

카르 박사 귀하
국제 예술 콘퍼런스 조직 위원회를 대표하여 이메일 드립니다. 저희는 현재 제8회 국제 콘퍼런스를 준비하고 있으며, 192 오셔서 르네상스 그림에 대해 강연을 해주시라고 귀하를 초대하고자 합니다. 콘퍼런스는 7월 15일 수요일, 플라자 호텔로 예정되어 있습니다. 귀하께서는 오후 7시에 90분간 150명의 청중 앞에서 연설하실 것입니다.
콘퍼런스 강연에 관심이 있으시면 편한 시간에 알려주시기 바랍니다. 귀하께서 이 초대를 수락하여 이 행사에 저희와 함께해 주신다면 저희는 영광스러울 것입니다.

로렌 코베트
편성자
ICOA 조직 위원회

어휘 on behalf of ~을 대표하여 currently 현재, 최근에 invite 초대하다, 초청하다 give a talk 강연하다 audience 청중 accept 수락하다, 수용하다

안토니오 지오바나 박사 특별 강연
193 (7월 16일) 지난 밤, 콘래드 미술관은 르네상스 회화에 관한 특별 강연을 위해 안토니오 지오바나 박사를 그랜드 홀에서 맞이했다. 2시간 세션은 강연 100분과 이어지는 질의응답 시간 20분으로 나뉘었다. 콘래드 미술관의 설립자 엘렌 파머는 "상당히 의미있는 강연이었습니다. 우리는 르네상스 미술과 현대 미술이 얼마나 많은 층위로 연결되어 있는지 배웠습니다."라고 말했다. 지난밤 강연의 엄청난 인기에 대응하여, 195 미술관 측은 지오바나 박사를 초청하여 8월에 또 다른 강의를 하려고 했지만, 아쉽게도 지오바나 박사는 그의 신간 '르네상스의 그림자'로 순회해야 한다.

▶ **Grammar Point**

[would]
조동사 would와 함께 사용되는 관용 표현
would like to + 동사원형: ~하고 싶다
We'd like to invite you to come and give a talk on Renaissance paintings.   would like to + 동사원형
:초대하고 싶다

191.

해석 일정표에서 제공되지 않은 정보는 무엇인가?
(A) 강연 주제   (B) 강연 시간
(C) 허용되는 지불 수단   **(D) 회비**

해설 [Not/True]
일정표에 날짜, 시간, 주제, 강연자가 표로 제시되어 있으며, 표 하단 세 번째 문장에 현금 및 직불/신용카드로 지불할 수 있다고 나와 있다. 따라서 언급되지 않은 (D)가 정답이다.

192.

해석 코베트 씨는 왜 이메일을 썼는가?
(A) 강연 정보를 요청하려고
(B) 카르 박사에게 기부에 대해 감사하려고
(C) 카르 박사를 콘퍼런스 강연을 위해 초대하려고
(D) 강연에 등록하려고

해설 [주제·목적]
코베트 씨가 카르 박사에게 보낸 이메일에서 콘퍼런스 조직 위원회를 대표하여 이메일을 적는다고 했고, 강연을 위해 카르 박사를 초대하고자 한다고 적었으므로 (C)가 정답이다.

어휘 contribution 기부, 공헌 register 등록하다

193.

해석 카르 박사에 대해 암시된 내용은 무엇인가?
(A) 그는 콘래드 미술관 강연을 취소했다.
(B) 그는 얼마 전 새 이론을 발표했다.
(C) 그는 학생들에게 대학원에 진학하라고 격려한다.
(D) 그는 국제 콘퍼런스 조직을 담당하고 있다.

해설 [연계]
일정표에 따르면 카르 박사는 원래 7월 15일 콘래드 미술관 그랜드 홀에서 특별 강연을 하기로 예정되어 있었으나, 7월 16일자 기사에 따르면 지난 밤(7월 15일) 콘래드 미술관 그랜드 홀 강의는 안토니오 지오바나 박사가 했음을 알 수 있다. 이를 통해 추론할 수 있는 내용인 (A)가 정답이다.

어휘 cancel 취소하다 publish 발표하다, 공표하다 theory 이론, 가설 encourage 독려하다, 권하다 in charge of ~을 책임지다

194.

해석 콘래드 미술관에 대해 사실인 것은 무엇인가?
(A) 무료 특별 강연을 매달 개최한다.
(B) 지방 정부에 의해 설립되었다.
(C) 회원들에게 특별 혜택을 제공한다.
(D) 현재 자원봉사자를 모집하고 있다.

해설 [Not/True]
일정표의 특별 강연 목록 아래에 입장료는 인당 10달러, 회원은 8달러라고 나와 있다. 회원에게는 할인 가격을 제공하고 있으므로 (C)가 정답이다.

어휘 found 설립하다 local 지역의, 지방의 government 정부 benefit 이익, 혜택 recruit 모집하다

195.

해석   기사에 따르면, 지오바나 박사는 8월에 무엇을 하겠는가?
       (A) 책 출판   (B) 특별 강연   (C) 신간 홍보   (D) 세미나 참석

해설   **[추론]**
       기사에 마지막 부분에 미술관 측에서 지오바나 박사를 8월에 다시 특
       강을 해달라고 초청하려고 했으나 아쉽게도 박사는 신간 투어를 해야
       한다고 나와 있다. 따라서 **(C)**가 정답이다.

어휘   publish 출판하다 promote 홍보하다, 승진시키다

196-200 [신유형] 광고 + 표 + 이메일

정상가보다 더 낮은 가격으로 급행표를 구입하세요!

시티엑스는 알란다 공항에서 스톡홀름, 고텐버그, 웁살라를 포함한 스웨덴
수도권 지역의 ¹⁹⁷주요 역까지 환승 없이 접근할 수 있게 해줍니다!
^{196 (D)}시티엑스 표는 알란다 공항의 여행 서비스 센터 또는 온라인에서 구입
할 수 있습니다. 스웨덴 외부에서 구매가 불가능하므로, 저희는 알란다 공항
도착 후 즉시 표를 구매하시는 것을 추천합니다.
모든 좌석에는 대형 선반과 노트북용 콘센트가 구비되어 있습니다. ¹⁹⁸모든
칸에 다이얼 자물쇠가 있는 대형 화물 보관 공간이 편리한 위치에 있습니다.
알란다 공항에서 스톡홀름 역까지의 여정은 약 한 시간이며, 열차는 오전 7
시부터 매일 운영됩니다.

알림
– ^{196 (A)}해외 여권 소지자만 가능.
– ^{196 (C)}구입 시 여권 확인이 필요합니다.
– 시간에 따라 모든 열차가 직항편을 제공하지는 않습니다. 자세한 내용은
   시간표를 참고하십시오.

어휘   purchase 구입하다 normal 정상의, 보통의 rate 운임, 속도, 비율
       access 접속, 접근 major 주요한 metropolitan 수도권의, 대도시의
       transfer 이동하다, 옮기다 recommend 추천하다 immediately 즉
       시 equip 구비하다, 갖추다 outlet 배출구, 콘센트 luggage 짐, 수화
       물 storage 보관 dial 눈금의, 문자판의 lock 자물쇠; 잠그다 operate
       운영하다 holder 소지자, 소유자 confirmation 확인 depend on ~
       에 의존하다, ~에 따라 다르다

시티엑스 요금표

	편도		왕복	
	월-금	토, 일	월-금	토, 일
스톡홀름	27유로	30유로	²⁰⁰**45유로**	50유로
고텐버그	45유로	50유로	81유로	90유로
웁살라	54유로	60유로	90유로	100유로

평일 요금은 10퍼센트 할인 요금입니다. 주말 요금이 공휴일에 적용됩니다.

어휘   discounted 할인된 apply 적용하다 holiday 휴일

발신: mizuno@easymail.com
수신: kavett@city-ex.corp
날짜: 11월 10일
제목: 문의

카베트 씨 귀하

11월 1일에 구매한 온라인 표를 보내주셔서 감사합니다. 저는 방금 영수증을
확인하였고, ¹⁹⁹금액이 많이 청구되어 있음을 알았습니다. 저는 11월 20일
²⁰⁰금요일 스톡홀름으로 향하는 왕복표 한 장을 구입했으나, 영수증에는 총
금액이 50유로라고 나와 있습니다. 웹 정보를 봤을 때, 할인이 평일에 적용
된다고 했습니다. ¹⁹⁹제 기록을 보시면, 총금액이 정확하지 않음을 아실 것
입니다. 이 문제를 빨리 해결해주시면 정말 기쁘겠습니다.

타츠야 미즈노

어휘   receipt 영수증 overcharge 많이 청구하다 head for ~을 향하다
       record 기록 incorrect 정확하지 않은 resolve 해결하다

▶ **Grammar Point**

[동명사]
동명사는 명사와 마찬가지로 주어, 목적어, 보어가 될 수 있으며, 전치사
뒤에도 올 수 있다.
We recommend **buying** the ticket immediately after arrival at Arlanda
Airport.   동사 recommend의 목적어
Thank you for **sending** me an online ticket purchased on November 1.
          전치사 for 뒤

196.

해석   광고에 언급되지 않은 내용은 무엇인가?
       (A) 표는 외국인만 이용할 수 있다.
       (B) 구매자는 사전에 좌석을 선택할 수 있다.
       (C) 표를 구매할 때 여권이 필요하다.
       (D) 표를 대면하여 구입할 수 있다.

해설   **[Not/True]**
       광고의 알림 사항에 해외 여권 소지자만 가능하며, 구입 시 여권 확인
       이 필요하다고 나와 있다. 또한 두 번째 문단에 여행 서비스 센터나 온
       라인에서 표를 구입할 수 있다고 했다. 좌석 선택에 대해서는 언급되
       지 않았으므로 **(B)**가 정답이다.

어휘   foreigner 외국인 in advance 미리, 사전에 in person 직접, 대면하
       여

197.

해석   광고에서, 첫 번째 단락, 첫 번째 줄의 "major"와 의미상 가장 가까운
       것은?
       (A) 심각한   **(B) 주요한**   (C) 공식적인   (D) 유용한

해설   **[동의어]**
       major는 "주요한, 중대한"이라는 뜻을 가지며, 광고에서 major
       stations in metropolitan areas는 수도권 지역의 주요 역을 의미한다.
       따라서 **(B)**가 정답이다.

198.

해석   시티엑스 기차에 대해 암시된 내용은 무엇인가?
       (A) 스톡홀름 역까지 30분 안에 갈 수 있다.
       (B) 안전한 짐 보관을 제공한다.
       (C) 주말과 휴일에만 운영된다.
       (D) 모든 열차가 전자기기를 위한 콘센트를 제공하지는 않는다.

[Not/True]
광고에서 모든 칸에 자물쇠가 있는 화물 보관 공간이 있다고 했으므
로 **(B)**가 정답이다.

어휘   reach 이르다, 다다르다 secure 안전한 run 운영하다 electronic
device 전자기기

199.

해석   미즈노 씨가 카베트 씨에게 원하는 것은 무엇인가?
(A) 수정된 온라인 표 보내기
(B) 과금에 대한 부분 환불 진행
(C) 출발 날짜 변경
(D) 2인 좌석 지정

해설   **[추론]**
미즈노 씨가 카베트 씨에게 보낸 이메일에 영수증 상에 평일 할인이
적용되지 않아 금액이 많이 청구되어 있다고 했다. 따라서 **(B)**가 정답
이다.

어휘   revise 변경하다, 수정하다 partial 부분적인 refund 환불; 환불하다
departure 출발 appoint 정하다, 임명하다

200.

해석   이메일에 따르면, 미즈노 씨가 환불 받을 금액은 얼마인가?
(A) 5 유로   (B) 10 유로   (C) 30 유로   (D) 50 유로

해설   **[연계]**
미즈노 씨는 이메일에서 금요일 스톡홀름 행 왕복표 1장을 구입했다
고 했다. 표에 명시된 내용에 따르면, 스톡홀름 왕복표는 평일에 45
유로이므로, 영수증에 적힌 50 유로에서 5 유로를 환불 받아야 한다.
따라서 **(A)**가 정답이다.

MEMO

키新토익

그래머
스타터